Die von Rüdiger Bubner herausgegebene »Geschichte der Philosophie in Text und Darstellung« in acht Bänden, von der Antike bis ins 20. Jahrhundert, wird hiermit um einen 9. Band *Gegenwart* erweitert. Damit möchte der Verlag dem Bedürfnis nach einem Überblick über wesentliche Tendenzen im gegenwärtigen philosophischen Denken Rechnung tragen. Auch für diesen Band gilt, was Bubner 1978 zur Einführung in das Reihenwerk geschrieben hat:

»Was Philosophie heißt, ist heute allemal von der Geschichte der Philosophie mitbestimmt. Daraus erklärt sich die Bedeutung einer Philosophiegeschichte, die über den bloßen Bericht vergangener Lehrmeinungen hinausgeht. An exemplarischen Stücken der großen philosophischen Tradition bis in unser Jahrhundert lassen sich Möglichkeiten und Wege des Philosophierens demonstrieren. Die Aufgabe einer allgemeinen Einführung wird also durch solche Texte erleichtert, die entweder eine bestimmte Problemstellung entwickeln oder einen argumentativen Gedankengang beispielhaft vorführen.

Das vorliegende Unternehmen will einen Überblick über die Geschichte der Philosophie vermitteln. Geschichtsschreibung im strengen Sinne kann dadurch nicht ersetzt werden. Die Texte stehen zwar jeweils für eine der wichtigen Epochen der Philosophie. Sie sind aber in der Absicht ausgewählt und zusammengestellt, von verschiedenen Perspektiven her einen Einstieg in die abstrakten und grundsätzlichen Fragen der Philosophie zu ermöglichen. Einleitende Darstellungen und begleitende Erläuterungen sollen diese Absicht befördern. Historische und bibliographische Hinweise am Ende jedes Bandes ergänzen die Information.«

# Geschichte der Philosophie

*in Text und Darstellung*

Band 1  Antike
Band 2  Mittelalter
Band 3  Renaissance und frühe Neuzeit
Band 4  Empirismus
Band 5  Rationalismus
Band 6  Deutscher Idealismus
Band 7  19. Jahrhundert
Band 8  20. Jahrhundert
Band 9  Gegenwart

Philipp Reclam jun. Stuttgart

Band 9

# Gegenwart

Herausgegeben von
Pirmin Stekeler-Weithofer

Philipp Reclam jun. Stuttgart

Universal-Bibliothek Nr. 18267
Alle Rechte vorbehalten
© 2004 Philipp Reclam jun. GmbH & Co., Stuttgart
Gesamtherstellung: Reclam, Ditzingen. Printed in Germany 2004
RECLAM und UNIVERSAL-BIBLIOTHEK sind eingetragene Marken
der Philipp Reclam jun. GmbH & Co., Stuttgart
ISBN 3-15-018267-0

www.reclam.de

# Inhalt

Einleitung . . . . . . . . . . . . . . . . . . . . . . . 9

## I
## Philosophie und Vernunft

*Gilles Deleuze / Félix Guattari* . . . . . . . . . . . 41
  Was ist Philosophie? . . . . . . . . . . . . . . 42

*Michel Foucault* . . . . . . . . . . . . . . . . . . 53
  Was ist Aufklärung? . . . . . . . . . . . . . . 55

*Jean-François Lyotard* . . . . . . . . . . . . . . . 62
  Beantwortung der Frage: Was ist postmodern? . . 63

*Jacques Derrida* . . . . . . . . . . . . . . . . . . 68
  Binsenweisheiten . . . . . . . . . . . . . . . . 70

## II
## Vernunft und Welt

*Hilary Putnam* . . . . . . . . . . . . . . . . . . . 77
  Von einem realistischen Standpunkt . . . . . . . 79

*Saul Aron Kripke* . . . . . . . . . . . . . . . . . 101
  Name und Notwendigkeit . . . . . . . . . . . . 103

*Donald Davidson* . . . . . . . . . . . . . . . . . 125
  Voraussetzungen für Gedanken . . . . . . . . . 127

*John Henry McDowell* . . . . . . . . . . . . . . . 138
  Begriffe und Anschauungen . . . . . . . . . . . 139

## III
## Welt und Sprache

*Peter Frederick Strawson* . . . . . . . . . . . . . 157
    Individuelle Dinge . . . . . . . . . . . . . . . 159

*Willard V. O. Quine* . . . . . . . . . . . . . . . 181
    Fünf Marksteine des Empirismus . . . . . . . 183

*Elizabeth Anscombe* . . . . . . . . . . . . . . . 191
    Reine Tatsachen . . . . . . . . . . . . . . . . 192

*Karl-Otto Apel* . . . . . . . . . . . . . . . . . 199
    Sprache als Thema und Medium der
    transzendentalen Reflexion . . . . . . . . . . 200

## IV
## Sprache und Kommunikation

*Herbert Paul Grice* . . . . . . . . . . . . . . . 225
    Logik und Konversation . . . . . . . . . . . . 227

*Robert B. Brandom* . . . . . . . . . . . . . . . 250
    Ein sozialer Weg vom Begründen zum
    Repräsentieren . . . . . . . . . . . . . . . . 252

*Friedrich Kambartel* . . . . . . . . . . . . . . 288
    Versuch über das Verstehen . . . . . . . . . . 290

*Jürgen Habermas* . . . . . . . . . . . . . . . . 310
    Zu einer sprachtheoretischen Grundlegung
    der Soziologie . . . . . . . . . . . . . . . . 312

*Inhalt* 7

# V
# Kommunikation und ethische Praxis

*Peter Singer* . . . . . . . . . . . . . . . . . . . . . . 339
    Leben nehmen: Der Embryo und der Fötus   . . . 341

*Richard Rorty* . . . . . . . . . . . . . . . . . . . . . 366
    Zur gegenwärtigen Lage der Moralphilosophie  . 367

*Ernst Tugendhat* . . . . . . . . . . . . . . . . . . . 376
    Der semantische Zugang zur Moral . . . . . . . 377

*John Rawls* . . . . . . . . . . . . . . . . . . . . . . . 391
    Politische Gerechtigkeit und Fairneß . . . . . . 392

*Philippa Foot* . . . . . . . . . . . . . . . . . . . . . 416
    Töten und Sterbenlassen . . . . . . . . . . . . 418

*Stanley Cavell* . . . . . . . . . . . . . . . . . . . . . 431
    Seelenblindheit und personale Beziehungen  . . . 432

# VI
# Praxis und Wissenschaft

*Thomas S. Kuhn* . . . . . . . . . . . . . . . . . . . . 443
    Die historische Struktur wissenschaftlicher
    Entdeckungen . . . . . . . . . . . . . . . . . . 445

*Paul Feyerabend* . . . . . . . . . . . . . . . . . . . 466
    ›Anything goes‹ . . . . . . . . . . . . . . . . . 467

Bio-bibliographische Hinweise . . . . . . . . . . 471

Textnachweise . . . . . . . . . . . . . . . . . . . . 491

# Einleitung

## I. Epoche und Kanon

1. Eine Einführung in die Philosophie der Gegenwart durch eine Zusammenstellung von Texten sieht sich mit Schwierigkeiten konfrontiert, die weit über die Probleme der Darstellung einer historischen Epoche der Geschichte der Philosophie hinausgehen. Die Gründe liegen in der Natur der Sache.

Die Schwierigkeiten sind diese: Historische Epochen sind, wie das griechische Wort sagt, Einklammerungen von Zeiten. Sie sind immer kontextabhängig zu beziehen auf hervorgehobene Strukturmomente in einer Entwicklung von Praxis- oder Kulturformen wie z. B. des politischen Ethos, der Mathematik oder der Oper oder, allgemeiner, im Blick auf Religion, Philosophie, Wissenschaft und Kunst. Man denke als Beispiele an die Epochen der klassischen griechischen Polis oder des Hellenismus oder der Renaissance. Ihre Bestimmung ist außerdem oft abhängig von einer Weltregion, dem Ort der betreffenden Entwicklungen, was zu dem bekannten Phänomen der Gleichzeitigkeit des Ungleichzeitigen führt. Ähnlich wie im Fall von Erfolgsverben gehört es darüber hinaus zum Begriff einer Epoche, dass sie von ihrem Ende her und daher vorzugsweise im historischen Rückblick identifiziert und benannt wird. Wie jeder begriffliche Satz ist dies als Explikationsvorschlag eines schon üblichen Sprachgebrauchs zu verstehen.

Die Bestimmung einer Epoche setzt zumindest ein gewisses Maß an Konsens über typische Entwicklungen bzw. über Projekte und Ideen voraus, durch welche wir sie von anderen Epochen unterscheiden. Analoges gilt für jeden Kanon in Kunst oder Wissenschaft, durch den wir das Ty-

10    *Einleitung*

pische einer Epoche zu exemplifizieren suchen oder auch
nur die wesentlichen Zwischenergebnisse einer Wissenschaft enzyklopädisch festhalten. Eine Zeit, als Epoche
betrachtet, ist daher nicht unmittelbar zu Gott, wie LEO-
POLD VON RANKE sich ausdrückt. Sie ist eine bewertete
Rekonstruktion im Rückblick. Für unsere eigene Gegenwart gibt es bestenfalls erste Vorschläge, oft nur Ahnun-
gen, dazu, was sich als epochal oder kanonisch erhalten
wird.

2. Wenn nun die Philosophie die Aufgabe hat, ihre eigene
Zeit auf den kanonischen Begriff zu bringen – und HEGEL
hat Recht, ihre Aufgabe so zu bestimmen –, dann ist damit
auch schon die Schwierigkeit der Philosophie klar. Sie besteht darin, dass sie, wie die Eule der Minerva, eigentlich
erst in der Dämmerung der entsprechenden Epoche zu ihrem Flug ansetzen kann. Nur im Blick auf das Ende hat
sie den erwünschten Überblick. Das gilt insbesondere für
jede Reflexion auf die Philosophie und ihre Entwicklung
selbst. Wir brauchen einen räumlichen Abstand, um ein
ausgedehntes Terrain überschaubar zu machen. Wir brauchen einen zeitlichen Abstand, um eine Masse von unmit-
telbareren Informationen über Lokales und Einzelnes zu
einem Gesamtbild zu ordnen. Und wir brauchen den gemeinsamen Diskurs, um in einer Flut von Beiträgen, Untersuchungen und Analysen Ähnliches und Gleichwerti-
ges zu identifizieren, Verschiedenartiges zu unterscheiden,
Wichtiges und Besonderes zu erkennen und nach Art einer Landkarte eine Ordnung zur Orientierung über die
entsprechende Gesamtlandschaft – hier: der philosophischen Texte – zu entwerfen. Daher wird der Versuch, die
Gegenwart der Philosophie als Epoche und das Bedeuten-
de an ihr als eine Art Kanon darzustellen, nicht bloß zu
einem riskanten, sondern zu einem schier unmöglichen
Unterfangen.
Wir können die Gegenwart nicht wirklich aus dem Blick

*Einleitung* 11

einer abgeschlossenen Zukunft betrachten. Und doch müssen wir sie, wenn wir sie als Prozess begreifen wollen, in ihren Tendenzen darzustellen versuchen. Selbstreflexion als Verortung der Gegenwart läuft in eine mögliche Zukunft vor und blickt auf die gegenwärtige Entwicklung zurück. Jede ordnende Beurteilung von laufenden Projekten und jede orientierende Auswahl aus einem Gesamt der Beiträge in einem Themengebiet ist in diesem Sinn immer *vorläufig*. Keine Selbstreflexion von uns auf uns selbst kann je abgeschlossen sein, gerade weil sie selbst Teil einer offenen Entwicklung ist. Daher greift auch jeder Kanon einer Gegenwartsliteratur vor auf eine gewisse bleibende Anerkennung. Schon aus diesem Grund ist jede Darstellung der Philosophie der Gegenwart als bloßer Vorschlag zur Orientierung in einem noch offenen Horizont zu werten. Sie ist kein Bericht über eine schon anerkannte Ordnung. Sie ist daher aus einem noch tieferen Grund als jede Darstellung einer geschichtlichen Epoche notwendigerweise streitbar und umstritten.

3. Aufgrund des Endes vorgängiger Epochen kann man der Gegenwart zwar immer Anfänge und Ursprünge, aber in der Regel kein hinreichend wohldefiniertes Ende zuordnen. Daher lässt sich die Gegenwart nicht einfach als Beginn einer neuen Epoche, etwa einer »Postmoderne«, charakterisieren. Betrachtet man die Moderne als eine Epoche, so erscheint diese als ein abgeschlossenes Ganzes. Aber eben damit trennt man die Gegenwart ab vom Projekt der Moderne, obwohl jenes Projekt nicht schon beendet, sein Ziel nicht schon erfüllt oder sein Scheitern nicht schon besiegelt ist. Auf ein endgültiges Urteil über den Abschluss jedes Projekts, an dem wir gegenwärtig teilnehmen, ist immer ›zu warten‹, und das aus begrifflichen Gründen. Erst nach Abschluss der entsprechenden Gegenwart kann diese zu einer Epoche werden. Deren Name sollte dann aber tunlichst weder das Wort »Moderne«

12    *Einleitung*

noch »Gegenwart« sein. Aber könnten wir uns heute nicht wirklich am Ende einer Epoche, etwa von ›Neuzeit und Aufklärung‹, und damit am Beginn einer neuen Epoche befinden?

## II. Anfänge und Enden in der Entwicklung der Philosophie

1. Es wird zumindest nur sehr selten anerkennbare Gründe für die Behauptung geben, dass in der Gegenwart eine Epoche ende und eine andere neu beginne. HEGEL meinte, solche Gründe zu haben. Er sieht diese in seiner eigenen Kritik am ungeklärten Subjektbegriff bei HUME und sogar noch bei KANT. HEGEL verlangt eine *ideengeschichtliche* Aufhebung der Transzendentalphilosophie auf der Basis der Einsicht in die *kulturgeschichtliche Entwicklung der Vernunft* – wobei »Vernunft« ein Gesamt von normativen Basiskriterien titelartig benennt, nach denen wir eine Handlung oder eine Praxisform oder eine Institution als vernünftig oder gut und manche Aussagen entsprechend als wahr beurteilen. Damit läutet HEGEL tatsächlich das Ende der Epoche der *subjektiven Aufklärung* ein: Sowohl unser implizites Bewusstsein, das sich im faktischen Urteilen und Handeln zeigt, als auch jede Explikation der begrifflichen Ordnung unserer Erfahrung ist selbst erst möglich als Ergebnis eines geschichtlichen Prozesses, einer *gemeinsamen Kulturentwicklung*. Entsprechendes gilt auch für jede selbstbewusste Reflexion auf die Kriterien vernünftigen Urteilens. Von eben dieser Tatsache abstrahiert das Zeitalter des subjektiven Geistes bzw. der ›Subjektivitätsphilosophie‹. Dies gilt für die protestantische Idee des unmittelbaren Standes der Einzelperson vor Gott ebenso wie für den Cartesianismus als metaphysische Säkularisierung christlicher Seelenlehre. Es gilt für den Naturalismus und Materialismus nach HOBBES ebenso wie

*Einleitung* 13

für den subjektiven Empirismus HUMES. Es gilt für die
französische Aufklärung und, wenn wir HEGEL folgen,
auch noch für KANTS ›subjektive‹ Transzendentalphilosophie und FICHTES ›subjektiven‹ Idealismus. Es gilt für die
Hermeneutik SCHLEIERMACHERS und die Idee einer sich in
frühere Zeiten mehr oder weniger unmittelbar einfühlen-
den Geschichtsschreibung, wie sie etwa von DILTHEY vertreten wird.

Mit der Aufhebung des atomistischen Individualismus im
Begriff der Person und im Selbstverständnis des denkenden und handelnden Subjekts beginnt nach HEGEL ein
neues Projekt des philosophischen Denkens. Es gilt, das
Verhältnis zwischen Geschichte, Gesellschaft und freier
Person, zwischen allgemeinem Wissen und individueller
Erkenntnis, zwischen einer Idee der Wahrheit bzw. des
(ethisch und ästhetisch) Guten und dem einzelnen Urteil
neu zu fassen. Es geht dabei um nichts Geringeres als um
ein realistisches, und das heißt: historisch *immanentes*,
anti-dualistisches, anti-subjektivistisches und zugleich an-
ti-objektivistisches Selbstbild des Menschen. Ein solches
hat insbesondere alle transzendenten Illusionen einer
›wahren‹ Selbstbetrachtung von einem *Blick aus Nirgendwo* (THOMAS NAGEL) zu vermeiden, wie sie ironischerwei-
se gerade durch die ›wissenschaftliche Weltauffassung‹ bis
heute weiter transportiert werden.

Das philosophische Paradigma der mit der hegelianischen
Kritik zu Ende gehenden Epoche war (und ist bis heute
oft noch) die klassische Erkenntnistheorie als subjektive
Reflexionsphilosophie in der von DESCARTES entworfenen
Perspektive. Das neue Thema ist das ›dialektische‹ Wech-
selverhältnis von Kultur- oder Geistesgeschichte als Mög-
lichkeitsbedingung personalen Lebens, Handelns und Urteilens einerseits, einer freien und eben daher immer prekären Teilnahme der einzelnen Personen an dem Projekt
einer Vernunftkultur andererseits. Dabei entwickelt HE-
GEL in durchaus enger Nachfolge zu KANT folgende empi-

14    *Einleitung*

rie- und epistemologiekritische Grundeinsicht: Jede angeblich objektive Behauptung über die subjektive Basis des Erkennens und Wissens ist methodisch zirkulär. Denn sie setzt die allgemeinen Begriffe des vernünftigen Urteils, des Wissens und der empirischen Wahrheit längst schon voraus. WILFRID SELLARS hat das entsprechende Kerndogma des Empirismus erneut aufgedeckt – was das Interesse an KANT und HEGEL besonders in der gegenwärtigen amerikanischen Philosophie begründet. Autoren wie CHARLES TAYLOR, RICHARD RORTY, ROBERT PIPPIN, TERRY PINKARD, ROBERT BRANDOM, JOHN MCDOWELL und viele andere zeigen sich eben daher in kritischer Weise aufgeschlossen für die Versuche etwa von RÜDIGER BUBNER, DIETER HENRICH, LUDWIG SIEP oder MICHAEL THEUNISSEN, die ursprünglichen Einsichten des sogenannten Deutschen Idealismus auf verständliche und für die gegenwärtige Debatte relevante Weise zu rekonstruieren.

2. Aufgrund der Zeit ihrer Entstehung enden bisherige Darstellungen der Philosophie des 20. Jahrhunderts, nicht nur der von R. WIEHL herausgegebene Band 8 der Reihe *Geschichte der Philosophie in Text und Darstellung*, im Wesentlichen in den frühen 60er Jahren. Sie enden mit CARNAPS Projekt, die Einsichten der formallogischen Analyse mathematischer Redeformen auf die Semantik der natürlichen Sprache zu übertragen, mit ADORNOS *Kritischer Theorie*, POPPERS *Kritischem Rationalismus* und GADAMERS *Philosophischer Hermeneutik*. Dabei wird die eminente Bedeutung der Philosophie WITTGENSTEINS in der Nachfolge FREGES erst um diese Zeit wirklich sichtbar, wobei der frühe WITTGENSTEIN oft noch in die Reihe positivistischer Wissenschaftslogiker eingeordnet und der späte als Kritiker der analytischen Philosophie dargestellt wird. In JOHN PASSMORES Buch *Hundert Jahre Philosophie* (*A Hundred Years of Philosophy*, [1]1957) erhalten aus verständlichen Gründen BERTRAND RUSSELL, ALFRED J.

AYER bzw. GEORGE E. MOORE, GILBERT RYLE und JOHN L. AUSTIN eine hervorgehobene Stellung. PASSMORE blickt auf die Philosophie aus einer Perspektive, welcher das transzendentalphilosophische Denken auf dem Kontinent, in Frankreich und Deutschland, trotz oder wegen der Einflüsse HEGELS auf die Philosophie BRADLEYS, MCTAGGARTS oder COLLINGWOODS weitgehend fremd bleibt. In WOLFGANG STEGMÜLLERS *Hauptströmungen der Gegenwartsphilosophie* (²1960) tritt neben die Klassiker des philosophischen Denkens der ersten sechzig Jahre des 20. Jahrhunderts – von BERGSON bis zum späten HEIDEGGER – die Besprechung von NICOLAI HARTMANN, ROBERT REININGER und PAUL HÄBERLIN. Wie PASSMORE wertet STEGMÜLLER die formalanalytische Philosophie zusammen mit einem Common-sense-Empirismus als die bedeutendste Strömung der Philosophie der Gegenwart. Erst in der 3. Auflage (1965) gibt es ein eigenes Kapitel über die Philosophie LUDWIG WITTGENSTEINS. In der 5. Auflage (1975) werden neben JOHN MACKIE auch NOAM CHOMSKY und RICHARD MONTAGUE, JACQUES MONOD und MANFRED EIGEN besprochen. SAUL KRIPKES eigenwillig-skeptische Interpretation der Überlegungen WITTGENSTEINS über das Regelfolgen wird zu einem zentralen Paradigma der Philosophie der Gegenwart.

Der so entstehende Kanon ist mit Recht umstritten – was nichts gegen STEGMÜLLERS Vorschläge als solche sagt, wohl aber zeigt, dass er keineswegs als Darstellung einer schon anerkannten Ordnung zu verstehen ist, zumal CHOMSKY oder MONTAGUE weniger für die Philosophie als für die formale Linguistik bedeutsam sind. Ihre philosophischen Thesen zum Begriff der Sprache – dass es nämlich keinen wesentlichen Unterschied zwischen formalen und natürlichen Sprachen gebe – können sogar schlichtweg als falsch gelten. Aber auch sonst sind Philosophen und Wissenschaftler in ihrem Urteil ganz unsicher geworden hinsichtlich dessen, was an den Theoriegebäu-

16    *Einleitung*

den der empirischen Natur- und Verhaltenswissenschaften, der Kosmologie, Evolutionsbiologie, Kognitionsforschung, Linguistik, Psychologie oder der empirischen Sozialwissenschaft als Teil einer theoretisch gestützten *Technik* etwa in medizinischer Therapie oder Informationstechnologie zu werten ist, was methodisch überprüfbare *Kausalerklärung* ist, was zu einer narrativen und daher kohärenztheoretisch zu beurteilenden Natur- und Kultur*geschichte* gehört, was als pseudophilosophische *Weltanschauung* und damit als Teil eines ideologischen Menschenbildes zu beurteilen ist, was dagegen als begriffliche Einsicht (ideologie)kritischen philosophischen Denkens in Bezug auf unsere eigenen Projekte in Wissenschaft, Kultur und (politischer) Ethik gelten sollte. An dieser Unsicherheit zeigt sich insbesondere ein zunehmender Mangel an Verständnis dafür, was empirische Wissenschaft alles sein kann und ist.

3. Daher ist es auch nicht hilfreich, einfach auf die *Diversität der Themen und Zugangsweisen in der Philosophie* hinzuweisen. Dies liegt zwar nahe, wenn, wie in unserem Fall, der Zeitraum der betrachteten Arbeiten zum Teil extern bestimmt ist. Dennoch bleibt es sinnvoll, die Gegenwart so zu betrachten, *als ob* sie Teil einer eigenen Epoche wäre. Denn eine solche Betrachtungsart dient *der Suche* nach einer Charakterisierung und Beurteilung typischer Entwicklungen in der entsprechenden Zeit. Ordnende Übersichten für eine grundsätzliche Orientierung über relevante Entwicklungen entstehen nämlich nur dann, wenn man das je Besondere erkennt. Dazu muss man es negativ vom schon Bekannten absondern. Bekannt ist uns etwas erst, wenn wir Gleiches im Verschiedenen wiedererkennen, wenn es an verschiedenen Orten oder Zeiten, in verschiedenen Sprachen oder Stilformen, in verschiedenen Kontexten oder Zugangsweisen als im Wesentlichen dasselbe erkannt ist.

*Einleitung* 17

Die Zeit, mit der wir unsere Philosophie der Gegenwart beginnen, ist nun zufälligerweise eine Zeit, in der oft genug das Ende der Philosophie diagnostiziert wird und zugleich mit WITTGENSTEINS sprachanalytischer Kritik am Empirismus und Naturalismus genuin Neues anfängt. Als Repräsentanten für diese gegenläufigen Entwicklungen können WILLARD VAN ORMAN QUINE und ELIZABETH ANSCOMBE gelten. QUINE befolgt in seiner großangelegten Theorie der Konstitution sprachlichen Weltbezugs auf sozialbehavioraler Grundlage in *Word and Object* (1960) viel radikaler als CARNAP, wenn vielleicht auch auf einseitige, verhaltenstheoretische Weise die Aufforderung WITTGENSTEINS, statt nach abstrakten Bedeutungen nach dem realen Gebrauch der Sprache zu fragen, danach also, wie wir einen solchen Gebrauch konkret *lernen*. Das Ergebnis von QUINES ›realistischer‹ oder ›empirischer‹ Betrachtung von Sprachgebrauch und sprachlich artikuliertem Wissen besteht am Ende in einem Plädoyer gegen jede eigenständige ›philosophische‹ Analyse angeblich begrifflicher Grundlagen des Wissens und für eine *Naturalisierung der Epistemologie* und damit für eine empirische Kognitionstheorie. Philosophie soll ersetzt werden durch naturwissenschaftliche und sozialhistorische Untersuchungen zum menschlichen Erkennen, zum Sprachgebrauch und zur Geschichte der Wissenschaften.

Mit ihren phänomenologischen Reflexionen auf den Realbegriff der Intention und auf die Probleme der Differenzierung zwischen reinen Tatsachen und schon werthaltigen (›ethisch dichten‹) Repräsentationen von Sachverhalten verteidigt ANSCOMBE dagegen die methodische Eigenständigkeit der Philosophie, indem auch sie, nur ganz anders als QUINE, die Denklinie WITTGENSTEINS weiter verfolgt. Im Ausgang von genauen Betrachtungen des realen Sprachgebrauchs wagt sie vereinfachende Thesen über begriffliche Normen, wie sie nach QUINE angeblich unmöglich sind. Ein solches begriffliches Urteil ist

18    *Einleitung*

nicht einfach als Behauptung über Tatsachen aufzufassen. Die Geltung begrifflicher Urteile ist, wie schon HEGEL sieht, eher von der Form der Urteile, die KANT in der *Kritik der Urteilskraft* analysiert: Beansprucht wird die *freie Anerkennbarkeit* des Urteils als geeignete Grundlage für eine gute gemeinsame sprachliche Orientierung und Kritik. Es wird nicht etwa *behauptet*, dass vorab schon anerkannte Kriterien begrifflicher Wahrheit faktisch erfüllt seien. Als Rekonstruktionen semantischer Formen auf sprachphänomenologischer Grundlage sind begriffliche Urteile also in einem ähnlichen Sinn freie Appelle an die Urteilskraft von gebildeten Personen wie KANTS Geschmacksurteile. Sie sind nicht in der gleichen Weise an schon anerkannte Kriterien oder gar schematisch beherrschbare Regeln gebunden, wie die Aussagen in der Mathematik oder wie empirische Aussagen in einer Normalwissenschaft an ihren jeweiligen begrifflichen Darstellungsrahmen gebunden sind.

WITTGENSTEIN selbst bleibt in seiner Deutung von Philosophie als Therapie allerdings skeptisch in Bezug auf die Möglichkeit allgemeiner begrifflicher Rekonstruktionen – und damit scheinbar auch in Bezug auf die Frage nach der Eigenständigkeit philosophischer Reflexion und Analyse: Nicht bloß gegen die Theorien des logischen Empirismus, sondern auch gegen die seiner Meinung die Dinge zu sehr vereinfachenden Redeformen HEGELS will er uns, so scheint es, das *Differenzieren* lehren. Die Methode der phänomenologischen Unterscheidung ist allerdings nur dort gut und brauchbar, wo es darum geht, allzu schematische Urteile und zu grobe Folgerungen zu vermeiden. Es hängt von der je *relevanten* Frage, dem Thema ab, wie weit man jeweils differenzieren muss und darf, und was man identifizieren soll und kann. Da es *immer* mögliche Probleme gibt, die weitere Differenzierungen verlangen mögen, ist die Idee einer situations- und kontext*invarianten* begrifflichen Differenzierung aufzugeben.

*Einleitung* 19

Damit wird eine ganze Gruppe von Argumentationen in Philosophie und Wissenschaft hinfällig, nämlich diejenige, in welcher ›alle möglichen‹ Fälle in einer einzigen Begriffsanalyse oder einer einzigen Theorie vereinigt werden sollen. Aufgabe der Philosophie ist vielmehr, die *konkreten* Probleme zu nennen, die durch die vorgeschlagenen begrifflichen Analysen aufgelöst werden sollen. Philosophie kann nur für konkret *gegebene* Aporien einen Weg zum Ausgang des Fliegenglases zeigen, wie sich WITTGENSTEIN ausdrückt. Dabei kann es aber oft auch darum gehen, eine in ihrer Vielfalt unüberschaubare Entwicklung so zu ordnen, dass man sich im eigenen Denken und Urteilen orientieren kann. In solchen Fällen brauchen wir konstruktive Vereinfachungen – worauf z. B. auch GILLES DELEUZE und FÉLIX GUATTARI hinweisen. Allzu differenzierte Stadtkarten taugen nicht, um sich z. B. im Verkehrsnetz zu orientieren. Andererseits ist jeder Vorschlag einer begrifflichen (Neu-)Ordnung umstritten, solange umstritten ist, was je als *wesentlich* zu werten ist. Das ist auch gut so – wenn man nur an dem offenen Streit um eine angemessene Explikation des Problems, des Wesentlichen und der Angemessenheit oder Reichweite der Lösungsvorschläge nicht verzweifelt.

## III. Philosophische Vernunft und Wissenschaft

1. Die Philosophie steht, seit es sie gibt, im Spannungsfeld dreier Grundpositionen, die allerdings nicht zuletzt wegen eines unvorsichtigen Umgangs mit Titelwörtern oder sogenannten ›Ismen‹ oft nicht klar genug unterschieden werden. Auf der einen Seite stehen die Verteidiger einer *wissenschaftlichen Weltanschauung*. Dieser Position zufolge ›gibt‹ es nur das, was sich am Ende ›physikalisch‹ darstellen und erklären lässt. Den *Naturwissenschaften* wird damit die Kompetenz der Festlegung der Kriterien zugestan-

20   *Einleitung*

den, auf deren Grundlage wir entscheiden sollten, was als
objektive Wahrheit oder Wirklichkeit im Unterschied zu
bloßen Vorstellungen zu gelten habe. Unter den Titeln des
»Naturalismus«, manchmal auch des »Realismus« oder
»Materialismus«, vertritt die wissenschaftliche Weltanschauung ein Programm der *Demystifizierung* unserer Reden über die Seele oder über Geistiges und übt Kritik an
jeder platonistischen Ideenlehre oder anderen Formen des
›Idealismus‹. Den Kritikern dieser Position wird üblicherweise in allzu großartiger Geste dogmatischer Subjektivismus und Relativismus vorgeworfen. Es wird insbesondere
betont, dass keine Sprache, schon gar nicht die der Philosophie, so klar sei wie die der ›exakten‹ (Natur-)Wissen-
schaften – wobei man dann allerdings schon nicht mehr
zuhört, wenn eingewendet wird, dass eine formale Sprache wie die der reinen Logik und Mathematik ohne eine
komplexe Praxis empirischer Projektion und praktischer
Messung noch gar keine *Sprache* ist, obwohl das schon
PLATON gemerkt hat.
In der Tradition des *Empirismus* sieht man, dass sich die
Kritik an jeder Art von dogmatischer Metaphysik konse-
quenterweise immer auch gegen überschwängliche Aus-
deutungen wissenschaftlicher Theorien und damit gegen
die Gefahren des Kryptoplatonismus in der wissenschaftlichen Weltanschauung zu richten hat. Theoretische Reden
über Gegenstände und Gesetze der Natur haben zwar
eine wichtige Funktion für die Artikulation einer möglichst situationsunabhängigen, in ihrer Typik reproduzierbaren Erfahrung. Aber man darf sie nicht einfach abbild-
theoretisch missverstehen.
In diesem Punkt mit dem Empirismus eng verwandt ist
die Bewegung der *Transzendentalphilosophie* in der Nachfolge KANTS. Der Unterschied besteht darin, dass der
Empirismus, der zunächst mit DESCARTES ein Programm
der fundamentalen Rekonstruktion von Stufen mehr oder
minder sicheren subjektiven Wissens verfolgt, schon bei

*Einleitung* 21

HUME zu einem *skeptischen Pragmatismus* wird. Die Transzendentalphilosophie – bis hin zur Phänomenologie und Hermeneutik – zielt dagegen auf eine immanente Analyse der je schon präsupponierten *allgemeinen* Verfassung (›Konstitution‹) der Praxis menschlichen Wissens. Der *Pragmatismus* schwankt dagegen in mancherlei Beziehung zwischen Naturalismus, Empirismus und Transzendentalphilosophie.

Die Positionen des wissenschaftlichen Naturalismus, des sinnkritischen Empirismus und der transzendentallogischen Begriffsanalyse werden außerdem vielfach verwirrt dadurch, dass jeder Anspruch auf die ›guten‹ Wörter wie »Empirie«, »empirisch«, »Objektivität« und »Erfahrung« erhebt oder mit Selbstbewertungen operiert wie »klar« und »deutlich«, »streng« und »exakt«, »rational« und »wissenschaftlich«. Die sprachpolitische Okkupation dieser Wörter zu Zwecken der Werbung für die eigene Position und der Gebrauch der ›schlechten‹ Wörter wie »subjektivistisch«, »relativistisch«, »aprioristisch« oder »idealistisch« zur Charakterisierung der jeweiligen Gegenseite ist zwar verständlich, trägt aber nicht viel zur Klärung der Probleme bei. Dem Empirismus und Pragmatismus erscheinen z. B. transzendentale oder existenzphilosophische Analysen von Formen humaner Praxis als ›dogmatische‹ oder ›platonistische‹ Metaphysik – aber am Ende wohl nur, weil die dort erarbeiteten begrifflichen Urteile als Behauptungen über Fakten und nicht als Explikationsvorschläge impliziter Normen vernünftigen Urteilens und Schließens aufgefasst werden.

2. Die Philosophie der Gegenwart lässt sich nun im Blick auf die genannten drei Positionen als ein Streit um die Titel- und Werbungswörter *Vernunft* und *Wahrheit, Erfahrung* und *Objektivität, Exaktheit* und *Klarheit, wissenschaftliche Theorie* und *pragmatischer Realismus* begreifen. Die phänomenologische und hermeneutische Tra-

22    *Einleitung*

dition der Transzendentalphilosophie, zu welcher man durchaus auch die Nachfolger WITTGENSTEINS zählen kann, begreift dabei die durch empirische Forschungen und wissenschaftliche Theorien gestützten Orientierungen als bloße *Teilbereiche* in einer *Gesamtpraxis vernünftiger Orientierung*: Erfahrung ist mehr als in unmittelbarer Beobachtung kontrollierte allgemeine Theorie. Sie ist daher Anderes, als der Empirismus etwa auch noch eines HANS REICHENBACH oder CARL GUSTAV HEMPEL sagt. Wissenschaftliche Strenge ist Anderes als die Exaktheit des Rechnens nach schematisch lernbaren und kontrollierbaren Kalkülregeln der Mathematik oder formalen Logik, was in aller wünschenswerten Klarheit FRIEDRICH KAMBARTEL deutlich gemacht hat.

3. Die Gegenwartsphilosophie thematisiert darüber hinaus in besonderer Weise die Bedeutung von Sprache, Kommunikation und Kooperation nicht bloß in ihrer Rolle bei der Vermittlung zwischen Geist und Welt, Vernunft und Wissenschaft, sondern als geschichtlich sich entwickelnde Konstitutionsbedingungen dessen, was wir als Geist, Vernunft, Wissenschaft oder Welt ansprechen. Kurz und damit sicher etwas zu knapp gesagt: Geist ist Sprache. Welt ist, was Sprache sagen kann. Sprache wiederum ist, was sie ist, als eine Form der Kooperation. Sprechen und Schreiben, Hören und Lesen sind sstandardisierte Aktualisierungen der entsprechenden Formen in der Kommunikation. Unsere geistige Kompetenz besteht in der Teilnahme an der entsprechend geformten Kooperation und in der Teilhabe an der gemeinsamen Entwicklung der Formen selbst. Vor diesem Hintergrund ist das, was hier als Beitrag zu einer Philosophie der Gegenwart vorgestellt wird, unter die Titelpaare *Philosophie und Vernunft*, *Vernunft und Welt*, *Welt und Sprache*, *Sprache und Kommunikation*, *Kommunikation und ethische Praxis*, *Praxis und Wissenschaft* geordnet.

*Einleitung* 23

## IV. Sprache und Kooperation

1. Unter dem Titel *Philosophie und Vernunft* stehen die Grundfragen *Was ist Philosophie?* (DELEUZE/GUATTARI), *Was ist Aufklärung?* (FOUCAULT), *Was ist postmodern?* (LYOTARD), gefolgt von einigen *Binsenweisheiten* (DERRIDA), die paradoxerweise gerade in ihrem Status als Binsenweisheiten schwer zu verstehen sind. Dabei mag auffallen, dass diese Grundsatzfragen und die zugehörigen Antworten hier durch die Texte französischer Philosophen repräsentiert sind. Das beruht zum Teil auf kontingenten Gründen der nötigen Kompromisse bei der Textauswahl. Aber es ist nicht nur Zufall. Denn die französische Philosophie geht gern ins Grundsätzliche, das aber in sprachlich versierter Weise.

Die Philosophie wird von DELEUZE und GUATTARI explizit als Begriffskonstruktion und Artikulationskunst begriffen, nicht als allgemeine Reflexion oder als bloßer Kommentar zu einem schon üblichen Sprachgebrauch. Es geht um die Entwicklung von Gesichtspunkten einer *Ordnung der Dinge* (FOUCAULT), die möglicherweise oder notwendigerweise neu und subversiv sein muss (DERRIDA), um die allzu übliche Sicht des Common Sense und der überkommenen Selbstverständlichkeiten und schon in die Wortgebräuche eingelassene Vorurteile aufzubrechen und neu zusammenzusetzen. Die Methode der Dekonstruktion ist daher Folge einer Grundeinsicht des Strukturalismus in der Nachfolge FERDINAND DE SAUSSURES einerseits, der Existenzphilosophie MARTIN HEIDEGGERS andererseits: Die übliche Bedeutung eines Wortes, Satzes oder einer Rede verweist auf übliche Kontexte. Authentisches, wirklich mir zu eigen gemachtes Verstehen setzt eine Verfremdung des Gewöhnlichen voraus und damit eine gewisse Destruktion des bloßen »on dit«.

24    *Einleitung*

2. Im Blick auf das Verhältnis von *Vernunft und Welt* ist zu fragen, wie wir einen *realistischen Standpunkt* (PUT-NAM) einnehmen können, ohne zurückzufallen in einen metaphysischen Dogmatismus, der mit teils religiösem, teils szientistischem Pathos eine Welt an sich jenseits einer schon sozial geformten Erfahrung annimmt. Zu bedenken ist, dass unsere Unterscheidung zwischen realen Objekten und einem phänomenalen Schein immer schon selbst im Bereich unserer metastufigen Urteile über mögliche Erfahrungen und mögliche Urteile angesiedelt ist. Überhaupt wird der Begriff der Möglichkeit und damit der Notwendigkeit zentral für die Frage, was denn das Referenzobjekt eines rigiden Designators wie »Sokrates« oder »Aristoteles« ist, der seinen Bezug nicht je nach Äußerung wie »ich« oder »du« oder »der Präsident des Landes« wechselt. KRIPKES Analyse von *Name und Notwendigkeit* behandelt mit dieser Frage auch die Frage nach der Beziehung zwischen einem intentionalen Nennakt und der realen Welt, die in DONALD DAVIDSONS Frage nach den *Voraussetzungen für Gedanken* in gewisser Weise umgekehrt wird. Hier wird gefragt, was schon alles realiter geschehen sein muss, damit eine Person einen Gedanken fassen oder eine wohlbestimmte Intention haben kann.

Die Frage nach dem Weltbezug von Begriffen, Wörtern, erhält eine noch andere Wende, wenn man mit JOHN McDOWELL erkennt, wie wichtig KANTS Einsicht in das wechselseitige Verhältnis zwischen *Begriffen und Anschauungen* bleibt, gerade im Kontext einer Kritik an der Philosophie des *Logischen Atomismus* RUSSELLS und der von AYER und anderen favorisierten Idee einer *Sinnesdatenbasis* zur empiristischen Erklärung des Weltbezugs intentionaler Zustände. Diese Kritik wird von verschiedenen Autoren in unterschiedlicher Prägnanz und Tiefe entwickelt, von WITTGENSTEIN, QUINE, J. L. AUSTIN und besonders von W. SELLARS in *Empiricism and the Philosophy of Mind*, um die Wichtigsten zu nennen. Das mehr oder

*Einleitung* 25

minder gemeinsam anerkannte Ergebnis lässt sich so artikulieren: Es gibt keine Anschauung, auf die wir uns in unseren Erfahrungsurteilen je stützen könnten, wenn diese nicht schon begrifflich gegliedert ist. Anschauung ist immer schon bewusst in dem Sinn, dass man sie durch ein passendes Anschauungsurteil begleiten könnte. Eine Folge dieser Reformulierung eines wesentlichen Teils des kantischen Grundprinzips der sogenannten transzendentalen Apperzeption ist, dass jede Anschauung begrifflich verfasste Urteile über das Angeschaute im lokalen, temporalen und besonders im sozialen Raum voraussetzt. Anschauungen sind nicht bloß, wie man in der Nachfolge LOCKES, HUMES und QUINES, aber auch in einer szientistischen Kognitionstheorie meint, behaviorale oder dispositionale Verknüpfungen von Wahrnehmungsgestalten nach Art einer erworbenen Synästhesie von, sagen wir, einem optisch gesehenen Hasen und dem akustischen Laut »Hase«. Dennoch spielen Dispositionen, wie sie früher unter dem Titel der Vorstellung grob umrissen waren, eine wichtige Rolle. Wir können z. B. aufgrund einer (Selbst-)Aufforderung, einen Hasen zu malen, eine entsprechende Gestalt ›aus dem Gedächtnis‹ und ›nach der Vorstellung‹ produzieren, die ihrerseits auch von anderen als bildliche Re-Präsentation oder Darstellung eines Hasen gewertet bzw. anerkannt wird. Es handelt sich um Weisen der richtigen, sprich: in einer Gemeinschaft hinreichend gut wiedererkennbaren, Repräsentation von Hasen. In einem analogen Sinn gibt es richtige und falsche Anschauungsurteile, nicht bloß subjektiv akzeptierte und abgelehnte.

3. Die *sprachtheoretische Wende* der Gegenwartsphilosophie wird unter dem Titel *Welt und Sprache* zum Thema. Dabei ist der Unterschied zu beachten zwischen einem *linguistic turn*, der am Anfang bloß eine *logizistische Wende* gewesen war, und einer konkreteren Wendung zur

26    *Einleitung*

Sprache, wie sie auch HEIDEGGER und, in gewisser Nachfolge SAUSSURES, DERRIDA vornimmt. FREGE, RUSSELL
und der frühe WITTGENSTEIN hatten dagegen bloß Analysen zur *formalsprachlichen* Konstitution *mathematischer
Gegenstandsbereiche* wie der reinen Zahlen und Mengen
mit ihren formalen Wahrheitsbedingungen für quantoren-
logisch komplexe Sätze entwickelt, und zwar im Rahmen
einer erweiterten *Begriffsschrift*. Darüber hinaus hatten sie
durchaus problematische Hinweise dazu gegeben, wie diese Analysen auf die Normalsprache zu projizieren seien.

Faktisch geleistet wurde aber nur das Folgende: Erstens
wurde gezeigt, wie Wissensbereiche in terminologisch
normierten Notationen auf der Basis von syntaktisch und
semantisch schematisierten Satzformen und Inferenzrege-
lungen formalisiert werden können. Zweitens wird das
Grundproblem jeder Kritik an platonistisch hypostasier-
ten abstrakten Gegenständen durch eine allgemeine (formal)sprachliche Konstitutionsanalyse von *Gegenständen
der Rede* gelöst. Alle späteren Verfeinerungen können im
Wesentlichen als Variationen des damit bekannten Themas
gelten: Wir nennen etwas einen (abstrakten) Gegenstand,
wenn es ein System möglicher Benennungen gibt und ein
System von möglichen (logisch elementaren oder zusam-
mengesetzten) Aussagen (wie z.B.: »7 + 2 = 9« oder auch
»die Menge der Planeten hat die Anzahl 9«), in denen die
Benennungen auftreten und für welche auf irgendeine
Weise Wahrheitswerte (oft auch in Abhängigkeit von der
Sprech- und Bezugssituation) festgelegt sind.

Wenn wir über (abstrakte) Gegenstände sprechen, reden
wir, sozusagen, über das, was bei Ersetzung verschiedener,
aber als äquivalent angesehener Benennungen gleich
bleibt. Nur im Zusammenhang der Sätze hat ein Name
oder eine Benennung eine (abstrakte) Bedeutung. Diese ist
durch den Gesamtbereich passender Satzkontexte wesentlich mitbestimmt. Nur in implizitem Bezug auf diese
Kontexte nennt ein Name einen Gegenstand. Nur im

*Einleitung* 27

Kontext von gemeinsam anerkannten Kriterien formaler Wahrheitswertbedingungen für Aussagen unter Einschluss von Gleichheitsaussagen gibt es einen referentiellen Bezug auf abstrakte und am Ende dann auch auf konkrete Gegenstände. Mit der Festlegung von mathematischen Satzsystemen und Wahrheitswertfestlegungen (etwa in einem halbformalen System wie in der elementaren Arithmetik oder wenigstens durch ein axiomatisches System wie der formalen Mengentheorie) ist die Existenzweise mathematischer Gegenstände und Wahrheiten geklärt, und das durchaus in gewisser Weise endgültig, auch wenn dazu immer neue Erläuterungswünsche auftreten können.

Üblicherweise glaubt man, dass wenigstens die materiellen Dinge unmittelbar existieren und dass man sie, wie Austin in *Sense and Sensibilia* sagt, unmittelbar wahrnehmen könne. Peter Strawson zeigt dagegen auf, wie der Bezug auf *individuelle Dinge* über ein komplexes System von Kriterien vermittelt ist. Der Gebrauch eines Dingnamens präsupponiert eine gewisse reale Möglichkeit der anschaulichen, raum-zeitlichen Identifizierung des Dinges. Die Verwandtschaft einer entsprechenden deskriptiven Metaphysik mit Kants transzendentaler Analytik etwa der Antizipationen der Wahrnehmung und der Analogien der Erfahrung dinglicher Objekte ist offenkundig.

Quine behandelt ein analoges Problem in seinem Hauptwerk *Word and Object*. In dem hier aus Platzgründen ausgewählten Beitrag schildert er seine allgemeine Sicht auf die Bedeutung der sprachtheoretischen Wende in der Gegenwartsphilosophie als einen von *fünf Marksteinen der Entwicklung des Empirismus*. Quine wendet sich dabei zunächst gegen den *Logischen Empirismus* Carnaps und gegen eine gewisse Lesart Kants. Er destruiert die subjektiv-idealistische Illusion einer unmittelbaren Beziehung des Subjekts zu eigenpsychischen Sinnesdaten. Auf einer solchen Grundlage lässt sich keine Welt, schon gar kein Bereich gemeinsamer Weltbezüge, aufbauen, zumal es die

28    *Einleitung*

unterstellten apriorischen Verfahren einer formalen oder transzendentalen Logik gar nicht wirklich gibt. Außerdem kritisiert QUINE die Unterstellung einer Differenz zwischen angeblich rein begrifflich bzw. formalanalytisch als wahr bewertbaren Aussagen und empirisch immer noch zu überprüfenden sachhaltigen Aussagen. Er erkennt damit in gewissem Sinn mit HEGEL, aber ohne dies zu wissen, dass die Formen des begrifflichen Schließens selbst als materiale Formen auf ihre Verlässlichkeit in der Gesamterfahrung, sozusagen in der Erfahrung mit unseren sprachlichen Techniken der Darstellung von Erfahrungen, ›empirisch‹ zu überprüfen sind. Aufgrund dieses Erfahrungsholismus und der je verschiedenen sozialen Lerngeschichten und Spracheinführungen sind die Bedeutung von Begriffsworten und Aussagen bzw. die Referenz von Namen nicht eindeutig determiniert. Ihr mehr oder minder gemeinsamer Gebrauch ist immer offen für weitere Entwicklungen in einem gewissen Horizont sinnvoller Möglichkeiten. Die in reinen Sprachkonstruktionen festgesetzten exakten Äquivalenzen mathematischer Rede gibt es in der Rede über die reale Welt nicht. Daher ist auch der Weltbezug der Wörter nicht so deutlich, wie es sich Sprachtheoretiker in der Nachfolge CARNAPS, MONTAGUES oder CHOMSKYS wünschen, die sich an einer formalen Sprache wie der Mathematik oder der formalen Mengenlehre orientieren.

Da es für QUINE neben den konstruktiven Tätigkeiten der Entwürfe eines formalen oder terminologischen Sprachdesigns – wie in der Mathematik – und empirischen Untersuchungen keine eigene Tätigkeit der Begriffsanalyse mehr gibt, plädiert er im Grunde für die Aufhebung der Philosophie als eigener Disziplin. Mit im Grunde durchaus verwandten Gründen vertreten in Deutschland ODO MARQUARD, HERMANN LÜBBE, HELMUT SCHELSKY und partiell sogar JÜRGEN HABERMAS eine analoge Idee der Integration von Philosophie in eine allgemeine Geschichts-, Kultur-

*Einleitung* 29

und Sozialwissenschaft. Es gibt dann kein eigenes philosophisches Thema und keine eigene philosophische Methode der Begriffsanalyse mehr. Richtig an derartigen Überlegungen ist, dass Begriffe immer nur im konkreten Problembereich zu klären sind. Problematisch ist, dass die allgemeine Frage, wie komplexe Begriffe wie der des Wissens, der Erfahrung, der Wahrheit oder des Begrifflichen je angemessen zu verstehen sind, in ihrer Bedeutung unterschätzt wird.

KARL-OTTO APEL hält daher u. a. gegen QUINE die Differenzierung zwischen begrifflichen und bloß empirischen oder kontingenten Wahrheiten aufrecht. Seine Unterscheidung von *Sprache als Thema und Medium der transzendentalen Reflexion* dient der Argumentation gegen den Behaviorismus, aber auch gegen jeden vermeintlich oder wirklich relativistischen ›Aristotelismus‹ – obgleich dieser sicher nicht zu Unrecht darauf beharrt, dass noch die allgemeinsten Denk-, Sprach-, Praxis- oder Lebensformen Ergebnis einer geschichtlichen Entwicklung sind. In gewisser Weise könnte man neben APELS Auffassung von der Sprachphilosophie als *prima philosophia* die von MICHAEL DUMMETT setzen. Die Sprachphilosophie ist bei beiden die Erbin der klassischen Metaphysik und der sinnkritischen Transzendentalphilosophie. Wie im Fall von AUSTIN, SELLARS, DAVID LEWIS oder GEORG HENRIK VON WRIGHT ist es nur dem Mangel an Platz geschuldet, dass DUMMETTS wichtige Überlegungen zur Frage, was eine Theorie der Bedeutung ist, oder zur Frage, was ich kann, wenn ich eine Sprache beherrsche, hier nicht aufgenommen werden konnten.

Nun ist die Sprache allerdings selbst gar kein Gegenstand, der als solcher eindeutig bestimmbar wäre, weder als Menge von syntaktisch wohlgeformten Sätzen, noch als Menge von semantisch wohlgeformten Äußerungen von Sprechern. Dies liegt daran, dass die Sprecher notorisch dazu neigen, fixierte Grenzen der Sprachzugehörigkeit

30    *Einleitung*

und Grammatikalität zu übersteigen, begrenzende Normen zu übertreten, und dies oft genug auf systematische und doch nicht vorab geregelte Weise. Es scheint daher so, dass das Titelwort »Sprache« nichts Genaues benennt. Es ist jedenfalls kein einfaches, rein klassifikatorisches Prädikat, zumal unklar ist, was zu einer bestimmten Sprache gehört und was nicht. Etwas dramatisch formuliert wird diese Einsicht in der These, die man in leicht verschiedenem Sinn bei CHOMSKY oder DAVIDSON findet, dass es eine *Sprache* nicht gibt und schon gar nicht *die* Sprache. Das ist aber nur als Bemerkung zum schwierigen Umgang mit Titelwörtern wie »Sprache« oder »Kunst« oder »Kultur« oder auch »Gerechtigkeit« und »Kommunikation« aufzufassen, die eine Praxisform immer bloß grob benennen und nicht etwa scharf eingrenzen, was alles zu ihr gehört. Dennoch lässt sich in allgemeiner Weise die Beziehung zwischen *Sprache* und *Kommunikation* genauer klären.

4. HERBERT PAUL GRICE fordert in seiner wohl wichtigsten Arbeit zu diesem Thema, *Logik und Konversation*, eine Wende von der bloß formallogischen Analyse durch Konstruktion mathematischer Modelle zu einer konkreten Betrachtung des Sprachgebrauchs bzw. des kommunikativen Handelns. Eine formale Semantik der Wahrheitsbedingungen logisch komplexer Sätze, die sich am Prinzip der Kompositionalität durch eine gewisse Parallelisierung syntaktischer und semantischer Strukturen orientiert, gibt z.B. keinerlei Erläuterungen dazu, wie figurative oder ironische Rede zu verstehen ist oder wie Versprecher vom Hörer zu deuten bzw. mögliche Missverständnisse formal korrekter Rede vom Sprecher vorwegzunehmen und auszuräumen sind. GRICE benennt zugehörige Kommunikationsmaximen, die sich durchweg als eine gewisse Art des Umgangs mit gemeinsam als bekannt und beherrscht unterstellten Konventionen und, wie man bei genauerer Be-

*Einleitung* 31

trachtung sieht, sogar als ethisch gehaltvolle Kooperationsmaximen herausstellen. Bekannt ist zum Beispiel das besonders von QUINE in die Diskussion gebrachte Prinzip der *Charity* auf Seiten des Hörers, Lesers oder Beobachters. Diesem zufolge muss man einem Sprecher oder Schreiber oder Akteur zumindest *prima facie* zubilligen, dass er ›vernünftige Gründe‹ haben wird, seine (Sprech-)Handlung gerade so zu vollziehen, wie er sie vollzieht – um dann entweder fiktiv oder real mit ihm zusammen die Handlung in ihrem konkreten Sinn zu deuten, falls diese sich nicht ›von selbst‹ versteht.

Was Konventionen sind, hatte DAVID LEWIS in seinem brillanten Essay *Conventions* im Grunde spieltheoretisch zu klären versucht. In Bezug auf die Normen der (Selbst- und Fremd-)Verpflichtungen in Sprechakten wie dem Versprechen oder Bitten, Behaupten oder Auffordern hat LEWIS auch ein gewisses spieltheoretisches Format entwickelt, nach dem wir, wenn wir wollen, die *Spielstände in Sprachspielen* in ihrem Verlauf notieren bzw. kontrollieren können. Dieser Idee zufolge führen wir im Verlauf kommunikativer Interaktion mit anderen Personen Konten darüber, welche früher eingegangenen Verpflichtungen uns gegenüber noch offen sind und welche Verpflichtungen wir ihnen gegenüber noch haben. Derartige Verpflichtungen können z. B. noch offene Versprechen sein oder noch offene Begründungsverpflichtungen als Folge von Behauptungen. Sie können sich auch inferenziell aus Behauptungen oder, allgemeiner, aus der Übernahme der Verantwortung eines Sprechers für seinen Sprechakt ergeben. LEWIS freilich möchte in seinen Darstellungen den ›moralischen Charakter‹ dieses Begriffs der ›Verantwortung‹ zumindest abschwächen, wenn nicht ausschließen – mit der Folge, dass seine ›Konventionen‹ bloß Koordinationsprobleme einzelner Akteure zu lösen erlauben und die Kontoführung in den Sprachspielen ebenfalls nur zur Erklärung des Verhaltens der Akteure dient, etwa im Blick

32    *Einleitung*

auf das Sanktionsverhalten bei Nichterfüllung offener Punkte in zugehörigen Lob-, Droh- oder Strafspielen. LEWIS liefert damit den Anstoß, sein mystifizierender Glaube an eine gegebene Ontologie möglicher Welten, aber auch das Anstößige für ROBERT BRANDOMS groß angelegte Explikation impliziter Formen oder Normen des Differenzierens und Schließens, durch welche Sätze und Wörter allererst eine Bedeutung und Namen im Gebrauch ihre Referenz erhalten. In Unterstützung der Kritik RORTYS an jeder Form der korrespondenztheoretischen Auffassung von Wahrheit und Wirklichkeit zeigt BRANDOMS inferentielle Semantik einen *sozialen Weg vom Begründen zum Repräsentieren* und damit eine Alternative zu den allzu einfachen Naturalisierungen der Intentionalität in verhaltenstheoretischen Kognitionstheorien, etwa bei DANIEL DENNETT, wie sie zur Zeit Konjunktur haben.

FRIEDRICH KAMBARTEL zeigt darüber hinaus, warum der Versuch, über die Annahme mentalistischer Intentionen oder auf der Basis eines bloßen Gruppenverhaltens der Kommunikationsteilnehmer zu erklären, worin die Bedeutung von Worten und die Wahrheit von Sätzen bestehe, auf einen Holzweg führt. Sein *Versuch über das Verstehen* steht im Einklang mit dem Ansatz von GRICE insofern, als jede Verständigung im Horizont des Versuchs der Verbesserung des gemeinsamen, kooperativen Handelns steht. Aber er teilt nicht den intentionalistischen Zugang, den GRICE, und nicht den individualistischen Zugang, den D. LEWIS wählt. Beide lassen im Unklaren, was es überhaupt heißt, dass eine Person eine wohlbestimmte Intention im Unterschied etwa zu einem vagen Zustand der Begierde hat, genauer, wie ich meine eigenen Intentionen überhaupt identifizieren und damit ›verstehen‹ kann. Insbesondere hilft dabei der kognitionstheoretische Ansatz nicht weiter, der mit der Analogie exakter Regeln operiert oder kausale Mechanismen unterstellt. Die Fähigkeit, mathematische und formallogische Regeln nachvollziehen zu

*Einleitung* 33

können, ist z.B. *per se* noch gar kein Verstehen. Daher und nicht etwa, weil sie ›keinen Geist haben‹, *verstehen* die perfektesten Rechenmaschinen oder Roboter noch *gar nichts*. Wir ›haben‹ Geist nur insofern, als wir erfolgreich teilnehmen an einer gemeinsamen Praxis des Verstehens. Sogar schriftliche Texte sind dabei bestenfalls Hilfsmittel.

Den Zusammenhang der entsprechenden philosophischen Einsichten mit einer Analyse der verhaltens- und kompetenztheoretischen (GEORGE HERBERT MEAD), pädagogischen (LAWRENCE KOHLBERG), geschichtlichen (HEGEL, MARX, MAX WEBER) und ethischen Bedingungen eines guten, von den betroffenen Personen anerkennbaren gesellschaftlichen Zusammenlebens hat JÜRGEN HABERMAS schon früh gesehen. Sein Hauptwerk *Theorie des kommunikativen Handelns* deutet Kommunikation im Sinne eines auf Verständigung orientierten Handelns. Aufgrund einer allzu großen Fixierung auf die – durchaus berechtigte – Kritik am subjektiven Intentionalismus im ›methodischen Individualismus‹ sowohl bei WEBER als auch in der modernen Entscheidungs- und Spieltheorie dürfte HABERMAS' *sprachtheoretische Grundlegung der Soziologie* die Klärungsleistung des Zusammenhangs von Kommunikation und Kooperativität bei GRICE allerdings unterschätzen und die Bedeutung von JOHN R. SEARLES regelfixierter Theorie der Sprechakte überschätzen.

5. In gewissem Sinn ist das allgemeine Thema philosophischer Ethik der Zusammenhang von *Kommunikation*, *Kooperation* und einer *Praxis* oder *Lebenswelt*, die teils durch implizite, sich *im* Tun und Handeln ›empraktisch‹ zeigende, Anerkennung, teils durch einen expliziten Konsens geformt sind. Die Gesamtform der humanen Welt ist konstituiert durch die Normen des Vernünftigen. Das Wort Vernunft ist damit nur ein anderes Wort für eine ethisch-normative Wertung, die, wie schon PLATON sieht,

sogar noch den Realbegriff der Wahrheit über das wahr-
hafte Streben nach Tüchtigkeit bestimmt. Wahr ist weder
das, was mir oder uns nützt, noch was eine Welt an sich
bloß abbildet, eher schon das, woran wir uns im vernünftigen Urteil zu orientieren haben. Dabei lässt sich jede
Moral der Selbstverpflichtung und damit der Pflichten gegen sich und andere durchaus als eine Moral der guten
und angemessenen Kooperation begreifen, wenn man unter diesem Titel nicht nur die Zusammenarbeit in einem
gemeinsamen Werk zur Herstellung von Dingen, der gemeinsamen *poiesis*, sondern eine gemeinsame *praxis* versteht. Gemeint ist das Zusammenleben und Zusammen-
handeln etwa auch bei der Schaffung und Sicherung
personaler Handlungskompetenzen und Lebensmöglich-
keiten in Freiheit und Gerechtigkeit, d.h. in einer frei anerkennbaren Ordnung.

Die Ethik der personalen Kompetenzen wird durch die
Einsicht in die Geschichtlichkeit der Möglichkeiten, eine
Person zu sein, zu einem Teil einer Ethik der Kommunikation und Kooperation. Personale Kompetenzen sind
Folgen von Kommunikation und Kooperation, und sie
sind Kompetenzen in der Kommunikation und Kooperation. Wesentlich ist die Beherrschung von Sprache, die
selbst nur in einer ethisch verfassten Gemeinschaft erworben wird.

Nun ist freilich der Begriff der (ethischen) Gemeinschaft
ebenso diffus, komplex, und in seiner Analyse umstritten
wie der Begriff der Erfahrung. Daher taugen empirische
Einzeluntersuchungen und explizite Einzelreflexionen zu
besonderen sittlichen Ordnungen einer Gemeinschaft
nicht dazu, die implizite Ethik humanen Lebens in ihrer
Allgemeinheit dingfest zu machen. Die entsprechende
Einsicht in den ›Holismus‹ von (ethischen) Praxis- und
Lebensformen geht auf ARISTOTELES zurück. Es ergibt
sich eine Art der ›kommunitaristischen‹ Kritik an den Positionen einer Individualethik des *moral sentiment* oder

*Einleitung* 35

des Intuitionismus, an einem vermeintlich oder wirklich fundamentalistisch oder gar verfahrensethisch gelesenen KANT und dann auch am Utilitarismus in PETER SINGERS *Praktischer Ethik.* Als ethisch relevant wird dabei insbesondere angesehen, dass Tiere zwar leidensfähig sind, aber nicht wirklich an humanen und personalen Praxisformen teilnehmen. Personen im aktiven Sinn sind wir nur vermöge unserer wirklichen Teilnahme an der Form humanen Lebens.

Trotz aller Gefahr des mentalistischen Missverständnisses können wir eine für viele Zwecke nützliche nominale Ausdrucksform gebrauchen und sagen, dass wir als Personen Verstand oder Vernunft, Geist oder (Selbst-)Bewusstsein und insbesondere legale und moralische Rechte und Pflichten *haben.* Diese ›Tatsache‹ ist von einer bloßen *Zuschreibung* von Bewusstsein oder Personalität oder Rechten durch personale Stellvertreter dringend zu unterscheiden. Wie wir mit unseren eigenen Zuschreibungen der Würde potentieller Personen und des Wertes des Lebens von Tieren umgehen *wollen,* ist eine Frage, die sich nicht einfach, wie SINGER meint, in eine Frage des moralischen *Sollens* überführen lässt. Seine Appelle an Prinzipien der Leidensvermeidung und des Schutzes von Lebewesen mit Bewusstsein führen nicht *per se* zu einer ›rationalen‹ Argumentation, nach der etwa höhere Tiere einen höheren Lebensschutz genießen ›sollten‹ als Embryonen.

Das Problem der moralischen Predigt in der *gegenwärtigen Lage der Moralphilosophie* bringt RICHARD RORTY auf den Punkt. Anders als noch ERNST TUGENDHAT hält RORTY einen *semantischen Zugang zur Moral* für wenig fruchtbar. Damit lässt sich auch die häufig vorgebrachte Kritik an der Ethik einer *politischen Gerechtigkeit und Fairness,* wie sie JOHN RAWLS vorträgt, abweisen. Es wird oft gesagt, RAWLS argumentiere begrifflich nicht scharf genug. Dabei wird übersehen, was es heißt, sich über ganz allgemeine Prinzipien zu verständigen, nach denen wir

36    *Einleitung*

konkrete Gerechtigkeit beurteilen, nämlich im Blick auf die reale Anerkennbarkeit von keineswegs je perfekten Lebensordnungen im Rahmen real möglicher Alternativen, und nicht etwa im Bezug auf bloß utopisch-prinzipielle Möglichkeiten. Es gibt dabei immer die Möglichkeit und die Notwendigkeit der Verbesserung der Verhältnisse, gerade in einer liberal verfassten Gesellschaft. Reale Gerechtigkeit lässt sich aber nicht einfach bestimmen im Blick auf ein unendliches Ideal. Jeder Versuch, dies zu tun, führt zurück in die Tradition romantischer Philosophie von FICHTE über SCHOPENHAUER oder MARX bis zu ADORNO: Sie alle tendieren gerade aufgrund ihrer Ablehnung der Idee der ›Versöhnung‹ bei HEGEL dazu, die jeweilige Realität als Stand der vollendeten Sündhaftigkeit vollständig abzuwerten.

Wie schwierig es ist, mit *möglichen* Alternativen angemessen umzugehen, zeigen die Probleme, die sich ergeben, wenn man mit PHILIPPA FOOT oder etwa auch DIETER BIRNBACHER über die Frage nachdenkt, ob es einen Unterschied gibt in der ethischen Bewertung eines Tuns und einer Unterlassung – sogar dann, wenn die Folgen die gleichen wären. Die Überlegungen von ELIZABETH ANSCOMBE zum Begriff der *reinen Tatsachen* hatten dabei schon auf ein tieferes Problem hingewiesen. Einerseits ist es nämlich eine tiefe Einsicht HUMES, dass man aus reinen Tatsachen nicht ohne Normen der Form »wenn *T* der Fall ist, dann soll man *H* tun« eine Verpflichtung erschließen kann. Andererseits gibt es gar keine völlig wertfrei und uninteressiert darstellbaren und wiedererkennbaren reinen Tatsachen. In einem weiten Sinn sind alle Tatsachen längst schon im Blick auf einige normative Folgen oder gar Handlungsorientierungen qua Typen individuiert. Viele Tatsachen sind selbst nur mit Hilfe dichter sozialethischer Begriffe charakterisierbar, wie zum Beispiel der Verkauf einer Ware oder das Geben eines Versprechens, ohne dass die Handlung wirklich rein als ein Verhalten oder gar als

*Einleitung* 37

Ereignis beschreibbar wäre. Der enge Zusammenhang von ethischer Wertung und der Bestimmung von Tatsachen und Ereignissen und die Unmöglichkeit, das Ethische bloß aus den individuellen Präferenzen und gegenseitigen Aufforderungen entwickeln zu wollen, ist in der Nachfolge von WITTGENSTEIN und ANSCOMBE ein Hauptthema einer Gruppe von Gegenwartsphilosophen, die unter dem Titel des Neo-Aristotelismus oder Kommunitarismus oft allzu umstandslos als Kulturrelativisten angesehen werden. Dazu gehören u. a. MARTHA NUSSBAUM, BERNARD WILLIAMS, CHARLES TAYLOR, PETER GEACH, MICHAEL WALZER, PETER WINCH und ALASDAIR MACINTYRE, der in der Moderne eine Art *Verlust der Tugend* diagnostiziert. Im Grunde warnt der Kommunitarismus nicht anders als HABERMAS vor den Gefahren einer Kolonisierung der Lebenswelt.

Was es wirklich heißen würde, die Thesen dazu ernst zu nehmen, was aufgrund neuester wissenschaftlicher Erkenntnisse angeblich als vorwissenschaftliche Volkspsychologie oder dann auch als angeblich christlich-romantische Moraltradition zu überwinden sei, zeigen STANLEY CAVELLS Überlegungen zu *Seelenblindheit und personalen Beziehungen* in der Nachfolge WITTGENSTEINS. Gerade wenn wir die entsprechenden praktischen Inkohärenzen im wissenschaftlichen Weltbild erkennen, sehen wir, dass gewisse traditionale Redeformen über uns selbst offenbar ganz anders zu lesen sind, als dies die ontisierenden Deutungen der Rede von Geist und Seele sowohl auf Seiten der traditionalen religiösen Theologie als auch der aufklärerischen Kritik darstellen. Wie für den Fall der abstrakten Gegenstände bedarf es daher einer sprachanalytischen Aufhebung des rechten Verständnisses alltagspsychologischer Redeformen und ethischer Urteilspraxen – und einer strengen Bestimmung der Grenzen wissenschaftlicher Erklärung in diesem Lebensbereich.

38    *Einleitung*

6. Um den Beginn des Zeitraums, den wir hier als Gegenwart betrachten, findet auch im Bereich der Philosophie der Wissenschaft ein Umdenken statt. Während vorher die Theorie der exakten Wissenschaften Hauptthema einer rein strukturellen Wissenschaftstheorie (CARNAP, dann auch JOSEPH SNEED und WOLFGANG STEGMÜLLER) war und der formalsprachliche Aufbau mathematisierter Theorien wie in der Physik das Muster abgab, rückt mit THOMAS KUHNS epochemachendem Hauptwerk *Die Struktur wissenschaftlicher Revolutionen* die historische Entwicklung von Paradigmen, genauer: von Rahmenmustern für Darstellungsformen, und damit die Veränderbarkeit des theoretischen Rahmens von Forschung und wissenschaftlicher Präsentation der Ergebnisse (wieder) ins Zentrum der Betrachtung. Nicht bloß die wissenschaftliche Forschung selbst, sondern auch die Entwicklung des Darstellungsrahmens wissenschaftlicher Disziplinen ist das Ergebnis einer komplexen Kooperation zwischen Personen, eben den Wissenschaftlern.

Mit der Einsicht in diesen sozialhistorischen Rahmen der theoretischen Artikulationsform einer jeden Wissenschaft wird auch verständlich, warum man ohne Kenntnis dieses Rahmens ihre Sätze gar nicht angemessen versteht. Die Sätze, die im Rahmen eines derartigen Artikulationsparadigmas einer Epoche formuliert sind, können in dem Sinn inkommensurabel sein zu denen einer anderen Epoche, als sie sich nicht einfach über schematische Übersetzungsverfahren ineinander übersetzen lassen. Eine entsprechende Rahmenübersetzung als externe Zuordnung von Paradigmen und der zugehörigen Aussagen ist aufgrund ihrer holistischen Form und der Notwendigkeit der doppelten Aufhebung von Irrtümern und Wahrheiten extrem schwierig. Aber nicht nur Theorien haben eine geschichtliche Entwicklung, auch Methoden der Forschung. Es gibt daher auch eine *historische Struktur wissenschaftlicher Entdeckungen*. Umstritten bleibt, ob man in Bezug auf die

*Einleitung* 39

Frage, was die Wissenschaftlichkeit einer Forschung oder Darstellungsform ausmacht, in extremster Radikalisierung des Pragmatismus am Ende mit PAUL FEYERABEND sagen kann, dass als wissenschaftlich gelten soll, was geht, was also hilft und nützt, so dass am Ende gilt: *Anything goes.*

# I
# Philosophie und Vernunft

## Gilles Deleuze und Félix Guattari

*In bewusst eigenwilligen Neukonstruktionen begrifflicher Ordnungen hat sich der Philosoph nach Deleuze die eigene Denktradition immer erst noch selbst anzueignen. Entsprechend deutet er z. B. in dem Buch »Die Falte« (»Le Pli«, 1988) die Epoche des Barock als historisch letzten Versuch, die Einheit der Vernunft autonom zu entwickeln. Im Projekt des Erfindens ›einfacher‹ Elemente und komplexer Strukturen, wie wir sie in der Philosophie von Descartes, Spinoza und besonders Leibniz sehen, spielt das Ausfalten des Eingefalteten, die Explikation des Impliziten, des durch Multiplikation längst schon Komplizierten und damit eben längst schon nicht mehr unmittelbar Einfältigen, eine zentrale, formbildende Rolle, und das nicht nur für die Logik, Mathematik, Architektur oder Musik. Da Deleuze die Immanenz aller Erfahrung und aller Denkformen ebenso anerkennt wie die Möglichkeiten präsuppositionaler, genealogischer oder auch ›transversaler‹ Kritik an scheinbaren Selbstverständlichkeiten, nennt er seine Position »transzendentalen Empirismus«: Kritische Philosophie ist Tief- und Querdenken durch das Schaffen von Begriffen. Philosophie dient nicht etwa der Verbesserung oder Sicherung eines besonderen technischen Könnens oder Wissens, sondern der Entwicklung von Subjektivität und Autonomie.*

*In entsprechender Kritik an einem verbreiteten Selbstverständnis von Philosophie als Wissenschaftstheorie erkennt Deleuze zusammen mit seinem langjährigen Mit-Denker und Mit-Streiter, dem Psychoanalytiker Félix Guattari,*

*dass Einzelwissenschaften in ihrem Fortgang nicht auf
Philosophen warten. Man kann aber auch nicht sagen,
dass ein >echter< Wissenschaftler am Ende zum Philosophen werde. Durch ihren unangepassten, spielerisch-
poietischen oder gar anarchischen Umgang mit Wort und
Begriff lehren Deleuze und Guattari scheinbar bekannte Denk-Entwicklungen, etwa auch im »Anti-Ödipus«
(»L'Anti-Œdipe«, 1972), neu sehen. Dabei verlangen gerade neue Medien wie das Kino neue begriffliche Einord-
nungen und Kommentierungen, jenseits der eingefahrenen
Bahnen der speziell für das Schreiben und Lesen entworfenen Muster der logisch-grammatischen Textanalyse. Bewegungsbild und Zeitbild im Film sind z. B. nicht einfach
durch textbezogene Methoden begrifflich zu erschließen,
so wenig wie z. B. auch Tanz oder Musik.*

## Was ist Philosophie?

Vielleicht läßt sich die Frage *Was ist Philosophie?* erst spät
stellen, wenn das Alter naht und die Stunde, um konkret
zu werden. In der Tat ist die Bibliographie dazu sehr
schmal. Es ist dies eine Frage, die man in einer verhaltenen
Erregung stellt, gegen Mitternacht, wenn es nichts mehr
zu fragen gibt. Zuvor stellte man sie, man stellte sie immer
wieder, allerdings allzu mittelbar oder schief, allzu künstlich, allzu abstrakt, man legte sie dar, man beherrschte sie
eher im Vorübergehen, als daß man sich von ihr mitreißen
ließ. Man war noch nicht nüchtern genug. Man hatte all-
zugroße Lust daran, Philosophie zu betreiben, man fragte
sich nicht, was sie war, es sei denn in Stilübungen; man
war noch nicht an jenen Punkt von Nicht-Stil gelangt, an
dem man schließlich sagen kann: Was war das denn nun,
was ich während meines ganzen Lebens gemacht habe?
[...]

*Gilles Deleuze / Félix Guattari* 43

Der Philosoph ist der Freund des Begriffs, er erliegt der Macht des Begriffs. Das bedeutet, daß die Philosophie nicht eine bloße Kunst der Bildung, Erfindung oder Herstellung der Begriffe ist, denn die Begriffe sind nicht notwendig Formen, Fundstücke oder Produkte. Im strengeren Sinn ist die Philosophie die Disziplin, die in der *Erschaffung* der Begriffe besteht. Der Freund wäre der Freund seiner eigenen Schöpfungen? Oder ist es der Akt des Begriffs, der auf die Macht des Freundes verweist, und zwar in der Einheit des Schöpfers mit seinem Doppelgänger? Stets neue Begriffe erschaffen ist der Gegenstand der Philosophie. Weil der Begriff erschaffen werden muß, verweist er auf den Philosophen als denjenigen, der ihn potentiell innehat oder der über die Macht und die Kompetenz dazu verfügt. Man kann nicht einwenden, daß die Schöpfung eher für das Sinnliche und die Künste gilt, so sehr verleiht die Kunst spirituellen Entitäten Existenz, und so sehr sind die philosophischen Begriffe auch »Sensibilia«. Eigentlich sind die Wissenschaften, die Künste, die Philosophien gleichermaßen schöpferisch, obwohl einzig der Philosophie die Erschaffung von Begriffen im strengen Sinne zukommt. Die Begriffe warten auf uns nicht als schon bestehende, wie etwa Himmelskörper. Es gibt keinen Himmel für die Begriffe. Sie müssen erfunden, hergestellt oder vielmehr erschaffen werden und wären nichts ohne die Signatur derer, die sie erschaffen. Nietzsche hat die Aufgabe der Philosophie bestimmt, als er schrieb: Die Philosophen »müssen sich die Begriffe nicht mehr nur schenken lassen, sie nicht nur reinigen und aufhellen, sondern sie allererst *machen, schaffen*, hinstellen und zu ihnen überreden. Bisher vertraute man im ganzen seinen Begriffen, wie als einer wunderbaren *Mitgift* aus irgendwelcher Wunder-Welt«, aber man muß das Vertrauen durch Mißtrauen ersetzen, und gerade den Begriffen muß der Philosoph am meisten mißtrauen, solange er sie nicht selbst erschaffen hat (Platon war sich dessen sehr wohl be-

44    *Philosophie und Vernunft*

wußt, wenngleich er das Gegenteil gelehrt hat …).[1] Platon
sagte, man müsse sich in die Betrachtung der Ideen ver-
senken, zuvor aber mußte er den Begriff der Idee geschaffen haben. Was wäre ein Philosoph wert, von dem man sagen könnte: Er hat keinen Begriff erschaffen, er hat seine
Begriffe nicht erschaffen?

Wir sehen zumindest, was die Philosophie nicht ist: Sie ist
weder Kontemplation noch Reflexion, noch Kommunikation, selbst wenn sie mal das eine, mal das andere zu sein
glauben konnte, und zwar aufgrund der Fähigkeit jeder
Disziplin, ihre eigenen Illusionen zu erzeugen und sich
hinter einem Nebel zu verbergen, den sie speziell abson-
dert. Sie ist nicht Kontemplation, weil die Kontemplatio-
nen die Dinge selbst sind, gesehen in der Erschaffung ihrer eigenen Begriffe. Sie ist nicht Reflexion, weil niemand
Philosophie benötigt, um über irgend etwas zu reflektieren: Man glaubt der Philosophie viel zu geben, indem man
aus ihr die Kunst der Reflexion macht, nimmt ihr aber alles, denn die echten Mathematiker haben niemals auf die
Philosophen gewartet, um über die Mathematik zu reflektieren, und ebensowenig die Künstler, um über die Malerei oder die Musik zu reflektieren; zu sagen, sie würden
dann zu Philosophen, ist ein schlechter Scherz, so sehr gehört ihre Reflexion zu ihrer jeweiligen Schöpfung. Und
die Philosophie findet keinerlei letzte Zuflucht in der
Kommunikation, die potentiell nur Meinungen bearbeitet,
um »Konsens« und nicht Begriffe zu schaffen. Die Idee eines abendländischen demokratischen Gesprächs zwischen
Freunden hat niemals den geringsten Begriff erzeugt; sie
stammt vielleicht von den Griechen, diese aber mißtrauten
ihr so sehr und behandelten sie so grob, daß der Begriff
eher wie der ironische Vogel im Selbstgespräch war, der
das Schlachtfeld der vernichteten rivalisierenden Meinun-

---

1 Friedrich Nietzsche, *Aus dem Nachlaß der Achtziger Jahre*, in: *Werke*,
hrsg. von K. Schlechta, München ⁶1969, Bd. 3, S. 844.

*Gilles Deleuze / Félix Guattari* 45

gen (die trunkenen Gäste des Gastmahls) überflog. Die Philosophie betreibt keine Kontemplation, reflektiert nicht, kommuniziert nicht, obwohl sie Begriffe für diese Aktionen oder Passionen schaffen muß. Die Kontemplation, die Reflexion, die Kommunikation sind keine Disziplinen, sondern Maschinen zur Bildung von Universalien in allen Disziplinen. Die Universalien der Kontemplation, dann der Reflexion sind gleichsam die beiden Illusionen, die die Philosophie in ihrem Traum von der Herrschaft über die anderen Disziplinen schon durchlaufen hat (objektiver Idealismus und subjektiver Idealismus), und die Philosophie macht sich ebensowenig Ehre, wenn sie sich als neues Athen vorstellt und sich an die Universalien der Kommunikation hält, die die Regeln einer imaginären Beherrschung der Märkte und Medien liefern sollen (intersubjektiver Idealismus). Jede Schöpfung ist singulär, und der Begriff als genuin philosophische Schöpfung ist immer eine Singularität. Das erste Prinzip der Philosophie ist, daß die Universalien nichts erklären, sie müssen selbst erklärt werden.

Sich selbst erkennen; denken lernen; so tun, als ob nichts von selbst ginge; staunen, »staunen darüber, daß Seiendes ist«: – diese Bestimmungen der Philosophie und viele andere ergeben interessante, wenngleich auf lange Sicht auch ermüdende Haltungen, sie machen aber – nicht einmal unter einem pädagogischen Gesichtspunkt – keine wohldefinierte Beschäftigung, keine präzise Tätigkeit aus. Als entscheidend kann man dagegen folgende Definition der Philosophie ansehen: Erkenntnis durch reine Begriffe. Es besteht allerdings kein Grund, die Erkenntnis durch Begriffe und die Erkenntnis durch Konstruktion von Begriffen in der möglichen Erfahrung oder Anschauung gegeneinander zu stellen. Denn Nietzsches Urteil zufolge erkennen wir nichts durch Begriffe, wenn wir sie nicht zunächst erschaffen, d.h. konstruiert haben in einer ihnen eigentümlichen Anschauung: einem Feld, einer Ebene, ei-

46    *Philosophie und Vernunft*

nem Boden, der sich nicht mit ihnen deckt, aber die Keime und die Personen, die sie pflegen, in sich birgt. Der Konstruktivismus verlangt, daß jede Schöpfung eine Konstruktion auf einer Ebene ist, die ihr eine autonome Existenz verleiht. Begriffe erschaffen heißt zumindest, etwas tun. Die Frage nach Anwendung und Nutzen der Philosophie – oder gar nach ihrer Schädlichkeit (wem schadet sie?) – wird dadurch modifiziert.

Viele Probleme drängen sich unter den verwirrten Augen eines alten Mannes, der alle Arten von philosophischen Begriffen und Begriffspersonen miteinander konkurrieren sah. Und zunächst sind und bleiben die Begriffe signiert, Substanz des Aristoteles, Descartes' Cogito, Leibnizens Monade, Kants Bedingung, Schellings Potenz, Bergsons Dauer ... Manche verlangen aber auch ein außergewöhnliches, bisweilen barbarisches oder schockierendes Wort, das sie bezeichnen muß, während andere sich mit einem geläufigen, ganz gewöhnlichen Wort begnügen, das sich mit so fernen harmonischen Obertönen anfüllt, daß sie für ein nicht-philosophisches Ohr womöglich unhörbar bleiben. Manche rufen Archaismen auf den Plan, andere Neologismen, die von nahezu verrückten etymologischen Übungen durchzogen werden: die Etymologie als spezifisch philosophischer Wettkampf. Dabei muß es in jedem Fall eine seltsame Notwendigkeit für diese Wörter und ihre Wahl als Stilelement geben. Die Taufe des Begriffs beansprucht einen spezifisch philosophischen *Geschmack*, der gewaltsam oder einschmeichelnd verfährt und in der Sprache eine philosophische Sprache ausbildet, und zwar nicht nur ein Vokabular, sondern auch eine Syntax, die ans Erhabene oder an eine große Schönheit rührt. Nun haben die Begriffe – obwohl datiert, signiert und getauft – zwar ihre eigene Art von Unsterblichkeit und sind doch Zwängen der Erneuerung, der Ersetzung, der Mutation ausgesetzt, die der Philosophie eine bewegte Geschichte und ebenso eine bewegte Geographie verschaffen, in denen sich

*Gilles Deleuze / Félix Guattari* 47

alle Momente, alle Orte erhalten, allerdings in der Zeit, und vorübergehen, allerdings außerhalb der Zeit. Wenn sich die Begriffe fortwährend ändern, wird man fragen, welche Einheit den Philosophien bleibt. Ist es dasselbe für die Wissenschaften, für die Künste, die nicht mit Begriffen arbeiten? Und wie steht es mit deren jeweiliger Geschichte? Wenn die Philosophie diese *creatio continua* von Begriffen ist, wird man natürlich fragen, was ein Begriff als philosophische Idee ist, aber auch, worin die anderen schöpferischen Ideen bestehen, die keine Begriffe sind, die den Wissenschaften und den Künsten zukommen, die ihre eigene Geschichte und ihr eigenes Werden und ihre eigenen variablen Beziehungen untereinander und zur Philosophie besitzen. Die Ausschließlichkeit der Erschaffung von Begriffen sichert der Philosophie eine Funktion, verleiht ihr aber keinerlei Vorrang, keinerlei Privileg, gibt es doch so viele andere Arten des Denkens und Erschaffens, andere Weisen der Ideenbildung, die nicht über Begriffe verlaufen müssen, wie etwa das wissenschaftliche Denken. Und stets wird man auf die Frage zurückkommen, wozu diese Tätigkeit der Begriffsschöpfung diene, gerade in ihrem Unterschied zur wissenschaftlichen oder künstlerischen Tätigkeit: Warum muß man Begriffe und stets neue Begriffe erschaffen, mit welcher Notwendigkeit, zu welchem Gebrauch? Um was zu tun? Die Antwort, nach der die Größe der Philosophie gerade in ihrer Nutzlosigkeit bestünde, ist eine Koketterie, die nicht einmal mehr die Jüngeren hinters Licht führt. Jedenfalls haben wir niemals ein Problem mit dem Tod der Metaphysik oder der Überwindung der Philosophie gehabt: das ist nutzloses, peinliches Gewäsch. Man spricht vom Scheitern der Systeme heute, während sich doch nur der Systembegriff geändert hat. Wenn sich ein Ort und eine Zeit zur Erschaffung von Begriffen bietet, so wird sich das daraus entspringende Unternehmen stets Philosophie nennen oder sich selbst mit einem anderen Namen nicht von ihr unterscheiden.

48    *Philosophie und Vernunft*

Wir wissen jedoch, daß der Freund oder Liebhaber als Bewerber nicht ohne Rivalen auftritt. Wenn die Philosophie – wie man meint – einen griechischen Ursprung hat, so deshalb, weil die Polis im Unterschied zu den Imperien oder Staaten den Agon als Regel einer Gesellschaft von »Freunden«, die Gemeinschaft der freien Männer als Rivalen (Bürger) erfindet. Das ist die Ausgangslage, die Platon beschreibt: Wenn jeder Bürger Anspruch auf etwas erhebt, begegnet er notwendig Rivalen, so daß es erforderlich ist, die Wohlbegründetheit der Ansprüche beurteilen zu können. Der Tischler erhebt Anspruch auf das Holz, trifft aber auf den Förster, den Holzfäller, den Zimmermann, die sagen: Ich bin es, ich bin der Freund des Holzes. Wenn es um die Pflege des Menschen geht, gibt es viele Bewerber, die sich als Freund des Menschen vorstellen, den Bauern, der ihn nährt, den Weber, der ihn kleidet, den Arzt, der ihn pflegt, den Krieger, der ihn beschützt.[2] Und wenn in all diesen Fällen die Auswahl trotz allem aus einem etwas beschränkten Kreis getroffen wird, so gilt dies nicht mehr für die Politik, in der jeder Beliebige Anspruch auf alles mögliche erheben kann – in der athenischen Demokratie, wie Platon sie sieht. Von daher ergibt sich für Platon die Notwendigkeit, eine Ordnung wiederherzustellen, in der man die Instanzen schafft, mit denen sich über die Wohlbegründetheit der Ansprüche urteilen läßt: Dies sind die Ideen als philosophische Begriffe. Wird man nicht aber auch hier allen möglichen Bewerbern begegnen, die sagen: Der wahre Philosoph bin ich, ich bin der Freund der Weisheit oder der Wohlbegründetheit? Die Rivalität kulminiert in der zwischen Philosoph und Sophist, die sich um die Überreste des alten Weisen reißen, wie aber läßt sich der falsche Freund vom wahren und der Begriff vom Trugbild unterscheiden? Der Simulant und der Freund: das ist ein regelrechtes platonisches Theater, das

2  Platon, *Politikos*, 268a, 279a.

die Begriffspersonen wuchern läßt, indem es sie mit den Mächten des Komischen und des Tragischen versieht.

In größerer Nähe zu uns ist die Philosophie vielen neuen Rivalen begegnet. Zunächst waren es die Humanwissenschaften und insbesondere die Soziologie, die sie ersetzen wollten. Da aber die Philosophie mehr und mehr ihre Bestimmung – nämlich Begriffe zu schaffen – verkannt hatte, um Zuflucht bei den Universalien zu nehmen, wußte man nicht recht, was zur Debatte stand. Ging es um den Verzicht auf jede Begriffsschöpfung zugunsten einer strengen Wissenschaft vom Menschen oder ganz im Gegenteil um eine Transformation der Natur der Begriffe, indem man sie bald zu Kollektivvorstellungen, bald zu Weltanschauungen machte, die durch die Völker, ihre vitalen, historischen und geistigen Kräfte geschaffen wurden? Dann kam die Epistemologie an die Reihe, die Linguistik oder gar die Psychoanalyse – und die logische Analyse. Von Prüfung zu Prüfung stieß die Philosophie auf immer unverschämtere, immer unheilvollere Rivalen, die selbst Platon sich in seinen komischsten Augenblicken nicht hätte vorstellen können. Schließlich wurde der Tiefpunkt der Schmach erreicht, als die Informatik, das Marketing, das Design, die Werbung, alle Fachrichtungen der Kommunikation sich des Wortes Begriff, Konzept, selbst bemächtigten und sagten: Das ist unsere Sache, wir sind die Kreativen, wir sind die *Konzeptemacher*! Wir sind die Freunde des Begriffs, des Konzepts, wir bringen ihn in unsere Computer. Information und Kreativität, Konzept und Unternehmen: schon eine ausufernde Bibliographie … Das Marketing hat am Gedanken eines gewissen Bezugs von *Begriff* und *Ereignis* festgehalten; gerade hier aber ist der Begriff zur Gesamtheit der Präsentationen eines (historischen, wissenschaftlichen, künstlerischen, sexuellen, pragmatischen …) Produkts und das Ereignis die Zurschaustellung geworden, die verschiedene Präsentationen und den von ihr erwarteten »Ideenaustausch« inszeniert. Die einzigen Ereignisse sind Ausstellungen und die einzigen Begriffe Produkte, die man verkaufen kann. Die allgemeine Bewegung, die die Kritik durch *promotion* ersetzte, hat ihre Wirkung auf die Philosophie nicht verfehlt. Das Trugbild, das Simulacrum, die Simulation einer Nudelpackung ist zum wahren Begriff, Konzept, geworden, und der An- und Darbieter des Produkts – Ware oder Kunstwerk – ist zum Philosophen, zur Begriffsperson oder zum Künstler geworden. Wie könnte die Philosophie, eine betagte Person, gemeinsam mit jungen Managern zu einem Wettlauf um die Universalien der Kommunikation antreten, um die Warenform des Konzepts – MERZ – zu bestimmen? Gewiß ist es schmerzlich zu erfahren, daß »Konzept« eine Gesellschaft von Dienstleistungen und Informations-Engineering bezeichnet. Je mehr aber die Philosophie mit schamlosen und albernen Rivalen aneinandergerät, desto mehr begegnet sie ihnen in ihrem eigenen Innern, desto mehr fühlt sie sich zur Erfüllung der Aufgabe getrieben, nämlich Begriffe zu schaffen, die eher Meteoriten als Waren sind. Mit schallendem Gelächter vertreibt sie ihre Tränen. So ist denn die Frage der Philosophie der singuläre Punkt, an dem sich Begriff und Schöpfung aufeinander beziehen.

Die Philosophen haben sich nicht genügend um die Natur des Begriffs als philosophischer Realität gekümmert. Sie haben es vorgezogen, ihn als gegebene Erkenntnis oder Repräsentation zu betrachten, die sich durch Vermögen zu seiner Bildung (Abstraktion oder Verallgemeinerung) oder seinem Gebrauch (Urteil) erklärten. Aber der Begriff ist nicht gegeben, er ist geschaffen und muß geschaffen werden; er ist nicht gebildet, er setzt sich selbst in sich selbst – Selbstsetzung. Beides impliziert sich wechselseitig, da das wahrhaft Geschaffene – vom Lebewesen bis zum Kunstwerk – eben darum über eine Selbst-Setzung seiner selbst oder über einen autopoietischen Charakter verfügt, an dem man es erkennt. Je mehr der Begriff erschaffen ist,

*Gilles Deleuze / Félix Guattari* 51

desto mehr setzt er sich. Was von einer freien schöpferischen Tätigkeit abhängt, ist auch das, was sich in sich selbst unabhängig und notwendig setzt: Das Subjektivste wird das Objektivste sein. Die Postkantianer haben in diesem Sinne dem Begriff als philosophischer Realität die meiste Aufmerksamkeit gewidmet, insbesondere Schelling und Hegel. Hegel hat dem Begriff durch die Gestalten seiner Erschaffung und die Momente seiner Selbstsetzung eine starke Definition verliehen: Die Gestalten sind Bestandteile des Begriffs geworden, weil sie die Seite ausprägen, unter der der Begriff vom und im Bewußtsein geschaffen wird, und zwar über die Stufenfolge des Geistes hinweg, während die Momente die andere Seite entwerfen, der zufolge der Begriff sich selbst setzt und die Stufen des Geistes im Absoluten des Selbst vereint. Hegel zeigte damit, daß der Begriff nichts mit einer allgemeinen oder abstrakten Idee zu tun hat, ebensowenig mit einer unerschaffenen Weisheit, die nicht von der Philosophie selbst abhängen würde. Dies geschah aber um den Preis einer unbestimmten Ausdehnung der Philosophie, die die unabhängige Bewegung der Wissenschaften und Künste kaum bestehen ließ, weil sie Universalien mit ihren eigenen Momenten wiederherstellte und die Personen ihrer eigenen Schöpfung nur mehr als gespensterhafte Statisten behandelte. Die Postkantianer kreisten um eine universale *Enzyklopädie* des Begriffs, die dessen Erschaffung auf eine reine Subjektivität zurückführte, anstatt sich eine bescheidenere Aufgabe zu stellen, eine *Pädagogik* des Begriffs nämlich, die die Bedingungen des Erschaffens als Faktoren von singulär bleibenden Momenten analysieren müßte.[3] Wenn die drei Zeitalter des Begriffs Enzyklopädie, Pädagogik und kommerzielle Berufsbildung sind, so kann

---

3 In einer bewußt didaktischen Form hat Frédéric Cossutta eine sehr interessante Pädagogik des Begriffs vorgelegt: *Eléments pour la lecture des textes philosophiques*, Paris 1989.

## 52    Philosophie und Vernunft

uns nur das zweite daran hindern, von den Spitzen des ersten in das absolute Desaster des dritten zu fallen, ein absolutes Desaster für das Denken, was immer auch – wohlgemerkt – dessen soziale Wohltaten vom Standpunkt des universalen Kapitalismus aus sein mögen.

# Michel Foucault

*Im Rahmen der Frage der philosophischen Phänomenologie, wie sich die Wissenschaft zur Lebenswelt und der Alltag zur Philosophie verhält, zeigt Michel Foucault schon in seinen ersten Arbeiten über »Krankheit und Wahnsinn« (»Folie et déraison«, 1961), wie illusorisch die Idee einer neutralen Beurteilung der Vernunft in einer laufenden Entwicklung ist. Dabei ist die Bedeutung des distanzierenden Blicks des Historikers oder Ethnologen nicht etwa zu unterschätzen. Wenn wir aber von außen auf Teile unserer eigenen Kultur zu blicken suchen, dann tun wir das in aller Regel schon in einer vorgeformten Weise mit vorgegebenen und selten befragten Zielsetzungen und damit am Ende doch wieder aus einer gewissen provinziellen Perspektive. Wie Nietzsche achtet Foucault daher besonders auf die Perspektivität in den performativen Akten der Selbstreflexion und deren Voraussetzungen. Dazu gehört u. a. der reale Organisationsrahmen der historischen Wissenschaften. In einer Genealogie rekonstruieren wir zwar Formen einer Praxis und deren Entwicklung und entgrenzen damit unser je unmittelbares Verständnis. Doch nicht nur unser bloß präsentisches Bewusstsein, gerade auch Genealogien können dazu beitragen, dass Fakten verdeckt bleiben.*

*Das macht eine »Archäologie des Wissens« (»L'archéologie du savoir«, 1969) erforderlich, die über genealogische (Re-)Konstruktionen hinausgeht. Die Bedeutung einer zugehörigen Faktensuche oder Tiefenbohrung liegt darin, dass aufgrund der institutionellen Gegebenheiten mit gewissen Verkürzungen unseres verschriftlichten Gedächtnisses, der üblichen »Ordnung des Diskurses« (»L'ordre du discours«, 1971), zu rechnen ist. Denn was schriftlich fixiert wird, dient immer schon bestimmten Zwecken. Es setzt außerdem immer schon eine gewisse implizite Interpretationspraxis voraus, in der sich die Bedeutung der Texte* scheinbar, aber oft eben nur scheinbar, von selbst versteht. Es bedarf daher immer auch einer gewissen Skepsis gegen die Überlieferung durch Texte. Diese sagen weder alles, was es zu sagen gälte, noch sagen sie es ohne Verzerrungen oder unabhängig von ihrer Rezeptionsgeschichte. Derartige Verzerrungen müssen nicht auf absichtliche ideologische Selbstbeschönigung der jeweiligen Gewinner zurückgehen, sondern sind oft Teil einer impliziten Macht. Diese Macht besteht, grob gesagt, darin, dass gewisse Möglichkeiten individuellen Handelns oder gemeinsamer Praxis als irgendwie ›unvernünftig‹ ausgeschlossen sind. Sie ist die faktische Bestimmung des Raumes ›realer‹ Möglichkeiten.

Daher gibt es aus strukturellen Gründen immer auch eine dunkle Seite in jeder Entwicklung, auch der Aufklärung oder der Moderne, die tendenziell ausgeblendet wird, wenn man nicht explizit danach fragt, wer die Kosten dessen trägt, was jeweils als Fortschritt oder Vernunft hochgelobt wird. Dies zeigt sich insbesondere auch daran, dass Themen wie »Überwachen und Strafen« (»Surveiller et punir«, 1975) oder der verbale, moralische und rechtliche Umgang mit Sexualität nicht nur in der Philosophie, sondern auch in den Geschichts- und Sozialwissenschaften entsprechend stiefmütterlich behandelt werden. Analoges gilt für die schwierige Frage, welche Formen der Selbstdisziplinierung als authentische Wege personaler Selbstbildung, welche als Unterwerfung unter eine fremde Macht, etwa eine bloße Tradition oder einen Konformismus in einer diffusen Masse, zu verstehen sind. Eine ›archäologische‹ Geschichtsschreibung erhält somit die wichtige Funktion der Gegensteuerung gegen eine quasi automatische Selbstüberschätzung der je gegenwärtigen Perspektive. Gegen Hegels Säkularisierung der traditionellen Theodizee im Rahmen einer durchaus problematischen Geschichtsphilosophie setzt Foucault eine ›positivistische‹ oder besser: realhermeneutische De(kon)struktion selbstzufriedener Aufklärung und Fortschrittsrhetorik.

## Was ist Aufklärung?

[... A]uch wenn wir diese Vorsichtsmaßregeln beachten, müssen wir natürlich einen positiven Inhalt dessen angeben, was ein philosophisches *Ethos* sein kann, das in einer Kritik dessen besteht, was wir sagen, denken und tun, mittels einer historischen Ontologie unserer selbst.

1. Dieses philosophische *Ethos* kann als *Grenzhaltung* charakterisiert werden. Es geht nicht um ein Verhalten der Ablehnung. Wir müssen die Alternative des Außen und Innen umgehen; wir müssen an den Grenzen sein. Kritik besteht gerade in der Analyse der Grenzen und ihrer Reflexion. Aber wenn es die Kantische Frage war zu wissen, welche Grenzen die Erkenntnis nicht überschreiten darf, scheint es mir, daß die kritische Frage heute in eine positive gekehrt werden muß: Welchen Ort nimmt in dem, was uns als universal, notwendig und verpflichtend gegeben ist, das ein, was einzig, kontingent und das Produkt willkürlicher Beschränkungen ist? Alles in allem geht es darum, die in Form der notwendigen Begrenzung ausgeübte Kritik in eine praktische Kritik in Form einer möglichen Überschreitung zu transformieren.
Das hat offensichtlich zur Konsequenz, daß Kritik nicht länger als Suche nach formalen Strukturen mit universaler Geltung geübt wird, sondern eher als historische Untersuchung der Ereignisse, die uns dazu geführt haben, uns als Subjekte dessen, was wir tun, denken und sagen zu konstituieren und anzuerkennen. In diesem Sinne ist die Kritik nicht transzendental, und ihr Ziel ist nicht die Ermöglichung einer Metaphysik: sie ist in ihrer Absicht genealogisch und in ihrer Methode archäologisch. Archäologisch – und nicht transzendental – insofern als sie nicht versucht, die universalen Strukturen aller Erkenntnis oder jeder möglichen moralischen Handlung zu identifizieren, sondern die Fälle von Diskursen zu behandeln sucht, die

das, was wir denken, sagen und tun in verschiedensten historischen Ereignissen bezeichnen. Und diese Kritik wird insofern genealogisch sein, als sie nicht aus der Form unseres Seins das ableitet, was wir unmöglich tun und wissen können; sondern sie wird in der Kontingenz, die uns zu dem gemacht hat, was wir sind, die Möglichkeit auffinden, nicht länger das zu sein, zu tun oder zu denken, was wir sind, tun oder denken.

Sie versucht nicht, eine Metaphysik zu ermöglichen, die schließlich zur Wissenschaft wurde; sie versucht, so weit und so umfassend wie möglich, der unbestimmten Arbeit der Freiheit einen neuen Impuls zu geben.

2. Aber falls wir uns nicht mit der Beteuerung oder dem leeren Traum von Freiheit abfinden wollen, scheint mir, daß diese historisch-kritische Haltung auch eine experimentelle sein muß. Ich meine, daß diese an den Grenzen unserer selbst verrichtete Arbeit einerseits einen Bereich historischer Untersuchung eröffnen und sich andererseits dem Test der Wirklichkeit und der Aktualität aussetzen muß, um sowohl die Punkte zu ergreifen, wo Veränderung möglich und wünschenswert ist, als auch zu bestimmen, welche genaue Form diese Veränderung annehmen soll. Das bedeutet, daß diese historische Ontologie unserer selbst von allen Projekten Abstand nehmen muß, die beanspruchen, global oder radikal zu sein. In der Tat wissen wir aus Erfahrung, daß der Anspruch, dem System der gegenwärtigen Realität zu entkommen, um allgemeine Programme einer anderen Gesellschaft, einer anderen Weise zu denken, einer anderen Kultur, einer anderen Weltanschauung hervorzubringen, nur zur Rückkehr zu den gefährlichsten Traditionen geführt haben.

Ich ziehe die sehr spezifischen Transformationen vor, die in den letzten zwanzig Jahren in einer Reihe von Gebieten möglich geworden sind, die die Weise unseres Seins und Denkens betreffen, die Beziehungen der Autorität, die

Verhältnisse zwischen den Geschlechtern, die Weise, auf die wir Wahnsinn oder Krankheit wahrnehmen; ich ziehe selbst diese partiellen Transformationen, die in dem Verhältnis von historischer Analyse und praktischer Haltung gemacht wurden, den Versprechungen eines neuen Menschen vor, die die schlechtesten politischen Systeme während des 20. Jahrhunderts wiederholt haben.

Daher charakterisiere ich das philosophische *Ethos*, das der kritischen Ontologie unserer selbst eigen ist, als historisch-praktischen Test der Grenzen, die wir überschreiten können, und damit als eine Arbeit von uns selbst an uns selbst als freie Wesen.

3. Dennoch wäre der folgende Einwand ohne Zweifel vollständig berechtigt: Falls man sich auf diesen Typ stets partieller und lokaler Untersuchungen oder Tests beschränkt, läuft man dann nicht Gefahr, sich von allgemeineren Strukturen bestimmen zu lassen, deren man nicht bewußt ist und die man nicht beherrscht?

Dazu zwei Antworten. Es ist richtig, daß wir die Hoffnung aufgeben müssen, jemals einen Standpunkt zu erreichen, der uns Zugang zu einer vollständigen und definitiven Erkenntnis darüber gewähren könnte, was unsere historischen Grenzen konstituiert. Und von diesem Standpunkt aus ist die theoretische und praktische Erfahrung, die wir von unseren Grenzen und ihrer Überschreitung machen, stets selbst begrenzt, bestimmt und von neuem zu beginnen.

Aber dies heißt nicht, daß jede Arbeit in Unordnung und Zufälligkeit verlaufen muß. Diese Arbeit hat ihre Allgemeinheit, ihre Systematik, ihre Homogenität und ihren Einsatz.

*a) Ihr Einsatz:* Er wird durch das gekennzeichnet, was »das Paradox der Beziehungen von Fähigkeit und Macht« genannt werden kann. Wir wissen, daß das große Verspre-

58    *Philosophie und Vernunft*

chen, oder die große Hoffnung des 18. Jahrhunderts, oder
eines Teils des 18. Jahrhunderts, in dem gleichzeitigen und
proportionalen Wachstum der technischen Fähigkeiten
der Einwirkung auf Gegenstände wie auch in der Freiheit
der Individuen in ihren Beziehungen zueinander lag. Und
darüber hinaus kann man sehen, daß während der ganzen
Geschichte westlicher Gesellschaften (vielleicht liegt hier
die Wurzel ihres einzigartigen historischen Schicksals – eines besonderen Schicksals, in seinem Verlauf von den anderen so verschieden und so universalisierend, so beherr-
schend in bezug auf die anderen) die Aneignung von Fähigkeiten und der Kampf für Freiheit ständige Elemente
waren. Nun ist die Beziehung zwischen dem Zuwachs an
Fähigkeiten und dem Zuwachs an Autonomie nicht so
einfach, wie das 18. Jahrhundert gedacht haben mag. Und
man konnte sehen, welche Formen von Machtbeziehungen durch verschiedene Technologien gefördert wurden
(ob wir von Produktionen mit ökonomischen Zielen sprechen oder von Institutionen mit dem Ziel gesellschaftlicher Regulierung oder von Kommunikationstechniken):
kollektive und individuelle Disziplinen, Prozeduren der
Normalisierung, die im Namen der Staatsmacht, als Forderungen der Gesellschaft oder von Teilen der Bevölkerung ausgeübt wurden, geben Beispiele. Der Einsatz ist
also: Wie kann der Zuwachs an Fähigkeiten von der Stär-
kung von Machtbeziehungen getrennt werden?

*b) Homogenität:* Das führt zu einer Untersuchung dessen,
was »praktische Systeme« genannt werden könnte. Als
homogenes Bezugsfeld nehmen wir hier weder die Vorstellungen, die Menschen von sich selbst haben, noch die
Bedingungen, von denen sie ohne ihr Wissen bestimmt
sind, sondern eher, was sie tun und wie sie es tun. Das
heißt die Rationalitätsformen, die ihre Weise zu handeln,
organisieren (dies könnte der technologische Aspekt genannt werden) und die Freiheit, mit der sie innerhalb die-

ser praktischen Systeme handeln, darauf reagieren, was andere tun und bis zu einem gewissen Punkt die Spielregeln modifizieren (dies könnte die strategische Seite dieser Praktiken genannt werden). Die Homogenität dieser historisch-kritischen Analysen wird also durch diesen Bereich von Praktiken, mit ihrer technologischen und ihrer strategischen Seite, gesichert.

c) *Systematik:* Diese praktischen Systeme entstammen drei ausgedehnten Gebieten: Beziehungen der Beherrschung von Dingen, Beziehungen der Wirkung auf andere, Beziehungen zu sich selbst. Dies bedeutet nicht, daß diese drei Gebiete einander völlig fremd sind. Es ist hinreichend bekannt, daß die Herrschaft über Dinge über Beziehungen mit anderen vermittelt ist; und diese enthalten umgekehrt stets Beziehungen zu sich selbst und umgekehrt. Aber es handelt sich um drei Achsen, deren Besonderheiten und Beziehungen untereinander analysiert werden müssen: die Achse des Wissens, die Achse der Macht, die Achse der Ethik. In anderen Worten, die historische Ontologie unserer selbst muß eine offene Reihe von Fragen beantworten; sie muß eine unbestimmte Anzahl von Untersuchungen unternehmen, die nach unserem Belieben vermehrt und spezifiziert werden können, die aber alle auf die folgende Systematisierung antworten müssen: Wie haben wir uns als Subjekte unseres eigenen Wissens konstituiert? Wie haben wir uns als Subjekte konstituiert, die Machtbeziehungen ausüben oder sich ihnen unterwerfen? Wie haben wir uns als moralische Subjekte unserer Handlungen konstituiert?

d) *Allgemeinheit:* Schließlich sind diese historisch-kritischen Untersuchungen insofern äußerst spezifisch, als sie sich stets auf ein Material, eine Epoche, einen Korpus bestimmter Praktiken und Diskurse beziehen. Und doch haben sie zumindest auf der Ebene der westlichen Gesellschaften, denen wir entstammen, eine gewisse Allgemeinheit, insofern als sie bis zu uns immer wiederkehrten; zum Beispiel das Problem der Beziehung zwischen Vernunft und Wahnsinn, Krankheit und Gesundheit oder Verbrechen und Gesetz, das Problem der Rolle sexueller Beziehungen und so weiter.

Indem ich mich auf diese Allgemeinheit berufe, will ich jedoch keineswegs nahelegen, daß sie in ihrer metahistorischen Kontinuität über die Zeit zurückverfolgt werden soll oder daß ihre Variationen verfolgt werden sollten. Was erfaßt werden muß, ist das Ausmaß, in dem das, was wir von ihr wissen, die Formen der Macht, die in ihr ausgeübt werden und die Erfahrung unserer selbst, die wir in ihr haben, nichts als bestimmte historische Figuren konstituieren, und zwar durch eine gewisse Form der Problematisierung, die Objekte, Handlungsregeln und Weisen der Selbstbeziehung definiert. Das Studium dieser *Problematisierungsweisen* (d.h. dessen, was weder eine anthropologische Konstante noch eine zeitliche Variation ist) ist daher die Art, Fragen von allgemeiner Bedeutung in ihrer historisch einzigartigen Form zu analysieren.

Eine kurze Zusammenfassung, um zu schließen und zu Kant zurückzukehren.

Ich weiß nicht, ob wir jemals mündig werden. Vieles in unserer Erfahrung überzeugt uns, daß das historische Ereignis der *Aufklärung* uns nicht mündig gemacht hat und daß wir es noch immer nicht sind. Dennoch scheint mir, daß der kritischen Befragung der Gegenwart und unserer selbst, die Kant in einer Reflexion über die *Aufklärung* formulierte, eine Bedeutung verliehen werden kann. Es scheint mir, daß Kants Reflexion selbst eine Weise des Philosophierens ist, die während der letzten zwei Jahrhunderte nicht ohne Bedeutung oder Wirksamkeit geblieben ist. Die kritische Ontologie unserer selbst darf beileibe nicht als eine Theorie, eine Doktrin betrachtet werden, auch nicht als ständiger, akkumulierender Korpus von Wissen; sie muß als eine Haltung vorgestellt werden, ein *Ethos*, ein philosophisches Leben, in dem die Kritik dessen, was wir sind, zugleich die historische Analyse der uns gegebenen Grenzen ist und ein Experiment der Möglichkeit ihrer Überschreitung.

Diese philosophische Haltung muß in die Arbeit verschiedener Untersuchungen übertragen werden. Diese Untersuchungen erhalten ihre methodische Kohärenz in dem zugleich archäologischen und genealogischen Studium von Praktiken, die gleichzeitig als ein technologischer Typ von Rationalität und als strategische Spiele von Freiheiten angesehen werden; sie haben ihre theoretische Kohärenz in der Bestimmung der historisch einmaligen Formen, in denen die Allgemeinheiten unserer Beziehungen zu Dingen, zu anderen und zu uns selbst problematisiert worden sind. Sie haben ihre praktische Kohärenz in der Sorge darum, die historisch-kritische Reflexion an konkreten Praktiken zu prüfen. Ich weiß nicht, ob man heute sagen soll, daß die kritische Aufgabe immer noch den Glauben an die Aufklärung einschließt; ich denke jedenfalls, daß diese Aufgabe eine Arbeit an unseren Grenzen erfordert, das heißt eine geduldige Arbeit, die der Ungeduld der Freiheit Gestalt gibt.

# Jean-François Lyotard

*In einem üblichen Bild der Moderne ist diese ein großes Gemeinschaftsprojekt mit den hehren Zielen von Aufklärung, Fortschritt, Freiheit und Authentizität. Spätestens nach unseren Erfahrungen mit Auschwitz und den Gulags gilt es, dieses Projekt zu redigieren und Teile der zugehörigen großen Erzählung als Mythos zu verabschieden. Der Ausdruck »Postmoderne« steht für die Vorstellung eines entsprechenden neuen Selbstverständnisses der Moderne, in dem an die Stelle der Forderung nach gemeinschaftlichem Konsens der rechte Umgang mit individuellem Dissens rückt, an die Stelle der Anrufung einer kollektiven Vernunft und Wahrheit die Anerkennung des Pluralismus verschiedener Wirklichkeiten bzw. Interpretationen des Wirklichen und damit des Widerstreits unterschiedlicher Werte. Dies geschieht in einem neuen, am Ende ästhetischen Umgang mit dem Dissens, den Lyotard mit Kants Analyse des Erhabenen in Verbindung bringt: So wie das, was allzu groß ist und sich nicht endlichen Begriffen und Wertungen gefügig machen lässt, einfach als solches anzuerkennen ist, die Welt etwa oder das All oder das Leben, so haben wir uns auch dem Inkommensurablen des Widerstreits als einfache Tatsache zu stellen. Anstatt des Kampfs um eine schöne Utopie wie im Nationalismus oder Kommunismus ist immer auch der kleine Friede zu verteidigen. In den neuen Medien und den neuen Technologien werden dafür Möglichkeitsbedingungen gesehen, so dass etwa auch ein imperialer Kapitalismus durch neue Formen globaler und zugleich subsidiärer Ökonomie und Politik abgelöst werden könnte. Dabei zeigt die Erinnerung, dass Aufklärung und Moderne nicht allein durch Fortschrittsoptimisten wie z. B. Antoine de Condorcet oder Auguste Comte geprägt, sondern immer auch durch Kritiker oder Skeptiker begleitet wurden, wobei schon Voltaire das Erdbeben von Lissabon in gewisser Weise als argumentatives Symbol dazu gebraucht, um die große Erzählung von Leibniz, die Theodizee des Doktor Pangloss, zu verabschieden (»Candide«) und sich am Ende in den überschaubaren Garten Epikurs zurückzuziehen.*

## Beantwortung der Frage: Was ist postmodern?

Wir befinden uns in einer Phase der Erschlaffung, ich spreche von Tendenzen der Zeit. Von allen Seiten werden wir gedrängt, mit dem Experimentieren aufzuhören, in den Künsten und anderswo. Ich las einen Kunsthistoriker, der Realismen anpreist und für neue Subjektivität eintritt. [...]
Ich las einen angesehenen Denker, der die Moderne gegen diejenigen verteidigt, die er die Neokonservativen nennt. Unterm Banner des Postmodernismus, so glaubt er, wollen sich diese vom unvollendet gebliebenen Projekt der Moderne, der Aufklärung\*, lösen. Selbst deren letzte Verfechter, wie Popper und Adorno, haben ihm zufolge dies Projekt nur mehr in partikulären Lebensbereichen zu verteidigen vermocht, der Autor von *The Open Society* in der Sphäre des Politischen, der der *Ästhetischen Theorie* in der Kunst. Jürgen Habermas [...] meint, daß die Moderne gescheitert ist, da sie zuließ, daß die Totalität des Lebens in voneinander abgetrennte Spezialgebiete zerfiel, die der beschränkten Kompetenz von Experten obliegen – obschon das konkrete Individuum »entsublimierten Sinn« und »entstrukturierte Form« nicht als befreiend erlebt, sondern als jenen entsetzlichen *ennui*, den Baudelaire vor mehr als hundert Jahren beschrieb.
Einem Hinweis Albrecht Wellmers zufolge ist der Philo-

---

\* Hier und im folgenden bedeutet ein Sternchen: im Original deutsch. [Anm. d. Übers.]

soph der Ansicht, daß dieser Zersplitterung der Kultur und ihrer Trennung vom Leben nur dadurch abgeholfen werden kann, daß »die ästhetische Erfahrung [...] ihren Stellenwert ändert«, das heißt »nicht primär in Geschmacksurteile umgesetzt wird«, sondern »explorativ für die Aufhellung einer lebensgeschichtlichen Situation genutzt, auf Lebensprobleme bezogen wird«. Denn dann tritt sie »in ein Sprachspiel ein, das nicht mehr das der ästhetischen Kritik ist«, greift »in die kognitiven Erwartungen ein und verändert die Art, wie alle diese Momente aufeinander *verweisen*«. Kurz, Habermas verlangt von den Künsten und der Erfahrung, die sie vermitteln, eine Brücke über den Abgrund, der die Diskurse der Erkenntnis, der Ethik und der Politik trennt, zu schlagen und so der Einheit der Erfahrung einen Weg zu bahnen.

Meine Frage lautet: Welcher Art ist die Einheit, die Habermas vorschwebt? Besteht das Ziel, das das Projekt Moderne verfolgt, darin, eine soziokulturelle Einheit zu schaffen, in der alle Elemente des Alltagslebens und des Denkens wie in einem organischen Ganzen Platz finden könnten? Oder sind die Übergänge, die zwischen den heterogenen Sprachspielen, dem Spiel der Erkenntnis, der Ethik und der Politik zu eröffnen sind, von einer anderen Ordnung als diese? Und wenn ja, wie sollten sie dann in der Lage sein, deren wirkliche Synthese zu realisieren?

Die erste Hypothese ist Hegelscher Inspiration und stellt den Begriff einer sich dialektisch totalisierenden *Erfahrung* nicht in Frage; die zweite steht dem Geist der *Kritik der Urteilskraft* näher, hat aber wie diese sich der strengen Prüfung zu unterziehen, die die Postmoderne dem Denken der Aufklärung auferlegt, der Vorstellung eines einheitlichen Ziels der Geschichte und eines Subjekts. Nicht nur Wittgenstein und Adorno haben diese Kritik begonnen, sondern auch einige Denker, ob nun Franzosen oder nicht [...].

Modern nenne ich die Kunst, die ihre »kleine Technik«, wie Diderot sagen würde, darauf verwandte zu zeigen, daß es ein Nicht-Darstellbares gibt. Sichtbar zu machen, daß es etwas gibt, das man denken, nicht aber sehen oder sichtbar machen kann: das ist der Einsatz der modernen Malerei. Aber wie kann man sichtbar machen, daß es etwas gibt, das unsichtbar ist? Kant selbst zeigt an, welchem Weg hier zu folgen ist, indem er das *Formlose*, die *Abwesenheit von Form* als möglichen Index des Nicht-Darstellbaren bezeichnet. Von der leeren *Abstraktion*, die der Einbildungskraft auf ihrer Suche nach einer Darstellung des Unendlichen (ein weiteres Nicht-Darstellbares), sagt er auch, daß diese Abstraktion selber gleichsam eine Darstellung des Unendlichen, seine *negative Darstellung* ist. Er zitiert das »Du sollst dir kein Bildnis machen usw.« (2. Mose 2,4) als die erhabenste Stelle der Bibel, insofern darin jegliche Darstellung des Absoluten untersagt ist. Man braucht diesen Bemerkungen kaum viel hinzuzufügen, um eine Ästhetik der erhabenen Malerei zu skizzieren: Als Malerei würde diese zwar etwas »darstellen«, aber nur in negativer Weise, sie würde also alles Figurative und Abbildliche vermeiden, sie wäre »weiß« wie ein Quadrat von Malevitsch, sie würde nur sichtbar machen, indem sie zu sehen verbietet, sie würde nur Lust bereiten, indem sie schmerzt. In diesen Unterweisungen sind die Axiome der künstlerischen Avantgarden in dem Maße wiederzuerkennen, als sie darauf abzielen, durch sichtbare Darstellungen auf ein Nicht-Darstellbares anzuspielen. Die Systeme und Begründungen, in deren Namen oder mit Hilfe deren diese Aufgabe verfochten und gerechtfertigt wurde, verdienen gewiß große Aufmerksamkeit; sie konnten aber nur im Anschluß an die Bestimmung des Erhabenen gebildet werden und um diese ihrerseits zu legitimieren, das heißt zu maskieren. Ohne die Inkommensurabilität der Wirklichkeit im Verhältnis zum Begriff, die in der Kantischen Philosophie des Erhabenen enthalten ist, bleiben sie unerklärbar.

66    *Philosophie und Vernunft*

Ich beabsichtige nicht, hier im einzelnen zu untersuchen, wie die verschiedenen Avantgarden die Wirklichkeit gleichsam gedemütigt und disqualifiziert haben, indem sie das, was an sie zu glauben ermöglicht, nämlich die bildnerischen Techniken, einer rücksichtslosen Prüfung unterzogen. Lokalton, Zeichnung, Farbmischung, Linearperspektive, Beschaffenheit von Träger und Arbeitsmittel, »Rechnung«, Plazierung, Museum: Unablässig stöbern die Avantgarden die Kunstmittel der Darstellung auf, die veranlassen, daß das Denken der Herrschaft des Blicks unterliegt und vom Nicht-Darstellbaren abgelenkt wird. Wenn Habermas, wie übrigens auch Marcuse, diese Arbeit der Entwirklichung als einen Aspekt (repressiver) »Entsublimierung« begreift und darin das Charakteristikum der Avantgarde erblickt, so deshalb, weil er das Erhabene Kants mit der Freudschen Sublimierung verwechselt und die Ästhetik für ihn eine Ästhetik des Schönen bleibt.

Was ist dann also das Postmoderne? Welchen Platz nimmt es oder nimmt es nicht ein in der schwindelerregenden Arbeit der Fragen, die den Regeln des Bildes und der Erzählung entgegengeschleudert werden? Sicher hat es an der Moderne teil. Alles Überkommene, selbst wenn es nur von gestern ist (*modo, modo*, schrieb Petronius), muß hinterfragt werden. Welchem Raum mißtraut Cézanne? Dem der Impressionisten. Welchen Gegenstand hintergehen Picasso und Braque? Denjenigen Cézannes. Mit welcher Voraussetzung bricht Duchamp 1912? Mit der, daß ein Maler ein Bild zu malen hat, und sei es kubistisch. Und Buren stellt jene andere Voraussetzung in Frage, die seines Erachtens vom Œuvre Duchamps unberührt blieb: den Darstellungsort des Werkes. Welch atemberaubende Beschleunigung, »Generationen« überstürzen sich. Ein Werk ist nur modern, wenn es zuvor postmodern war. So gesehen bedeutet der Postmodernismus nicht das Ende des Modernismus, sondern dessen Geburt, dessen permanente Geburt. [...]

Es sollte endlich Klarheit darüber bestehen, daß es uns nicht zukommt, *Wirklichkeit zu liefern*, sondern Anspielungen auf ein Denkbares zu erfinden, das nicht dargestellt werden kann. Und man hat sich von dieser Aufgabe nicht die mindeste Versöhnung zwischen »Sprachspielen« zu erwarten: Kant, er nannte sie Vermögen, wußte, daß sie durch einen Abgrund voneinander geschieden sind und daß nur eine transzendentale Illusion (die Hegelsche) hoffen konnte, sie in einer wirklichen Einheit zu tolerieren. Aber er wußte auch, daß für diese Illusion der Preis des Terrors zu entrichten ist. Das 19. und 20. Jahrhundert haben uns das ganze Ausmaß dieses Terrors erfahren lassen. Wir haben die Sehnsucht nach dem Ganzen und dem Einen, nach der Versöhnung von Begriff und Sinnlichkeit, nach transparenter und kommunizierbarer Erfahrung teuer bezahlt. Hinter dem allgemeinen Verlangen nach Entspannung und Beruhigung vernehmen wir nur allzu deutlich das Raunen des Wunsches, den Terror ein weiteres Mal zu beginnen, das Phantasma der Umfassung der Wirklichkeit in die Tat umzusetzen. Die Antwort darauf lautet: Krieg dem Ganzen, zeugen wir für das Nicht-Darstellbare, aktivieren wir die Differenzen, retten wir die Differenzen, retten wir die Ehre des Namens.

# Jacques Derrida

*Im Nachgang zu Husserls phänomenologischer Analyse und zu Gadamers Idee einer fortlaufenden Interpretation unseres historischen Erbes sieht Derrida, dass sich Bedeutungen als Schemata der Wiederholung im Sprechen und Handeln entwickeln. Es ist immer ein impliziter Appell an einen historischen Kontext, durch den wir eine Äußerung auf eine bestimmte Weise verstehen oder ihr einen bestimmten Sinn zuordnen. Dabei ist die Differenz des je neuen Falles zu den je alten und bekannten Fällen nicht zu vergessen. Die entsprechende Ausweitung der Idee des Strukturalismus, dass es die Unterschiede sind, welche für Sprechen und Verstehen relevant sind, führt am Ende zu einer neuen Leseweise der Dialektik Hegels: Nur im Aufschub auf das spätere Verstehen oder Missverständnis und im Rückblick auf die Spur vergangener Erfolge oder Misserfolge in unserer Praxis der Formerkennung und Verständigung gibt es ›bestimmte‹ Bedeutungen oder ›Kriterien‹. Sprachliche Formen sind immer schon Bestandteil eines ›Schrift‹, d.h. eines Systems reproduzierbarer Formtypen, die in einer »Grammatologie« (»De la grammatologie«, 1967) zu explizieren sind. Derridas Liebe zum Paradox gründet dabei im Urparadox, dass das Ursprüngliche die Wiederholung ist, die als solche gerade nicht ursprünglich ist. Jede Rekonstruktion eines Ur-Sinns, einer Ur-Spur, ob bei Hegel oder Heidegger oder in einer anderen Entwicklungsgeschichte, konstruiert eine Vergangenheit post hoc, die (so) gerade nicht stattgefunden hat – was die Genannten freilich gern zugeben würden.*

*Zur Artikulation seiner Kritik an geradezu epochalen Selbst(miss)verständnissen im abendländischen Denken prägt Derrida dabei Merkworte wie »Phonozentrismus« und »(Phal-)Logozentrismus«. Es geht ihm um die ›Dekonstruktion‹ einer diagnostizierten ›Präsenzmetaphysik‹, d. h. des Aberglaubens an ein unmittelbares Verstehen. Am besten versteht man diese Dekonstruktion als das Unternehmen, allzu selbst(miss)verständliche Unterstellungen fester Ordnungen und Kriterien sokratisch zu untergraben. Oft geht es dabei um den Aufweis des Widerspruchs zwischen dem, was man (etwa zum Begriff der Vernunft oder Rationalität) sagt, und dem, wie man handelt. Insoweit in den Sprechaktanalysen Austins oder den Sprachspielanalysen Wittgensteins derartige Formen implikativer Dialektik ebenfalls auftreten und rhetorische Tropen wie Metapher, Metonymie, Synekdoche und Ironie als semantisch konstitutiv erkannt sind, ohne dass sie sich in feste Regeln zwängen oder intentionalistisch interpretieren lassen, schließt Derrida Ergebnisse der analytischen Philosophie in sein Denken ein.*

*Wie subversiv die Analyse rhetorischer Aspekte für die Botschaft eines Texts sein kann, lässt sich, exemplarisch, an seiner Dekonstruktion des Falschwortes »Schurkenstaat« zeigen: Definiert wird ein solcher »rogue state« dadurch, dass er sich einer implizit anerkannten internationalen Quasi-Rechtsordnung souveräner Staaten nicht fügt. Am Ende stellt sich aber heraus, dass in performativem Selbstwiderspruch auf kaum ein Land dieser Titel in dem Ausmaß passt wie auf dasjenige, das sich in seinem Kampf gegen Schurkenstaaten keinen anderen als den eigenen Urteilen unterwirft. In kritischer Nachfolge Hegels, Nietzsches und Foucaults erkennt Derrida weit über das damit Angedeutete hinaus, dass im Interesse vertiefter Selbständigkeit die Idee der Unmittelbarkeit des Vernünftigen zu überwinden ist. Dies kann nicht allein durch die Rekonstruktion einer Entwicklungsgeschichte basaler Kriterien vernünftigen Urteilens geschehen, sondern verlangt auch den Abbau oder die Destruktion (Heidegger) dessen, was u. a. im Namen von Aufklärung und Vernunft, Wissenschaft und Fortschritt überlagert und verdeckt wurde. Gerade die Anrufung von Konsens und Anerkennung, aber*

70    *Philosophie und Vernunft*

*auch sprachtechnische Zwänge im Projekt einer verschrift-
lichten Episteme können die Stimmen der Differenz ver-
decken und übertönen.*

## Binsenweisheiten

Weder philosophisch, noch wissenschaftlich, noch kritisch
(im Sinne der Literaturkritik, aber auch im Sinne Kants,
insofern Kritik propositionales Urteilen und Entscheid-
barkeit voraussetzt), ist der dekonstruktive Entwurf theoretisch, er leistet der Theorie in anderem Sinne Widerstand. Von Anfang an – und das wurde immer deutlicher
ausgesprochen – war er nicht einfach mit diskursiven Bedeutungen, mit dem Inhalt, der Thematik oder Semantik
eines Diskurses befaßt. Dies vor allem, weil er nicht einfach eine Lektüre oder eine Interpretation ist, aber auch,
weil die Dekonstruktion des Phallogozentrismus sich an
einem Ort situierte, wo die Isolierung des semantischen
Inhalts (links das Signifikat und rechts der Signifikant, wie
wir vor zwanzig Jahren zu sagen pflegten), das heißt die
Isolierung des thematischen und begrifflichen Inhalts, auf
radikale Weise impraktikabel war. Daher die Notwendigkeit für die Dekonstruktion, mit Texten anders umzugehen denn als diskursiven Inhalten, Themen oder Thesen,
sie vielmehr als institutionelle Strukturen aufzufassen und,
wie man gewöhnlich sagt, als politisch-juridisch-soziohi-
storische Strukturen – wobei keiner dieser letztgenannten
Ausdrücke verläßlich genug ist, um leichtfertig gebraucht
werden zu können, weswegen sie auch in den meisten
vorsichtigen Texten, die dekonstruktiv genannt werden,
selten vorkommen. Das bedeutet jedoch in keiner Weise
einen Mangel an Interesse oder einen Rückzug von diesen
Dingen – Realität, Geschichte, Gesellschaft, Recht, Politik –,
und außerdem stimmt es vollkommen mit dem Textbegriff

*Jacques Derrida* 71

überein, der auf der Dekonstruktion des Logozentrismus basiert und der irreduzibel ist auf »den Diskurs« oder »das Buch« oder auf das, was einige immer noch als das Textuelle abgrenzen, indem sie versuchen, es von der Realität, dem Sozialen, dem Historischen usw. zu unterscheiden oder es ihm entgegenzusetzen. Das ist die normale Monstrosität, von der ich vorhin gesprochen habe. Wenn man eine altmodische Sprache verwenden wollte, könnte man daher sagen, daß der dekonstruktive Entwurf nicht essentiell theoretisch, thetisch oder thematisch ist, weil er auch ethisch-politisch ist. Aber natürlich, aus den offenkundigsten Gründen verlangt diese Behauptung nach strengster Wachsamkeit und nach Anführungszeichen. Schließlich leistet der dekonstruktive Entwurf der Theorie, insbesondere der Literaturtheorie, auf affirmative Weise Widerstand, weil er nicht *regional* ist – er verzichtet nicht nur darauf, den Text in einer thematischen oder thetischen Station, einer Stanze, zu arretieren, sondern er dekonstruiert zuerst – und das war mein erstes Anliegen in der »Grammatologie«[1] – die hierarchisierende Struktur, die in der Philosophie (als allgemeiner Metaphysik, Fundamentalontologie, Kritik oder transzendentaler Phänomenologie) eine Mannigfaltigkeit von Regionen, Diskursen oder Wesen einer gründenden oder transzendentalen Instanz unterstellt. Der dekonstruktive Entwurf instituiert sich selbst weder als regionale Theorie (zum Beispiel der Literatur) noch als eine Theorie der Theorien. Er leistet diesen Theoretisierungen, den theoretisch-thetisch-thematischen Stasen, Stanzen und Stationen auf aktive und affirmative Weise Widerstand. Daher ist er eine Form des Widerstands (*résistance*). Er hat sich übrigens mit einem Denken des *Ausstands* oder des *Rests* (*de la restance*) verbunden, das ich hier nicht diskutieren kann. Wie ich schon sagte, bestand diese Form des Widerstands gegen die

1 Jacques Derrida, *Grammatologie*, Frankfurt a. M. 1974.

72    *Philosophie und Vernunft*

Theorie nicht darin, der Theoretisierung reaktiv entge-
genzutreten, sondern im Gegenteil darin, regelmäßig die
philosophischen Voraussetzungen existierender Theorien
oder die impliziten Theorien in philosophie- oder theorie-
feindlichen Diskursen zu dekonstruieren. Es ging also
eher darum, das Theoretische zu überschreiten, als ihm
Hindernisse in den Weg zu legen und Positionen »gegen
die Theorie« zu beziehen. Das ebenso paradoxe wie vorhersehbare Resultat davon ist, daß dasselbe, was gleichzeitig das Theoretische, das Thematische, das Thetische, das
Philosophische und das Wissenschaftliche überschreitet,
Gesten der Wiederaneignung und des Vernähens provoziert: theoretische Bewegungen, Produktionen von Theoremen, die, in der Art von Hyperaktivität, Aufruhr und
Turbulenz, die die letzten zwanzig Jahre gekennzeichnet
haben, selbst ebensoviele Widerstände sind, aber diesmal
in einem anderen Sinn, nämlich gegen den dekonstruktiven Entwurf. Diesmal instituiert der Widerstand – er ist
tatsächlich wesentlich instituierend – die konsolidierende
und *stabilisierende* Struktur des Entwurfs. Er konstruiert
und befestigt Theorien, bietet Thematiken und Thesen,
organisiert Methoden, Disziplinen und sogar Schulen.
Aber hier wiederum konstruiert der institutionelle und
stabilisierende Widerstand – wobei der Ausdruck »Widerstand« die Bedeutung haben könnte, die er in dem französischen Ausdruck *résistance des materiaux* (*Belastbarkeit
des Materials*) hat, mit der die Architekten sorgfältig rechnen müssen, um Einstürze zu vermeiden – *Befestigungs-
anlagen*, deren Beziehung zum dekonstruktiven Entwurf
von zweierlei oder, je nach Fall, dreierlei Typ sein kann.
Auf jeden Fall betrifft der Widerstand aber das, was *den
Stand* einer kohärenten Theorie, ihr Standing oder ihr
Statement, bedroht, überschreitet oder destabilisiert. Diesmal stellt der Widerstand die Stanze zurück in ein System,
eine Methode, eine Disziplin oder eine Institution.
Der nächste Typ, der stabilisierende Entwurf, der dem de-

stabilisierenden am meisten ähnelt, ist das, was man Post-strukturalismus *alias* Dekonstruktivismus nennt. Das ist nicht schlecht, es ist kein Übel, und selbst, wenn es ein Übel wäre, wäre es ein notwendiges. Er besteht darin, gewisse strategische Notwendigkeiten des dekonstruktiven Entwurfs zu formalisieren und – dank dieser Formalisierung – ein System technischer Regeln, lehrbarer methodologischer Prozeduren, eine Disziplin, Schulphänomene, einen Typ von Wissen, Prinzipien und Theoreme vorzuschlagen, die größtenteils Prinzipien der Interpretation und der Lektüre, weniger solche des Schreibens sind. Der Dekonstruktivismus ist nicht monolithisch – zwischen Dekonstruktivismen und Dekonstruktivisten gibt es Unterschiede im Stil, in der Ausrichtung, und sogar ernsthafte Konflikte –, aber ich denke, man kann sagen, daß es im allgemeinen jedesmal dann Dekonstruktivismus gibt, wenn der destabilisierende Entwurf sich selbst zu einem lehrbaren Ensemble von Theoremen zusammenschließt und stabilisiert, jedesmal, wenn Selbstdarstellung *einer*, oder, problematischer, Selbstdarstellung *der* Theorie stattfindet. Wir wissen, daß sich der Dekonstruktivismus hauptsächlich im Bereich der *literary studies* entwickelt hat, wobei die Schwierigkeit, ein Feld oder ein Wesen der Literatur abzugrenzen, vollständig bestehen bleibt. Es wäre nicht richtig zu sagen, daß die Elemente des Dekonstruktiv*ismus*, die, im Hinblick auf die Effekte des dekonstrukt*iven* Entwurfs, *manchmal* stabilisierend und normalisierend wirken können, sich der Tatsache verdanken, daß der Dekonstruktivismus sich hauptsächlich im Bereich der *literary studies* entwickelte. Denn das würde auf die eine oder andere Weise den Eindruck vermitteln, daß die Dekonstruktion, wie die gröbsten Leser manchmal unterstellen, sich einem Formalismus oder Ästhetizismus überläßt, ja selbst einem Textualismus, der angeblich den Text mit dem Diskurs, der Seite oder dem Buch verwechseln würde und die Welt, die Gesellschaft und die Geschichte mit ei-

74    *Philosophie und Vernunft*

ner Bibliothek. Nein, ich denke, daß die avanciertesten Dinge, die in den *literary studies* stattfinden, diese Fallen vermeiden. Und das ist kein Zufall. Es verdankt sich zweifellos der Literatur. Wenn zum Beispiel Rodolphe Gasché in seinem letzten Buch[2] und auch an anderen Stellen gewissen literarischen Dekonstruktivisten vorwirft, sie seien nicht radikal genug, weil sie es versäumten, die Prämissen wiederaufzunehmen und die Priorität einer Dekonstruktion *der* Philosophie anzuerkennen, dann scheint mir diese Geste gleichzeitig notwendig und riskant. Notwendig, weil die Rekonstitution des dekonstruk*tiven* Entwurfs als *Theorie*, als *eine* Theorie, als dekonstruk*tivistischer* Entwurf, das Risiko eingeht, die essentielle Kraft und den Überschuß zu verlieren, der darin besteht, die gesamte philosophische Fundierung, von der ich vorhin gesprochen habe, zu stören und durcheinanderzubringen. Sie läuft Gefahr, einen alten Begriff des Textes wiederherzustellen, sich auf *ein* Gebiet, *eine* Region (die literarische) zu beschränken, usw. Umgekehrt geht aber auch Gaschés Buch ein zweifelhaftes Risiko ein – nicht notwendigerweise in der Machart und in den sorgfältigen und vorsichtigen Details seiner Analysen, die subtil genug sind, diese Gefahr zu vermeiden, wohl aber in der globalen und massiven Wirkung, auf die Bücher leider meistens reduziert werden, wenn sie einmal zugeklappt sind und beginnen, diskutiert zu werden. Dieses Risiko bestünde darin, den dekonstruktiven Entwurf als *Philosophie der Dekonstruktion* zu rekonstituieren, als Philosophie – und ich gebrauche hier Gaschés eigene Worte, lasse nur das »quasi« und die Anführungszeichen weg, die sie abmildern und komplizieren – mit ihren »Infrastrukturen«, ihrer Systematik usw. Man wäre dann mit einer dekonstruktivistischen Philosophie oder Metaphilosophie konfrontiert, mit einer

2 Rodolphe Gasché, *The Tain of the Mirror: Derrida and the Philosophy of Reflection*, Cambridge: Harvard University Press, 1986.

*Jacques Derrida* 75

Theorie der Theorien, einer dekonstruktivistischen Super-
theorie. Noch einmal: Es scheint mir nicht Gasché selbst
zu sein, der dieses Risiko einginge, oder das, was er
schreibt; eher ist es die allgemeine Auswirkung dieser
trotz allem notwendigen Erinnerung an die philosophische Szene der Dekonstruktion. Im übrigen sollte sich
diese Erinnerung eher an Philosophen richten als an Lite-
raturwissenschaftler. [...]
[...] Die Dekonstruktion beginnt sozusagen mit einer
*doppelten Geste*. Sie beginnt einerseits mit einer Kritik des
*Historismus*, die die Husserlsche Kritik des Historismus,
wie sie in »Philosophie als strenge Wissenschaft«[3] gegen
Dilthey entwickelt wird, radikalisiert. Husserl kritisiert
die Theorie der »Weltanschauungen«, die einander folgenden Empirizismen, Relativismen und Skeptizismen in ihrer Unfähigkeit, von einem Theorem oder Philosophem,
von Wissenschaft und Philosophie oder von der Philosophie als Wissenschaft, von jeglichem Projekt eines universalen und wahren Diskurses Rechenschaft abzulegen. Ich
habe diese Husserlsche Argumentation, diese kritische Sequenz der Phänomenologie, vorbehaltlos unterschrieben
und tue es noch, eine Sequenz, die mir für jede Dekonstruktion unerläßlich scheint, auch wenn sie nicht ausreichend ist und dort auf ihre eigenen Grenzen stößt. Sie ist
insbesondere unerläßlich, um die ursprüngliche Möglichkeit idealer Objekte – ob es sich nun um wissenschaftliche
Theoreme oder kulturelle Produktionen, zum Beispiel ästhetische oder literarische, handelt – dem historistischen
Empirismus zu entziehen.
Denn andererseits macht Husserl, was Sie wissen, bei dieser Kritik des empirischen Historismus nicht halt. Und er
kritisierte ihn nicht im Namen eines ahistorischen Plato-
nismus. Er führt die Kritik des empirischen Historismus

3 Edmund Husserl, *Philosophie als strenge Wissenschaft*, Frankfurt a. M.
1965.

76    *Philosophie und Vernunft*

nur durch, um die historische *Spezifität* der *Theoreme*, der idealen Objekte der Wissenschaft (zum Beispiel der Mathematik), will sagen: ihre transzendentale Geschichtlichkeit ans Licht zu bringen, sie zu bezeugen und zu beschreiben. Der Geschichte Aufmerksamkeit zu schenken, der Geschichte im allgemeinen und der ursprünglichen Geschichtlichkeit der Kultur, der Sprache und vor allem der *Theorie*, der Institutionen, die Theoreme sind – denn darüber sprechen wir hier ja –, all dies erfordert zumindest, daß man durch diese Sequenz, die ich Husserlianisch nenne, hindurchgegangen ist. Das war – seit dem »Ursprung der Geometrie« – unerläßlich für mich und für das, was sich später unter dem Namen Dekonstruktion entwickelte, auch wenn es zu einer dekonstruktiven Lektüre Husserls und Heideggers führte.[4] Das ist auch der Grund, warum die philosophische Relektüre der Beziehung von Dekonstruktion und Philosophie so notwendig, so konstant notwendig ist.

4 Vgl. dazu Jacques Derrida, *Husserls Weg in die Geschichte am Leitfaden der Geometrie*, München 1987.

# II
Vernunft und Welt


## Hilary Putnam


*Der Eindruck der Leistungsfähigkeit schematischer Verfahren überhaupt, der maschinellen Umsetzbarkeit derartiger Verfahren mit Hilfe von ›Rechnern‹ im Besonderen hat schon Alan Turing zur (am Ende rhetorisch gemeinten) Frage geführt, ob sich denn die geistige Kompetenz eines Menschen überhaupt prinzipiell von einer ›künstlichen Intelligenz‹ unterscheiden lasse. Putnams Denkentwicklung führt von der Anerkennung eines entsprechenden Funktionalismus, dem zufolge die ›Operationsweise des Geistes‹ nach dem Muster einer Denkmaschine modelliert wird, über die Einsicht in die Abhängigkeit der Bedeutung unserer Worte und Namen von taufartigen Einführungen in einer Art linguistischer Arbeitsteilung zu einem gewissen ›internen Realismus‹: Ähnlich wie Saul Kripke sieht Putnam in der entscheidenden zweiten Phase seines Denkens, beginnend mit »The Meaning of Meaning« (1975), dass die Referenzbestimmung von rigiden Bezeichnungen z.B. natürlicher Arten wie Gold oder Molybdän aufgrund ihrer Einführung in der Deixis verborgene ›indexikalische‹ Situationsbezüge enthalten (können). Man spricht von einer ›kausalen‹ Theorie der Referenz, meint dabei aber nur, dass eine schon vorausgesetzte Identität der Bezugsgegenstände (etwa der körperlichen Dinge oder natürlichen Arten) die Referenz der Namen bestimmt. Entscheidend sind also nicht die Intentionen des Sprechers oder die physiologischen Zustände und Prozesse der individuellen Sprachverarbeitung, sondern einerseits die immer auch expertokratische Arbeitsteilung in der Produktion und Kontrolle*

78   *Vernunft und Welt*

*sprachlich artikulierten Wissens, andererseits die Realität der Bezugswelt, die sich u.a. in Handlungsmöglichkeiten zeigt.*

*Die Betonung des Internen am internen Realismus bedeutet dabei, grob gesagt, dass alle Aussagen mit Realitätsgehalt im Blick auf eine holistische Kohärenz unserer Gesamterfahrung kontrolliert werden. Niemand kann aus der Sprecher- und Wissensgemeinschaft heraustreten. Es gibt kein Auge Gottes und keinen Blick von Nirgendwo. Die Betonung des Realismus kritisiert die Mythen von einer fundamentalen Gewissheit im subjektivistischen Empirismus und betont die Abhängigkeit sowohl unseres Wissens als auch der wissensgestützten Bedeutung unserer Worte von realen Weltbezügen: Da Katzengold kein Gold ist, war es das auch zu Zeiten des Archimedes nicht, was immer die Leute geglaubt haben. Wenn aber auf einer (fingierten) Gegenerde das, was phänomenal als Wasser erscheint, eine andere chemische Substanz wäre, dann würden sich die Gegenerdemenschen nicht auf unsere chemische Substanz beziehen, wenn sie ein Wort gebrauchten, das prima facie mit »Wasser« zu übersetzen wäre. Im Bereich der Ethik wendet sich Putnam gegen jeden (historischen) Relativismus etwa bei Rorty oder in der französischen Phänomenologie. So wie Referenz und Wahrheit nicht subjektiv oder zeitrelativ sind, ist auch der Begriff der moralischen Pflicht bzw. des ethisch Guten nicht auf eine Zeit oder eine Gesellschaft hin zu relativieren. Die Ideen des internen Realismus lassen sich allerdings nur dann auf die Ethik übertragen, wenn zusätzlich geklärt ist, was natürlicherweise gut ist, wenn also das Gute als vom Typus einer natürlichen Art aufweisbar wäre.*

*Hilary Putnam* 79

## Von einem realistischen Standpunkt

Die großen Begründer der analytischen Philosophie – Frege, Carnap, Wittgenstein und Russell – haben die Frage »Wie ›hängt‹ die Sprache an der Welt?« ins Zentrum der Philosophie gestellt. Ich habe mehr als einen französischen Philosophen sagen hören, die angelsächsische Philosophie sei von dieser Frage ›hypnotisiert‹. Vor kurzem hat ein bedeutender amerikanischer Philosoph, der unter den Einfluß von Derrida geraten ist, darauf bestanden, es gebe keine ›Welt‹ da draußen, *an* die sich die Sprache hängen könnte; es gebe nur ›Texte‹. So sagt er jedenfalls. Die Frage »Wie hängen Texte mit anderen Texten zusammen?« übt zweifellos ihre eigene Faszination auf die französische Philosophie aus, und einem amerikanischen Philosophen könnte es so vorkommen, als sei die gegenwärtige französische Philosophie von *dieser* Frage ›hypnotisiert‹.

Mein Ziel ist es in den letzten Jahren nicht gewesen, in dieser Debatte darüber, welches die Frage sein sollte, Stellung zu beziehen; denn mir scheint inzwischen, daß bei diesem Streit beide Seiten allzu vereinfachten Vorstellungen erliegen – Vorstellungen, die in die Irre führen, auch wenn diese Tatsache dadurch verschleiert wird, daß geniale Denker reiche Gedankengebäude, großartige Ausdrücke des menschlichen metaphysischen Verlangens, auf diesen schwankenden Fundamenten errichten konnten. Zudem scheint mir inzwischen, daß diese Vorstellungen eng verwandt sind, daß die zwischen der französischen (und allgemeiner der kontinentalen) und der angelsächsischen Philosophie bestehenden großen Unterschiede im Stil tiefgehende Affinitäten verbergen.

## Relativismus und Positivismus

Um eine starke, aber notwendige Vereinfachung vorzunehmen, die führende Strömung in der analytischen Philosophie ist der logische Positivismus gewesen (nicht zu Beginn aber von 1930 bis etwa 1960). Diese Strömung wurde
von ›realistischen‹ (Kripke und mir), ›historistischen‹
(Kuhn und Feyerabend) und materialistischen Tendenzen
herausgefordert. Ich möchte nicht riskieren, die führende
Strömung in der heutigen französischen Philosophie zu
identifizieren; aber wenn logisch-positivistische Vorstellungen für eine lange Zeit (30 entscheidende Jahre) im
Zentrum ›angelsächsischer‹ Philosophie standen, dann
standen (und stehen vielleicht weiterhin) *relativistische*
Vorstellungen im Zentrum der französischen Philosophie.
Das mag überraschend erscheinen, weil Philosophen aller
Länder regelmäßig anmerken, daß sich positivistische und
relativistische Vorstellungen selbst widerlegen (und sie haben recht dabei). Die Widersprüchlichkeit scheint eine in-
tellektuelle Mode jedoch nicht aufzuhalten oder auch nur
zu verlangsamen, zum Teil deswegen, weil es sich um eine
Mode handelt, zum Teil aus dem weniger fragwürdigen
Grund, daß man sie nicht anhalten will, solange unter ihrer
Ägide interessante Arbeit geleistet wird. Dennoch habe ich
in meinen jüngeren Arbeiten versucht, diesen Moden Ein-
halt zu gebieten, weil sie anfangen, die Möglichkeit einer
philosophischen Unternehmung zu bedrohen, die vernünftige Männer und Frauen ernst nehmen können.
Relativisten werden allerdings den Weg im allgemeinen
nicht ganz bis zum Ende gehen. Paul Feyerabend *ist* bereit, bis zum Ende zu gehen, das heißt bis hin zu der Wei-
gerung, *irgendeinen* Unterschied zwischen »Es regnet«
und »*Ich meine*, es regnet« (oder was immer) anzuerkennen. Für Feyerabend ist *alles*, was er denkt oder sagt, lediglich ein Ausdruck seiner Subjektivität in dem Augenblick. Michel Foucault jedoch beansprucht, kein Relativist

*Hilary Putnam* 81

zu sein; wir müssen ganz einfach auf die zukünftige struk-
turalistische kopernikanische Revolution warten (die wir
überhaupt noch nicht in konkreten Details voraussagen
können), damit sie uns erklärt, wie wir das gesamte Problem von Realismus versus Relativismus vermeiden können. Und Richard Rorty bestreitet gleichzeitig, daß es ein
Problem der Wahrheit überhaupt *gibt* (ein Problem der
›Repräsentation‹), und betont, daß sich einige Vorstellungen ›auszahlen‹ und andere nicht.

Wenn es so etwas gibt wie das Sichauszahlen einer Vorstellung, das heißt, *richtig zu sein*, dann gibt es unweigerlich die Frage nach der *Natur* dieser ›Richtigkeit‹. Was
Rede zu mehr als einem bloßen Ausdruck unserer augenblicklichen Subjektivität macht, ist, daß sie bezüglich der
Gegenwart oder Abwesenheit dieser Eigenschaft beurteilt
werden kann – nenne sie ›Wahrheit‹, ›Richtigkeit‹, ›sich
auszahlen‹ oder was du willst. Selbst wenn sie eine kulturell relative Eigenschaft ist (und welcher Relativist glaubt,
daß Relativismus nur *Wahr-für-meine-Subkultur* wäre?),
stellt uns das nicht von der Verantwortung frei zu sagen,
*welche* Eigenschaft sie ist. Wenn wahr zu sein (oder ›sich
auszahlen‹, als eine Vorstellung) zum Beispiel bloß heißt,
nach den Standards von meinesgleichen in meiner Kultur
erfolgreich zu sein, dann wird die gesamte Vergangenheit
ganz einfach zu einer Art von logischer Konstruktion aus
der eigenen Kultur.

Wenn einem das auffällt, dann wird klar, wie ungemein
*positivistisch* die relativistische Strömung in Wirklichkeit
ist. Nietzsche selbst (dessen *Zur Genealogie der Moral*
[1887] für viele heutige relativistisch-poststrukturalistische
Schriften das Paradigma darstellt) ist stark positivistisch,
wenn er über die Natur von Wahrheit und Wert schreibt.
Mir scheint, was sowohl Relativisten als auch Positivisten
am Problem der Repräsentation beunruhigt, ist, daß Repräsentation – das heißt die Intentionalität – ganz einfach
nicht in unser Post-Darwinsches Weltbild paßt. Anstatt

82    *Vernunft und Welt*

zuzugeben, daß dieses Bild nur eine Teilwahrheit ist, nur eine Abstraktion vom Ganzen, wollen Positivisten und Relativisten sich beide mit übermäßig vereinfachten, ja mit völlig absurden Antworten auf die Frage der Intentionalität zufriedengeben.


## Logischer Empirismus und die realistische Reaktion

In den Vereinigten Staaten wurden diese relativistischen und historizistischen Ansichten bis in die 60er Jahre praktisch ignoriert. Die beherrschenden Strömungen in den 40er und 50er Jahren waren empiristische – der Pragmatismus von John Dewey und (sehr viel stärker) der von Rudolf Carnap, Hans Reichenbach und anderen in die Vereinigten Staaten gebrachte logische Empirismus. Für letztere Philosophen spielte das Problem der Natur von Wahrheit eine untergeordnete Rolle gegenüber dem Problem der Natur von Bestätigung.

Man meinte, die primäre Art von *Richtigkeit* und *Unrichtigkeit*, welche ein Satz hat, sei die Menge an induktiver Unterstützung, die ein Satz auf der Grundlage der Anhaltspunkte erhält, so wie der Sprecher diese Anhaltspunkte wahrnimmt oder erinnert. Für Quine, der zu diesen Philosophen starke Affinitäten besitzt, auch wenn er als ein Postpositivist betrachtet werden muß, ist *Wahrheit* überhaupt keine Eigenschaft; »zu sagen, ein Satz sei wahr, heißt lediglich, den Satz noch einmal zu bestätigen.« (Quine sagt auch, daß die einzige Wahrheit, die er anerkennt, ›immanente Wahrheit‹ sei – Wahrheit innerhalb der sich entwickelnden Lehre. Man beachte, wie ungemein ›französisch‹ sich das anhört!) Wenn aber Wahrheit und Falschheit überhaupt keine Eigenschaften sind – wenn ein Satz in einem *substantiellen* Sinn nur epistemisch ›richtig‹ oder ›falsch‹ ist (nur in dem Sinn von den gegenwärtigen Erfahrungen und Erinnerungen eines Sprechers bestätigt

*Hilary Putnam* 83

oder widerlegt zu werden) –, wie entkommen wir dann dem Solipsismus? Warum ist dieses Bild nicht *ganz genau* das Bild vom Solipsismus-des-gegenwärtigen-Augenblicks? (Es stellt wohl kaum eine klare Antwort dar zu sagen, es handle sich um einen bloß *methodischen* Solipsismus. Das hört sich so an, als wäre es *vulgo* korrekt, für einen Philosophen aber nicht ganz die rechte Auffassung zu sagen, daß es vergangene Zeiten, andere Sprecher sowie Wahrheiten gibt, die bisher nicht bestätigt sind.)

Es war wohl um dieser Fragen willen, daß ich am Ende der Sechziger damit begann, eine Art von Realismus zu beleben und auszuarbeiten (gemeinsam mit Saul Kripke, von dem ich 1970 erfuhr, daß er in ähnlicher Richtung gearbeitet hatte). Unser Realismus war allerdings nicht einfach eine Wiederbelebung vergangener Ideen, sondern er bestand zum großen Teil aus einem Angriff auf Vorstellungen, die seit dem 17. Jahrhundert für den Realismus zentral gewesen waren.

## Die Theorie der direkten Referenz

Das 17. Jahrhundert stellte sich Begriffe einerseits als dem Geist unmittelbar zugängliche Entitäten vor, andererseits als dazu in der Lage, Referenz auf die Welt festzulegen. Diesem Bild zufolge befindet sich zum Beispiel der Begriff *Gold* im Geist jedes Sprechers, der auf Gold referieren kann (selbst wenn er ein griechisches, lateinisches oder persisches Wort verwendet); die ›Extension‹ oder Referenz des Wortes ›Gold‹, ›chrysós‹ oder was immer ist durch den Begriff bestimmt. Dieses Bild der Sprache ist sowohl individualistisch (jeder Sprecher hat den Referenzmechanismus jedes Worts, das er gebraucht, in seinem Kopf) als auch aprioristisch (es gibt ›analytische Wahrheiten‹ über die natürlichen Arten, auf die wir referieren, und diese sind ›in unseren Begriffen enthalten‹).

84    *Vernunft und Welt*

Es ist aber leicht zu sehen, daß dieses Bild den Tatsachen des Sprachgebrauchs und des begrifflichen Denkens Gewalt antut. Nur wenige Sprecher können sich heutzutage sicher sein, daß ein Gegenstand aus Gold ist, ohne ihn zu einem Juwelier oder anderen Experten zu bringen. Die Referenz unserer Worte wird häufig durch andere Angehörige unserer sprachlichen Gemeinschaft bestimmt, denen wir uns bereitwillig beugen. Es gibt eine *sprachliche Arbeitsteilung*, die von dem traditionellen Bild vollkommen ignoriert wird.

Kripke hat gezeigt, daß diese sprachliche Arbeitsteilung (oder ›Mitteilung‹ von ›Referenzintentionen‹ in seiner Terminologie) auch die Festlegung der Referenz von Eigennamen betrifft. So sind zum Beispiel viele Leute nicht in der Lage, eine identifizierende Beschreibung des Propheten Moses zu geben. (Die Beschreibung »Der hebräische Prophet, den man ›Moses‹ nannte« ist noch nicht einmal richtig, denn auf hebräisch heißt Moses ›Moshe‹ und nicht ›Moses‹.) Das bedeutet nicht, daß diese Leute nicht *referieren*, wenn sie von ›dem Propheten Moses‹ sprechen; es ist uns klar, daß sie auf eine bestimmte historische Figur referieren (vorausgesetzt, Moses hat tatsächlich existiert). Experten können uns heute berichten, daß diese Figur ›Moshe‹ (oder so ähnlich) genannt wurde, aber das stellt keine identifizierende Beschreibung von Moses dar. Es mag vergessene hebräische Propheten gegeben haben, die ›Moshe‹ genannt wurden, und der wirkliche ›Moshe‹ könnte einen ägyptischen Namen gehabt haben, der Jahrhunderte später zu ›Moshe‹ verfälscht wurde. Der ›richtige‹ Moshe oder Moses ist jener am Ende einer *Kette*, die zeitlich zurückreicht. Oder, um die Sache richtig herum zu beschreiben, der ›richtige‹ Moses – jener, auf den wir referieren – ist der *am Anfang einer Geschichte*, die unsere gegenwärtigen Gebräuche kausal unterstützt und die von den Intentionen der Sprecher geknüpft wird, auf die Person zu referieren, auf die vorherige Sprecher referierten.

*Hilary Putnam* 85

Wir können mit Hilfe von Beschreibungen anzeigen, auf wen oder was ein Wort referieren soll; aber selbst wenn diese Beschreibungen richtig sind, werden sie doch nicht mit dem Wort *synonym*. Worte gewinnen nicht etwa eine Art von ›direkter‹ Verbindung mit ihren Referenzobjekten, indem sie mit metaphysischem Klebstoff an diese angeheftet werden, sondern vielmehr indem sie *auch dann* zu ihrer Benennung gebraucht werden, wenn wir annehmen, daß die identifizierende Beschreibung falsch sein könnte oder wenn wir hypothetische Situationen betrachten, in denen sie falsch ist. (Hierfür hatten wir bereits ein Beispiel: Wir können selbst dann auf Moses als ›Moses‹ referieren, wenn wir wissen, daß das nicht der Name ist, den er tatsächlich getragen hat. Ebenso kann ich erklären, welchen Richard Nixon ich meine, indem ich sage, ›jener, welcher Präsident der Vereinigten Staaten war‹, und mir dann eine Situation vorstellen, in der ›Richard Nixon nie zum Präsidenten der Vereinigten Staaten gewählt worden ist‹. Noch einmal: Diese Fälle als ›Fälle von direkter Referenz‹ zu bezeichnen bedeutet lediglich zu bestreiten, daß der Name – ›Moses‹ bzw. ›Richard Nixon‹ – mit einer Beschreibung synonym ist: »der hebräische Prophet, der ›Moses‹ genannt wurde« bzw. »der Präsident der Vereinigten Staaten, der ›Richard Nixon‹ genannt wurde«. Die Mechanismen, durch welche diese ›direkte Referenz‹ hergestellt wird, sind alles andere als direkt, da sie Ketten von sprachlicher Kommunikation und sprachliche Arbeitsteilung beinhalten.)

Das Modell des 17. Jahrhunderts von der Festlegung der Referenz durch Begriffe im individuellen Geist tut den Tatsachen noch auf eine zweite, vielleicht subtilere Weise Gewalt an. Die Referenz unserer Worte wird (in einigen Fällen) ebenso von der nicht-menschlichen Umwelt wie von anderen Sprechern bestimmt. Wenn ich von ›Wasser‹ spreche, dann will ich von der Flüssigkeit reden, die in *unserer* Umwelt als Regen fällt, *unsere* Flüsse und Seen füllt

86    *Vernunft und Welt*

und so fort. Sollte es irgendwo im Universum eine Zwillingserde geben, wo im Prinzip alles so ist wie hier, *außer* daß die Flüssigkeit, welche auf der Zwillingserde die Rolle von ›Wasser‹ spielt, nicht $H_2O$, sondern XYZ ist, dann widerlegt das nicht *unsere* Aussage, daß ›Wasser $H_2O$ ist‹. Worauf wir mit ›Wasser‹ referieren, ist jene Flüssigkeit, welche die Zusammensetzung usw. *unserer* paradigmatischen Beispiele von Wasser besitzt (welche Flüssigkeit auch immer das sein mag). Die Entdeckung dieser Zusammensetzung oder der Gesetze, nach denen sich die Flüssigkeit verhält, könnte Wissenschaftler zu der Aussage bringen, daß eine Flüssigkeit, die der Laie für Wasser halten würde, in Wirklichkeit gar kein Wasser ist (und der Laie würde sich diesem Urteil beugen). Auf diese Art und Weise wird die Referenz der Ausdrücke ›Wasser‹, ›Leopard‹, ›Gold‹ und so fort teilweise von den Substanzen und Organismen selbst festgelegt. Wie der Pragmatist Charles Peirce vor langer Zeit sagte, die ›Bedeutung‹ dieser Ausdrücke ist der unbestimmten wissenschaftlichen Forschung der Zukunft ausgesetzt.

Die Anerkenntnis dieser beiden Faktoren – sprachliche Arbeitsteilung und Beitrag der Umwelt bei der Festlegung von Referenz – bedeutet einen großen Schritt in Richtung auf die Überwindung der individualistischen und aprioristischen philosophischen Weltanschauung, die lange mit dem Realismus assoziiert worden ist. Wenn es von anderen Leuten und der Einbettung der gesamten Gesellschaft in ihre Umwelt abhängt, worauf ein Ausdruck referiert, dann ist es nur natürlich, dem Anspruch skeptisch gegenüberzustehen, ›Begriffsanalyse‹ aus dem Lehnstuhl könne irgend etwas von großer Bedeutung über die Natur der Dinge entdecken. Diese Art von ›Realismus‹ geht mit einem stärkeren Geist der Fehlbarkeit in der Philosophie einher. Die mit dem Realismus verbundenen traditionellen Probleme jedoch werden dadurch erheblich geschärft.

## Gehirne im Tank

Der neue Realismus gibt die Vorstellung auf, daß unsere geistigen Repräsentationen irgendeine *intrinsische* Verbindung zu den Dingen besitzen, auf die sie referieren. Das kann man an dem soeben erwähnten Beispiel der Zwillingserde sehen: Unsere ›Repräsentationen‹ von Wasser (bevor wir gelernt haben, daß *Wasser $H_2O$ ist / Wasser XZY ist*) mögen mit den ›Repräsentationen‹ der Bewohner der Zwillingserde phänomenologisch identisch gewesen sein; aber der ›Theorie der direkten Referenz‹ zufolge referierten wir die ganze Zeit auf $H_2O$ (mit einigen Unreinheiten mehr oder weniger), und die Bewohner der Zwillingserde referierten die ganze Zeit auf XYZ. Der Unterschied in der Referenz ›schlummerte‹ sozusagen die ganze Zeit in der Substanz selbst und wurde von den verschiedenen wissenschaftlichen Entdeckungen der beiden Kulturen aufgeweckt. Es gibt keine magische Verbindung zwischen dem phänomenologischen Charakter der Repräsentation und der von ihr denotierten Menge von Gegenständen.

Nun stelle man sich einen Menschenschlag vor, der buchstäblich von einem verrückten Superwissenschaftler geschaffen worden ist. Diese Leute haben Gehirne wie unsere, aber keine Körper, so nehmen wir an. Sie haben lediglich die Illusion von Körpern, von einer äußeren Umwelt (wie der unseren) und so fort. Sie sind in Wirklichkeit in einen Tank mit Nährflüssigkeit getauchte Gehirne. Mit den Gehirnen verbundene Schläuche sorgen für die Blutzirkulation, und mit den Nervenenden verbundene Drähte produzieren die Illusion von Sinnesimpulsen von den ›Augen‹, ›Ohren‹ und ›Körpern‹, welche die motorischen Befehle dieser Gehirne ausführen. Ein traditioneller Skeptiker hätte diesen Fall (der einfach nur eine wissenschaftliche Version von Descartes' Dämon darstellt) dazu verwendet zu zeigen, daß wir bezüglich der Existenz einer

88  *Vernunft und Welt*

Außenwelt, die auch nur entfernt so ist wie jene, in der
wir zu wohnen glauben, radikal in die Irre geführt sein
könnten. Die wesentliche Prämisse dieses skeptischen Arguments lautet, daß der soeben vorgestellte Menschenschlag einer ist, der sich in seinen Überzeugungen radikal
irrt. Tut er das aber?
Es sieht sicherlich so aus, als ob er es täte. Diese Leute glauben zum Beispiel: »Wir sind keine Gehirne im Tank. Die
bloße Annahme, wir wären es, ist ein absurdes Phantasiegebilde von Philosophen.« Und offensichtlich *sind sie* Gehirne im Tank. Also irren sie sich. Aber nicht so eilig!
*Wenn* das Wort *Tank* der Gehirne-im-Tank auf das referiert, was *wir* ›Tank‹ nennen, und das Wort *in* der Gehirne-im-Tank auf räumliches Enthaltensein und das Wort
*Gehirn* der Gehirne-im-Tank auf das, was wir ›Gehirne‹
nennen, dann hat der Satz »Wir sind Gehirne im Tank«
für die Gehirne-im-Tank dieselben Wahrheitsbedingungen
wie für uns (abgesehen vom Unterschied in der Referenz
des Pronomens *wir*). Insbesondere ist es (unter dieser
Voraussetzung) ein wahrer Satz; denn die Leute, die ihn
denken, sind tatsächlich räumlich in einem Tank enthalte-
ne Gehirne, und seine Negation »Wir sind nicht Gehirne
im Tank« ist ein falscher Satz. Wenn es aber keine intrinsische Verbindung zwischen dem Wort *Tank* und dem gibt,
was ›Tank‹ genannt wird (ebensowenig wie es eine intrinsische Verbindung zwischen dem Wort *Wasser* und der bestimmten Flüssigkeit gibt, $H_2O$, die wir so bezeichnen),
warum sollten wir dann nicht sagen, daß das Wort *Tank*
auf Gehirn-im-Tankische phänomenologische Erscheinungen von Tanks referiert und nicht auf wirkliche
Tanks? (Und ebenso bei *Gehirn* und *in*.) Der *Gebrauch*
des Wortes *Tank* in Gehirn-im-Tankisch hängt zweifellos
von der Gegenwart oder Abwesenheit phänomenologischer Erscheinungen von Tanks ab (oder Aspekten des
Computerprogramms, das die ›Tank-Wirklichkeit‹ kontrolliert) und *nicht* von der Gegenwart oder Abwesenheit

wirklicher Tanks. Ja, wenn wir annehmen, daß es in der Welt des verrückten Wissenschaftlers keine wirklichen Tanks gibt außer jenen, in welchen sich die Gehirne befinden, dann scheint es zwischen dem Gebrauch des Wortes *Tank* in Gehirn-im-Tankisch und wirklichen Tanks keine Verbindung zu geben, kausal oder sonstwie (außer daß die Gehirne nicht in der Lage wären, das Wort *Tank* zu verwenden, wenn ein wirklicher Tank zerbrechen würde – aber das ist eine Verbindung zwischen einem wirklichen Tank und *jedem* Wort, das sie gebrauchen, keine unterscheidende Verbindung zwischen wirklichen Tanks und dem Gebrauch des Worts *Tank*).

Wenn die Gehirne-im-Tank denken, »Wir sind Gehirne im Tank«, dann – so legt diese Überlegung nahe – müssen die Wahrheitsbedingungen ihrer Äußerung lauten, daß sie *Gehirne-im-Tank im Bild* sind oder etwas von der Art. Der Satz scheint also *falsch* und nicht etwa wahr zu sein, wenn *sie* ihn denken (auch wenn sie von *unserem* Standpunkt aus Gehirne im Tank sind). Sie scheinen also *nicht* in die Irre geführt zu sein – sie denken nichts, was radikal falsch wäre. Natürlich gibt es Wahrheiten, die sie noch nicht einmal ausdrücken können; aber das trifft zweifellos auf jedes endliche Wesen zu. Die Hypothese des ›radikal in die Irre geführt Seins‹ scheint selbst auf der Vorstellung einer vorherbestimmten, beinahe magischen Verbindung zwischen Worten oder Gedankenzeichen und äußeren Gegenständen zu beruhen, auf welcher der transzendentale Realismus beruht.

Die formale Logik sagt uns, daß es für unsere Theorien viele verschiedene ›Modelle‹ und für unsere Sprachen viele verschiedene ›Referenzrelationen‹ gibt. Das stellt uns vor ein uraltes Problem: *Wenn es viele verschiedene ›Entsprechungen‹ zwischen Gedankenzeichen oder Wörtern und äußeren Gegenständen gibt, wie kann dann eine von ihnen ausgezeichnet werden?*

Eine scharfsinnige Form dieses Problems (das natürlich

90    *Vernunft und Welt*

bis ins Mittelalter zurückreicht) verdanken wir Robert Nozick (unveröffentliche Mitteilung). $E_1$ und $E_2$ seien zwei verschiedene ›Entsprechungen‹ (Referenzrelationen im Sinn der Modelltheorie) zwischen unseren Zeichen und einer bestimmten Menge von Gegenständen. Man wähle sie so, daß dieselben Sätze wahr werden, egal ob wir unsere Worte so interpretieren, daß sie auf das ›referieren‹, dem sie im Sinn von $E_1$ entsprechen, oder auf das, dem sie im Sinn von $E_2$ entsprechen. Daß man das tun kann – daß es mehrere Weisen gibt, unsere Zeichen zu einer Entsprechung mit den Dingen zu bringen, welche die Menge der wahren Sätze unverändert läßt –, hat Quine in seiner berühmten Lehre der ontologischen Relativität betont. Nun stelle man sich vor, Gott habe die Dinge so arrangiert, daß ein Mann beim Gebrauch eines Worts auf die Dinge referiert, die ihm $E_1$-entsprechen (die Dinge, die unter der Relation $E_1$ das ›Bild‹ des Worts sind), während eine Frau beim Gebrauch eines Worts auf die Dinge referiert, die ihm $E_2$-entsprechen. Da die Wahrheitsbedingungen für ganze Sätze unberührt bleiben, würde nie jemand etwas merken! Woher wissen wir also (wie können wir jemals der Annahme Sinn verleihen), daß es eine bestimmte Entsprechung zwischen Worten und Dingen *gibt*?

Auf diese Frage gibt es viele schnelle Antworten. So wird ein Philosoph wahrscheinlich sagen: »Wenn wir den Gebrauch des Worts *Tank* (oder was immer) erlernen, dann assoziieren wir das Wort nicht bloß mit gewissen visuellen Empfindungen, taktilen Empfindungen und so fort. Diese Empfindungen und die damit verbundenen Überzeugungen werden in uns durch gewisse äußere Ereignisse *verursacht*. Normalerweise beinhalten diese äußeren Ereignisse die Gegenwart von Tanks. So wird das Wort *Tank* indirekt mit Tanks assoziiert.«

Um einzusehen, warum diese Antwort unser Rätsel nicht berührt, stelle man sich vor, sie werde zuerst von einem Mann und dann von einer Frau gegeben. Wenn dies eine

Frau sagt, dann erläutert sie, daß sich gewisse Überzeugungen und Empfindungen eines Sprechers in einer gewissen Beziehung – der Beziehung *verursacht₂* – zu gewissen äußeren Ereignissen befinden. Tatsächlich werden sie durch die Gegenwart₂ von Tanks₂ verursacht₂. Wenn dies ein Mann sagt, dann erläutert er, daß dieselben Überzeugungen und Empfindungen durch die Gegenwart₁ von Tanks₁ verursacht₁ werden. Natürlich haben sie beide recht. Das Wort *Tank* ist mit Tanks₂ ›indirekt assoziiert‹ (wie von der Frau erläutert) und auch mit Tanks₁ (wie von dem Mann erläutert). Man hat uns aber nach wie vor keinen Grund an die Hand gegeben, an die *eine* metaphysisch ausgezeichnete Entsprechung zwischen Worten und Dingen zu glauben.

Ich werde manchmal beschuldigt (insbesondere von Angehörigen der materialistischen Strömung in der analytischen Philosophie), die realistische Position zu karikieren. Ein Realist, so sagt man mir, behauptet nicht, Referenz werde von der in unserer Theorie bestehenden Verbindung zwischen den *Ausdrücken* ›Referenz‹, ›Kausalität‹, ›Empfindung‹ und so fort festgelegt; der Realist behauptet, daß Referenz ›von der Kausalität selbst festgelegt wird‹. Hier ignoriert der Philosoph seine eigene epistemologische Position. Er philosophiert so, als ob naiver Realismus für ihn wahr wäre, oder (was dasselbe ist) als ob er und nur er sich in einer *absoluten* Beziehung zur Welt befände. Was *er* ›Kausalität‹ nennt, ist wirklich Kausalität, und *natürlich* gibt es in seinem Fall irgendwie eine ausgezeichnete Entsprechung zwischen dem Wort und einer bestimmten Beziehung.

## Interner Realismus

Müssen wir dann auf die Ansicht zurückfallen, daß ›es nur den Text gibt‹? Daß es nur ›immanente Wahrheit‹ gibt (Wahrheit dem ›Text‹ zufolge)? Oder, wie viele analytische

92 Vernunft und Welt

Philosophen dieselbe Vorstellung ausdrücken, daß ›ist wahr‹ lediglich ein Ausdruck ist, den wir dazu verwenden, ›die sprachliche Ebene zu heben‹? Auch wenn insbesondere Quine von dieser Ansicht versucht zu sein scheint (ergänzt durch die Vorstellung, daß eine reine Ursache-Wirkung-Geschichte den Gebrauch einer Sprache philosophisch und wissenschaftlich vollständig beschreibt), so liegt doch das Problem mit einer solchen Auffassung auf der Hand. Wenn die Ursache-Wirkung-Beschreibung vollständig ist; wenn man über den ›Text‹ lediglich sagen kann, daß er in der Produktion von Geräuschen (und innerem Aussprechen) nach einem bestimmten kausalen Schema besteht; wenn es keine mit der Aussage verknüpfte substantielle Eigenschaft der Berechtigung oder Wahrheit gibt – dann können die von uns produzierten Geräusche, niedergeschriebenen Inskriptionen oder in unseren Körpern auftretenden inneren Aussprachen nichts anderes sein als Ausdrücke unserer Subjektivität. Wie es Edward Lee in einem schönen Aufsatz über Protagoras und Platon formuliert hat (1973), ähnelt der Mensch einer solchen Auffassung zufolge einem Tier, das in Erwiderung auf diverse natürliche Zufälligkeiten diverse Schreie ausstößt, oder noch besser einer Pflanze, die mal ein Blatt, mal eine Blume hervorbringt. Eine solche Geschichte vernachlässigt, daß wir *Denkende* sind. Wenn eine solche Geschichte richtig ist, dann ist nicht nur Repräsentation ein Mythos; die Idee des Denkens selbst ist dann ein Mythos.

Angesichts dieser mißlichen Lage, zwischen einer *metaphysischen* Position auf der einen, einer Gruppe von *reduktionistischen* Positionen auf der anderen Seite wählen zu sollen, kam ich dazu, Kants Unterscheidung zwischen zwei Arten von Realismus zu folgen (ob mir Saul Kripke, auf dessen Arbeit ich mich oben bezogen habe, bei *diesem* Schritt folgen würde, scheint mir eher zweifelhaft). Diese beiden Arten nannte ich ›metaphysischen Realismus‹ und ›internen Realismus‹. Der metaphysische Realist besteht darauf, daß es eine mysteriöse Beziehung der ›Entsprechung‹ gibt, die Referenz und Wahrheit ermöglicht; der interne Realist dagegen ist bereit, sich Referenz als intern zu ›Texten‹ (oder Theorien) vorzustellen, *vorausgesetzt*, wir erkennen an, daß es bessere und schlechtere ›Texte‹ gibt. ›Besser‹ und ›schlechter‹ mögen selbst von unserer historischen Situation oder unseren Zwecken abhängen; es gibt hier keine Vorstellung einer Wahrheit von der Perspektive Gottes. Die Vorstellung einer richtigen (oder zumindest ›besseren‹) Antwort auf eine Frage unterliegt zwei Bedingungen:

1. *Richtigkeit ist nicht subjektiv.* Es ist nicht bloß eine Sache der *Meinung*, was bessere oder schlechtere Antworten auf die meisten Fragen sind, die Menschen wirklich betreffen. Anzuerkennen, daß dem so ist, stellt den wesentlichen Eintrittspreis zur Gemeinschaft der Vernünftigen dar. Wenn das nicht mehr klar ist, dann zum Teil deswegen, weil die Wellen der philosophischen Theorie die Worte *subjektiv* und *objektiv* so hoch umschäumt haben. So haben zum Beispiel Carnap wie auch Husserl behauptet, was ›objektiv‹ ist, sei dasselbe wie das, was ›intersubjektiv‹ ist, das heißt im Prinzip öffentlich. Dieses Prinzip selbst scheint jedoch (um es milde auszudrücken) des ›intersubjektiven‹ Nachweises unfähig zu sein. Es ist wirklich ganz erstaunlich, daß irgend jemand, der an Philosophie, Politik, Literatur oder den Geisteswissenschaften interessiert ist, tatsächlich die bessere Meinung mit der ›intersubjektiven‹ Wahrheit gleichsetzen sollte!

2. *Richtigkeit geht über Rechtfertigung hinaus.* Auch wenn Michael Dummett in der Verteidigung der oben von mir vorgetragenen Art von non-metaphysisch-realistischer und non-subjektivistischer Sicht der Wahrheit äußerst einflußreich gewesen ist, ist doch seine Formel ›Wahrheit ist Rechtfertigung‹ in vieler Weise irreführend, und aus diesem Grund habe ich sie in meinen Schriften vermieden. Zunächst einmal legt sie etwas nahe, was Dummett tatsächlich

94    *Vernunft und Welt*

glaubt und was ich nicht glaube: daß man die Bedingungen
der Rechtfertigung für die Sätze einer natürlichen Sprache
auf gültige Weise *spezifizieren* kann. Zweitens legt sie etwas
nahe, zu dem Dummetts Schriften recht zweideutig sind:
daß es so etwas gibt wie *endgültige* Verifikation, sogar im
Fall von empirischen Sätzen. Meine eigene Auffassung lautet, daß Wahrheit mit idealisierter Rechtfertigung identifiziert werden sollte anstatt mit Rechtfertigung anhand der
gegenwärtig vorhandenen Anhaltspunkte. ›Wahrheit‹ in
diesem Sinn ist ebenso kontextempfindlich, wie *wir* es sind.
Die Bedingungen der Behauptbarkeit für einen beliebigen
Satz sind nicht überschaubar.

Wenn die Bedingungen der Behauptbarkeit nicht überschaubar sind, wie lernen wir sie dann? Wir lernen sie, indem wir uns eine Praxis aneignen. Philosophen im Griff
reduktionistischer Vorstellungen verstehen nicht, daß das,
was wir uns aneignen, kein Wissen ist, was so angewendet
werden könnte, als wäre es ein Algorithmus. Die Unmöglichkeit, die Bedingungen der Behauptbarkeit für beliebige
Sätze zu formalisieren, ist eben die Unmöglichkeit,
menschliche Rationalität selbst zu formalisieren.


Die Dichotomie Tatsache – Wert

Würde ich es wagen, ein Metaphysiker zu sein, dann würde ich wohl ein System schaffen, in dem es nichts als Verpflichtungen gibt. In meinem Bild wäre metaphysisch
grundlegend, was wir tun *sollten* (sagen sollten, denken
sollten). In meinem Phantasiegebilde von mir als dem metaphysischen Superhelden würden sich alle ›Tatsachen‹ zu
›Werten‹ auflösen. Daß in meinem Zimmer ein Stuhl steht,
würde als eine Menge von Verpflichtungen analysiert (metaphysisch, nicht begrifflich – es gibt in dieser Phantasie
keine ›Sprachanalyse‹): etwa die Verpflichtung zu denken,
daß in diesem Zimmer ein Stuhl steht, falls die epistemi-

schen Bedingungen ›gut‹ genug sind (wären). (In Chom-
skyscher Ausdrucksweise könnte man von ›Kompetenz‹
anstatt von ›Verpflichtung‹ reden: Es ist eine Tatsache, daß
ein ideal ›kompetenter‹ Sprecher sagen (denken) würde, *In
diesem Zimmer steht ein Stuhl*, wenn die Bedingungen
›ideal‹ genug wären.) Anstatt mit Mill zu sagen, daß der
Stuhl eine ›dauernde Möglichkeit von Empfindungen‹ ist,
würde ich sagen, er ist eine *dauernde Möglichkeit von
Verpflichtungen*. Ich würde sogar so weit gehen zu sagen,
daß meine ›Sinnesdaten‹, so geliebt von Generationen von
Empiristen, nichts sind als dauernde Möglichkeiten von
Verpflichtungen, im selben Sinn.
Ich bin aber – leider! – nicht so wagemutig. Die umgekehrte Tendenz aber, alles auf Beschreibung zu reduzieren
oder es zu beseitigen, erscheint mir ganz einfach abwegig.
Auch außerhalb meiner Phantasien meine ich aber, daß
Tatsachen und Verpflichtungen vollkommen voneinander
abhängig sind. Ebenso wie es keine Verpflichtungen ohne
Tatsachen gibt, gibt es auch keine Tatsachen ohne Verpflichtungen.
In das Bild der Wahrheit als (idealisierter) Rechtfertigung
ist das gewissermaßen eingebaut. Zu sagen, eine Überzeugung sei gerechtfertigt, heißt zu sagen, wir sollten an sie
glauben; Rechtfertigung ist zunächst einmal ein normativer Begriff. Positivisten haben versucht, diese Frage zu
umgehen, indem sie sagten, welche Definition der Rechtfertigung (welche Definition von ›Grad der Bestätigung‹)
man akzeptiere, sei konventionell, eine Sache der Zweck-
mäßigkeit, oder, als letzte Rettung, es ginge ganz einfach
darum, einen ›Vorschlag‹ zu akzeptieren. Vorschläge aber
nehmen Zwecke oder Werte an, und es ist eine für den Positivismus wesentliche Lehre, daß die Güte oder Schlechtigkeit von letzten Zwecken oder Werten vollkommen
subjektiv ist. Da es keine allgemein anerkannten Zwecke
oder Werte gibt, bezüglich deren die positivistischen ›Vorschläge‹ *die besten* wären, folgt aus dieser Lehre, daß sie

96  *Vernunft und Welt*

selbst lediglich ein Ausdruck subjektiver Präferenz für bestimmte Sprachformen (wissenschaftliche) oder Ziele (Voraussage) ist. Wir haben das merkwürdige Ergebnis, daß ein vollkommen konsistenter Positivist als totaler Relativist enden muß. Er kann Inkonsistenz (in einem engen deduktiven Sinn) vermeiden, aber nur um das Opfer des Zugeständnisses, daß alle philosophischen Urteile, einschließlich seiner eigenen, keinen Status von Rationalität besitzen. Er hat keine Erwiderung auf den Philosophen, der sagt: »Ich weiß, was Sie meinen, aber, wissen Sie, Positivismus ist *in meinem System nicht rational.*«

Metaphysische Realisten haben versucht, dasselbe Problem dadurch in den Griff zu bekommen, daß sie eine totale logische Kluft zwischen der Frage, was *wahr* ist, und der Frage, wovon *überzeugt zu sein vernünftig* ist, postuliert haben. Was *wahr* ist, hängt aber davon ab, worauf unsere Ausdrücke *referieren*, und die Bestimmung der Referenz unserer Ausdrücke verlangt – einer jeden Auffassung zufolge – ein Gefühl für die referentiellen Intentionen wirklicher Sprecher sowie die Fähigkeit, nuancierte Entscheidungen bezüglich der besten Rekonstruktion dieser Intentionen zu treffen. So sagen wir zum Beispiel, daß der Ausdruck ›Phlogiston‹ auf nichts referierte (wie in ›A Defense of Internal Realism‹ [1990] angemerkt). Insbesondere referierte er nicht auf Valenzelektronen, auch wenn ein berühmter Naturwissenschaftler (Cyril Stanley Smith) einmal im Scherz gesagt hat, »Es gibt wirklich so etwas wie Phlogiston; es stellt sich heraus, daß Valenzelektronen Phlogiston sind«. Wir halten es für vernünftig, daß Bohr in den Jahren 1900 und 1934 dasselbe Wort ›Elektron‹ beibehalten hat und damit seine beiden sehr verschiedenen Theorien (die von 1900 und die von 1934) als Theorien behandelte, die dieselben Gegenstände beschrieben. Und wir halten es für unvernünftig zu sagen, daß ›Phlogiston‹ auf Valenzelektronen referiert.

Natürlich könnte ein metaphysischer Realist sowohl ein

Realist über Vernünftigkeit als auch über Wahrheit sein. Das ist aber gerade mein Punkt, gewissermaßen: Weder ein Positivist noch ein metaphysischer Realist kann Absurditäten vermeiden, wenn er der Frage, was *Vernünftigkeit* ausmacht, jede Objektivität abzusprechen versucht. Und *diese* Frage ist eine typische *Wertfrage*, metaphysisch gesprochen.

Man hat das von mir soeben knapp skizzierte Argument (es wird in meinem Buch *Vernunft, Wahrheit und Geschichte* ausführlich entwickelt) als ein ›Mitgefangen-mitgehangen‹-Argument bezeichnet. Die Struktur ist folgende: »Sie sagen (man stelle sich vor, dies richtet sich an einen Philosophen, der von einer scharfen Dichotomie Tatsache – Wert überzeugt ist), daß Werturteile keinen objektiven Wahrheitswert besitzen, daß sie reine Ausdrücke einer Präferenz darstellen. Die von Ihnen angegebenen Gründe jedoch – es gibt Meinungsverschiedenheiten zwischen Kulturen (und innerhalb einer Kultur) darüber, was wertvoll ist und was nicht; diese Streitigkeiten können nicht ›intersubjektiv‹ geschlichtet werden; unsere Auffassungen von Wert sind historisch bedingt; es gibt keine ›wissenschaftliche‹ (reduzierende) Auffassung davon, was Wert *ist* – treffen alle unmittelbar und ohne die geringste Änderung auch Urteile der Rechtfertigung, Berechtigung und Vernünftigkeit, allgemein: Urteile epistemischer Werte. Sollten Sie also recht haben, dann sind Urteile epistemischer Rechtfertigung (Berechtigung) ebenfalls vollkommen subjektiv. Urteile von Referenzgleichheit und also von Referenz und Wahrheit sind von Urteilen der Vernünftigkeit abhängig. Anstatt uns also eine *Dichotomie* Tatsache – Wert zu bieten, haben Sie uns einen Grund geliefert, epistemische Begriffe, semantische Begriffe, ja den Begriff einer *Tatsache* ganz aufzugeben.« Um es einfacher auszudrücken, der Punkt ist, daß man aus der Tatsache, daß wir keine ›wissenschaftliche‹ Erklärung der Möglichkeit von Werten besitzen, keine Schlüsse ziehen sollte, so-

98    *Vernunft und Welt*

lange nicht gezeigt werden kann, daß eine ›wissenschaftliche‹ Erklärung der Möglichkeit von Referenz, Wahrheit, Berechtigung und so fort möglich ist. Und die Schwierigkeiten mit der Korrespondenztheorie lassen vermuten, daß letztere Forderung eine Forderung nach ich-weiß-nicht-was darstellt.


Warum bin ich kein Relativist?

Da ich es unterlasse, überhaupt eine metaphysische Geschichte zu bieten oder auch nur die Möglichkeit von Referenz, Wahrheit, Berechtigung, Wert und alles übrigen zu erklären, kommt häufig die Frage auf: »Warum sind Sie dann nicht auch ein Relativist?« Ich kann die Frage gut nachfühlen (und sogar die Verdrossenheit, mit welcher sie oft einhergeht), weil ich den Drang nachfühlen kann zu *wissen*, eine ganzheitliche Erklärung zu *haben*, welche den Denker im Akt der Entdeckung der ganzheitlichen Erklärung in der Ganzheit dessen einschließt, was sie erklärt. Ich sage nicht, daß dieser Drang ›freiwillig‹ ist, das Produkt von Begebenheiten im 16. Jahrhundert darstellt oder auf einer falschen Voraussetzung beruht, weil es in Wirklichkeit solche Dinge wie Wahrheit, Berechtigung oder Wert nicht gebe. Ich sage aber, daß die Unternehmung gescheitert ist, eine solche Erklärung bereitzustellen.
Sie ist nicht deswegen gescheitert, weil es sich um einen unberechtigten Drang gehandelt hätte – welchem menschlichen Verlangen könnte mehr Respekt gebühren als dem Verlangen zu *wissen*? –, sondern weil sie über die Grenzen jeder Vorstellung von Erklärung hinausgeht, die wir besitzen. Dies zu sagen, bedeutet vielleicht nicht, die großartigen Unternehmungen der Metaphysik und Epistemologie für immer beiseite zu legen – wir können heute nur raten, was ein neues Jahrtausend oder eine andere so tiefgreifende Wende in der menschlichen Geschichte wie die Renais-

sance bringen mögen –, aber es bedeutet, daß die Zeit für
ein Moratorium über Ontologie und Epistemologie gekommen ist. Oder es ist vielmehr die Zeit für ein Moratorium auf die Art von metaphysischer Spekulation gekommen, welche die *Einrichtung des Universums* beschreiben
will, uns sagen will, was es *wirklich gibt* und was *bloße
menschliche Projektion* ist. Und für ein Moratorium für
die Art von epistemologischer Spekulation, welche uns die
*eine Methode* zu bieten sucht, durch die alle unsere Überzeugungen bewertet werden können.

Es stellt in Wirklichkeit das Gegenteil von Relativismus
dar zu sagen, »ein Moratorium für diese Unternehmungen«. Anstatt die Behauptungen, daß einige Werturteile
vernünftig und andere unvernünftig oder einige Ansichten
wahr und andere falsch sind, mit Mißtrauen zu betrachten, ist es mir ein Anliegen, uns zu eben diesen Behauptungen zurückzubringen, die wir schließlich in unserem
Alltagsleben ständig aufstellen. Das Annehmen des ›mani-
festen Bildes‹, der *Lebenswelt*, der Welt, wie wir sie tatsächlich erfahren, verlangt von uns, die wir (zum Guten
oder zum Schlechten) philosophisch ausgebildet worden
sind, sowohl unseren Sinn für das Rätselhafte (denn es ist
rätselhaft, daß etwas gleichzeitig *in* der Welt und *über* der
Welt sein kann) als auch unseren Sinn für das Gewöhnliche wiederzugewinnen. (Denn es ist schließlich eine *gewöhnliche* Tatsache, daß einige Vorstellungen ›unvernünftig‹ sind – nur die merkwürdigen Begriffe der ›Objektivität‹ und ›Subjektivität‹, die wir aus der Ontologie und
Epistemologie gelernt haben, machen uns unfähig, im Gewöhnlichen zu ruhen.)

Lasse ich dann überhaupt noch etwas für Philosophen zu
tun übrig? Ja und nein. Die Vorstellung, ein Poet könne
späteren Poeten sagen, ›was zu tun ist‹, oder ein Roman-
cier könne späteren Romanciers sagen, ›was zu tun ist‹,
sollte absurd scheinen und ist es auch. Und dennoch erwarten wir von Philosophen immer noch, nicht nur zu er-

## 100    Vernunft und Welt

reichen, was sie erreichen können, Einsichten zu haben, Unterscheidungen zu konstruieren, Argumente zu durchdenken und all das, sondern späteren Philosophen zu sagen, ›was zu tun ist‹. Ich schlage vor, daß es mit jedem einzelnen Philosophen problematischer sein sollte, was für die Philosophie zu tun bleibt. Wenn ich mit Derrida in irgend etwas übereinstimme, dann ist es folgendes: daß Philosophie Schrift ist und daß sie nun lernen sollte, Schrift zu sein, deren Autorität stets neu gewonnen werden muß, die nicht geerbt oder verliehen werden kann, weil sie Philosophie ist. Philosophie ist schließlich eine der Humanwissenschaften und keine Naturwissenschaft. Das schließt aber nichts aus – weder formale Logik noch Gleichungen, Argumente oder Aufsätze. Wir Philosophen erben ein Gebiet, keine Autorität, und das ist genug. Es ist schließlich ein Gebiet, das eine große Anzahl von Leuten fasziniert. Wenn wir diese Faszination durch unsere Rigiditäten oder unser Gebahren nicht vollkommen zerstört haben, dann ist das etwas, wofür wir wahrlich dankbar sein sollten.

# Saul Aron Kripke

*Seit Frege und Russell gehören die Unterscheidungen zwischen Bedeutung (Referenz) und Sinn namenartiger Ausdrücke bzw. zwischen echten Eigennamen und Kennzeichnungen zum Handwerkszeug logischer Analyse. Dabei ging es zunächst ausschließlich um abstrakte Gegenstandsbereiche wie Zahlen, Mengen und Wertverläufe mathematischer Funktionen und daher um situationsinvariante Beziehungen zwischen Namen und Gegenständen. Kripkes Unterscheidung in »Name und Notwendigkeit« (»Naming and Necessity«, 1970) zwischen rigiden Designatoren, die, wie »Sokrates« oder »Jesus« in allen möglichen Welten dasselbe Objekt oder Element bezeichnen, und nicht-rigiden Designatoren, die, wie z. B. »der gegenwärtige Präsident der USA« in Abhängigkeit von der möglichen Bezugswelt verschiedene Gegenstände bestimmen, steht dabei in der Nachfolge der Vorstellung Carnaps, dass die Intension eines Ausdrucks in Abhängigkeit von der Bezugssituation eine Extension bestimmt.*

*Obwohl Kripkes These, nach der Frege Namen als Kennzeichnungen deute, unzuverlässig ist, zeigt er im Grunde, dass und wie Freges Sinn von Carnaps Intension zu unterscheiden ist. Dazu benutzt er eine mathematische Struktur sogenannter Möglicher Welten, die übrigens im Kontext modelltheoretischer Interpretationen für Modalkalküle und den intuitionistischen Prädikatenkalkül entwickelt worden war. Diese Struktur vermittelt eine formale Analogie, in der deutlich wird, was es heißen könnte, dass der Bezugsgegenstand rigider Designatoren in allen, auch kontrafaktischen, ›Situationen‹ als mit sich identisch bestimmt sein soll, unabhängig von den ›kontingenten‹ Eigenschaften des Gegenstandes in der betreffenden ›Welt‹. Der Bezug entsprechender Namen wird dieser Idee zufolge über eine Art Taufe (in einer Welt) auf der Basis einer*

102    *Vernunft und Welt*

*schon als bekannt unterstellten (leider oft ›kausal‹ genann-*
*ten) Objektidentität durch den Verlauf einer Geschichte*
*bestimmt. Dieser Geschichtsverlauf wird, wie besonders in*
*den späteren Arbeiten Nuel Belnaps klar wird, in der*
*›Baumstruktur‹ der möglichen Welten durch einen ›Zweig‹*
*analogisch dargestellt. Das Bild zeigt, dass es im Extrem-*
*fall durchaus sein kann, dass sich alles, was ein besonderer*
*Sprecher von einem Gegenstand oder einer Art glaubt,*
*und zwar unter Einschluss von Möglichkeitsurteilen, als*
*falsch herausstellt. Denn der Sprecher bezieht sich nicht,*
*wie im Fall von Kennzeichnungen, nur unter der Präsup-*
*position der Wahrheit gewisser Aussagen auf einen Gegen-*
*stand. Sondern er tut dies auf der Basis einer linguistischen*
*Arbeitsteilung. Es können daher andere dafür verantwort-*
*lich sein, dass und wie sich ein Name auf einen Gegen-*
*stand oder eine bestimmte Art bezieht. Darüber hinaus*
*lässt sich im Bild der Möglichen Welten der Begriff der*
*›realen‹ (unglücklicherweise oft ›ontologisch‹ genannten)*
*Notwendigkeit von einem Begriff der rein analytischen,*
*d. h. bloß durch Sprachkonventionen bestimmten, Wahr-*
*heit unterscheiden.*

*Da in der Philosophie nichts so zentral ist wie die Vielfalt*
*der Begriffe der Wahrheit, Notwendigkeit und Möglich-*
*keit, wird jede kritische Sprachanalyse die von Kripke an-*
*geregten Analysen der Mögliche-Welten-Semantik ernst*
*nehmen müssen. Analoges gilt für seine ›skeptische‹ oder*
*vielleicht doch besser ›pragmatistische‹ Lesart von Witt-*
*gensteins Kritik an einer allzu naiven Vorstellung davon,*
*was im Kontext des Regelfolgens die Rede von »Notwen-*
*digkeit« oder auch von »dem Richtigen« bedeutet. Jeder*
*Versuch, eine Regel zu befolgen, ist ein Handeln, das auf*
*seine Richtigkeit zu beurteilen ist. Urteilen ist aber selbst*
*ein Handeln. Seine Richtigkeit ist durch kein Urteil einer*
*einzelnen Person garantiert. Die rechte Anwendung eines*
*Regelausdrucks zeigt sich daher am Ende nur in einer fak-*
*tisch befriedigenden Praxis. Über diese Art des Gelingens*

*zu unserer Zufriedenheit hinaus gibt es keinen ›fact of the matter‹. Der Begriff der mathematischen Notwendigkeit, dem zufolge, sagen wir, 1000 + 2 mit Notwendigkeit 1002 ergibt, ist damit abhängig von faktisch funktionstüchtigen Techniken des gemeinsamen Gebrauchs eines Zeichens wie »+« oder »plus« in einem gemeinsam kontrollierten gemeinsamen Handeln, das wir als das Addieren von Dezimalzahlen kennen.*

## Name und Notwendigkeit

Was ist Gold? [...] Kant führt die Unterscheidung zwischen analytischen und synthetischen Urteilen ein und sagt: »Alle analytischen Urteile beruhen gänzlich auf dem Satze des Widerspruchs und sind ihrer Natur nach Erkenntnisse *a priori*, die Begriffe, die ihnen zur Materie dienen, mögen empirisch sein, oder nicht. Denn weil das Prädikat eines bejahenden analytischen Urteils schon vorher im Begriffe des Subjekts gedacht wird, so kann es von ihm ohne Widerspruch nicht verneint werden ...
Eben darum sind auch alle analytischen Sätze Urteile *a priori*, wenn gleich ihre Begriffe empirisch sind, z.B. Gold ist ein gelbes Metall; denn um dieses zu wissen, brauche ich keiner weitern Erfahrung außer meinem Begriffe vom Golde, der enthielte, daß dieser Körper gelb und Metall sei: denn dieses machte eben meinen Begriff aus, und ich durfte nichts tun als diesen zergliedern, ohne mich außer demselben wornach anders umzusehen.«[1] Ich hätte mir das deutsche Original ansehen sollen. Der Ausdruck »und dieses machte eben meinen Begriff aus« klingt in der eng-

---

1 *Prolegomena zu einer jeden künftigen Metaphysik*, Vorerinnerung § 2b., Akademie-Ausgabe S. 267. Mein Eindruck von der Stelle hat sich nicht geändert, als ich mir hinterher kursorisch den deutschen Text ansah, obwohl ich hierbei kaum eine Kompetenz beanspruchen kann.

104    *Vernunft und Welt*

lischen Übersetzung (»it is in fact the very concept«) so, als würde Kant hier sagen, daß »Gold« einfach »gelbes Metall« *bedeutet*. Sagt er das, dann ist das besonders merkwürdig, so daß wir annehmen wollen, daß es nicht das ist, was er sagt. Zumindest denkt Kant, daß es ein *Bestandteil* des Begriffs ist, daß Gold ein gelbes Metall sein soll. Er denkt, daß wir dies *a priori* wissen und daß es nicht möglich ist, daß wir herausfinden könnten, daß das empirisch falsch ist.

Hat Kant hierin recht? Was ich eigentlich gern als erstes gemacht hätte, wäre eine Erörterung desjenigen Teils, daß Gold ein Metall ist. Das ist jedoch kompliziert, weil ich erstens nicht allzu viel von Chemie verstehe. Als ich diesem Punkt vor ein paar Tagen in nur einigen wenigen Verweisen nachging, habe ich in einer mehr phänomenologischen Darstellung von Metallen die Aussage gefunden, daß es sehr schwierig sei zu sagen, was ein Metall ist. (Es wird dort von Verformbarkeit, Dehnbarkeit und ähnlichem geredet, aber genaugenommen funktioniert keines dieser Kriterien.) Andererseits gab ein Text über das Periodensystem eine Beschreibung von Elementen als Metallen in Begriffen ihrer Wertigkeitseigenschaften. Das könnte einige Leute unmittelbar zu der Meinung veranlassen, daß hier in Wirklichkeit zwei Begriffe des Metalls am Werk sind, ein phänomenologischer Begriff und ein wissenschaftlicher Begriff, der ihn dann ersetzt. Diese These lehne ich ab, doch da dieser Schritt für viele eine Versuchung darstellen wird und erst widerlegt werden kann, wenn ich meine eigenen Ansichten entwickelt habe, wird das Beispiel »Gold ist ein Metall« für die Einführung dieser Ansichten wenig geeignet sein.

Doch betrachten wir etwas Einfacheres: die Frage des Gelbseins von Gold. Könnten wir entdecken, daß Gold in Wirklichkeit nicht gelb war? Angenommen es würde eine optische Täuschung vorherrschen aufgrund von besonderen Eigenschaften der Atmosphäre in Südafrika und Rußland und bestimmten anderen Gegenden, in denen es viele Goldminen gibt. Angenommen es würde eine optische Täuschung bestehen, die die Substanz gelb erscheinen ließe; tatsächlich jedoch würden wir, sobald die besonderen Eigenschaften der Atmosphäre beseitigt wären, sehen, daß die Substanz in Wirklichkeit blau ist. Vielleicht hat sogar ein Dämon das Sehvermögen all derer verdorben, die die Goldminen betraten (ihre *Seelen* waren offensichtlich bereits verdorben), und veranlaßte sie dadurch zu der Meinung, diese Substanz sei gelb, obwohl sie es nicht ist. Würde auf dieser Grundlage eine Meldung in den Zeitungen erscheinen: »Es hat sich herausgestellt, daß es kein Gold gibt. Gold existiert nicht. Was wir für Gold hielten, ist nicht wirklich Gold.«? Stellen Sie sich nur einmal die weltweite Finanzkrise vor, die unter diesen Bedingungen entstehen würde! Hier haben wir eine Ursache für die Labilität des Geldsystems, von der niemand etwas geahnt hat.

Es scheint mir, daß keine solche Meldung erscheinen würde. Im Gegenteil: was gemeldet werden würde, ist, daß es zwar den Anschein gehabt habe, daß Gold gelb sei, daß es sich jedoch herausgestellt habe, daß Gold in Wirklichkeit nicht gelb, sondern blau ist. Der Grund dafür ist, denke ich, daß wir das Wort »Gold« als einen Ausdruck für eine bestimmte *Art* von Ding verwenden. Andere haben diese Art von Ding entdeckt, und wir haben davon gehört. Wir haben somit als Mitglieder einer Sprechergemeinschaft eine bestimmte Verknüpfung zwischen uns und einer bestimmten Art von Gegenstand. Wir *denken*, daß die Art von Ding bestimmte identifizierende Merkmale hat. Einige dieser Merkmale treffen vielleicht nicht wirklich auf Gold zu. Wir könnten entdecken, daß wir uns hinsichtlich dieser Merkmale irren. Es könnte weiterhin sein, daß es eine Substanz gibt, welche alle identifizierenden Merkmale besitzt, die wir gewöhnlich dem Gold zuschrieben und mittels deren wir es zunächst identifizierten, die jedoch

106    *Vernunft und Welt*

nicht dieselbe Art von Ding ist, die nicht dieselbe Substanz ist. Wir würden von einem solchen Ding sagen, daß es zwar alle die Erscheinungsweisen hat, mit denen wir ursprünglich Gold identifizierten, daß es aber dennoch nicht Gold ist. Ein solches Ding ist zum Beispiel, wie wir durchaus wissen, Eisenkies oder Narrengold.

Es handelt sich hierbei um etwas völlig anderes, was für den Uneingeweihten genau wie diejenige Substanz aussieht, die wir entdeckt und Gold genannt haben. Wir können das nicht deswegen sagen, weil wir die *Bedeutung* des Begriffs Gold geändert haben und einige andere Kriterien hinzugefügt haben, die Gold von Eisenkies unterscheiden. Das scheint mir nicht der Fall zu sein. Im Gegenteil haben wir *entdeckt*, daß auf Gold bestimmte Eigenschaften zutreffen zusätzlich zu den ursprünglichen identifizierenden Merkmalen, mit denen wir es identifiziert haben. Diese Eigenschaften, die für Gold charakteristisch sind, aber nicht auf Eisenkies zutreffen, zeigen dann, daß das Narrengold nicht wirklich Gold ist.

Wir sollten uns ein anderes Beispiel hierfür ansehen. Hier in diesem Buch heißt es an einer Stelle:[2] »Ich sage ›Das Wort „Tiger" hat im Deutschen Sinn‹ ... Wenn ich dann gefragt werde ›Was ist ein Tiger?‹, könnte ich antworten ›Ein Tiger ist eine große, fleischfressende, vierfüßige Katze, von lohfarbenem Gelb mit schwärzlichen Querstreifen und mit weißem Bauch‹ (beruht auf der Eintragung unter ›tiger‹ im *Shorter Oxford English Dictionary*.)« Nehmen Sie jetzt an, jemand sagt »Sie haben gerade gesagt, welche Bedeutung das Wort ›Tiger‹ im Deutschen hat«, und Ziff fragt daraufhin: »Ist das so?«, und er sagt, ganz zu Recht: »Ich denke nicht.« Sein Beispiel ist: »Angenommen in einer Dschungellichtung sagt jemand ›Sieh mal, ein Tiger mit drei Beinen!‹: muß man dann verwirrt sein? Der Ausdruck

2  Paul Ziff, *Semantic Analysis*, Ithaca: Cornell University Press, 1960, S. 184–185.

›ein Tiger mit drei Beinen‹ ist keine *contradictio in adjecto*. Wenn jedoch der Ausdruck ›Tiger‹ im Deutschen unter anderem entweder ›Vierfüßer‹ oder ›vierfüßig‹ bedeuten würde, dann könnte der Ausdruck ›ein dreibeiniger Tiger‹ nur eine *contradictio in adjecto* sein.« Sein Beispiel zeigt also, daß es, wenn es zum Begriff des Tigers gehört, daß ein Tiger vier Beine hat, nicht einen dreibeinigen Tiger geben könnte. Hier haben wir es mit einem Fall von der Art zu tun, wie ihn Philosophen gern als einen »Bündel-Begriff« erklären. Ist es überhaupt ein Widerspruch, wenn man annehmen würde, daß wir entdecken könnten, daß Tiger *nie* vier Beine haben? Angenommen die Forscher, die Tigern diese Eigenschaften zugeschrieben haben, unterlagen einer optischen Täuschung, und die Tiere, die sie gesehen haben, gehörten zu einer dreibeinigen Spezies, würden wir dann sagen, daß es sich herausstellte, daß es nach alledem keine Tiger gibt? Ich denke wir würden sagen, daß trotz der optischen Täuschung, der die Forscher unterlegen waren, Tiger in Wirklichkeit drei Beine haben.

Ferner: trifft es zu, daß alles, was diese Beschreibung des Wörterbuchs erfüllt, notwendigerweise ein Tiger ist? Das scheint mir nicht der Fall zu sein. Angenommen wir entdecken ein Tier, welches zwar alle äußeren Erscheinungsmerkmale eines Tigers hat, wie er hier beschrieben wurde, welches jedoch eine innere Struktur hat, die völlig von derjenigen des Tigers unterschieden ist. In der Tat war in der Beschreibung das Wort »Katze« enthalten, so daß dieser Einwand nicht ganz fair ist. Aber nehmen wir an, der Ausdruck komme in diesem Beispiel nicht vor. Daß ein Tiger zu irgendeiner bestimmten biologischen Familie gehört, war auf jeden Fall etwas, was wir entdeckt haben. Wenn »Katze« nur bedeutet, daß etwas das Aussehen einer Katze hat, dann nehmen wir an, daß es tatsächlich das Aussehen einer großen Katze hat. Wir könnten in einem Teil der Welt Tiere finden, die zwar genau wie ein Tiger aussehen, die aber, wie sich bei einer genaueren Untersu-

108 *Vernunft und Welt*

chung herausstellen würde, nicht einmal Säugetiere sind. Sagen wir, sie seien in Wirklichkeit sehr merkwürdig aussehende Reptilien. Schließen wir dann aufgrund dieser Beschreibung, daß einige Tiger Reptilien sind? Das tun wir nicht. Wir würden vielmehr den Schluß ziehen, daß diese Tiere, obwohl sie die äußeren Merkmale besitzen, mit denen wir ursprünglich Tiger identifiziert haben, nicht wirklich Tiger sind, weil sie nicht zur selben Spezies gehören wie die Spezies, die wir »die Spezies der Tiger« nannten. Ich denke nun, daß das nicht, wie einige Leute sagen würden, daher kommt, daß der alte Begriff des Tigers durch eine neue wissenschaftliche Definition ersetzt wurde. Ich glaube, daß dies auf den Begriff des Tigers zutrifft, *ehe* die innere Struktur von Tigern untersucht wurde. Obwohl wir die innere Struktur von Tigern nicht *kennen*, nehmen wir an – und wir wollen annehmen, daß wir es zu Recht tun –, daß Tiger eine bestimmte Spezies oder natürliche Art bilden. Wir können uns dann vorstellen, daß es ein Wesen geben könnte, welches zwar genau das äußere Aussehen von Tigern hat, sich jedoch innerlich hinreichend von ihnen unterscheidet, daß wir sagen würden, daß es sich nicht um dieselbe Art von Ding handelt. Wir können uns das vorstellen, ohne irgend etwas über diese innere Struktur zu wissen – ohne zu wissen, welches diese innere Struktur ist. Wir können im voraus sagen, daß wir den Ausdruck »Tiger« zur Bezeichnung einer Spezies verwenden und daß alles, was nicht zu dieser Spezies gehört, auch wenn es wie ein Tiger aussieht, kein Tiger ist.

Ebenso wie etwas alle Eigenschaften haben könnte, mit denen wir ursprünglich Tiger identifizierten, und doch kein Tiger sein könnte, so könnten wir auch herausfinden, daß Tiger *keine* der Eigenschaften haben, mittels deren wir sie ursprünglich identifizieren. Vielleicht ist *kein* Tiger vierfüßig, keiner lohgelb, keiner ein Fleischfresser usw.; wie im Fall des Golds stellt sich heraus, daß alle diese Eigenschaften auf optischen Täuschungen oder anderen Irr-

tümern beruhen. Der Ausdruck »Tiger« bezeichnet also
ebenso wie der Ausdruck »Gold« nicht einen Bündelbe-
griff, bei dem die meisten, wenn auch vielleicht nicht alle,
der Eigenschaften erfüllt sein müssen, mit denen die Art
identifiziert wird. Im Gegenteil braucht der Besitz der
meisten dieser Eigenschaften nicht eine notwendige Bedingung für die Zugehörigkeit zu der betreffenden Art zu
sein, und er braucht ebenso keine hinreichende Bedingung
zu sein.

Da wir herausgefunden haben, daß Tiger in der Tat, wie
wir vermuteten, eine einzige Art bilden, ist etwas, was
nicht von dieser Art ist, nicht ein Tiger. Natürlich könnten wir uns mit der Annahme, daß es eine solche Art gibt,
irren. Wir nehmen im voraus an, daß sie wahrscheinlich
wirklich eine Art bilden. Vergangene Erfahrung hat gezeigt, daß solche Dinge, die zusammen leben, ähnlich aussehen, sich paaren, gewöhnlich eine Art bilden. Wenn es
zwei Arten von Tigern gibt, die Gemeinsamkeiten haben,
jedoch nicht so viele Gemeinsamkeiten haben, wie wir
dachten, dann bilden sie vielleicht eine umfassendere bio-
logische Familie. Wenn sie absolut nichts miteinander zu
tun haben, dann gibt es wirklich zwei Arten von Tigern.
Das hängt alles von der Geschichte ab und von unseren
tatsächlichen Feststellungen.

Derjenige Philosoph, der, wie ich finde, diese Art von
Überlegung am ehesten erkennt (unsere Gedanken über
diese Dinge entwickelten sich unabhängig voneinander),
ist Putnam. In einem Artikel mit dem Titel »It Ain't Ne-
cessarily So«[3] sagt er mit Bezug auf Aussagen über Spe-

3 *Journal of Philosophy* 59, Nr. 22 (Oktober 1962), S. 658–71. In späteren Arbeiten über natürliche Arten und physikalische Eigenschaften, welche ich, als
ich diesen Text hier verfaßte, noch nicht gesehen hatte, hat Putnam weitere
Arbeit geleistet, die (vermute ich) viele Berührungspunkte mit dem hier ausgedrückten Standpunkt hat. Wie ich im Text erwähnte, gibt es einige Abweichungen zwischen Putnams Zugangsweise und der meinigen; Putnam gründet
seine Überlegungen nicht auf den Apparat von notwendigen versus apriorischen Wahrheiten, den ich in Anspruch nehme. In seinem früheren Papier

110    *Vernunft und Welt*

zies, daß sie »weniger notwendig« (wie er vorsichtig sagt) sind als Aussagen wie »Junggesellen sind nicht verheiratet«. Das Beispiel, das er gibt, ist »Katzen sind Tiere«. Es könnte sich herausstellen, daß Katzen Roboter oder seltsame Dämonen (dieses Beispiel ist nicht von Putnam) sind, die ein Magier aufgestellt hat. Angenommen, es würde sich herausstellen, daß sie eine Spezies von Dämonen sind. Dann wäre man nach seiner Auffassung, und nach der meinen wohl ebenso, geneigt zu sagen, nicht daß es sich herausgestellt hat, daß es keine Katzen gibt, sondern daß sich von den Katzen herausgestellt hat, daß sie nicht, wie wir zunächst vermuteten, Tiere sind. Der ursprüngliche Begriff von Katze ist: *diese Art von Ding*, wobei die Art durch paradigmatische Fälle identifiziert werden kann. Es ist nicht etwas, was durch irgendeine qualitative Wörterbuchdefinition herausgegriffen würde. Putnams Folgerung ist jedoch, daß Aussagen wie »Katzen sind Tiere« »weniger notwendig« sind als Aussagen wie »Junggesellen sind unverheiratet«. Natürlich stimme ich zu, daß das Argument anzeigt, daß solche Aussagen nicht *a priori* erkannt werden und daß sie daher nicht analytisch sind;[4]

---

»The Analytic and the Synthetic«, *Minnesota Studies in the Philosophy of Science*, Band III, S. 358–97, scheint er in einigen Hinsichten der »Bündeltheorie« näher zu sein; er legt zum Beispiel nahe, daß sie für Eigennamen zutreffend ist.

Ich sollte nochmals betonen, daß es ein Beispiel von Rogers Albritton war, das mich auf diesen Problemkontext aufmerksam gemacht hat, obwohl Albritton wahrscheinlich nicht die Theorien akzeptieren würde, die ich aufgrund des Beispiels entwickelt habe.

4 Ich setze voraus, daß eine analytische Wahrheit eine Wahrheit ist, welche von *Bedeutungen* im strengen Sinn abhängt und daher ebenso notwendig ist wie *a priori* gilt. Wenn Aussagen, die durch die Festlegung einer Referenz als *a priori* wahr erkannt werden, zu den analytischen Aussagen gezählt werden, dann sind einige analytische Aussagen kontingent; diese Möglichkeit wird durch den hier angenommenen Begriff der Analytizität ausgeschlossen; die Zweideutigkeit im Begriff der Analytizität entsteht natürlich aus der Zweideutigkeit in den üblichen Gebrauchsweisen von Termini wie »Definition« und »Sinn«. Ich habe in diesen Vorträgen nicht versucht, die heiklen Proble-

*Saul Aron Kripke* 111

ob eine gegebene Art eine Spezies von Tieren ist, ist eine empirisch zu untersuchende Frage. Vielleicht meint Putnam das »notwendig« in diesem epistemischen Sinn. Es bleibt die Frage, ob solche Aussagen notwendig in dem nicht-epistemischen Sinn sind, der in diesen Vorträgen vertreten wird. Wir müssen also als nächstes untersuchen (unter Verwendung des erörterten Notwendigkeitsbegriffs): sind Aussagen wie »Katzen sind Tiere« oder Aussagen wie »Gold ist ein gelbes Metall« notwendig?

Bisher habe ich nur von dem geredet, was wir herausfinden könnten. Ich sagte, wir könnten herausfinden, daß Gold, anders als wir dachten, nicht wirklich gelb ist. Wenn man sich genauer mit dem Begriff der Metalle befassen würde, zum Beispiel in Begriffen der Wertigkeitseigenschaften, dann könnte man sicherlich herausfinden, daß Gold, obwohl man es für ein Metall gehalten hat, nicht wirklich ein Metall ist. Ist es notwendig oder kontingent, daß Gold ein Metall ist? Ich möchte mich auf den Begriff eines Metalls nicht im Detail einlassen – ich sagte schon, daß ich zu wenig davon verstehe. Gold hat offenbar die Ordnungszahl 79. Ist es eine notwendige oder eine kontingente Eigenschaft von Gold, daß es die Ordnungszahl 79 hat? Sicherlich könnten wir herausfinden, daß wir uns geirrt haben. Die ganze Theorie der Protonen, der Ordnungszahlen, die ganze Theorie der Molekularstruktur und der atomaren Struktur, auf der solche Ansichten gründen, *all* das könnte sich als falsch erweisen. Gewiß

me hinsichtlich der Analytizität zu behandeln, doch möchte ich sagen, daß einige (wenn auch nicht alle) der Fälle, die häufig angeführt werden, um die Unterscheidung zwischen analytisch und synthetisch in Mißkredit zu bringen, insbesondere diejenigen Fälle, die Naturphänomene und natürliche Arten enthalten, in Begriffen des Apparats der Festlegung einer Referenz behandelt werden sollten, der hier in Anspruch genommen wird. Beachten Sie, daß Kants Beispiel »Gold ist ein gelbes Metall« nicht einmal *a priori* ist und daß jede Notwendigkeit, die es vielleicht haben mag, durch wissenschaftliche Untersuchungen nachgewiesen wird; es ist somit vom Analytischen in jedem Sinn weit entfernt.

112    *Vernunft und Welt*

wußten wir das nicht seit unvordenklichen Zeiten. In diesem Sinn könnte sich also herausstellen, daß Gold nicht die Ordnungszahl 79 hat.

Gegeben, Gold *hat* die Ordnungszahl 79, könnte dann etwas Gold sein, ohne die Ordnungszahl 79 zu haben? Nehmen wir an, die Wissenschaftler haben die Natur von Gold untersucht und festgestellt, daß es sozusagen unmittelbar zur Natur dieser Substanz gehört, daß sie die Ordnungszahl 79 hat. Angenommen wir finden nun ein anderes gelbes Metall oder sonst etwas Gelbes, welches alle Eigenschaften besitzt, mit denen wir ursprünglich Gold identifizierten, und viele der zusätzlichen Eigenschaften besitzt, die wir später entdeckt haben. Ein Beispiel von etwas, das viele der ursprünglichen Eigenschaften besitzt, ist Eisenkies, »Narrengold«. Wie ich schon sagte, würden wir nicht sagen, daß diese Substanz Gold ist. Bisher reden wir von der wirklichen Welt. Betrachten wir jetzt eine mögliche Welt. Betrachten wir eine kontrafaktische Situation, in der zum Beispiel das Narrengold oder Eisenkies tatsächlich in verschiedenen Bergen in den Vereinigten Staaten oder in Gegenden von Südafrika und der Sowjetunion gefunden wurde. Nehmen wir an, daß alle Gegenden, die jetzt tatsächlich Gold enthalten, statt dessen Eisenkies enthielten, oder irgendeine andere Substanz, die Gold in den Oberflächeneigenschaften gleicht, aber nicht seine atomare Struktur hat.[5] Würden wir von dieser kontrafaktischen Situation sagen, daß in dieser Situation Gold nicht einmal ein Element gewesen wäre (weil Eisenkies kein Element ist)? Es scheint mir, daß wir das nicht sagen würden. Wir würden diese Situation vielmehr als eine Situation beschreiben, in der eine Substanz, etwa Eisenkies, die nicht Gold ist, in genau denselben Bergen gefunden worden wäre, die in Wirklichkeit Gold enthalten, und genau

5 Es gibt sogar noch bessere Paare von Doppelgängern, zum Beispiel bestimmte Paare von Elementen einer einzigen Spalte im Periodensystem, die einander sehr ähneln, aber trotzdem verschiedene Elemente sind.

die Eigenschaften gehabt hätte, durch die wir gewöhnlich Gold identifizieren. Doch diese Substanz wäre nicht Gold; sie wäre etwas anderes. Man sollte *nicht* sagen, daß es in dieser möglichen Welt immer noch Gold wäre, obwohl Gold dann nicht die Ordnungszahl 79 hätte. Es würde sich um ein anderes Element handeln, oder um eine andere Substanz. (Auch hier ist es irrelevant, ob Leute in einer kontrafaktischen Situation diese Substanz »Gold« *genannt* hätten. *Wir* beschreiben sie nicht als Gold.) Es wäre dies also, so scheint mir, nicht ein Fall, in dem Gold möglicherweise nicht ein Element hätte sein können, und es kann einen solchen Fall auch nicht geben (außer im epistemischen Sinn von »möglich«). Gegeben daß Gold dieses Element *ist*, wäre jede andere Substanz, auch wenn sie wie Gold aussieht und an denselben Stellen gefunden wird, wo wir in Wirklichkeit Gold finden, nicht Gold. Sie wäre irgendeine andere Substanz, die eine Nachahmung von Gold wäre. In jeder kontrafaktischen Situation, in der dieselben geographischen Gebiete eine solche Substanz enthalten würden, würden sie nicht Gold enthalten. Sie würden etwas anderes enthalten.

Wenn diese Überlegung richtig ist, zielt sie also darauf ab zu zeigen, daß derartige Aussagen, die wissenschaftliche Entdeckungen darüber darstellen, was dieser Stoff *ist*, keine kontingenten Wahrheiten sind, sondern notwendige Wahrheiten im strengstmöglichen Sinn. Es geht nicht einfach darum, daß es sich um ein wissenschaftliches Gesetz handelt; denn natürlich können wir uns eine Welt vorstellen, in der es nicht gelten würde. Jede Welt, in der wir uns eine Substanz vorstellen, die diese Eigenschaften nicht hat, ist eine Welt, in der wir uns eine Substanz vorstellen, die nicht Gold ist, vorausgesetzt diese Eigenschaften bilden die Grundlage dessen, was die Substanz ist. Im speziellen Fall ist dann also die gegenwärtige wissenschaftliche Theorie von der Art, daß es zur Natur von Gold, wie wir es haben, gehört, daß es ein Element mit der Ord-

114    *Vernunft und Welt*

nungszahl 79 ist. Es wird daher notwendig und nicht kontingent sein, daß Gold ein Element mit der Ordnungszahl 79 ist. (Wir könnten dann auf dieselbe Weise außerdem weiter untersuchen, wie Farbeigenschaften und Metalleigenschaften aus dem folgen, was wir als die Natur der Substanz Gold herausgefunden haben: soweit solche Eigenschaften aus der atomaren Struktur von Gold folgen, sind sie notwendige Eigenschaften von Gold, obwohl sie zweifellos nicht zur *Bedeutung* des Wortes »Gold« gehören und nicht mit apriorischer Gewißheit erkannt wurden.)

Putnams Beispiel »Katzen sind Tiere« gehört unter dieselbe Überschrift. Wir haben in diesem Fall in der Tat eine sehr überraschende Entdeckung gemacht. Wir haben tatsächlich nichts gefunden, was gegen unsere Meinungen wäre. Katzen sind tatsächlich Tiere! Ist diese Wahrheit dann eine notwendige Wahrheit oder eine kontingente? Es scheint mir, daß es sich um eine notwendige Wahrheit handelt. Betrachten Sie die kontrafaktische Situation, in der wir anstelle dieser Lebewesen – dieser Tiere – tatsächlich kleine Dämonen haben, die uns, wenn sie sich uns nähern würden, in der Tat Unglück brächten. Sollten wir das als eine Situation beschreiben, in der Katzen Dämonen wären? Es scheint mir, daß diese Dämonen nicht Katzen wären. Sie wären Dämonen in einer katzenähnlichen Form. Wir hätten entdecken können, daß die wirklichen Katzen, die wir *haben*, Dämonen sind. Sobald wir jedoch einmal entdeckt haben, daß sie es *nicht* sind, gehört es unmittelbar zu ihrer Natur, daß wir, wenn wir eine kontrafaktische Welt beschreiben, in der es solche Dämonen gäbe, sagen müssen, daß die Dämonen keine Katzen wären. Es wäre eine Welt, die Dämonen enthalten würde, die sich als Katzen maskieren würden. Obwohl wir sagen könnten, daß sich Katzen als Dämonen einer bestimmten Spezies *erweisen könnten*, so ist doch, gegeben daß Katzen tatsächlich Tiere sind, jedes katzenähnliche Wesen, das kein Tier ist, sei es in der wirklichen Welt oder in einer kontrafaktischen Welt, keine Katze. Dasselbe gilt selbst für Tiere, die das Aussehen von Katzen, aber die innere Struktur von Reptilien haben. Würden solche Tiere existieren, dann wären sie nicht Katzen, sondern »Narrenkatzen«.

Das hängt auf gewisse Weise auch mit dem Wesen eines Einzelgegenstandes zusammen. Die Molekulartheorie hat etwa entdeckt, daß dieser Gegenstand hier aus Molekülen besteht. Das war gewiß eine wichtige empirische Entdeckung. Es war etwas, was wir nicht im voraus wußten; vielleicht hätte dies, nach allem was wir wußten, aus irgendeiner ätherischen Entelechie bestehen können. Stellen Sie sich nun einen Gegenstand vor, der sich an genau dieser Position im Zimmer befindet und der tatsächlich eine ätherische Entelechie wäre. Wäre er dieser selbe Gegenstand hier? Er könnte genau das Aussehen dieses Gegenstands haben, und doch scheint mir, er könnte niemals *dieses Ding* sein. Das Schicksal *dieses Dings* hätte sehr verschieden von seiner wirklichen Geschichte sein können. Es hätte zum Kreml transportiert werden können. Es hätte sein können, daß es bereits in Stücke gehackt wurde und zu diesem Zeitpunkt nicht existieren würde. Verschiedene Dinge hätten ihm zustoßen können. Aber was immer wir uns an kontrafaktischen Ereignissen vorstellen, die ihm anders als in der wirklichen Welt hätten widerfahren können, so ist das einzige Ereignis, von dem wir uns nicht vorstellen können, daß es diesem Ding hätte widerfahren können, daß *es*, gegeben daß es aus Molekülen besteht, immer noch existiert hätte, aber nicht aus Molekülen bestanden hätte. Wir können uns vorstellen entdeckt zu haben, daß es nicht aus Molekülen bestand. Aber sobald wir wissen, daß dieses Ding aus Molekülen besteht – daß das gerade die Natur der Substanz ist, aus der es besteht –, können wir uns, jedenfalls wenn meine Betrachtungsweise richtig ist, nicht vorstellen, daß dieses Ding auch nicht hätte aus Molekülen bestehen können.

116    *Vernunft und Welt*

Nach der Auffassung, die ich vertrete, sind Begriffe für
natürliche Arten also viel näher mit Eigennamen verwandt, als gewöhnlich angenommen wird. Der alte Terminus »allgemeine Namen« ist daher ganz angemessen
für diejenigen Prädikate, die Spezies oder natürliche Arten bezeichnen, wie zum Beispiel »Kuh« oder »Tiger«.
Meine Überlegungen gelten jedoch auch für bestimmte
Stofftermini für natürliche Arten, zum Beispiel »Gold«,
»Wasser« und Ähnliches. Es ist interessant, meine Auffassungen mit denjenigen von Mill zu vergleichen. Mill
rechnet sowohl Prädikate wie »Kuh« als auch Kennzeichnungen als auch Eigennamen zu den Namen. Er sagt von
»singulären« Namen, daß sie konnotativ sind, wenn sie
Kennzeichnungen sind, aber nicht-konnotativ, wenn sie
Eigennamen sind. Andererseits sagt Mill, daß *alle* »allgemeinen« Namen konnotativ sind; ein Prädikat wie
»menschliches Wesen« ist definiert als die Konjunktion
bestimmter Eigenschaften, die notwendige und hinreichende Bedingungen für das Menschsein angeben – Rationalität, Tierheit und bestimmte physische Eigenschaften.[6]
Die moderne logische Tradition, deren Repräsentanten
Frege und Russell sind, scheint die These zu vertreten,
daß Mill hinsichtlich der singulären Namen unrecht hatte,
aber hinsichtlich der allgemeinen Namen recht hatte. Die
jüngere Philosophie ist ihnen hierin gefolgt, mit dem Unterschied, daß sie sowohl im Falle der Eigennamen als
auch im Falle der Begriffe für natürliche Arten die Vorstellung von definierenden Eigenschaften häufig durch
den Gedanken eines Bündels von Eigenschaften ersetzt,
von denen in jedem Einzelfall nur einige erfüllt zu sein
brauchen. Ich selbst bin demgegenüber der Auffassung,
daß Mill mehr oder weniger recht hat, was die »singulären« Namen betrifft, daß er aber bezüglich der »allgemeinen« Namen unrecht hat. *Vielleicht* drücken einige »allgemeine« Namen (»töricht«, »fett«, »gelb«) Eigenschaften

6 Mill, a. a. O.

*Saul Aron Kripke* 117

aus.[7] Allgemeine Namen wie »Kuh« und »Tiger« tun das in einem signifikanten Sinn nicht, es sei denn *eine Kuh zu sein* zählt trivialerweise als Eigenschaft. Ausdrücke wie »Kuh« und »Tiger« sind gewiß *nicht* Abkürzungen für die Konjunktion von Eigenschaften, mit denen ein Wörterbuch sie definieren würde, wie Mill dachte. Ob die Wissenschaft empirisch entdecken kann, daß bestimmte Eigenschaften von Kühen *notwendig* sind, oder auch von Tigern, ist eine andere Frage, eine Frage, die ich positiv beantworte.

Überlegen wir, welche Anwendung das für die Typen von Identitätsaussagen hat, die wissenschaftliche Entdeckungen ausdrücken (ich habe vorhin über solche Aussagen geredet) – zum Beispiel die Aussage, daß Wasser $H_2O$ ist. Es ist sicherlich eine Entdeckung, daß Wasser $H_2O$ ist. Wir haben Wasser ursprünglich dadurch identifiziert, wie es sich charakteristischerweise anfühlt, wie es aussieht und vielleicht wie es schmeckt (obwohl der Geschmack wohl gewöhnlich von den Unreinheiten stammt). Wenn es, selbst in Wirklichkeit, eine Substanz gäbe, die eine gänzlich andere atomare Struktur als Wasser hätte, aber Wasser in den genannten Hinsichten gleichen würde, würden wir dann sagen, daß einiges Wasser kein $H_2O$ sei? Ich denke

---

7 Ich werde kein Kriterium für das geben, was ich mit einer »reinen Eigenschaft« oder Fregeschen Intension meine. Es ist schwierig, unbezweifelbare Beispiele für das zu finden, was gemeint ist. Gelbsein drückt sicherlich eine manifeste physikalische Eigenschaft eines Gegenstandes aus und kann bezüglich der obigen Erörterung von Gold als eine Eigenschaft im erforderlichen Sinn betrachtet werden. Tatsächlich jedoch ist das Gelbsein nicht frei von einem gewissen eigenen referentiellen Element, denn nach der hier vertretenen Auffassung wird Gelbsein als diejenige äußere physikalische Eigenschaft des Gegenstandes herausgegriffen und starr bezeichnet, die wir vermittels des *visuellen Eindrucks von Gelbsein* wahrnehmen. In dieser Hinsicht gleicht es den Termini für natürliche Arten. Die phänomenologische Qualität der Wahrnehmung selbst andererseits läßt sich als eine *quale* in einem bestimmten reinen Sinn betrachten. Vielleicht bin ich ziemlich vage, was diese Fragen betrifft, aber eine weitere Präzisierung scheint hier unnötig zu sein.

118    *Vernunft und Welt*

nicht. Wir würden vielmehr sagen, daß es ebenso, wie es
ein Narrengold gibt, auch ein Narrenwasser geben könnte, eine Substanz, die zwar die Eigenschaften besitzt, mit
denen wir ursprünglich Wasser identifizierten, die aber
nicht wirklich Wasser wäre. Und das gilt, denke ich, nicht
nur für die wirkliche Welt, sondern sogar dann, wenn wir
über kontrafaktische Situationen reden. Wenn es eine Substanz gegeben hätte, die ein Narrenwasser war, dann wäre
sie eben Narrenwasser und nicht Wasser. Wenn andererseits diese Substanz eine andere Form annehmen kann –
wie zum Beispiel das Polywasser, das angeblich in der
Sowjetunion entdeckt wurde und das ganz andere identifizierende Merkmale hat als das, was wir jetzt Wasser
nennen –, dann handelt es sich um eine Form von Wasser,
weil es dieselbe Substanz ist, obwohl es nicht diejenigen
Erscheinungsweisen aufweist, durch die wir ursprünglich
Wasser identifizierten.

Betrachten wir die Aussage »Licht ist ein Photonenstrom« oder »Wärme ist die Bewegung von Molekülen«.
Wenn ich auf Licht referiere, dann meine ich damit natürlich etwas, wovon wir etwas in diesem Raum hier haben.
Wenn ich auf Wärme referiere, dann referiere ich nicht
auf eine innere Empfindung, die jemand vielleicht hat,
sondern auf ein äußeres Phänomen, das wir durch den
Empfindungssinn wahrnehmen; es verursacht eine charakteristische Empfindung, die wir die Wärmeempfindung nennen. Wärme *ist* die Bewegung von Molekülen.
Wir haben außerdem entdeckt, daß eine Zunahme der
Wärme einer Zunahme der Molekülbewegung entspricht
oder, genau gesagt, einer zunehmenden durchschnittli-
chen kinetischen Energie von Molekülen. Temperatur
wird also gleichgesetzt mit mittlerer molekularer kineti-
scher Energie. Ich möchte jedoch nicht über Temperatur
reden, weil die Frage ist, wie die tatsächliche Gradeintei-
lung festzusetzen ist. Sie könnte gerade in Begriffen der
mittleren kinetischen molekularen Energie festgesetzt

*Saul Aron Kripke* 119

werden.[8] Was jedoch eine interessante phänomenologische Entdeckung darstellt, ist, daß sich die Moleküle, wenn es wärmer ist, schneller bewegen. Wir haben außerdem mit Bezug auf das Licht entdeckt, daß Licht ein Photonenstrom ist; die Alternative ist, daß es eine Form elektromagnetischer Strahlung ist. Ursprünglich haben wir das Licht durch die charakteristischen inneren visuellen Eindrücke identifiziert, die es in uns hervorrufen kann, die uns in die Lage versetzen zu sehen. Wärme andererseits identifizierten wir ursprünglich durch die charakteristische Wirkung auf einen bestimmten Aspekt unserer Nervenenden oder unseres Tastgefühls.

Stellen Sie sich eine Situation vor, in der menschliche Wesen blind wären oder in der ihre Augen nicht funktionieren würden. Licht würde keine Wirkung auf sie haben. Wäre das eine Situation gewesen, in der Licht nicht existierte? Das scheint mir nicht der Fall zu sein. Es wäre eine Situation gewesen, in der unsere Augen nicht empfindungsfähig für Licht gewesen wären. Vielleicht haben einige Wesen Augen, die nicht empfindungsfähig für Licht sind. Natürlich gehören zu diesen Lebewesen unglücklicherweise einige Menschen; wir nennen sie »blind«. Selbst wenn alle Menschen ganz verkümmert entwickelt wären und überhaupt nichts sehen könnten, hätte es Licht geben können; es wäre jedoch nicht in der Lage gewesen, die Augen der Menschen auf die geeignete Weise zu affizieren. Es scheint mir daher, daß eine solche Situation eine Situation wäre, in der es Licht gäbe, aber Menschen es nicht sehen könnten. Obwohl wir also Licht durch die charakteristischen visuellen Merkmale identifizieren könnten, die es in uns erzeugt, scheint das ein gutes Beispiel des Festlegens einer Referenz zu sein. Was Licht ist,

---

8 Natürlich stellt sich die Frage nach dem Verhältnis zwischen dem Temperaturbegriff der statistischen Mechanik und zum Beispiel dem thermodynamischen Begriff der Temperatur. Ich möchte von solchen Fragen in dieser Erörterung absehen.

120    *Vernunft und Welt*

legen wir durch die Tatsache fest, daß es dasjenige in der
Außenwelt ist, das unsere Augen auf eine bestimmte Weise affiziert, was immer es sein mag. Wenn wir jedoch jetzt
über kontrafaktische Situationen reden, in denen die Menschen zum Beispiel blind wären, würden wir nicht sagen,
daß deswegen, weil in solchen Situationen nichts die Augen der Menschen affizieren könnte, Licht nicht existieren
würde; vielmehr würden wir sagen, daß das eine Situation
wäre, in der Licht – dasjenige, was wir identifiziert haben
als das, was uns faktisch zu sehen ermöglicht – existieren
würde, es aber nicht fertigbringen würde, uns zum Sehen
zu verhelfen, weil wir irgendeinen Defekt haben.
Vielleicht können wir uns vorstellen, daß durch eine Art
von Wunder Schallwellen irgendwie bestimmte Wesen in
die Lage versetzen würden zu sehen. Ich meine das so,
daß sie ihnen visuelle Eindrücke geben würden, genau wie
wir sie haben, vielleicht dieselbe Farbempfindung. Wir
können uns außerdem vorstellen, daß dasselbe Wesen
gänzlich *unempfänglich* für Licht (Photonen) wäre. Wer
weiß, welche ingeniösen ungeahnten Möglichkeiten es
geben könnte? Würden wir sagen, daß in einer solchen
möglichen Welt der Schall das Licht war, daß diese Wel-
lenbewegungen in der Luft Licht waren? Mir scheint, wir
sollten die Situation, unseren Begriff des Lichts gegeben,
anders beschreiben. Es würde sich um eine Situation handeln, in der bestimmte Lebewesen, vielleicht sogar diejenigen, die »Menschen« genannt wurden und diesen Planeten
bewohnten, nicht für Licht empfindungsfähig wären, sondern für Schallwellen, und zwar auf dieselbe Weise empfindungsfähig für Schallwellen wären, wie wir empfindungsfähig für Licht sind. Wenn dem so ist, dann gilt: sobald wir herausgefunden haben, was Licht ist, reden wir,
wenn wir über andere mögliche Welten reden, über *dieses*
Phänomen in der Welt, und wir verwenden nicht das Wort
»Licht« als einen Ausdruck, der *synonym* ist mit »dasjenige, das uns den visuellen Eindruck gibt, dasjenige, das uns

*Saul Aron Kripke* 121

zum Sehen verhilft – was immer es sein mag«; denn es hätte Licht geben können, ohne daß das Licht dazu beigetragen hätte, daß wir sehen; oder es hätte sogar etwas anderes uns zum Sehen verhelfen können. Unsere Weise des Identifizierens von Licht *hat eine Referenz festgelegt.*
Ähnliches gilt für andere derartige Ausdrücke, zum Beispiel »Wärme«. Wärme ist hier etwas, das wir dadurch identifiziert haben (und die Referenz seines Namens festgelegt haben), daß es eine bestimmte Empfindung erzeugt, die wir »Wärmeempfindung« nennen. Wir haben keinen speziellen Namen für diese Empfindung außer eben dem, daß sie eine Wärmeempfindung ist. Es ist interessant, daß es sich in der Sprache so verhält, während Sie aufgrund meiner Äußerungen vermuten könnten, daß es sich umgekehrt verhält. Auf jeden Fall identifizieren wir Wärme und können wir Wärme empfinden durch die Tatsache, daß sie in uns eine Wärmeempfindung hervorruft. Daß die Referenz auf diese Weise festgelegt wird, ist vielleicht hier für den Begriff so wichtig, daß wir, wenn jemand anderer Wärme durch eine andere Art von Mittel auffindet, aber nicht in der Lage ist, sie zu fühlen, vielleicht würden sagen wollen, daß der Begriff der Wärme nicht derselbe ist, obwohl der Referent derselbe ist.
Trotzdem *bedeutet* der Ausdruck »Wärme« nicht »was immer Leuten diese Empfindungen gibt«. Denn erstens hätte es sein können, daß Leute nicht empfindungsfähig für Wärme gewesen wären und daß die Wärme dennoch in der Außenwelt existiert hätte. Nehmen wir zweitens an, daß auf irgendeine Weise, aufgrund irgendeines Unterschieds der Nervenenden, Lichtstrahlen diesen Leuten diese Empfindung gegeben *haben.* Es wäre dann nicht Wärme, sondern Licht, was den Leuten die Empfindung geben würde, die wir Wärmeempfindung nennen.
Können wir uns dann eine mögliche Welt vorstellen, in der Wärme nicht die Bewegung von Molekülen war? Wir können uns natürlich vorstellen, daß wir entdeckt hätten,

122    *Vernunft und Welt*

daß Wärme nicht Molekülbewegung wäre. Es scheint mir, daß jeder Fall, den sich jemand ausdenken wird und den er zunächst für einen Fall hält, in dem Wärme – im Gegensatz zu dem, was in Wirklichkeit der Fall ist – etwas anderes gewesen wäre als Bewegung von Molekülen, in Wirklichkeit ein Fall wäre, in dem bestimmte Lebewesen mit anderen Nervenenden als den unsrigen diesen Planeten bewohnen (vielleicht sogar wir selbst, wenn es eine kontingente Tatsache über uns ist, daß wir diese spezielle Nervenstruktur haben) und in dem diese Wesen für dieses andere, sagen wir Licht, auf die Weise empfindungsfähig wären, daß sie dasselbe empfänden, was wir empfinden, wenn wir Wärme empfinden. Doch dies ist keine Situation, in der zum Beispiel Licht Wärme gewesen wäre oder in der ein Photonenstrom Wärme gewesen wäre, sondern eine Situation, in der ein Photonenstrom die charakteristischen Empfindungen hervorgerufen hätte, die *wir* »Wärmeempfindungen« nennen.

Ähnliches gilt für viele andere derartige Gleichsetzungen, zum Beispiel, daß Blitz Elektrizität ist. Ein Aufleuchten eines Blitzes ist ein Aufleuchten von Elektrizität. Der Blitz ist eine elektrische Entladung. Wir können uns natürlich, nehme ich an, andere Weisen vorstellen, auf die der Himmel nachts mit derselben Art von Blitz erleuchtet sein könnte, ohne daß irgendeine elektrische Entladung stattfindet. Auch hier neige ich dazu zu sagen, daß wir uns, wenn wir uns dies vorstellen, etwas vorstellen, was genau die visuelle Erscheinungsweise des Blitzes hat, was aber in Wirklichkeit kein Blitz ist. Jemand könnte zu Ihnen sagen: das schien ein Blitz zu sein, aber es war keiner. Ich nehme an, das könnte sogar jetzt geschehen. Jemand könnte durch eine geschickte Vorrichtung ein bestimmtes Phänomen am Himmel erzeugen, das die Leute zu der Meinung veranlassen würde, es blitze, obwohl in Wirklichkeit kein Blitz da war. Und Sie würden nicht sagen, daß dieses Phänomen, weil es wie ein Blitz aussieht, tatsächlich ein Blitz

*Saul Aron Kripke* 123

war. Es war ein anderes Phänomen als das Blitzen, welches das Phänomen einer elektrischen Entladung ist, und es ist also kein Blitz, sondern nur etwas, das uns zu der irrigen Meinung veranlaßt, es sei ein Blitz da.

Was geht in diesen Fällen charakteristischerweise vor, sagen wir in dem Fall »Wärme ist Bewegung von Molekülen«? Wir haben einen bestimmten Referenten festgelegt, für die wirkliche Welt und für alle möglichen Welten, und zwar durch eine seiner kontingenten Eigenschaften, nämlich durch die Eigenschaft, daß er in der Lage ist, die und die Empfindungen in uns hervorzurufen. Sagen wir, es sei eine kontingente Eigenschaft der Wärme, daß sie Empfindungen der und der Art in Menschen hervorruft. Es ist schließlich kontingent, daß es überhaupt je Menschen auf diesem Planeten hätte geben sollen. Man weiß also nicht *a priori*, welches physikalische Phänomen, das in anderen Begriffen beschrieben ist – in Grundbegriffen der physikalischen Theorie –, das Phänomen ist, welches diese Empfindungen hervorruft. Wir wissen das nicht, und wir haben schließlich entdeckt, daß dieses Phänomen in der Tat die Molekularbewegung ist. Als wir das entdeckten, entdeckten wir eine Identifikation, die uns eine wesentliche Eigenschaft dieses Phänomens gibt. Wir haben ein Phänomen entdeckt, welches in allen möglichen Welten die Bewegung von Molekülen sein wird – welches nicht hätte nicht die Bewegung von Molekülen sein können, weil es das ist, was das Phänomen *ist*.[9] Andererseits ist die

---

9 Einige Leute waren geneigt zu argumentieren, daß wir zwar sicher nicht sagen können, daß Schallwellen »Wärme gewesen wären«, wenn sie durch diejenige Empfindung wahrgenommen worden wären, die wir empfinden, wenn wir Wärme empfinden, daß die Situation jedoch anders sei hinsichtlich eines möglichen Phänomens, das in der wirklichen Welt nicht vorhanden ist und das von der Molekülbewegung verschieden ist. Vielleicht, so wird gesagt, könnte es eine andere Form der Wärme geben, die von »unserer Wärme« verschieden ist und die nicht die Bewegung von Molekülen wäre, obwohl kein wirkliches Phänomen außer der Molekülbewegung, wie zum Beispiel der Schall, in Frage käme. Ähnliche Behauptungen wurden für Gold und für

124    *Vernunft und Welt*

Eigenschaft, mit der wir es ursprünglich identifizierten, die Eigenschaft, Empfindungen von der und der Art in uns hervorzurufen, keine notwendige Eigenschaft, sondern eine kontingente. Dieses selbe Phänomen hätte existieren können, ohne dabei – aufgrund von Unterschieden in unserer Nervenstruktur usw. – als Wärme empfunden zu werden. Wenn ich von *unserer* Nervenstruktur rede, als derjenigen menschlicher Wesen, dann lasse ich in der Tat in einem bestimmten Punkt, den ich früher gemacht habe, beide Möglichkeiten offen; denn es könnte natürlich gerade zur Natur menschlicher Wesen gehören, daß sie eine Nervenstruktur haben, die empfindungsfähig für Wärme ist. Daher könnte sich auch das als notwendig erweisen, wenn hinreichende Untersuchungen es zeigen würden. Ich lasse das aber aus Gründen der Einfachheit einfach unberücksichtigt. Auf jeden Fall ist es, denke ich, nicht notwendig, daß dieser Planet hätte von Wesen bewohnt sein sollen, die auf diese Weise empfindungsfähig für Wärme sind.

Licht vorgebracht. Obwohl ich nicht geneigt bin, diese Auffassungen zu akzeptieren, würden sie an dem Inhalt dieser Vorträge relativ wenig ändern. Jemand, der geneigt ist, diese Auffassungen zu vertreten, kann einfach die Ausdrücke »Licht«, »Wärme«, »Schmerz« usw. in den Beispielen durch die Ausdrücke »unser Licht«, »unsere Wärme«, »unser Schmerz« usw. ersetzen. Ich werde diesen Punkt daher hier nicht erörtern.

# Donald Davidson

*In einer gewissen Parallele zu Noam Chomskys Erklärung
des Erwerbs syntaktischer Sprachkompetenz im Ausgang
von einer angeborenen universalen Grammatik sieht Davidson die Aufgabe einer Theorie der Bedeutung in der
Behandlung der Frage, wie wir lernen, ›unendlich viele‹
Sätze einer Sprache semantisch zu interpretieren. Dabei
lehnt er zwar mit Quine die Idee ab, dass es jenseits des
realen Sprachverhaltens eine wohlbestimmte Sprache als
System von fixfertigen Regeln gäbe. Aber anders als bei
Quine soll mit Hilfe der Wahrheitstheorie Alfred Tarskis
modelliert werden, wie jeder von uns im Ausgang von implizit oder explizit als wahr oder richtig bewerteten Aussagen eine Satzstrukturtheorie entwickelt, auf deren Grundlage sich die Bedeutung der Sätze in der Form von re-
kursiv definierten Wahrheitsbedingungen darstellen lässt.
Dazu ersetzt Davidson das axiomatische System, mit dem
Tarski seine Analyse beginnt, durch die von anderen Sprechern (performativ) für wahr erklärten Sätze bzw. Aussagen.*

*Der Hörer, der in einer sogenannten radikalen Interpreta-
tion den Sätzen allererst eine logische Tiefenstruktur und
Wahrheitsbedingungen zuordnet, beginnt notwendigerweise mit einer allgemeinen Wahrheitspräsumtion. Dem korre-
spondiert die Tatsache, dass wir keine Sprache lernen können, wenn wir etwa nur ironischen Kontexten ausgesetzt
werden oder wenn uns die Sprecher systematisch anlügen.
Als Folge ergibt sich, dass zwar nicht jede Deutung eines
Textkorpus, wohl aber jede radikale Interpretation ›nach
Möglichkeit‹ das Nachsichtsprinzip der Charity anzuwenden hat. Es handelt sich um das Prinzip des grundlosen,
weil präsumtiven, Vertrauens in die Korrektheit vorgeleg-
ter Sprachbeispiele. Diesem Prinzip zufolge können wir nur
in relativen klaren Fällen den von anderen Personen für*

*wahr oder richtig erklärten Sätzen auf nicht beliebige Weise
den Wert ›das Falsche‹ zuordnen.*

*In einem sehr weiten Sinn trifft sich Davidsons Rekon-
struktion daher mit gewissen Grundeinsichten der philosophischen Hermeneutik. Dies gilt insbesondere auch für
seine Ablehnung einer am Ende immer mentalistischen
Prä-Existenz begrifflicher Schemata oder platonistischer
Bedeutungen. Doch die tiefen Differenzen zeigen sich bei
etwas genauerer Bertrachtung sofort. Denn um Schlüsse
der Form ›wer schnell rennt, rennt‹ als formal gültig darzustellen, führt Davidson in eine formallogisch verfasste
Tiefenstruktur Ereignisvariable ein und nimmt diese technische Darstellung zum Anlass für die Behauptung, dass
H a n d l u n g e n  eigentlich nur bestimmte E r e i g n i s s e
seien, nämlich solche, auf die eine entsprechende Handlungsbeschreibung passt.*

*Davidsons ›anomaler Monismus‹ in der Philosophie des
Geistes besteht dabei im Kern aus folgenden Thesen: Es
gibt (im Prinzip) zu jedem Ereignis Beschreibungen, die
das Ereignis in eine kausal abgeschlossene und zusammenhängende, ›natürliche‹ und das heißt letztlich physikalische
Welt einbetten. Für manche Ereignisse, nämlich menschliche Handlungen, gibt es die Praxis der interpretativen Zuordnung von Intentionen in intensionalem und ›mentalem‹
Vokabular. Anomal ist Davidsons Monismus, weil es keine
(Natur-)Gesetze gibt, die uns (mit irgendeiner Notwendigkeit) von der einen zu der anderen Beschreibung führen.
Es gibt aber Formen der rationalen Handlungserklärung,
etwa auf der Basis der Zuschreibung von Überzeugungen
und Präferenzen und des praktischen Syllogismus, nach
dem ein Tun eine rationale und eben damit rational er-
klärbare Handlung ist genau dann, wenn die ›besten‹ Mittel zum Erreichen der ›meisten‹ Ziele gewählt werden. Für
die (radikale) Interpretation eines Tuns als einer (rationalen) Handlung (eines bestimmten Typs) ergibt sich damit
die schwierige Aufgabe der simultanen Zuschreibung einer*

*Donald Davidson* 127

›holistischen‹ *Theorie des Wissens und des Wollens im Sinn eines Systems von Überzeugungen und Präferenzwertungen.*

## Voraussetzungen für Gedanken

Welche Bedingungen sind notwendig für die Existenz von Gedanken und somit insbesondere für die Existenz von Personen mit Gedanken? Nach meiner Überzeugung könnte es Gedanken in einem Geist nicht geben, wenn es daneben nicht noch andere gedankenbegabte Lebewesen gäbe, die in derselben natürlichen Welt leben wie der erstgenannte Geist. Daher passen meine Ausführungen zum Gesamttitel dieser Veranstaltung: »Der Mensch – sein Wesen, sein Geist und seine Gemeinschaft.«

Unter einem Gedanken verstehe ich einen geistigen Zustand, dessen Inhalt angegeben werden kann. Folgendes sind Beispiele für Gedanken: der Glaube, daß dies ein Stück Papier ist; die Absicht, langsam und deutlich zu sprechen; der Zweifel, ob morgen die Sonne scheinen wird. Hier liegt die Annahme nahe, daß Gedanken wie diese von nichts abhängen, was außerhalb des Geistes liegt, und daß diese Gedanken auch bei völlig anders beschaffener Welt genau dieselben sein könnten wie jetzt. Diese Annahme ist deshalb naheliegend, weil es offenbar auf der Hand liegt, daß jeder einzelne Gedanke über die Beschaffenheit der Welt verfehlt sein kann, woraus anscheinend folgt, daß alle derartigen Gedanken verfehlt sein könnten. Die einzigen Gedanken, die sich dieser schlichten Anfangsskepsis entziehen, sind unsere Gedanken über die eigenen Gedanken, die Vorrechte genießen, weil hier dem Zweifel der Ansatzpunkt entzogen worden ist, nämlich die Möglichkeit, daß etwas dem Geist Äußerliches nicht existiert.

## 128    Vernunft und Welt

Eine Überlegung wie diese erklärt, wie wir alle wissen, warum man sich in der abendländischen Philosophie so vielfach genötigt gefühlt hat, von einem solipsistischen oder an die erste Person gebundenen Standpunkt auszugehen. Außerdem trägt eine solche Überlegung dazu bei, den ansonsten womöglich geheimnisvollen Umstand zu erklären, daß die Erkenntnis des Fremdpsychischen bisher ein zum Problem der empirischen Erkenntnis hinzukommendes Problem zu sein scheint. Denn wenn der Inhalt des Geistes von allem übrigen logisch unabhängig ist, werden dadurch zwei unterscheidbare Probleme aufgeworfen: Wie kann der Geist erkennen, was von ihm getrennt ist? Und wie kann, was vom Geist getrennt ist, diesen erkennen? Wenn man selbst nicht hinausschauen kann, dann kann auch kein anderer hineinschauen – sofern es einen anderen überhaupt gibt.

Vielleicht ist es dem Einfluß Wittgensteins zuzuschreiben, daß viele Philosophen geglaubt haben, sie sähen nun, wie auf das zweite Problem zu reagieren sei, also auf das Problem, wie die eine Person zur Erkenntnis des Geistes einer anderen Person gelangen kann. Die Lösung lautet in groben Umrissen wie folgt: Wir müssen einräumen, daß ein Unterschied besteht zwischen der Art und Weise, in der wir den Inhalt des eigenen Geistes erkennen, und der Art und Weise, in der wir herausbringen, was im Geist eines anderen vorgeht. Im ersten Fall sei es normalerweise weder nötig noch verhalte es sich faktisch so, daß wir uns auf Belege stützen, während wir im zweiten Fall das Verhalten – einschließlich des Sprachverhaltens – beobachten müssen. Damit sei aber an sich noch kein Problem aufgeworfen. Sofern wir verstehen, welche Bewandtnis es mit geistigen Zuständen hat, wissen wir auch, daß sie die folgende Anomalie beinhalten: Im Gegensatz zu fast allen sonstigen Erkenntnisarten hat die Erkenntnis der geistigen Zustände das Merkmal, daß sie zu Recht auf Verhaltensbeobachtung basiert, wenn die betreffenden Zustände nicht unsere eigenen sind, während sie (normalerweise) nicht auf Beobachtung oder auf Indizien beruht, wenn die Zustände tatsächlich unsere eigenen sind.

Als Beschreibung der Verwendungsweise unserer Begriffe und Wörter für Geistiges ist diese Schilderung (meiner Meinung nach) durchaus zutreffend. Übersehen haben die vorhin genannten Philosophen jedoch, daß eine Beschreibung unserer Praxis keine Lösung des ursprünglichen Problems darstellt, sondern eine neue Beschreibung der Ursache des Problems. Unsere Praxis ist doch gar nicht in Zweifel gezogen worden, sondern die Zweifel galten ihrer Berechtigung, und im Hinblick auf ihre Berechtigung lassen sich zwei Fragen stellen: Die erste besagt, daß ohne weitere Erklärung schwer einzusehen ist, wieso nicht auf Belegen basierende Erkenntnis größere Gewißheit haben soll als eine Erkenntnis, die auf Belegen beruht. Die zweite Frage läuft darauf hinaus, daß wir keinen Grund zur Annahme haben, wir hätten es tatsächlich nur mit einem einzigen Begriff zu tun, wenn der Gebrauch dessen, was ein einziger Begriff oder ein einziges Prädikat zu sein scheint, richtigerweise die Anwendung zweier völlig verschiedener Arten von Kriterien (bzw. im einen Fall die Anwendung gar keiner Kriterien) beinhaltet. Offenbar sollten wir daraus den Schluß ziehen, daß das Prädikat doppeldeutig ist, daß hier also zwei Begriffe vorliegen. Damit sind wir im Grunde wieder bei dem alten Problem angelangt: Warum soll der eine glauben, jemand anders habe geistige Zustände wie seine eigenen? Oder um das Problem umgekehrt zu formulieren: Warum soll ich annehmen, ich hätte geistige Zustände der gleichen Art wie die, die ich bei anderen ausfindig mache?

Diese Probleme wollen wir einstweilen beiseite lassen, vor allem da ich in diesem Aufsatz nicht imstande sein werde, mich genügend mit ihnen auseinanderzusetzen. Da wir im Hinblick aufs Fremdpsychische zunächst eine Einstellung akzeptiert haben, die man vielleicht als »Beobachterhal-

130 *Vernunft und Welt*

tung« oder als »Einstellung in der dritten Person« bezeichnen kann, lautet die nächste Frage: Wie kann einer feststellen, was in einem fremden Geist vor sich geht? Die vollständige Antwort auf diese Frage ist sicher überaus kompliziert, doch ein grundlegender Teil dieser Antwort muß meines Erachtens auf der Tatsache beruhen, daß Ereignisse und Gegenstände, durch die eine Überzeugung hervorgerufen wird, zugleich den Inhalt dieser Überzeugung bestimmen. Demnach ist die je nach den Umständen und unter normalen Bedingungen durch das offensichtliche Vorhandensein eines gelben Gegenstands, der eigenen Mutter oder einer Tomate hervorgerufene Überzeugung eben die Überzeugung, dort sei etwas Gelbes, die eigene Mutter oder eine Tomate. Dahinter steckt natürlich nicht der Gedanke, die Natur gewährleiste, daß unsere einfachsten Urteile immer richtig sind, sondern der Gedanke, daß die kausale Geschichte solcher Urteile ein konstitutives Hauptmerkmal ihres Inhalts liefert.

Diese Vorstellung, die man »Externalismus« nennen kann, ist in den letzten Jahren ausführlich begründet worden, üblicherweise unter Berufung auf ausgeklügelte Gedankenexperimente, welche die Einschätzung der Wahrheit recht extremer irrealer Annahmen verlangen. Meines Erachtens ist das Prinzip, das hinter dieser Vorstellung steht, unkomplizierter sowie allgemeiner anwendbar, als aus derartigen Argumenten hervorgeht. Wir brauchen bloß darüber nachzudenken, wie die Bedeutungen der ersten und besonders grundlegenden Wörter und Sätze gelernt werden, und über die offenkundige Beziehung zwischen dem, was unsere Sätze bedeuten, und den Gedanken, die wir durch ihren Gebrauch zum Ausdruck bringen.

Der Externalismus macht deutlich, wie eine Person in Erfahrung bringen kann, was jemand anders denkt; zumindest gelingt dies auf der Grundebene, denn indem der Interpret ausfindig macht, was normalerweise die Überzeugungen einer anderen Person bewirkt, hat er einen we-

*Donald Davidson* 131

sentlichen Schritt getan in Richtung auf die Bestimmung des Inhalts dieser Überzeugungen. Eine andere Möglichkeit, herauszubekommen, was der andere denkt, ist nicht ohne weiteres vorstellbar. (Dabei möchte ich nicht den Eindruck erwecken, dieser Vorgang sei einfach, und keinesfalls möchte ich suggerieren, durch meine überaus umrißhafte Skizze würden jene Fragen, deren Lösung zur vollständigen Ausmalung des Bildes vonnöten ist, auch nur ansatzweise beantwortet. Hier geht es mir lediglich darum, die wesentlichen Züge eines akzeptablen Externalismus anzudeuten und auf einige der Konsequenzen hinzuweisen.) Zu einer Teilerklärung der Asymmetrie zwischen der Gedankenerkenntnis in der ersten und der dritten Person können wir gelangen, indem wir uns überlegen, wie der Externalismus beim Interpretationsvorgang funktioniert. Denn während der Interpret die Ereignisse und Situationen, die eine sprachliche oder sonstige Reaktion der anderen Person bewirken, kennen oder darüber richtig mutmaßen muß, um ihre Gedanken auszuloten, braucht der Denkende selbst keine derartige Kenntnis der Gesetzmäßigkeiten, um darüber zu befinden, was er denkt. Die Geschichte der kausalen Abläufe determiniert zwar zum Teil, was der Betreffende denkt, doch diese Determination ist unabhängig von etwelchen Kenntnissen der Geschichte dieser kausalen Beziehungen, über die er verfügen mag.

Sofern der Externalismus zutrifft, kann sich keine weitere allgemeine Frage mehr stellen, wie eine Erkenntnis der Außenwelt möglich sei. Wenn es für manche Gedanken konstitutiv ist, daß ihr Inhalt durch ihre normale Ursache gegeben ist, kann es für die Kenntnis der kausal wirksamen Ereignisse und Situationen nicht erforderlich sein, daß ein denkendes Wesen unabhängige Beweise anführt oder Belege ermittelt für die Hypothese, daß es eine Außenwelt gibt, welche diese Gedanken bewirkt. Natürlich zeigt der Externalismus nicht, daß bestimmte Wahrneh-

132    *Vernunft und Welt*

mungsurteile – und seien sie auch von der schlichtesten Art – nicht falsch sein können. Was der Externalismus tatsächlich zeigt, ist, daß die Fehlerhaftigkeit der Mehrzahl solcher Urteile ausgeschlossen ist, denn der Inhalt der verfehlten Urteile muß auf dem Inhalt der richtigen beruhen.

Ich bin davon ausgegangen, daß der Externalismus zutrifft; daß wir berechtigt sind, uns bei der Betrachtung des Wesens der Gedanken den Standpunkt der dritten Person zu eigen zu machen. Aber nehmen wir einmal an, wir würden uns statt dessen auf den Standpunkt der ersten Person oder des Solipsismus stellen. Gäbe es dann einen Grund, den Externalismus zu akzeptieren? Ich denke: ja. Ich werde mich dieser Problematik nähern, indem ich ein Problem für den Externalismus aufwerfe.

Betrachten wir zunächst eine primitive Lernsituation. Einem Lebewesen wird beigebracht – oder es lernt sonstwie –, in spezifischer Weise auf einen Reiz bzw. auf eine Klasse von Reizen zu reagieren. Der Hund hört eine Glocke und wird gefüttert; schon recht bald geschieht es, daß der Speichelfluß einsetzt, sobald er die Glocke hört. Das Kind plappert, und wenn es beim Vorhandensein von Tischen ein Geräusch wie »Tisch« hervorbringt, wird es je nach den Umständen belohnt; schon recht bald geschieht es, daß das Kind »Tisch« sagt, sofern Tische vorhanden sind. Das Phänomen der Verallgemeinerung – der wahrgenommenen Ähnlichkeit – spielt bei diesem Vorgang eine wesentliche Rolle. Vom Standpunkt des Hundes ist das eine Läuten der Glocke dem anderen hinreichend ähnlich, um ähnliches Verhalten auszulösen, ebenso, wie die eine Vorführung des Futters der anderen ähnlich genug ist, um den Speichelfluß anzuregen. Wären manche dieser Auswahlmechanismen nicht angeboren, könnten gar keine erlernt werden.

Daran gibt es, wie es scheint, nichts zu deuteln, doch wie die Psychologen bemerkt haben, besteht hinsichtlich der

Ortung des Reizes ein Problem: Warum soll man im Fall des Hundes etwa sagen, das Läuten der Glocke sei der Reiz? Warum nicht die Luftschwingung in der Nähe der Ohren des Hundes – oder sogar die Reizung seiner Nervenenden? Würde man dafür sorgen, daß die Luft in derselben Weise vibriert, wie es sonst durch die Glocke bewirkt wird, würde das im Hinblick auf das Verhalten des Hundes gewiß keinen Unterschied machen. Und wenn die richtigen Nervenenden in der richtigen Weise aktiviert würden, ergäbe sich immer noch kein Unterschied. Und wenn wir schon eine Entscheidung treffen müssen, dürfte die dem Verhalten nächstliegende Ursache am ehesten Anspruch darauf haben, der Reiz genannt zu werden, denn je weiter ein Ereignis in kausaler Hinsicht entfernt ist, desto eher besteht die Möglichkeit einer Unterbrechung der Kausalkette. Mit Bezug auf das Kind sollten wir vielleicht das gleiche sagen: Seine Reaktion gilt nicht den Tischen, sondern den Reizmustern an seiner Oberfläche, denn diese Reizmuster rufen das Verhalten immer hervor, während es von Tischen nur ausgelöst wird, wenn die Bedingungen günstig sind.

Warum kommt es uns aber so natürlich vor, zu sagen, der Hund reagiere auf die Glocke, das Kind auf Tische? Es kommt uns deshalb so natürlich vor, weil es für uns das Natürliche ist. Ebenso, wie der Hund und das Kind auf Reize einer bestimmten Art in ähnlicher Weise reagieren, so reagieren auch wir selbst. Wir sind diejenigen, die es natürlich finden, die verschiedenen Speichelabsonderungen des Hundes zusammenzugruppieren; und die kausal mit dem Verhalten des Hundes verbundenen Ereignisse in der Welt, die wir bemerken und zusammengruppieren, sind Glockengeläute. Wir finden die Äußerungen des Wortes »Tisch« seitens des Kindes ähnlich, und die während dieser Äußerungen gegebenen Dinge in der Welt sind Tische. Die akustischen und visuellen Muster, die mit jeweils unterschiedlicher Geschwindigkeit zwischen Glocke

134    *Vernunft und Welt*

und Hundeohren bzw. zwischen Tischen und Kinderaugen dahinschießen, können wir nicht ohne weiteres wahrnehmen; und wenn wir es könnten, würde es uns womöglich schwerfallen anzugeben, was ihre Ähnlichkeit ausmacht. (Es sei denn freilich, man bedient sich eines Tricks und sagt, dies seien die für das Läuten von Glocken bzw. für das Sehen von Tischen charakteristischen Muster.) Ebenso gilt, daß wir die Reizung der Nervenenden anderer Personen und Tiere nicht wahrnehmen; und wenn wir es täten, fänden wir es wahrscheinlich unmöglich, in nichtzirkulärer Weise zu beschreiben, wie es kommt, daß die Muster bei den verschiedenen Versuchen in relevanter Hinsicht ähnlich wirken. Dieses Problem gliche weitgehend dem der Definition von Tischen und Glockenläuten durch Sinnesdaten, und seine Lösung wäre ebenso unmöglich.

Unser Bild umfaßt nunmehr nicht bloß zwei, sondern drei Klassen von Ereignissen oder Gegenständen, deren Elemente von uns wie auch von dem Kind natürlicherweise für ähnlich erachtet werden. Das Kind findet Tische in relevanter Hinsicht ähnlich; wir finden die Tische ebenfalls ähnlich; außerdem finden wir jede der Reaktionen des Kindes auf Tische ähnlich. Sind diese drei Reaktionsmuster gegeben, ist es möglich, die relevanten Reize, welche die Reaktionen des Kindes auslösen, dingfest zu machen. Es sind Gegenstände oder Ereignisse, die wir natürlicherweise ähnlich finden (nämlich Tische) und die in wechselseitiger Beziehung stehen zu Reaktionen des Kindes, die wir ihrerseits ähnlich finden. Hierbei handelt es sich um eine Form von Triangulation: Eine Linie verläuft vom Kind aus zum Tisch hin, eine weitere Linie verläuft von uns aus zum Tisch hin, und die dritte Linie geht von uns hin zum Kind. Der betreffende Reiz befindet sich dort, wo die Linie vom Kind zum Tisch sich schneidet mit der Linie von uns zum Tisch.

Damit sind genügend Merkmale an ihren Platz gerückt

worden, um dem Gedanken, der Reiz habe einen objektiven Ort in einem gemeinsamen Raum, eine Bedeutung zu verleihen; es kommt darauf an, daß zwei private Perspektiven konvergieren, um eine Stelle im intersubjektiven Raum zu markieren. Bisher wird jedoch durch nichts in diesem Bild erwiesen, daß entweder wir, die Beobachter, oder unsere Versuchssubjekte, der Hund und das Kind, über den Begriff des Objektiven verfügen.

Dennoch haben wir Fortschritte erzielt. Denn wenn ich recht habe, ist die von mir beschriebene Art der Triangulation zwar offensichtlich nicht hinreichend für den Nachweis, daß ein Lebewesen einen Begriff hat für einen bestimmten Gegenstand oder für eine Art von Gegenstand, wohl aber notwendig, damit es überhaupt eine Antwort gibt auf die Frage, was durch die Begriffe dieses Lebewesens begrifflich erfaßt wird. Wenn wir ein einzelnes Lebewesen allein betrachten, können seine Reaktionen – egal, wie komplex sie sind – nicht zeigen, daß sich seine Reaktionen oder Überlegungen auf Ereignisse beziehen, die sich in einer gewissen Entfernung von ihm abspielen, und nicht etwa auf seiner Haut. Die Welt des Solipsisten kann jede beliebige Größe annehmen, was nichts anderes besagt, als daß sie keine Größe hat und gar keine Welt ist.

Dabei handelt es sich, wie ich betonen sollte, nicht um das Problem, zu verifizieren, auf welche Gegenstände oder Ereignisse ein Lebewesen reagiert, sondern es geht um das Problem, daß es ohne ein mit dem ersten interagierendes zweites Lebewesen keine Antwort auf diese Frage geben kann. Und wenn es keine Antwort geben kann auf die Frage, was ein Lebewesen meint, will, glaubt oder beabsichtigt, hat es keinen Sinn, geltend zu machen, dieses Wesen habe Gedanken. Daher können wir, als Vorstufe zu einer Beantwortung unserer Ausgangsfrage, sagen, daß es, ehe jemand Gedanken haben kann, ein oder mehrere andere Lebewesen geben muß, die mit dem Sprecher interagieren. Dies kann aber natürlich nicht ausreichen, denn

136    *Vernunft und Welt*

das bloße Interagieren als solches zeigt nicht, in welcher Weise die Interaktion für die beteiligten Wesen von Bedeutung ist. Sofern man von den betreffenden Wesen nicht sagen kann, sie reagierten auf die Interaktion, besteht keine Möglichkeit, wie sie sich für ihre Erkenntnisse die dreifältige Beziehung zunutze machen können, durch die der Vorstellung Inhalt verliehen wird, daß sie auf einen bestimmten Gegenstand reagieren und nicht auf einen anderen.

Folgendes sind demnach notwendige Teilbedingungen: Die Interaktion muß den interagierenden Lebewesen zugänglich gemacht werden. So hat das Kind, welches das Wort »Tisch« lernt, im Grunde bereits gemerkt, daß die Reaktionen des Lehrers ähnlich (nämlich belohnend) sind, sobald seine eigenen Reaktionen (Äußerungen des Wortes »Tisch«) ähnlich sind. Der Lehrer wiederum bringt dem Kind bei, ähnlich auf das zu reagieren, was er (der Lehrer) als ähnliche Reize wahrnimmt. Damit dies funktioniert, müssen die angeborenen Ähnlichkeitsreaktionen von Kind und Lehrer – also das, was sie von Natur aus zusammengruppieren – weitgehend ähnlich sein; andernfalls wird das Kind auf die nach Ansicht des Lehrers ähnlichen Reize in Weisen reagieren, die der Lehrer nicht für ähnlich erachtet. Eine Bedingung dafür, daß man Sprecher oder Interpret sein kann, ist die, daß es andere geben muß, die einem selbst hinreichend ähnlich sind.

Nun wollen wir zwei Punkte zusammenbringen: Erstens, wenn jemand Gedanken hat, muß es ein anderes empfindungsfähiges Wesen geben, dessen angeborene Ähnlichkeitsreaktionen den eigenen hinreichend ähneln, um eine Antwort zu liefern auf die Frage, auf welchen Reiz dieser Jemand denn eigentlich reagiere. Zweitens, damit die Reaktionen einer Person als Gedanken gelten, muß sie den Begriff von einem Gegenstand – den Begriff des Reizes – haben, also den Begriff der Glocke bzw. des Tischs. Da die Glocke bzw. der Tisch nur mit Hilfe des Durch-

*Donald Davidson* 137

schnitts von zwei (oder mehr) Mengen von Ähnlichkeitsreaktionen (die wir nachgerade Denklinien nennen könnten) identifiziert wird, besteht das Haben des Tisch- bzw.
des Glockenbegriffs darin, daß man das Vorhandensein eines Dreiecks erkennt, dessen einer Scheitelpunkt man
selbst ist, während ein weiterer ein anderes Lebewesen
von ähnlicher Artung und der dritte ein Objekt oder ein
Ereignis (Tisch oder Glocke) ist, welches sich in einem somit gemeinschaftlich gestalteten Raum befindet.

Daß der zweite Scheitelpunkt – also das zweite Lebewesen
oder die zweite Person – auf denselben Gegenstand reagiert wie man selbst, kann man nur dadurch in Erfahrung
bringen, daß man herausbekommt, ob die andere Person
denselben Gegenstand im Sinn hat. Doch dann muß die
zweite Person ebenfalls wissen, daß die erste Person einen
Scheitelpunkt desselben Dreiecks bildet, welches einen anderen Scheitelpunkt aufweist, der von ihr – der zweiten
Person – eingenommen wird. Damit zwei Personen voneinander wissen können, daß sie – daß ihre Gedanken – in
einer solchen Beziehung zueinander stehen, ist erforderlich, daß es zwischen ihnen zur Kommunikation kommt.
Jede dieser beiden Personen muß mit der jeweils anderen
reden und von der anderen verstanden werden.

Wenn ich recht habe, sind Glauben, Beabsichtigen und die
übrigen propositionalen Einstellungen allesamt etwas So-
ziales, da sie darauf beruhen, daß man über den Begriff
der objektiven Wahrheit verfügt. Dies ist ein Begriff, den
man nicht haben kann, ohne daß man an derselben Welt
und an derselben Denkweise über die Welt teilhat wie jemand anders und überdies weiß, daß man daran teilhat.

# John Henry McDowell

*Nicht erst seit Kant und Descartes, sondern schon seit Aristoteles ist es ein Thema der Philosophie, die Einheit von Natur und Realität trotz aller Dichotomien von Geist und Welt, Seele und Körper, Begriff und Anschauung nicht aus dem Blick zu verlieren. Positive Stichworte für die damit freilich nur erst als Problem angesprochene Versöhnung von Gesichtspunkten der Einheit mit kategorialen Differenzierungen sind »Naturalismus« und »Realismus«. In entsprechender Weise gilt es, die Einheit des Ethischen im scheinbaren Widerstreit von Tugend und Vernunft zu begreifen. Positive Stichworte sind hier u. a. »Kognitivismus«, »objektive Werte-Ethik« oder »Wertrealismus«. McDowells Naturalismus oder Realismus ist daher nicht zu verwechseln mit der viel zu einfachen Antwort, alles, was es gibt, ließe sich im Rahmen der Naturwissenschaften darstellen und erklären. Er sagt auch nichts dazu, dass es Dinge an sich im Unterschied zu den Gegenständen möglicher Objekterfahrung oder Wertung gäbe oder dass wir von unserer Praxis begrifflich vermittelter Wertreferenz abstrahieren könnten. Vielmehr ist jede derartige Bezugnahme wie auch jedes reale Kriterium der Wahrheit situiert in ganzen Lebens- bzw. Praxisformen. Die genannten Titel sollen nur ausdrücken, dass die dualistische Sicht des Empirismus, nach dem die Gegenstände der Erfahrung aufgebaut werden aus Wahrnehmungsdaten und ›spontanen‹ logischen Verknüpfungen im Verstand, den Illusionen eines Mythos des Gegebenen (Wilfrid Sellars) und einer Trennung von Geist und Welt (Descartes) unterliegt.*

*Gewissermaßen in Fortsetzung von Peter Strawsons Projekt einer Deutung der Philosophie Kants als deskriptiver Metaphysik verteidigt auch McDowell eine immanente, nicht empiristische und nicht subjektiv-idealistische Lesart der Einheit von Begriff und Anschauung: Jeder reale Be-*

*zug auf ein Objekt der Anschauung ist schon begrifflich gefasst. Er unterstellt damit schon gewisse Möglichkeiten der Bezugnahme ›auf dasselbe‹ aus unterschiedlichen Perspektiven. Die Realität des Bezugsobjekts lässt sich nicht ›wegkürzen‹. Dies zu glauben ist der Fehler eines bloß kohärenztheoretischen linguistischen Idealismus, der sich mit einer bloßen Koordination zwischen den Sprechern in Bezug auf ihre Wahrheitsbewertungen von Sätzen oder Aussagen zufriedengibt. Richard Rorty vertritt eine entsprechende Position in seiner etwas eigenwilligen Berufung auf die Philosophie Donald Davidsons. Aber auch gegen Robert Brandoms Tendenz einer Reduktion des Weltbezugs auf die bloße Koordination des Verhaltens von Sprechern und Hörern setzt McDowell einen robusteren Realismus mit einer immanenten und pragmatischen Binnenperspektive auf die Welt selbst noch im Kontext philosophischer Reflexion. Dabei teilt McDowell die Einsicht von Elizabeth Anscombe und Philippa Foot, dass sich Werte und Tatsachen nicht, schon gar nicht einfach, abstraktiv trennen lassen. Auch sein Werte-Realismus ist daher nicht einfach als transzendenter Werte-Platonismus zu deuten, sondern als Ablehnung eines rein subjektiven, präferenz- oder präskriptionstheoretischen, Zugangs zur Ethik. Es gibt vielmehr so etwas wie objektive Aussagen darüber, was ein gutes menschliches Leben ist und was zu tun richtig ist.*

## Begriffe und Anschauungen

1. In diesen Vorlesungen wird es um die Art und Weise gehen, in der Begriffe zwischen Geist und Welt vermitteln. Ich werde die Diskussion derart einengen, daß ich mich mit einem gängigen philosophischen Standpunkt auseinandersetze, den Donald Davidson als Dualismus von

140  *Vernunft und Welt*

Schema und Inhalt beschrieben hat.[1] Das wird uns schnell
zu Kant führen. Eines meiner Hauptziele besteht darin zu
zeigen, daß Kant immer noch eine Hauptrolle bei unserer
Diskussion über den Zusammenhang von Gedanke und
Wirklichkeit spielen sollte.

Wenn Davidson von einem Dualismus von Schema und
Inhalt spricht, dann bedeutet »Schema« soviel wie »Begriffsschema«. Wenn der Inhalt den dualistischen Gegensatz zum Begrifflichen bildet, dann kann »Inhalt« nicht
das bedeuten, was die zeitgenössische Philosophie oftmals
darunter versteht, nämlich was durch einen »daß«-Satz
gegeben ist, z. B. bei der Zuschreibung einer Überzeugung: Nur um ein Etikett zu haben, können wir Inhalt in
diesem modernen Sinn als »repräsentationalen Inhalt« bezeichnen. Repräsentationaler Inhalt läßt sich nicht duali-
stisch dem Begrifflichen gegenüberstellen. Das ist offenkundig der Fall, ganz egal, ob wir damit einverstanden
sind oder nicht, daß es repräsentationalen Inhalt gibt, der
nichtbegrifflich ist. (In meiner dritten Vorlesung werde ich
auf dieses Thema zu sprechen kommen.)

Warum ist es also der Inhalt, der in dem Dualismus, den
Davidson kritisiert, den Begriffen gegenüber stehen soll?
Wir können ein Gespür für die Terminologie gewinnen,
wenn wir uns ansehen, welche Rolle er in Kants Bemerkung spielt: »Gedanken ohne Inhalt sind leer«.[2] Ein leerer
Gedanke wäre dasselbe, wie etwas zu denken, ohne dabei
etwas zu denken; d. h. dem Gedanken müßte das fehlen,
was ich als »repräsentationalen Inhalt« bezeichne. Das
würde heißen, daß er eigentlich überhaupt kein Gedanke
wäre, und das will uns Kant sicherlich sagen. Er lenkt unsere Aufmerksamkeit nicht fälschlicherweise auf eine be-

---

1 »Was ist eigentlich ein Begriffsschema«. Vgl. besonders S. 266 f. »ein [...]
Dualismus zwischen Gesamtschema (oder Sprache) und uninterpretiertem Inhalt« und S. 269 der »Dualismus von Begriffsschema und empirischem Inhalt«.
2 *Kritik der reinen Vernunft*, A51/B75.

*John Henry McDowell* 141

sondere Art von Gedanken, nämlich die leeren. Wenn nun Kant aber sagt, daß Gedanken ohne Inhalt leer sind, so bekräftigt er damit nicht bloß eine Tautologie: »Ohne Inhalt« ist nicht bloß eine andere Bezeichnung für »leer«, was der Fall wäre, wenn »Inhalt« einfach »repräsentationaler Inhalt« bedeuten würde. »Ohne Inhalt« deutet auf das, was die Art der Leerheit, die Kant ins Auge faßt, *erklären* würde. Diese Erklärung läßt sich dem verbleibenden Teil der Bemerkung Kants entnehmen: »Anschauungen ohne Begriffe sind blind.« Gedanken ohne Inhalt – die eigentlich überhaupt keine Gedanken wären – wären ein Spiel der Begriffe ohne jede Verbindung zu Anschauungen, d. h. ohne einen Input aus der Erfahrung. Gerade ihre Verbindung mit einem Input aus der Erfahrung macht den Inhalt der Gedanken aus, d. h. die Substanz, die ihnen sonst fehlen würde.

Wir haben es also mit folgendem Bild zu tun: Die Tatsache, daß Gedanken nicht leer sind, die Tatsache, daß Gedanken über repräsentationalen Inhalt verfügen, ergibt sich aus einem Zusammenspiel von Begriffen und Anschauungen. In Davidsons Dualismus entspricht der »Inhalt« den Anschauungen, dem Input aus der Erfahrung, verstanden in Hinblick auf eine dualistische Konzeption dieses Zusammenspiels.

2. Dieser Kantische Hintergrund erklärt, warum das, was dem Begrifflichen in dem von Davidson ins Auge gefaßten Dualismus gegenübersteht, oftmals als das *Gegebene* beschrieben wird. Tatsächlich ist die Bezeichnung »Dualismus von Schema und *Gegebenem*« besser als die Bezeichnung »Dualismus von Schema und Inhalt«, weil sie nicht zu Verwechslungen mit dem Gedanken des repräsentationalen Inhalts Anlaß gibt. Außerdem wird dadurch besser verständlich, was den Dualismus so verführerisch macht. Kants Bemerkungen über Anschauungen und Begriffe sind eingebettet in seine Darstellung des empirischen Wis-

142    *Vernunft und Welt*

sens. Empirisches Wissen ist das Ergebnis der Kooperation von Rezeptivität und Spontaneität, von Sinnlichkeit und Verstand.[3] Wir sollten uns nun aber fragen, warum es angebracht zu sein scheint, den Verstand, der in dieser Kooperation den Part übernimmt, über die Begriffe zu gebieten, als spontan zu kennzeichnen. Eine etwas schematische, jedoch fruchtbare Antwort lautet: Rationale Beziehungen bilden die Topographie der begrifflichen Sphäre. Der Raum der Begriffe bildet zumindest einen Teil des von Sellars so genannten »Raums der Gründe«.[4] Wenn Kant den Verstand als eine Fähigkeit der Spontaneität beschreibt, dann kommt darin seine Auffassung der Beziehung von Vernunft und Freiheit zum Ausdruck: Rationaler Zwang ist nicht nur mit Freiheit verträglich, sondern

3 Folgende Ausführungen Kants mögen der Überleitung zu der von mir bereits zitierten Passage dienen: »Wollen wir die *Rezeptivität* unseres Gemüts, Vorstellungen zu empfangen, so fern es auf irgend eine Weise affiziert wird, *Sinnlichkeit* nennen; so ist dagegen das Vermögen, Vorstellungen selbst hervorzubringen: oder die *Spontaneität* des Erkenntnisses, der *Verstand*. Unsre Natur bringt es mit sich, daß die *Anschauung* niemals anders als *sinnlich* sein kann, d.h. nur die Art enthält, wie wir von Gegenständen affiziert werden. Dagegen ist das Vermögen, den Gegenstand sinnlicher Anschauung zu *denken*, der *Verstand*. Keine dieser Eigenschaften ist der andern vorzuziehen. Ohne Sinnlichkeit würde uns kein Gegenstand gegeben, und ohne Verstand keiner gedacht werden. Gedanken ohne Inhalt sind leer, Anschauungen ohne Begriffe sind blind.«
4 »Die Kennzeichnung einer Episode oder eines Zustands als eine des *Wissens* heißt nicht, eine empirische Beschreibung dieser Episode oder dieses Zustands zu geben; wir stellen sie in den logischen Raum der Gründe, der Rechtfertigung und der Möglichkeit, das Gesagte zu rechtfertigen.« Dieses Zitat stammt von Seite 298/299 von Sellars klassischem Angriff auf den Mythos des *Gegebenen*. Vgl. »Empiricism and the Philosophy of Mind«. Später in dieser Vorlesung will ich den Sellarsschen Gedanken in Zweifel ziehen, wonach man zwei Dinge gegenüberstellen kann: etwas in den logischen Raum der Gründe zu stellen und eine empirische Beschreibung davon zu geben. Das zuerst genannte Thema ist jedoch wichtiger für mich.
Ich sage, daß der Raum der Begriffe zumindest ein Teil des Raums der Gründe ist, um es für den Augenblick offen zu lassen, ob sich der Raum der Gründe vielleicht weiter erstreckt als der Raum der Begriffe. Vgl. den weiteren Text für diesen Gedanken.

*John Henry McDowell* 143

sogar konstitutiv für sie. Als Schlagwort: Der Raum der Gründe ist der Raum der Freiheit.[5]

Ist nun aber die im empirischen Denken ausgeübte Freiheit absolut, ist sie insbesondere nicht durch etwas außerhalb der begrifflichen Sphäre eingeschränkt, dann stellt das scheinbar die Möglichkeit einer Fundierung von Erfahrungsurteilen durch den Bezug auf eine dem Denken externe Realität in Frage. Solch eine Fundierung muß es nun aber sicherlich geben, wenn Erfahrung eine Quelle des Wissens sein soll und, allgemeiner, wenn es überhaupt einen Sinn haben soll, davon zu sprechen, daß empirische Urteile sich auf die Realität beziehen. Je mehr wir die Verbindung zwischen Vernunft und Freiheit betonen, desto größer wird das Risiko, nicht erklären zu können, wie die Anwendung von Begriffen zu gerechtfertigten Urteilen über die Welt führen kann. Was als die Anwendung eines Begriffs gelten sollte, droht zu Zügen in einem selbstgenügsamen Spiel zu degenerieren. Und das beraubt uns des Gedankens, daß es sich um Begriffsanwendungen handelt. Wenn man empirische Überzeugungen mit ihren Gründen in Einklang bringt, so ist das kein selbstgenügsames Spiel.

Der Dualismus von Begriffsschema und »empirischem Inhalt«, von Schema und *Gegebenem*, ist eine Antwort auf diese Sorge. Die Quintessenz des Dualismus besteht darin, daß er es zuläßt, daß unsere Freiheit, empirische Begriffe anzuwenden, einer externen Kontrolle unterworfen ist. Empirische Rechtfertigungen hängen von rationalen Beziehungen ab, Beziehungen im Raum der Gründe. Der scheinbar ermutigende Gedanke lautet, daß empirische Rechtfertigungen ihre letzte Fundierung in äußeren Einwirkungen auf das begriffliche Reich haben. Somit stellt sich heraus, daß der Raum der Gründe sich weiter er-

---

5 Für eine tiefgründige Diskussion dieses Gedankens vgl. Robert Brandom: »Freedom and Constraint by Norms«, in: *American Philosophical Quarterly* 16 (1979), S. 187–196.

144    *Vernunft und Welt*

streckt als der Raum der Begriffe. Nehmen wir an, daß
wir den Grund oder die Rechtfertigung einer Überzeugung oder eines Urteils ermitteln wollen. Der Grundge-
danke ist der, daß es noch einen weiteren Schritt gibt, den
wir machen können, nachdem wir alle verfügbaren Züge
im Raum der Begriffe, d. h. alle verfügbaren Züge von einem begrifflich organisierten Punkt zu einem anderen
ausgeschöpft haben: nämlich auf etwas zu zeigen, das einfach in der Erfahrung empfangen wird. Es kann sich nur
um eine Zeigegeste handeln, weil dieser letzte Zug in der
Rechtfertigung *ex hypothesi* erst dann kommt, wenn die
Möglichkeiten mit Gründen von einem begrifflich organisierten – und demzufolge artikulierbaren – Punkt zum
nächsten zu gelangen, erschöpft sind.

Ich habe mit einem Gedanken begonnen, der in Kants Bemerkung Ausdruck findet: Der Begriff eines repräsentationalen Inhalts, nicht bloß der Begriff von Urteilen, die
auf angemessene Weise gerechtfertigt sind, verlangt nach
einem Zusammenspiel von Begriffen und Anschauungen,
dem Input aus der Erfahrung. Ansonsten würde das, was
eine Darstellung der Anwendung der Begriffe sein soll,
nur ein Spiel leerer Formen sein. Ich bin dazu übergegan-
gen, über die Rolle zu sprechen, die der Gedanke eines
*Gegebenen* in einer Konzeption über die Fundierung
spielt, die einige Erfahrungsurteile dazu berechtigt, zu den
wißbaren Urteilen zu gehören. Dieser ausdrücklich epistemologische Gedanke ist jedoch auf einfache Weise mit
dem allgemeineren Gedanken verbunden, mit dem ich begonnen hatte. Empirische Urteile im allgemeinen – egal ob
sie Wissen ausdrücken oder nicht, ja ganz egal auch, ob sie
gerechtfertigt sind oder nicht, vielleicht in einem wesentlich geringeren Maße, als das für Wissen erforderlich wäre
– sollten besser einen Inhalt der Art besitzen, der empirische Rechtfertigung zuläßt, selbst wenn in einem bestimmten Fall keiner vorhanden ist (wie das z. B. bei einer
unbegründeten Vermutung der Fall ist). Wir hätten keine

*John Henry McDowell* 145

Ahnung, wie der Verweis auf etwas *Gegebenes* die Verwendung eines Begriffs in einem Urteil rechtfertigen könnte – wir könnten im Grenzfall das Urteil nicht als wißbar hinstellen – es sei denn, wir würden diese Möglichkeit der Rechtfertigung als für den Begriff konstitutiv ansehen, und folglich konstitutiv für seinen Beitrag zu jedem denkbaren Inhalt, in dem er vorkommt, egal auf welche Art von Urteil sich der Inhalt bezieht: auf ein wißbares oder ein weniger stark zu rechtfertigendes oder irgend ein anderes Urteil.

Solch eine Scheinforderung hätte einen unmittelbaren Einfluß auf Beobachtungsbegriffe, d.h. auf Begriffe, die sich für Urteile eignen und die sich direkt auf die Erfahrung beziehen. Die Scheinforderung findet ihren Widerhall in dem bekannten theoretischen Bild von der Bildung solcher Begriffe. Bei diesem Bild handelt es sich um die natürliche Entsprechung zum Gedanken eines *Gegebenen*. Folgende Überlegung ist dabei leitend: Sollte die Begriffsbildung auch nur teilweise dadurch erfolgen, daß Urteile, in denen die entsprechenden Begriffe vorkommen, ihre Fundierung in dem *Gegebenen* haben, dann müßten die damit verbundenen begrifflichen Fähigkeiten aus den Konfrontationen mit geeigneten Stücken des *Gegebenen* stammen: aus Situationen, in denen man tatsächlich auf eine letzte Bestätigung hinweisen könnte. Aber bei jeder gewöhnlichen Einwirkung auf unsere Sinnlichkeit müßten wir mit einem mannigfaltigen *Gegebenen* konfrontiert sein. Um also einen Beobachtungsbegriff zu formen, müßte ein Subjekt das richtige Element aus der vorhandenen Vielheit abstrahieren.

An dieser Abstraktionsmetapher zur Erklärung der Rolle des *Gegebenen* bei der Begriffsbildung hat P. T. Geach[6] in einer von Wittgenstein inspirierten Weise scharfe Kritik geübt. An einer späteren Stelle dieser Vorlesung werde ich

---

6 *Mental Acts*, London 1957, §§ 6–11.

146   *Vernunft und Welt*

auf Wittgensteins Position zu dieser Art Frage zurückkommen (§ 7).

Haben wir uns erst einmal mit diesem Bild versehen, das
beschreibt, wie die Begriffe auf der untersten Stufe, der
Stufe der Beobachtungsbegriffe, mit empirischem Inhalt
erfüllt werden, dann scheint eine Erweiterung des Bildes
unproblematisch zu sein. Die Überlegung dabei ist folgende: Die empirische Substanz wird von der untersten Stufe
auf die empirischen Begriffe übertragen, die weiter entfernt von der unmittelbaren Erfahrung sind, wobei die
Übertragung in den Kanälen verläuft, die durch die Folge-
rungsbeziehungen gebildet werden, die ein Begriffssystem
zusammenhalten.

3. Ich habe zu erklären versucht, was den Gedanken des
*Gegebenen* so verführerisch macht. In der Tat erfüllt er
aber seinen Zweck überhaupt nicht.

Von einem *Gegebenen* auszugehen, heißt anzunehmen,
daß der Raum der Gründe, der Raum der Rechtfertigungen, sich weiter erstreckt als der Bereich des Begrifflichen.
Die weitere Ausdehnung des Raums der Gründe soll es
ihm ermöglichen, sich nichtbegriffliche Einwirkungen von
außerhalb des gedanklichen Reiches einzuverleiben. Die
Beziehungen jedoch, kraft derer Urteile gerechtfertigt
werden, lassen sich nur als Beziehungen im Raum der Begriffe verstehen: Implikations- oder Wahrscheinlichkeits-
beziehungen, die zwischen möglichen Ausübungen der
begrifflichen Fähigkeiten bestehen. Der Versuch, den
Spielraum von Rechtfertigungsbeziehungen soweit auszudehnen, daß er den begrifflichen Bereich überschreitet,
leistet nicht, was er leisten soll.

Wir waren auf der Suche nach einer Bestätigung dafür, daß
unsere Freiheit – unsere Spontaneität in der Ausübung
unseres Verstandes – einer äußeren Kontrolle unterliegt,
wenn wir unsere Begriffe in Urteilen anwenden, so daß
wir uns auf diese Kontrolle berufen können, wenn wir die

Urteile als gerechtfertigt erweisen wollen. Wenn wir aber feststellen, daß der Raum der Gründe sich weiter erstreckt als der Bereich des Begrifflichen, so daß er sich nichtbegriffliche Einwirkungen der Welt einverleiben kann, dann hat das ein Bild zur Folge, in dem eine äußere Kontrolle über die Außengrenze des erweiterten Raums der Gründe ausgeübt wird, und das müssen wir als rohe Einwirkungen von außen darstellen. Dieses Bild garantiert nun vielleicht, daß man uns nicht die Schuld für das geben kann, was an der Außengrenze vor sich geht und daher auch nicht für den Einfluß, den das, was sich dort abspielt, nach Innen ausübt. Was sich dort abspielt, ist das Ergebnis einer fremden Macht, nämlich der kausalen Einwirkung der Welt, und entzieht sich der Kontrolle der Spontaneität. Aber es ist eine Sache, frei von Schuld zu sein, weil die Lage, in der wir sind, letzten Endes auf eine rohe Macht zurückgeführt werden kann; es ist eine andere Sache, eine Rechtfertigung zu haben. Im Endeffekt bietet der Gedanke eines *Gegebenen* nur Entschuldigungen, wo wir nach Rechtfertigungen gesucht haben.[7]

7 In der ursprünglichen Fassung der Vorlesungen sage ich »Ausreden« [excuses], wo ich nun von »Entschuldigungen« [exculpations] spreche. Zvi Cohen hat mich darauf hingewiesen, daß damit der von mir intendierte Unterschied nicht deutlich genug hervortritt. Was ich suche, ist eine Entsprechung zu der Bedeutung, nach der jemand, wenn er an einem Ort angetroffen wird, von dem er verbannt worden ist, durch die Tatsache *entschuldigt* wird, daß er von einem Tornado dorthin verschlagen worden ist. Daß er sich dort aufhält, liegt voll und ganz jenseits des Bereichs seiner Verantwortung. Die Tatsache entbindet ihn von der Verantwortung und gilt als Grundlage für strafmildernde Umstände.

Wenn wir durch den Mythos des *Gegebenen* verführt werden, dann versichern wir uns sorgfältig der Tatsache, daß diejenigen Beziehungen, die die Grenze des Bereichs der Begriffe überschreiten – Beziehungen zwischen Stücken des *Gegebenen* und den grundlegendsten Erfahrungsurteilen – uns Gründe liefern können; deswegen haben wir angenommen, daß der Raum der Gründe sich weiter erstreckt als der Raum der Begriffe. Aber wir lassen außer Acht, wie die Dinge an der neuen Außengrenze des Raums der Vernunft aussehen, wo er die unabhängige Realität berührt. Was wir wollten, war, daß die Ausübungen der Spontaneität einer Kontrolle ausgesetzt sind, die die Welt

148    *Vernunft und Welt*

Es fällt vielleicht schwer einzusehen, daß der Mythos des *Gegebenen* ein Mythos ist. Es kann so scheinen, als würden wir uns mit einer Ablehnung des *Gegebenen* nur erneut der Bedrohung aussetzen, auf die der Gedanke des *Gegebenen* eine Antwort ist: der Bedrohung, daß unser Bild keinen Platz für eine äußere Kontrolle über unsere Aktivität im empirischen Denken und im Urteilen hat. Es scheint, als räumten wir der Spontaneität eine Rolle ein und weigerten uns, der Rezeptivität ebenfalls eine Rolle zuzugestehen, und das ist unerträglich. Soll unsere Aktivität im empirischen Denken und Urteilen überhaupt einen Realitätsbezug haben, so muß es eine äußere Kontrolle geben. Sowohl der Rezeptivität als auch der Spontaneität, sowohl der Sinnlichkeit als auch dem Verstand muß eine Rolle zukommen. Indem wir uns das klarmachen, geraten wir unter Druck, auf einen Appell an das *Gegebene* auszuweichen, nur um erneut zu sehen, daß es uns nicht helfen kann. Es besteht die Gefahr, beständig zwischen der einen Seite und der anderen Seite hin- und herzuschwanken.

Es gibt jedoch einen Weg, das Pendel zum Stillstand zu bringen.

4. Der ursprüngliche Gedanke bei Kant war der, daß sich empirisches Wissen der Kooperation von Rezeptivität und Spontaneität verdankt. (»Spontaneität« bedeutet hierbei einfach, daß begriffliche Fertigkeiten im Spiel sind.) Wir

---

selbst ausübt, jedoch auf eine solche Weise, daß damit die Anwendbarkeit des Gedankens der Spontaneität nicht untergraben wird. Wir wollten uns selbst eine verantwortliche Freiheit zuschreiben können, so daß wir innerhalb des Raums möglicher Rechtfertigungen sind, auf der ganzen Strecke bis hin zur äußersten Berührung unseres geistigen Lebens mit der Welt. Mein Hauptanliegen in dieser Vorlesung besteht darin zu verdeutlichen, wie schwierig es einzusehen ist, daß wir beide Desiderata besitzen können: sowohl einen rationalen Zwang, den die Welt ausübt, als auch Spontaneität auf der ganzen Strecke. Der Mythos des *Gegebenen* verzichtet auf das zweite, die Reaktion Davidsons, der ich mich weiter unten zuwenden werde (§ 6), verzichtet auf das erste.

*John Henry McDowell* 149

können das Pendel zum Stillstand bringen, wenn es uns gelingt, den folgenden Gedanken fest an der Leine zu halten: Die Rezeptivität leistet einen nicht einmal definitorisch abtrennbaren Beitrag zu dieser Kooperation.

Die entsprechenden begrifflichen Fertigkeiten werden *in* der Rezeptivität in Anspruch genommen. (Es ist wichtig, daß dies nicht der einzige Kontext ist, in dem sie wirksam sind. Ich werde darauf im §5 zurückkommen.) Es verhält sich keineswegs so, daß sie *auf* das außerbegriffliche Material der Rezeptivität angewandt würden. Man sollte Kants Begriff von »Anschauung« – der Input aus der Erfahrung – nicht als eine schlichte Einwirkung eines außerbegrifflichen *Gegebenen* verstehen, sondern als eine Art von Ereignis oder Zustand, der bereits über begrifflichen Inhalt verfügt. In der Erfahrung erfaßt man (man sieht z. B.), *daß die Dinge so und so sind*. Über diese Art von Ding kann man dann z. B. auch ein Urteil fällen.

Natürlich kann es vorkommen, daß man sich irrt und erfaßt, daß die Dinge so und so sind, wenn sie nicht so sind. Aber wenn man sich nicht irrt, dann erfaßt man die Dinge so, wie sie sind. Es ist nicht so schlimm, daß man sich irren kann. Ich werde darauf erst in meiner letzten Vorlesung zurückkommen, dort aber nicht viel dazu sagen.

Nach meiner Konzeption herrscht von Anfang an kein Abstand zwischen den begrifflichen Inhalten, die sich am nächsten zu den Einwirkungen der externen Realität auf die Sinnlichkeit befinden, und diesen Einwirkungen selbst. Sie sind nicht das Ergebnis eines ersten Schrittes innerhalb des Raums der Gründe, eines Schrittes, den man dann geht, wenn man den letzten Schritt bei der Ausbreitung der Rechtfertigungen tut, wenn man diese Aktivität entsprechend des Dualismus von Schema und *Gegebenen* interpretiert. Dieser hypothetische erste Schritt wäre ein Schritt von einem Eindruck, verstanden als die bloße Aufnahme [reception] eines Stücks des *Gegebenen*, hin zu einem durch diesen Sinneseindruck gerechtfertigten Urteil. Aber

150    *Vernunft und Welt*

die Sache verhält sich anders: Die Sinneseindrücke, die
Einwirkungen der Welt auf unsere Sinnlichkeit, verfügen
bereits über diese grundlegendsten begrifflichen Inhalte.
Das schafft Platz für einen anderen Begriff von Gegeben-
heit, einen Begriff, der sich nicht der Verwechslung von
Rechtfertigung und Entschuldigung schuldig macht. Nun
braucht uns nichts an der Feststellung gelegen sein, daß
sich der Raum der Gründe weiter erstreckt als der Raum
der Begriffe. Wenn wir nach dem Grund für ein Erfah-
rungsurteil fragen, dann führt uns der letzte Schritt auf
Erfahrungen. Erfahrungen verfügen bereits über begrifflichen Inhalt, daher führt uns dieser letzte Schritt nicht aus
dem Raum der Begriffe hinaus. Er führt uns jedoch auf etwas, worin die Sinnlichkeit – Rezeptivität – tätig ist. Wir
brauchen daher keine Angst vor der Freiheit zu haben, die
der Gedanke impliziert, daß unsere begrifflichen Fähigkeiten zur Fakultät der Spontaneität gehören. Wir müssen
uns nicht darum sorgen, daß unser Bild die äußere Kontrolle ausspart, die erforderlich ist, wenn die Ausübungen
unserer begrifflichen Fertigkeiten überhaupt einen Weltbezug besitzen sollen.

5. Wie ich oben (§ 4) bemerkt habe, werden bei der Erfahrung begriffliche Fähigkeiten *in* der Rezeptivität in Anspruch genommen und nicht *auf* einen angeblich zugrundeliegenden Input der Rezeptivität angewandt. Ich will
damit nicht behaupten, daß sie auf etwas anderes angewandt würden. Es klingt schief, will man in diesem Zusammenhang überhaupt von der *Anwendung* begrifflicher
Fähigkeiten sprechen. Das würde zu einer Aktivität passen, während Erfahrung passiv ist.[8] In der Erfahrung wird

---

8 Damit will ich natürlich nicht bestreiten, daß Aktivität eine Rolle bei der
Erfahrung der Welt spielt. Suchen ist eine Aktivität; ebenso Beobachten, Zu-
schauen usw. (Dinge dieser Art werden nützlicherweise von Leuten betont,
die der Meinung sind, wir sollten Erfahrung überhaupt nicht als passive Aufnahme betrachten, wie z. B. von J. J. Gibson; vgl. z. B. *The Senses Considered
as Perceptual Systems*, London 1968.) Aber die Macht, die man über das hat,

*John Henry McDowell* 151

man mit Inhalt befrachtet. Die begrifflichen Fähigkeiten waren bereits am Werk, wenn einem der Inhalt verfügbar ist, noch ehe man dabei eine Wahl hat. Der Inhalt ist nicht etwas, das man selbst zusammengefügt hat, wie es dort der Fall ist, wo man sich dazu entscheidet, was man über irgend etwas sagen will. In der Tat, nur weil Erfahrung passiv, ein Fall von tätiger Rezeptivität ist, kann meine Konzeption von Erfahrung das Verlangen nach einer Beschränkung der Freiheit stillen, ein Verlangen, das dem Mythos des *Gegebenen* zugrunde liegt.

Weil Erfahrung passiv ist, paßt die Tatsache, daß bei der Erfahrung begriffliche Fähigkeiten im Spiel sind, nicht zu dem Gedanken einer Fakultät der Spontaneität. Das kann den Anschein erwecken, daß ich den Mythos des *Gegebenen* nicht wirklich unschädlich mache, sondern nur die Begriffe zurückweise, die das Scheinproblem aufwerfen, auf das er antwortet. Was die Versuchung erzeugt, sich auf das *Gegebene* zu berufen, ist der Gedanke, daß Spontaneität die Ausübungen des begrifflichen Verstehens im allgemeinen charakterisiert, so daß sich die Spontaneität bis auf diejenigen begrifflichen Inhalte erstreckt, die den Einwirkungen der Welt auf unsere Sinnlichkeit am nächsten liegen. Wir müssen diese erweiterte Spontaneität so ansehen, als wäre sie einer Kontrolle unterworfen, die ihren Ursprung außerhalb unseres Denkens hat; denn ansonsten müßten wir die Tätigkeit der Spontaneität so darstellen, als sei sie ein reibungsloses Kreiseln im luftleeren Raum. Das *Gegebene* scheint diese externe Kontrolle zu liefern. Und nun kann es so scheinen, als ob ich trotz meiner Behauptung, daß die begrifflichen Fähigkeiten in der Erfahrung wirksam sind, die Versuchung einfach so beseitigen würde, daß ich – indem ich die Passivität der Erfahrung

was in der Erfahrung passiert, hat Grenzen: Man kann entscheiden, wohin man sich stellt, auf welche Tonhöhe man seine Aufmerksamkeit richtet, usw. Aber es hängt nicht von einem selbst ab, was man wahrnehmen wird, nachdem man all das getan hat. An diesem kleinen Punkt ist mir gelegen.

152    *Vernunft und Welt*

betone – einfach bestreite, daß sich die Spontaneität auf den ganzen Inhalt der Erfahrung erstreckt.

Aber das ist nicht der Fall. Das Verlangen nach äußerer Reibung in unserem Bild der Spontaneität läßt sich nicht dadurch stillen, daß wir einfach den Spielraum der Spontaneität einschränken, so daß sie sich nicht auf die gesamte Begriffssphäre erstreckt.

Wir würden nicht begreifen, was es hieße, daß die Fähigkeiten, die bei der Erfahrung im Spiel sind, begrifflich sind, wenn sie sich nur in der Erfahrung, nur in den Wirkungen der Rezeptivität manifestieren würden. Sie wären nicht als begriffliche Fähigkeiten erkennbar, es sei denn, sie kämen auch im aktiven Denken zur Anwendung, d.h. bei Tätigkeiten, die gut zum Gedanken der Spontaneität passen. Es muß zumindest möglich sein, eine Entscheidung darüber zu treffen, ob man urteilen oder nicht urteilen sollte, daß die Dinge so sind, wie sie die Erfahrung darstellt. Wie die Erfahrung einer Person die Dinge repräsentiert, liegt außerhalb ihres Einflusses, aber es hängt von ihr selbst ab, ob sie den Schein akzeptiert oder ablehnt.[9]

Mehr noch, selbst wenn wir nur reine Erfahrungsurteile in Betracht ziehen, Urteile, die bereits in einem minimalen Sinn aktiv sind, so müssen wir doch zugeben, daß die Fähigkeit der Anwendung von Begriffen in diesen Urteilen nicht vollkommen autonom ist; ohne die Fähigkeit, dieselben Begriffe in anderen Zusammenhängen zu verwenden, gäbe es sie nicht. Das gilt sogar für die Begriffe, die auf die engste Weise mit dem subjektiven Charakter der Erfahrung verbunden sind, die Begriffe von sekundären Sinnesqualitäten. Allgemein läßt sich sagen, daß die in der Erfahrung zur Anwendung kommenden Fähigkeiten nur dann als begriffliche Fähigkeiten wiederzuerkennen sind, wenn

9 Die Sache, um die es hier geht, wird an Hand der bekannten Illusionen deutlich. Bei der Müller-Lyer-Illusion stellt die Erfahrung die zwei Linien als ungleich lang dar. Aber jemand, der mit dem Phänomen vertraut ist, wird irgendwie zu einem anderen Urteil gelangen.

John Henry McDowell    153

ihre Besitzer auf die rationalen Beziehungen, welche die Inhalte von Erfahrungsurteilen mit anderen beurteilbaren Inhalten verbinden, reagieren können. Diese Verbindungen weisen den Begriffen ihren Platz als Elemente in möglichen Weltsichten zu.

Sehen wir uns beispielsweise Urteile über Farben an. Diese Urteile umfassen eine Reihe begrifflicher Fähigkeiten, die so wenig etwas mit dem Verstehen der Welt zu tun haben, wie sonst kaum etwas. Trotzdem würde man von jemandem nicht sagen, er fälle ein direktes Beobachtungsurteil über Farben, es sei denn, er tut das vor einem Hintergrund, der genügt, um sicherzustellen, daß er Farben als mögliche Eigenschaften von Dingen versteht. Die Fähigkeit, »richtige« Farbworte als Antwort auf die Inputs des visuellen Systems zu erzeugen (eine Fähigkeit, die vielleicht einige Papageien besitzen), bürgt nicht für den Besitz der entsprechenden Begriffe, wenn das Subjekt den Gedanken nicht versteht, daß z.B. diese Antworten eine Empfänglichkeit für gewisse Sachverhalte in der Welt zum Ausdruck bringen, Sachverhalte, die unabhängig von Ereignissen im Strom des Bewußtseins vorkommen können. Das notwendige Hintergrundverständnis schließt z.B. den Begriff von sichtbaren Dingoberflächen ein, und auch den Begriff von geeigneten Beobachtungsbedingungen, um über die Farbe eines Gegenstandes zu befinden, indem man ihn betrachtet.[10]

Natürlich sind die Begriffe, die im Inhalt der Erfahrung vorkommen können, nicht auf Begriffe von sekundären Qualitäten beschränkt. Berücksichtigen wir das, dann wird noch klarer, daß die passive Tätigkeit der begrifflichen Fähigkeiten in der Sinnlichkeit nicht unabhängig von ihrer aktiven Ausübung in Urteilen und im zu Urteilen führenden Denken verstanden werden kann.

---

10 Für eine Ausarbeitung dieses Gedankens vgl. Sellars: »Empiricism and the Philosophy of Mind«, §§ 10–20.

154    *Vernunft und Welt*

Die begrifflichen Fähigkeiten, die in der Erfahrung eine
passive Rolle spielen, gehören zu einem Netz von Fähigkeiten des aktiven Denkens, zu einem Netz, welches auf
rationale Weise die auf Verstehen ausgerichteten Reaktionen lenkt, Reaktionen gegenüber den Einwirkungen der
Welt auf die Sinnlichkeit. Der springende Punkt des Gedankens, daß Verstehen eine Fakultät der Spontaneität ist
– daß es sich bei begrifflichen Fähigkeiten um Fähigkeiten
handelt, deren Ausübung im Bereich verantwortlicher
Freiheit liegt –, besteht zum Teil darin, daß das Netz, das
das Denken eines einzelnen Denkers lenkt, nicht sakrosankt ist. Aktives empirisches Denken geschieht unter der
ständigen Verpflichtung, über die Belege [credentials] der
angeblich rationalen Verbindungen, die es lenken, nachzudenken. Es muß eine ständige Bereitschaft geben, die Begriffe und Konzeptionen umzugestalten, sollte dies das
Nachdenken empfehlen. Es ist zweifellos nicht sehr wahrscheinlich, daß es sich erforderlich macht, die Begriffe, die
sich an den äußersten Enden des Systems befinden – die
unmittelbarsten Wahrnehmungsbegriffe – aus Rücksicht
auf Zwänge aus dem Inneren des Systems umzugestalten.
Aber diese zweifellos unrealistische Möglichkeit verdeutlicht, worum es mir jetzt geht: Obwohl die Erfahrung
selbst nicht der Idee der Spontaneität entspricht, werden
dennoch die unmittelbarsten Beobachtungsbegriffe durch
die Rolle konstituiert, die sie bei etwas spielen, das tatsächlich in Hinblick auf die Spontaneität angemessen verstanden wird.[11]

Wir können also nicht einfach die passive Inanspruchnahme der begrifflichen Fähigkeiten in der Erfahrung von den
möglicherweise ungewollten Effekten der Freiheit isolie-
ren, die mit dem Gedanken der Spontaneität verbunden
ist. Würden wir glauben, daß die Passivität der Erfahrung

11  Die Metaphorik dieses Paragraphen soll an den bekannten Schlußteil von
Quines Klassiker *Zwei Dogmen des Empirismus* erinnern.

*John Henry McDowell* 155

nur dadurch festgehalten werden kann, daß wir bestreiten, die Spontaneität erstrecke sich auf den gesamten Inhalt der Erfahrung, dann kommt das einem Rückfall in eine irreführend formulierte Version des Mythos des *Gegebenen* gleich. Falls wir versuchen, ganz ohne Spontaneität auszukommen und dennoch von begrifflichen Fähigkeiten sprechen, die in der Erfahrung wirksam sind, dann ist die Rede von begrifflichen Fähigkeiten ein bloßes Wortspiel. Das Problem mit dem Mythos des *Gegebenen* besteht darin, daß er uns bestenfalls Entschuldigungen liefert, wo wir Rechtfertigungen haben wollten. Das Problem tritt hier erneut zu Tage, und zwar in Verbindung mit den Einwirkungen auf die Spontaneität durch das sogenannte begriffliche Material der Sinnlichkeit. Betrachtet man diese Einwirkungen so, als befänden sie sich außerhalb des Spielraums der Spontaneität, außerhalb des Bereichs verantwortlicher Freiheit, dann würden sie bestenfalls dafür sorgen, daß wir nicht für das verantwortlich gemacht werden können, was sie uns zu glauben zwingen, nicht aber, daß wir es gerechtfertigterweise glauben.

Ich will keinen leichten Sieg über das *Gegebene*, den man dadurch erlangen würde, daß man sich auf die Tatsache beruft, daß Erfahrung passiv ist, womit man sie aber vom Bereich der Spontaneität fernhalten würde. Mein Vorschlag lautet: Obwohl Erfahrung passiv ist, bringt sie Fähigkeiten ins Spiel, die eigentlich der Spontaneität angehören.

# III
# Welt und Sprache

## Peter Frederick Strawson

*Es gehört zum Projekt der analytischen Philosophie, alles Metaphysische als sinnlos zu qualifizieren. Daher bedeutet es eine kleine Revolution und einen Paradigmenwechsel in der analytischen Philosophie, wenn Strawson seine Analyse der Gegenstände des menschlichen Denkens, Sprechens und Wissens über die Welt »deskriptive Metaphysik« nennt. Dazu fordert er analog zu Kant eine präsuppositionale Analyse objektiver Referenz und entwickelt eine Analytik des wirklichkeitsbezogenen Wahrheitsbegriffs. Deren logische Formen gehen über die der formalen Logik hinaus. Im Gebrauch namenartiger Ausdrücke, insbesondere von Kennzeichnungen, unterstellen wir nicht bloß die Existenz und Eindeutigkeit des je benannten Gegenstandes – was in Bertrand Russells berühmter satzholistischer Analyse des Gebrauchs von Kennzeichnungstermen nicht angemessen zum Ausdruck kommt. Vielmehr unterstellen wir schon eine gesamte Verfassung der betreffenden Gegenstandsbereiche selbst. Damit unterstellen wir aber zugleich auch schon eine bestimmte Verfassung der Bezugnahme auf individuelle Gegenstände (»Individuals«) durch Namen und Kennzeichnungen. Deskriptiv ist Strawsons Metaphysik insofern, als physische Dinge nicht so aufgefasst werden, als wären sie in ihrer raum-zeitlichen Identität vom personalen Subjekt nach gewissen Prinzipien einer ›transzendentalen Psychologie‹ aus Perzeptionen konstruiert, wie dies einer verbreiteten ›idealistischen‹ Lesart der Gegenstandskonstitution bei Kant zufolge zu sein scheint. Vielmehr zeigt sich gerade in der empirischen Unterscheidbarkeit des*

158    Welt und Sprache

*Einzeldings seine Realität. Der philosophischen Reflexion
auf die Form dieser Unterscheidungen geht es immer nur
um die präsuppositionslogische Artikulation einer schon
etablierten Praxis der Bezugnahme auf derartige Dinge.
Dabei spielt sogar schon für den Begriff der Identität der
Person, also von uns selbst, die Identität des körperlichen
Leibes eine zentrale Rolle. Außerdem unterstellen unsere
Kategorien oder Begriffsschemata der Rede über Dinge
eine Differenz zwischen der raumzeitlichen Existenz der
Körper und ihrer aktualen oder real möglichen Wahrnehmbarkeit durch uns Menschen – ganz im Gegensatz zu
allzu engen empiristischen Vorstellungen dazu, dass Existenz oder Wirklichkeit immer ›nur‹ Wahrnehmbarkeit
oder Verifizierbarkeit bedeute. Wir identifizieren und unterscheiden Dinge immer schon unter Bezugnahme auf
unsere eigene räumliche Stellung als leibliche Körper.
Überhaupt sind Raum und Zeit als ›gleichursprünglich‹
mit den sich relativ zueinander bewegenden materiellen
Körpern zu begreifen. Strawsons moderater oder ›immanenter‹ Naturalismus verlangt daher immer ›nur‹ eine
immanente Rekonstruktion der ›natürlichen‹ Basis jeder
Referenz und jedes Wirklichkeitsbezugs post hoc. Die Einzeldinge sind dabei nur besondere Beispiele für den allgemeineren Begriff des Gegenstandes bzw. der Referenz von
Namen. Wir können nämlich auch über abstrakte Gegenstände wie Zahlen oder über Ereignisse oder dann etwa
auch in nominalisierter Rede über Qualitäten referentiell
sprechen. Wie sich der allgemeine Begriff der Referenz zu
dem besonderen des Dingbezugs verhält, ist freilich eine
noch offene Frage.*

## Individuelle Dinge

*Welt u. Sprache*

(1) Wir denken uns die Welt zusammengesetzt aus einzelnen, von uns selbst zum Teil unabhängigen Dingen; die Geschichte der Welt stellen wir uns vor als zusammengesetzt aus einzelnen Ereignissen, an denen wir teilhaben oder auch nicht teilhaben können; und wir denken, daß diese einzelnen Dinge und Ereignisse zu den Gegenständen unseres gewöhnlichen Sprechens gehören, daß es Dinge sind, über die wir uns miteinander unterhalten können. Dies sind Bemerkungen über unsere Art und Weise, über die Welt zu denken, Bemerkungen über unser Begriffssystem. Deutlicher philosophisch, wenn auch nicht klarer, wäre es zu sagen, unsere Ontologie enthalte objektive Einzeldinge. Sie kann darüber hinaus noch viel anderes enthalten.

Ein Teil meines Vorhabens besteht darin, einige allgemeine und strukturelle Züge jenes Begriffssystems herauszuarbeiten, mit Hilfe dessen wir über einzelne Dinge denken. Zuerst werde ich über die Identifikation von Einzeldingen sprechen. Dabei werde ich zunächst noch keine allgemeine Erklärung dafür zu geben versuchen, wie ich das Wort »identifizieren« und damit zusammenhängende Wörter verwende oder wie ich das Wort »Einzelding« gebrauche. Für die philosophische Verwendung dieses letzteren Wortes gibt es zweifellos einen üblichen Kernbereich, selbst wenn die äußeren Grenzen seines Gebrauchs vage sind. Daher brauche ich im Moment nur zu sagen, daß ich es nicht in außergewöhnlicher Weise verwende. Zum Beispiel sind historische Ereignisse, materielle Objekte, Menschen und deren Schatten nach meinem wie nach den gängigsten Arten philosophischen Sprachgebrauchs sämtlich Einzeldinge; Eigenschaften, Zahlen und Gattungen dagegen nicht. Was die Wörter »identifizieren«, »Identifikation« etc. betrifft, so werde ich sie in mehreren verschiedenen,

160    *Welt und Sprache*

aber nah miteinander verwandten Weisen verwenden; und ich werde versuchen, jede dieser Gebrauchsweisen zu erklären, wenn ich sie einführe.

Die Anwendung des Ausdrucks »Identifikation von Einzeldingen«, mit dem ich mich zuerst beschäftigen werde, ist folgende: Es kommt sehr oft vor, daß sich zwei Leute unterhalten und dabei der eine von diesem oder jenem Einzelding spricht oder es erwähnt. Sehr oft weiß der andere, der ihm zuhört, von welchem Einzelding die Rede ist; manchmal weiß er es nicht. Ich werde diese Alternative so ausdrücken: Der Hörende ist – bzw. ist nicht – imstande, das Einzelding zu *identifizieren*, von dem der Sprechende redet. Unter den Arten von Ausdrücken, die wir als Sprechende verwenden, um von Einzeldingen zu reden, haben einige gewöhnlich die Funktion, dem Hörer im jeweiligen Verwendungszusammenhang die Identifikation des Einzeldings zu ermöglichen, von dem wir sprechen. Ausdrücke dieser Art sind etwa Eigennamen, Pronomina, durch einen bestimmten Artikel eingeleitete deskriptive Wendungen sowie Ausdrücke, die aus diesen zusammengesetzt sind. Verwendet ein Sprecher einen derartigen Ausdruck, um sich auf ein Einzelding zu beziehen, so werde ich sagen, er *beziehe sich identifizierend* auf [he makes an *identifying reference to*] ein Einzelding. Aus der Tatsache, daß jemand sich bei bestimmter Gelegenheit identifizierend auf ein Einzelding bezieht, folgt natürlich nicht, daß sein Zuhörer dieses Einzelding tatsächlich identifiziert. Ich kann jemandem gegenüber eine dritte Person namentlich erwähnen, ohne daß mein Zuhörer weiß, wer gemeint ist. Wenn aber ein Sprecher sich identifizierend auf ein Einzelding bezieht und sein Zuhörer daraufhin das gemeinte Einzelding identifiziert, so sage ich, der Sprecher beziehe sich nicht nur identifizierend auf das Einzelding, sondern er *identifiziere* das betreffende Einzelding. Das Wort »identifizieren« ist also einmal im Sinne des Hörers, einmal im Sinne des Sprechers zu verstehen.

Daß wir als Sprecher und als Hörer häufig imstande sind, die Einzeldinge zu identifizieren, die in unserem Gespräch auftauchen, ist nicht nur ein glücklicher Zufall. Vielmehr scheint die Möglichkeit, Einzeldinge eines bestimmten Typs zu identifizieren, eine notwendige Voraussetzung für das Enthaltensein dieses Typs in unserer Ontologie zu sein. Denn welchen Sinn hätte es zu behaupten, wir glaubten an eine Klasse von Einzeldingen und sprächen miteinander über Elemente dieser Klasse, wenn wir diese Behauptung zusätzlich dahingehend einschränkten, daß es für jeden von uns prinzipiell unmöglich sei, einem anderen verständlich zu machen, über welches Element bzw. welche Elemente dieser Klasse man zu einem bestimmten Zeitpunkt spricht. Dieser Zusatz, scheint mir, würde die ganze Behauptung *ad absurdum* führen. Diese Überlegung führt zu einer weiteren. Es kommt oft vor, daß die Identifikation eines Einzeldings von *einer* Art abhängig gemacht wird von der Identifikation eines Einzeldinges einer *anderen* Art. Ein Sprecher, der von einem bestimmten Einzelding sprechen möchte, kann etwa von ihm als demjenigen Ding einer bestimmten allgemeinen Art sprechen, das als einziges in einer spezifischen Beziehung zu einem anderen Einzelding steht. Er kann z.B. von einem bestimmten Haus als »dem von Hans gebauten Haus« reden oder von einem bestimmten Mann als »dem Mörder Abraham Lincolns«. In solchen Fällen hängt die Identifikation des ersten Einzeldings durch den Hörer davon ab, ob er das zweite identifiziert. Er weiß, auf welches Einzelding sich der identifizierende Ausdruck als Ganzes bezieht, weil er weiß, welches Einzelding mit einem Teil dieses Ausdrucks gemeint ist. Daß die Identifikation eines Einzeldings oftmals in dieser Weise von der Identifikation eines anderen abhängt, ist, für sich allein betrachtet, nicht sehr bedeutsam. Diese Tatsache läßt aber vermuten, daß die Möglichkeit, bestimmte Arten von Einzeldingen zu identifizieren, auf irgendeine *allgemeine* Weise von der

162    *Welt und Sprache*

Identifizierbarkeit anderer Einzeldinge abhängig sein könnte. Wenn dies so wäre, so hätte es einige Bedeutung für eine Untersuchung der allgemeinen Struktur unseres Begriffssystems, mit Hilfe dessen wir über Einzeldinge denken. Angenommen z.B., es stellte sich heraus, daß man einen bestimmten Typ B von Einzeldingen nicht identifizieren kann, ohne von einem anderen Typ A von Einzeldingen zu sprechen, während Einzeldinge vom Typ A identifiziert werden können, ohne daß von Einzeldingen des Typs B die Rede ist; es wäre dann ein allgemeines Merkmal unseres Begriffssystems, daß die Möglichkeit, über B-Dinge zu sprechen, völlig von der Möglichkeit abhängt, über A-Dinge zu sprechen, aber nicht umgekehrt. Dies könnte man mit Recht auch so ausdrükken: In unserem System seien A-Dinge gegenüber B-Dingen ontologisch primär, oder: sie seien fundamentaler oder grundlegender als diese. Es ist vielleicht nicht zu erwarten, daß ein Typ von Einzeldingen hinsichtlich der Identifizierbarkeit seiner Elemente auf diese direkte und einfache Weise von einem anderen abhängt, wie ich eben angedeutet habe, d.h. daß es völlig ausgeschlossen ist, sich identifizierend auf Einzeldinge des abhängigen Typs zu beziehen, ohne dabei Einzeldinge des unabhängigen Typs zu erwähnen. Aber es können andere und weniger direkte Abhängigkeitsbeziehungen zwischen der Identifizierbarkeit von Einzeldingen des einen und des anderen Typs bestehen.

(2) Was ist das Kriterium der Identifikation durch den Hörer? Wann sollen wir sagen, der Hörer wisse, von welchem Einzelding ein Sprecher redet? Betrachten wir folgenden Fall: Ein Sprecher erzählt eine Geschichte, die er als wahr hinstellt. Sie beginnt: »An einem Brunnen stand ein Mann mit einem Jungen«, und sie geht weiter mit dem Satz: »Der Mann trank.« Sollen wir nun sagen, der Hörer wisse, welches Einzelding mit dem Subjekt des zweiten Satzes gemeint ist? Man könnte es sagen. Denn für einen

bestimmten Bereich von zwei Einzeldingen dienen die Worte »der Mann« dazu, durch eine Beschreibung, die nur auf das eine der beiden Dinge zutrifft, dieses eine gemeinte hervorzuheben. Aber obgleich dies – im abgeschwächten Sinn – ein Fall von Identifikation ist, werde ich es nur eine *kontextbedingte* [*story-relative*] oder kurz eine *bedingte* [*relative*] Identifikation nennen. Denn es ist nur eine Identifikation bezüglich eines Bereichs von Einzeldingen (eines Bereichs von zwei Elementen), der seinerseits nur als der Bereich derjenigen Einzeldinge definiert ist, über die der Sprecher gerade redet. Das heißt: der Hörer weiß nach dem zweiten Satz, welche der *beiden vom Sprecher erwähnten Personen* gemeint ist; läßt man jedoch diese Einschränkung weg, so weiß er nicht, von welcher bestimmten Person die Rede ist. Es ist eine Identifikation innerhalb einer bestimmten Geschichte, die von einem bestimmten Sprecher erzählt wird. Eine Identifikation im Rahmen *seiner* Geschichte; nicht *der* Geschichte.

Wir benötigen ein Kriterium, das scharf genug ist, bedingte Identifikationen auszuscheiden. In unserm Beispiel ist der Hörer imstande, das gemeinte Einzelding in das vom Sprecher entworfene Bild einzuordnen. Das bedeutet, daß er das Einzelding in einem gewissen Sinn auch in sein eigenes allgemeines Weltbild einfügen kann. Denn er kann den Sprecher und damit auch das von diesem entworfene Bild in sein eigenes Bild einordnen. Aber er kann die Figuren nicht ohne den Rahmen aus dem Bild des Erzählers in sein eigenes allgemeines Weltbild einordnen. Aus diesem Grund ist die Bedingung für Identifikation durch den Hörer hier nicht restlos erfüllt.

Eine hinreichende, aber nicht notwendige Voraussetzung für die restlose Erfüllung dieser Bedingung ist – zunächst noch ungenau –, daß der Hörer das gemeinte Einzelding durch Schauen, Hören, Fühlen oder auf eine andere Weise mit den Sinnen von anderen unterscheiden kann und daß

164    *Welt und Sprache*

er dabei weiß, daß gerade dies das gemeinte Ding ist. Ich werde diese Bedingung noch ein wenig weiter fassen, so daß sie auch noch jene Fälle einschließt, in denen man das betreffende Einzelding im Moment seiner Erwähnung nicht sinnlich wahrnehmen kann – etwa weil es nicht mehr besteht oder verschwunden ist –, in denen es aber kurz vorher noch wahrgenommen werden konnte. Solche Fälle werden etwa dort auftreten, wo das Demonstrativpronomen »jenes« treffender ist als »dieses«, z.B. wenn man sagt, »jenes Auto fuhr sehr schnell« oder »jenes Geräusch war ohrenbetäubend«*. Allgemein gesagt, ist diese hinreichende Bedingung also nur im Fall von Einzeldingen erfüllt, die man jetzt wahrnehmen kann oder zumindest kurz vorher wahrnehmen konnte. Offensichtlich gibt es viele Fälle von Identifikationen, die unter diese Bedingung fallen. Man verwendet einen Ausdruck, der – im jeweiligen Kontext genommen – richtiger- oder natürlicherweise nur auf ein bestimmtes Exemplar aus dem Bereich der Dinge angewandt werden kann, die der Hörer jetzt sinnlich wahrnehmen kann oder im Moment zuvor wahrnehmen konnte, und auf nichts außerhalb dieses Bereiches. Fälle dieser Art sind die Fälle *par excellence* für den Gebrauch von demonstrativen Ausdrücken, seien sie durch deskriptive Wörter unterstützt oder nicht; obwohl der Gebrauch von Demonstrativa natürlich nicht auf Fälle dieser Art eingeschränkt ist und man andererseits in solchen Fällen auch andersartige Ausdrücke verwenden kann. Wenn diese erste Bedingung der Identifikation erfüllt ist, werde ich sagen, der Hörer sei in der Lage, das gemeinte Einzelding *direkt zu lokalisieren* [*directly to locate*]. Wir können in diesen Fällen auch von der *demonstrativen Identifikation* [*demonstrative identification*] von Einzeldingen sprechen.

---

* Im Original: »That car was going very fast« und »That noise was deafening«. Das Deutsche kennt keine dem englischen »this« und »that« genau entsprechende Unterscheidung. Das deutsche »jenes« wirkt in den Beispielsätzen eher gekünstelt (Anm. d. Übers.).

Offenbar handelt es sich nicht bei allen Fällen der Identifikation von Einzeldingen um demonstrative Identifikation im eben erklärten Sinn. In dieser Tatsache liegt die Wurzel eines alten Problems, das sowohl in praktischer als auch in theoretischer Hinsicht der Grundlage entbehrt. Letzten Endes laufen die Gründe für seine praktische und seine theoretische Nichtigkeit auf dasselbe hinaus. Die Natur dieses Problems sowie die Gründe seiner Nichtigkeit müssen nun geklärt werden.

Ein Einzelding demonstrativ zu identifizieren ist nicht immer einfach. Die Szenerie kann unübersichtlich sein, ihre Elemente in Unordnung. Verschiedene Abschnitte der Szenerie können einander zum Verwechseln ähneln, ebenso die Einzelheiten, die man unterscheiden soll. Man macht leicht einen Fehler bei der Anwendung von Beschreibungen wie: »der zwölfte Mann von links in der fünfzehnten Reihe von vorn.« Dennoch ist wenigstens eins bei der demonstrativen Identifikation klar: die Identität des Bereichs von Einzeldingen, des Ausschnitts aus dem Universum, innerhalb dessen die Identifikation vorzunehmen ist. Es ist der gesamte Schauplatz, der gesamte Bereich der gegenwärtig wahrnehmbaren Einzeldinge. (Man könnte einwenden, daß sich die *Grenzen* dieses Bereichs für Sprecher und Hörer unterscheiden können. Ich überlasse es dem Leser, etwa hieraus sich ergebende Probleme selbst zu lösen.) Die Frage, über *welchen Schauplatz* gesprochen wird, kann nicht auftauchen, obgleich sehr wohl gefragt werden kann, über welchen Teil, über welches Element in welchem Teil wir sprechen. Diese Fragen lassen sich mit sprachlichen Mitteln bewältigen.

Betrachten wir nun aber die Fälle, in denen eine demonstrative Identifikation in dem Sinne, den ich diesem Ausdruck gegeben habe, nicht möglich ist, weil das zu identifizierende Einzelding nicht dem Bereich des gegenwärtig Wahrnehmbaren zugehört. Welche sprachlichen Mittel der Identifikation stehen uns hier zur Verfügung? Wir können

**166**    *Welt und Sprache*

Beschreibungen, Namen oder auch beides anwenden. Aber es ist nutzlos, einen Namen für ein Einzelding zu verwenden, wenn man nicht weiß, über wen oder was derjenige, der ihn verwendet, damit spricht. Ein Name ist wertlos, wenn er nicht durch Beschreibungen gedeckt ist, die im Bedarfsfall zur Erklärung seines Gebrauchs gegeben werden können. So scheint es also, als seien wir im Fall der nicht-demonstrativen Identifikation von Einzeldingen letztlich allein auf die Beschreibung in allgemeinen Begriffen verwiesen. Nun kann man zwar sehr wohl über einen bestimmten Sektor des Universums Bescheid wissen. Man kann mit letzter Sicherheit wissen, daß es innerhalb dieses Sektors nur ein einziges Ding oder eine einzige Person gibt, auf die eine bestimmte allgemeine Beschreibung zutrifft. Aber dies – so könnte man argumentieren – ist keine Garantie dafür, daß die Beschreibung absolut eindeutig zutrifft. Es könnte ja in einem anderen Abschnitt des Universums ein Einzelding geben, das der Beschreibung ebenfalls entspricht. Selbst wenn man die Beschreibung derart erweitern würde, daß sie die wichtigsten Züge des betreffenden Sektors des Universums einschließt, hätte man noch immer keine Garantie für die absolute Eindeutigkeit der Beschreibung. Denn der andere Sektor könnte diese Züge ebenfalls aufweisen. Man mag der Beschreibung des bekannten Sektors noch so viel hinzufügen – seien es interne Einzelheiten oder externe Relationen –, immer bleibt die Möglichkeit einer derartigen Verdoppelung offen. Keine Erweiterung des Wissens über die Welt kann diese Möglichkeit ausschließen. Die Kenntnisse des Sprechers und die des Hörers mögen also noch so umfassend sein, keiner von beiden kann wissen, daß die identifizierende Beschreibung des Sprechers absolut eindeutig zutrifft.

Diesem Argument läßt sich entgegnen, es sei nicht nötig zu wissen, daß die identifizierende Beschreibung nur auf ein einziges Ding eindeutig zutrifft. Alles, was zur Absicherung der Identifikation gefordert werden muß, ist, daß der Hörer auf die Worte des Sprechenden hin weiß, von welchem Einzelding dieser faktisch redet. Nun ist die Voraussetzung dafür, daß ein Sprecher mit den Worten einer Beschreibung ein bestimmtes Ding kennzeichnet, und dafür, daß ein Hörer versteht, daß damit ein bestimmtes Ding gekennzeichnet sein soll – gleichviel, ob beide tatsächlich dasselbe meinen – zumindest die, daß jeder von beiden mindestens *ein* Einzelding kennt, worauf die Beschreibung zutrifft. Der Hörer kann auch in diesem Moment durch die Worte des Sprechers ein solches Einzelding kennenlernen. Aber möglicherweise ist beiden nur jeweils ein einziges solches Ding bekannt, und beide haben triftige Gründe für die Annahme, daß der andere nur ein einziges solches Ding kennt und daß das Einzelding, das der andere kennt, dasselbe ist wie das, welches man selbst kennt. Oder, falls auch diese Bedingung nicht völlig zutreffen sollte, können doch beide aus triftigen Gründen annehmen, daß das Einzelding, das man selbst *meint*, eben dasselbe ist, von dem der andere *glaubt*, man meine es.

Diese Erwiderung genügt, um zu zeigen, daß der Zweifel an der Möglichkeit einer nicht-demonstrativen Identifikation, soweit er seinen Grund im obigen Argument hat, *praktisch* unbegründet ist. Aber die Erwiderung macht zu große Zugeständnisse und erklärt zu wenig. Sie erklärt nicht die Möglichkeit der triftigen Gründe, die wir haben können. Sie bietet keinen Schlüssel zur allgemeinen Struktur unseres Denkens über die Identifikation. Es ist besser, wenn es uns gelingt, dem Argument mit seinen eigenen theoretischen Begriffen zu begegnen; denn dabei können wir einiges über diese allgemeine Struktur lernen.

Um dem Argument mit seinen eigenen Begriffen zu begegnen, genügt es zu zeigen, wie sich die Situation der nichtdemonstrativen mit der Situation der demonstrativen Identifikation verknüpfen läßt. Das Argument nimmt an, daß die Identifikation eines Einzeldings, welches nicht di-

168    *Welt und Sprache*

rekt lokalisiert werden kann, letztlich auf einer Beschreibung in allgemeinen Begriffen beruhen müsse. Aber diese Annahme ist falsch. Denn auch wenn das fragliche Einzelding selbst nicht demonstrativ identifiziert werden kann, so ist es unter Umständen doch durch eine Beschreibung zu identifizieren, die es eindeutig mit einem anderen und seinerseits demonstrativ identifizierbaren Einzelding verknüpft. Die Frage, welchem Ausschnitt des Universums es angehört, läßt sich in der Weise beantworten, daß man diesen Ausschnitt eindeutig zu demjenigen in Beziehung setzt, den der Sprecher und Hörer selbst gerade einnehmen. Die Möglichkeit des unbeschränkten Doppelgängertums im Universum bringt hinsichtlich der Identifikation keine theoretischen Schwierigkeiten mit sich, die nicht auf diese Weise theoretisch überwunden werden könnten.

Nun können wir sehen, inwiefern die obige Erwiderung zu große Zugeständnisse machte. Angesichts des Arguments der möglichen Verdoppelung räumte sie ein, daß wir im Fall der nicht-demonstrativen Identifikation niemals mit Sicherheit sagen könnten, eine identifizierende Beschreibung sei eindeutig; und sie behauptete dann, dies sei belanglos in Anbetracht anderer Dinge, deren wir sicher sein könnten. Die Erwiderung sagte nicht genau, um welche anderen Dinge es sich hier handeln könnte. Aber nun, da wir sehen, worum es sich handeln könnte, sehen wir zugleich, daß das Argument der möglichen Verdoppelung überhaupt nicht zwingend zeigt, daß die Eindeutigkeit einer identifizierenden Beschreibung nicht gesichert ist. Denn nicht-demonstrative Identifikation kann völlig gesichert auf demonstrativer Identifikation aufbauen. Jede identifizierende Beschreibung von Einzeldingen kann letztlich ein demonstratives Element in sich schließen.

Diese Lösung führt zu einer weiteren Frage. Ist es plausibel anzunehmen – ohne damit wieder in die bedingte Identifikation zu verfallen –, daß es zu jedem Einzelding, von dem wir sprechen können, eine Beschreibung gibt, die es in eine eindeutige Beziehung zu den Teilnehmern oder zu der unmittelbaren Umgebung des Gesprächs setzt, innerhalb dessen es erwähnt wird? Die Einzeldinge, von denen wir sprechen, sind so völlig verschieden. Können wir überzeugend behaupten, es gebe ein einheitliches System von Beziehungen, in dem jedes seinen Platz hat und das sämtliche direkt lokalisierbaren Einzeldinge umfaßt? Diese Frage kann – zunächst sehr allgemein – in der folgenden Weise beantwortet werden. Für alle Einzeldinge in Raum und Zeit ist es nicht nur einleuchtend zu behaupten, sondern muß es notwendig zugegeben werden, daß ein solches System existiert: das System räumlicher und zeitlicher Relationen, in dem jedes Einzelding zu jedem anderen in einer eindeutigen Beziehung steht. Das Universum mag in verschiedener Hinsicht Wiederholungen enthalten. Aber dieser Umstand ist kein grundsätzliches Hindernis, Beschreibungen der gewünschten Art aufzustellen. Denn wir können durch demonstrative Identifikation einen gemeinsamen Bezugspunkt und gemeinsame räumliche Achsen festlegen; und wenn uns diese zur Verfügung stehen, ist es theoretisch möglich, jedes andere Einzelding in Raum und Zeit eindeutig in Relation zu diesem Bezugspunkt zu beschreiben. Vielleicht befinden sich nicht alle Einzeldinge in Zeit *und* Raum. Aber es ist zumindest einleuchtend, anzunehmen, daß jedes Einzelding, für das dies nicht zutrifft, in irgendeiner anderen eindeutigen Beziehung zu einem anderen Einzelding steht, wofür dies gilt.

(3) Dies ist eine theoretische Lösung für ein theoretisches Problem. In Wirklichkeit denken wir nicht daran, daß Dinge und Ereignisse vervielfacht auftreten könnten. Dennoch ist die Tatsache, daß es eine solche theoretische Lösung gibt, im Hinblick auf unser Begriffssystem von großer Bedeutung. Sie zeigt etwas über die Struktur dieses Systems; und sie hängt mit den Ansprüchen zusammen, die wir in der Praxis an eine Identifikation stellen.

*Welt und Sprache*

Dieser Zusammenhang mag nicht ohne weiteres ersichtlich sein. Es scheint, als könne man die allgemeinen Bedingungen der Identifikation durch den Hörer als erfüllt betrachten, wenn der Hörer weiß, daß das Einzelding, von dem gesprochen wird, dasselbe ist wie das, wovon er eine oder mehrere individuierende Tatsachen weiß, außer der Tatsache, daß es das Einzelding ist, von dem gesprochen wird. Eine individuierende Tatsache von einem Einzelding zu wissen, bedeutet zu wissen, daß das-und-das auf dieses Einzelding und auf kein anderes zutrifft. Jemand, der sein gesamtes Wissen in Worten ausdrücken könnte, würde diese Bedingung der Identifikation eines Einzeldings nur dann erfüllen, wenn er eine Beschreibung geben könnte, die eindeutig auf das fragliche Einzelding zutrifft, und wenn er nicht-tautologisch hinzufügen könnte, daß das durch diese Beschreibung gekennzeichnete Ding dasselbe ist wie jenes, wovon gerade die Rede ist; aber wir brauchen nicht darauf zu bestehen, daß die Fähigkeit, sein Wissen gerade auf diese Weise zu artikulieren, eine Bedingung dafür ist, daß man wirklich weiß, von wem bzw. wovon ein Sprecher redet. Dies also ist die allgemeine Bedingung der Identifikation durch den Hörer im nicht-demonstrativen Fall; und es ist klar, daß für den Sprecher ebenfalls eine ähnliche Bedingung erfüllt sein muß, wenn er wirklich von etwas Bestimmtem sprechen soll. Um die bloß »kontextbedingte« Identifikation auszuschließen, müssen wir eine weitere Bedingung hinzufügen: daß nämlich die dem Sprecher bekannte individuierende Tatsache das betreffende Einzelding nicht wesentlich durch Bezugnahme auf eine Äußerung irgendeines Sprechers identifizieren darf, die das gemeinte Einzelding oder ein anderes für die Identifikation erforderliches Einzelding betrifft.

Wie sind nun diese Bedingungen in der Praxis erfüllt? Zunächst einmal können wir bemerken, daß sie hinreichend erfüllt wären von jedem, der derartige Beschreibungen geben könnte, daß die in Abschnitt (2) diskutierten theoretischen Bedenken behoben wären. Die gerade niedergelegten Bedingungen sind formal weniger exakt als jene Bedenken; was immer die letzteren in einem bestimmten Fall beheben würde, würde ebenso die ersteren erfüllen. Aber hieraus können wir nichts Entscheidendes folgern; wir hatten zugegeben, daß jene Bedenken in der Praxis unreal seien. Daher ist der Zusammenhang zwischen unserer theoretischen Lösung und der Erfüllung unserer praktischen Bedingungen immer noch nicht ersichtlich.

Er könnte in der Tat sehr lose erscheinen. Sicherlich wissen wir nicht – und dies ist auch gar nicht erforderlich – von jedem Einzelding, von dem wir sprechen oder dessen Erwähnung durch einen anderen wir verstehen, eine individuierende Tatsache, die es eindeutig mit der gegenwärtigen Situation seiner Erwähnung verknüpft, mit Objekten oder Personen, die in dieser Situation auftreten. Aber wir müssen überlegen, ob diese Vorstellung wirklich so absurd ist, wie sie klingt. Natürlich setzen wir die Dinge, von denen wir sprechen, in der Praxis selten *explizit* zu uns selbst oder zu anderen Einzelheiten der jeweils gegenwärtigen Situation in Beziehung. Aber diese Tatsache braucht nicht mehr zu zeigen als ein berechtigtes Vertrauen darauf, daß derartige explizite Hinweise nicht nötig sind, da die gesamten Umstände des Gesprächs, die Kenntnis der beiden Gesprächspartner über Herkunft und Wissen des anderen es im allgemeinen gestatten, vieles als gegeben vorauszusetzen. Außerdem sind wir auch manchmal mit »kontextbedingten« Identifikationen zufrieden, ohne nach etwas anderem zu verlangen, ohne – wenigstens im Moment – eine direkte Einordnung der fraglichen Einzeldinge in das System unserer Kenntnisse von der Welt und ihrer Geschichte zu wünschen.

Dennoch ist nicht zu leugnen, daß jeder von uns in jedem Augenblick einen solchen Rahmen besitzt – einen geschlossenen Rahmen der Kenntnis von Einzeldingen, in dem wir selbst und gewöhnlich auch die uns unmittelbar

172    *Welt und Sprache*

umgebenden Dinge ihren Platz haben und in dem jedes
Element zu jedem anderen in einer eindeutigen Beziehung
steht, insbesondere zu uns selbst und unserer Umgebung.
Dieser Rahmen unseres Wissens stellt unbestreitbar ein
einzigartig wirksames Mittel dar, neu identifizierte Einzeldinge in den bereits vorhandenen Bestand einzufügen. Wir
benutzen ihn nicht nur gelegentlich und zufällig, sondern
ständig und wesentlich zu diesem Zweck. Es ist eine notwendige Wahrheit, daß jedes Einzelding, das wir kennenlernen, irgendwie identifizierend mit dem Rahmen
verknüpft ist, und sei es nur durch Anlaß und Methode
dieses Kennenlernens. Selbst wenn die Identifikation
»kontextbedingt« ist, bleibt die Verknüpfung mit dem
Rahmen bestehen: durch die Identität des Erzählers. Im
Verlauf der Fortentwicklung systematisieren wir den Rahmen mit Hilfe von Kalendern, Karten, Koordinatensyste-
men; aber der Gebrauch solcher Systeme hängt entscheidend davon ab, daß wir unseren eigenen Platz in ihnen
kennen; obwohl natürlich jemand seinen Platz vergessen
oder verlieren kann, so daß man ihn wieder darauf hinweisen muß. Solche Systeme, voll ausgebildet oder erst in
Ansätzen vorhanden, helfen uns, die kontextbedingte
Identifikation zu überwinden und zur vollen Identifikation zu kommen. Natürlich hat nichts von dem, was ich
hier sage, die Konsequenz, daß man außerstande sei, ein
Einzelding zu identifizieren, wenn man es nicht präzise
raum-zeitlich lokalisieren könne. Dies ist keineswegs erforderlich. Jede Tatsache, die das Ding eindeutig zu anderen identifizierten Elementen des Rahmens in Beziehung
setzt, kann als individuierende Tatsache dienen. Von einer
Beschreibung, die in sich keinerlei lokalisierenden Aspekt
enthält, kann bekannt sein, daß sie *innerhalb* eines ausgedehnten raum-zeitlichen Bereichs von Einzeldingen
individuiert; in einem solchen Fall ist dann nur erforderlich, daß dieser Bereich seinerseits im Gesamtsystem lokalisiert ist.

Warum aber, so könnte man fragen, soll gerade den *raum-zeitlichen* Beziehungen zu einem gemeinsamen Bezugs-punkt irgendeine herausragende Bedeutung zukommen? Gibt es nicht genügend andere Arten von Beziehungen, die denselben Zweck erfüllen können? Angenommen, wir haben bereits ein identifiziertes Objekt O, so ist doch for-mal nur eine derartige Beziehung erforderlich, von der wir wissen können, daß es faktisch nur *ein* Ding gibt, das ei-ner bestimmten Beschreibung entspricht und in dieser Be-ziehung zu O steht. Erfüllt nicht nahezu jede Beziehung, in der *ein* Ding zu einem anderen stehen kann, diese nicht sehr anspruchsvolle Bedingung? Einige Beziehungen bie-ten sogar von sich aus eine Garantie dafür, daß es nur ein einziges solches Ding gibt. So können wir etwa wissen – wenn vielleicht auch nur, weil es uns gesagt wurde –, daß über einen bestimmten Abschnitt eines Flusses *de facto* nur eine Brücke führt; dagegen wissen wir, ohne daß es uns gesagt wurde, daß es nur einen einzigen Menschen ge-ben kann, der zu einer gegebenen Person der Großvater mütterlicherseits ist.

Hierauf läßt sich antworten, daß das System der raum-zeitlichen Beziehungen derart umfassend und überzeu-gend ist, daß es sich wie kein anderes als Rahmen dafür eignet, unser individuierendes Denken über Einzeldinge zu ordnen. Jedes Einzelding hat entweder seinen Platz in diesem System, oder es gehört zu jener Art von Dingen, die im allgemeinen nur durch Bezugnahme auf Einzeldin-ge identifizierbar sind, die ihrerseits ihren Platz in ihm haben; und jedes Einzelding, das einen Platz in diesem System hat, hat einen eindeutigen Platz. Es gibt kein ande-res System von Beziehungen zwischen Einzeldingen, auf das all dies zutrifft. In der Tat wäre jede Antithese zwi-schen diesem und anderen Bezugssystemen eine falsche Antithese. Obwohl wir uns ohne weiteres auf andersartige Beziehungen stützen können, wenn wir uns identifizie-rende Beschreibungen ausdenken, bleibt doch das System

174     *Welt und Sprache*

der raum-zeitlichen Beziehungen die Grundlage für diese
Erweiterungen; die meisten anderen Beziehungen zwischen Einzeldingen schließen raum-zeitliche Elemente in
sich, enthalten raum-zeitliche Transaktionen, die relativen
Bewegungen von Körpern, oder werden durch solche
symbolisiert.

Vielleicht bleibt immer noch ein allgemeiner Zweifel zurück. Die formalen Bedingungen der Identifikation sind
erfüllt, wenn über das betreffende Einzelding eine individuierende Tatsache bekannt ist. Aber warum sollte solch
eine individuierende Tatsache das betreffende Ding zu anderen Einzeldingen in dem allgemeinen Rahmen in Beziehung setzen, von dem jeder von uns einen Teil besitzt?
Man kann sich Beschreibungen ausdenken, die mit Ausdrücken wie »der einzige, der ...« oder »der erste, der ...«
beginnen und damit gleichsam die Eindeutigkeit ihrer
Anwendung proklamieren. Nennen wir sie »logisch individuierende Beschreibungen« [logically individuating des-
criptions]. Zweifelsohne werden logisch individuierende
Beschreibungen im allgemeinen auch Eigennamen von
Personen, Ortsbezeichnungen oder Zeitangaben enthalten
und damit die Einzeldinge, auf welche sie zutreffen, mit
anderen Elementen im System unserer Kenntnis von Einzeldingen verknüpfen; oder, wenn sie keine derartigen
Angaben aufweisen, so werden sie im allgemeinen demonstrative Hinweise enthalten oder sich sonst irgendwie auf
den Zusammenhang ihrer jeweiligen Verwendung stützen,
um das Gemeinte klar zu bestimmen. Wir können aber
auch logisch individuierende Beschreibungen aufstellen,
die von derartigen Zügen völlig frei sind. Nennen wir sie
»reine individuierende Beschreibungen« [pure individuating descriptions]. »Der Primus der Klasse« ist keine reine
individuierende Beschreibung, da durch den jeweiligen
Verwendungs-Zusammenhang bestimmt ist, auf wen sie
sich bezieht. »Der erste Hund, der im neunzehnten Jahrhundert in England geboren wurde« ist keine reine indivi-

duierende Beschreibung, da sie eine Zeit- und eine Orts-
angabe enthält. Aber »der erste Hund, der auf See geboren
wurde« ist eine reine individuierende Beschreibung, ebenso »der einzige Hund, der auf See geboren wurde und
später das Leben eines Monarchen rettete«. Von den reinen individuierenden Beschreibungen können wir noch
eine Klasse von quasi-reinen individuierenden Beschreibungen unterscheiden, deren Sinn nur insofern vom Zusammenhang der jeweiligen Äußerung abhängig ist, als
ihre Anwendung auf den Bereich dessen eingeschränkt ist,
was zum Zeitpunkt der Äußerung existiert bzw. vorher
einmal existiert hat. Sie sind wie reine individuierende Beschreibungen, nur mit dem Zusatz »bisher«. Ein Beispiel
für eine quasi-reine individuierende Beschreibung wäre
»der größte Mann, der je gelebt hat«. Nun könnte man sicher sagen, daß wir zuweilen wissen, daß eine reine oder
quasi-reine individuierende Beschreibung auf ein Einzelding zutrifft; und vorausgesetzt, ein solcher Ausdruck
trifft zu, so böte die Tatsache, daß Hörer und Sprecher ihn
akzeptieren, eine hinreichende Garantie dafür, daß beide
darunter ein und dasselbe Einzelding verstehen. Unser individuierendes Denken über Einzeldinge schließt also
nicht notwendig deren Einordnung in das einheitliche
System unserer Kenntnis von Einzeldingen ein.
Wer jedoch diesen Einwand vorbringt, befindet sich selbst
in der Position des abseitigen und unpraktischen Theore-
tikers. Es gibt viele Antworten auf seinen Einwand. Angenommen, ein Sprecher und ein Hörer behaupten, aufgrund einer reinen oder quasi-reinen individuierenden
Beschreibung ein bestimmtes Einzelding identifiziert zu
haben; angenommen ferner, sie fügten hinzu, daß sie von
dem fraglichen Ding darüber hinaus nicht das mindeste
wüßten. Das würde bedeuten, daß sie völlig außerstande
wären, das betreffende Ding in irgendeinen noch so weit
gefaßten raum-zeitlichen Abschnitt des allgemeinen Systems einzuordnen oder es auf irgendeine bestimmte Wei-

176    *Welt und Sprache*

se mit einem anderen Einzelding zu verknüpfen, das sie
lokalisieren können; sie wären nicht einmal imstande, es
mit einer Gesprächssituation in Beziehung zu bringen, die
sie raum-zeitlich einordnen können. Beispielsweise könnten sie nicht behaupten, aus zuverlässiger Quelle davon
gehört zu haben. Allgemein würden sie jede Fähigkeit ab-
streiten, das Ding, von dem sie zu sprechen vorgeben, mit
dem allgemeinen einheitlichen Rahmen ihres Wissens von
Einzeldingen in Verbindung zu bringen; ebenso die Fähigkeit, irgendeine derartige Verbindung, wenn man sie ihnen
nahelegte, als eine solche anzuerkennen, die ihnen einmal
bekannt gewesen, dann aber entfallen sei. Eine derartige
Behauptung mit solch einschränkenden Zusätzen wäre
doch wohl etwas fragwürdig. Wir wären als erstes geneigt,
aus dem angehängten Dementi zu schließen, daß Sprecher
und Hörer außer allgemeinen Wahrscheinlichkeitsüberle-
gungen keine Gründe für die Annahme haben, daß die reine individuierende Beschreibung überhaupt auf etwas zutrifft. Für eine reine individuierende Beschreibung gilt
ebenso wie für jede andere logisch individuierende Beschreibung, daß sie nicht nur dann nicht anwendbar ist,
wenn es keine Kandidaten für sie gibt, sondern auch dann,
wenn es zwei oder mehr Kandidaten mit gleich gutem und
sich daher gegenseitig aufhebendem Anspruch und keinen
weiteren Kandidaten mit besser begründetem Anspruch
gibt. So würde etwa die Kennzeichnung »der erste auf See
geborene Hund« nicht nur dann auf nichts zutreffen,
wenn kein Hund auf See geboren wäre, sondern auch
dann, wenn die ersten beiden auf See geborenen Hunde
zur gleichen Zeit geboren wären. Nun könnten wir zwar
die zweite Art des Anwendungshindernisses dadurch
unwahrscheinlicher machen, daß wir der Beschreibung
weitere geeignete Details hinzufügen, aber damit wäre zugleich die Wahrscheinlichkeit der ersten Art des Anwendungshindernisses erhöht. Der einzig sichere Weg, die Beschreibung so auszubauen, daß das eine Risiko ohne

*Peter Frederick Strawson* 177

gleichzeitige Erhöhung des anderen eliminiert wird, wäre in der Regel der, daß wir unsere tatsächlichen Kenntnisse von der Welt und ihrer Geschichte heranziehen; aber sobald wir dies tun, können wir nicht mehr ernsthaft behaupten, wir seien außerstande, unsere Beschreibung an irgendeinem Punkt mit Dingen zu verknüpfen, die dem einheitlichen System unserer Kenntnis von Einzeldingen angehören. Diese erste Erwiderung läuft also darauf hinaus, die Möglichkeit abzustreiten, daß man eine individuierende Tatsache von einem Einzelding wissen könne, ohne irgend etwas von den Beziehungen dieses Dinges zu anderen Bestandteilen des raum-zeitlichen Rahmens zu wissen. Vielleicht könnte man sich bei hinreichender Erfindungsgabe Fälle ausdenken, die diese Entgegnung umgehen. Aber dann würden sich andere Einwände erheben. Selbst wenn es möglich wäre, die formalen Bedingungen der Identifikation von Einzeldingen auf eine Weise zu erfüllen, bei der das Ding gleichsam völlig losgelöst und abgeschnitten vom Gesamtsystem unserer Kenntnis von Einzeldingen bliebe, wäre dies ausgesprochen nutzlos. *Solange unsere Kenntnis des betreffenden Einzeldings derart von unseren übrigen Kenntnissen isoliert wäre*, könnte das Ding im Rahmen unseres Wissens keine Rolle spielen; wir könnten z.B. nichts Neues darüber erfahren, außer dadurch, daß wir neue allgemeine Wahrheiten entdeckten. Ich glaube, es ist nicht nötig, die Frage weiter zu verfolgen; denn offensichtlich spielt die angedeutete Möglichkeit, falls es sie gibt, keine wesentliche Rolle im allgemeinen Rahmen unseres Wissens über Einzeldinge.

Wir können also davon ausgehen, daß wir unser Bild von der Welt – unbekümmert um die Möglichkeit unabsehbarer Verdoppelungen – aus einzelnen Dingen und Ereignissen aufbauen, wobei wir zuweilen schon mit einer ganz groben Einordnung der Situationen und Objekte, von denen wir sprechen, zufrieden sind und anerkannten Eigennamen ohne weitere Erklärung einen immensen individu-

178    *Welt und Sprache*

ierenden Gehalt zubilligen. Wir tun dies völlig rational, im Vertrauen auf eine gewisse Gemeinsamkeit unserer Erfahrungen und unserer Informationsquellen. Dennoch ist es ein einziges Bild, das wir bauen, eine einheitliche Struktur, in der wir selbst einen Platz einnehmen und in der jedes Element als direkt oder indirekt auf jedes andere bezogen betrachtet wird; und der Rahmen dieser Struktur, das allgemeine zusammenschließende Beziehungssystem, ist das raum-zeitliche. Die Berichte und Erzählungen anderer Personen ordnen wir im Einklang mit unseren eigenen in die *eine* Geschichte der empirischen Realität ein; und dieses Zusammenpassen, diese Verknüpfung basiert letztlich darauf, daß wir die Einzeldinge, die in den Erzählungen auftreten, in das eine Raum-Zeit-System einbeziehen, in dem wir uns selbst befinden.

Wir könnten nun fragen, ob es unausweichlich oder notwendig so ist, daß *jedes* Rahmensystem für Einzeldinge, die in einer Umgangssprache zum Gesprächsgegenstand werden können – oder wenigstens jedes derartige System, das wir uns denken können –, ein System von der gerade beschriebenen Art ist. Es dürfte wohl kein zufälliger Zug der empirischen Realität sein, daß sie ein einheitliches raum-zeitliches System bildet. Angenommen, jemand erzählte von einem Ding einer gewissen Art und von gewissen Ereignissen, die diesem Ding zugestoßen seien; auf die Frage, wo sich dieses Ding befunden habe und wann die von ihm berichteten Ereignisse sich zugetragen hätten, sagte er nicht etwa, daß er es nicht wisse, sondern daß sie überhaupt nicht zu unserem raum-zeitlichen System gehörten, daß sie nicht in einer bestimmten Entfernung von hier oder in einem bestimmten Zeitabstand vom jetzigen Zeitpunkt geschehen seien. Eine solche Äußerung würden wir in dem Sinne verstehen, als seien die fraglichen Ereignisse nicht *wirklich* geschehen bzw. habe das fragliche Ding nicht *wirklich* existiert. Mit dieser Reaktion würden wir deutlich machen, wie wir mit dem Begriff der Wirk-

*Peter Frederick Strawson* 179

lichkeit operieren. Das heißt aber nicht, daß unser Begriff nicht auch hätte anders sein können, wäre nur die Natur unserer Erfahrung eine grundlegend andere. Einige Möglichkeiten, wie sie anders hätte sein können, werde ich später untersuchen; es gibt andere, die ich nicht besprechen werde. Wir haben es hier mit etwas zu tun, das unsere gesamte Art zu reden und zu denken prägt, und aus diesem Grund betrachten wir es auch als nicht-kontingent. Aber diese Tatsache braucht uns nicht davon abzuhalten, den Begriff vom Einzelding gründlicher zu analysieren und – selbst unter dem Risiko der Absurdität – ganz andere Möglichkeiten in Erwägung zu ziehen.

Im gegenwärtigen Moment werde ich solche anderen Möglichkeiten noch beiseite lassen und statt dessen Fragen aufwerfen, die unser eigenes Begriffsschema betreffen. Es gibt hier genügend zu fragen. Aber zuvor empfiehlt es sich, nochmals darauf hinzuweisen, daß bestimmte scheinbare Schwierigkeiten in Wirklichkeit gar nicht bestehen. Das ist z. B. die Idee, von der wir ausgegangen waren, daß wir selbst bei einer noch so ausgeklügelten Beschreibung eines Netzwerks von räumlich und zeitlich verknüpften Dingen und Ereignissen niemals die Sicherheit hätten, ein einziges Ding individuierend beschreiben zu können, da wir niemals die Existenz eines anderen genau gleichen Netzwerks ausschließen könnten. Diese theoretische Besorgnis beruht, wie wir gesehen haben, auf einer Mißachtung der Tatsache, daß wir, die wir als Sprechende das raum-zeitliche System benutzen, unseren eigenen Platz in diesem System haben und diesen Platz kennen; daß daher wir selbst und unsere unmittelbare Umgebung einen Bezugspunkt darstellen, der das Netz individuiert und damit auch zur Individuation der Einzeldinge innerhalb des Netzes beiträgt. Einem anderen, wenngleich verwandten Irrtum unterliegen jene, die zwar den Bezugspunkt erkennen, der durch das *Hier-und-Jetzt* gegeben ist, jedoch vermuten, daß »hier« und »jetzt« sowie »dies« und alle derarti-

180   *Welt und Sprache*

gen an die jeweiligen Gesprächssituationen gebundenen
Wörter sich auf etwas Privates und Persönliches des jeweiligen Sprechers beziehen. Sie sehen, wie auf dieser Grundlage für jede Person in jedem Moment ein einziges raum-
zeitliches Koordinatennetz aufgebaut werden kann; aber
sie sehen ebenfalls, daß es auf dieser Basis so viele Netz-
werke gibt, so viele Welten, wie es Personen gibt. Solche
Philosophen berauben sich selbst eines öffentlichen Be-
zugspunktes, indem sie den Bezugspunkt privat machen.
Sie können nicht zugeben, daß wir selbst im System eine
Stelle einnehmen, weil sie glauben, daß das System in uns
liegt, oder besser: daß jeder sein *eigenes* System in sich hat.
Das muß nicht heißen, daß die Konstruktionen dieser Philosophen nicht dazu beitragen könnten, daß wir unser eigenes Begriffssystem verstehen. Aber uns interessiert hier
das letztere. Wir werden also nicht auf die Binsenwahrheit
verzichten, daß »hier« und »jetzt«, »dieses«, »ich« und
»du« Wörter unserer gemeinsamen Sprache sind, die jeder
dazu benutzen kann, einem anderen, der gerade zugegen
ist, deutlich zu machen, wovon die Rede ist.

# Willard Van Orman Quine

*Im Unterschied zu einer analytischen Philosophie, die sich um (Re-)Konstruktionen einer klaren und deutlichen Sprache in Kritik an undisziplinierten Redeformen bemüht, wird in einer Philosophie, wie sie Quine in »Wort und Gegenstand« (»Word and Object«, 1960) entwickelt, die Sprache selbst zum Thema. Sprache wird daher nicht bloß als Mittel für die Wissenschaft oder die Philosophie betrachtet. Damit wird die zuvor (etwa bei Carnap) kaum beachtete Differenz zwischen expliziten Regelungen einer Sprache (›Normierungen‹) und implizit gelernten Normalformen des Sprachgebrauchs bedeutsam. Quines These von der Unbestimmtheit der Übersetzung steht dabei in folgender enger Analogie zur Behauptung der Unterbestimmtheit jeder expliziten Theorie durch die Erfahrung: So wie es viele Theorien gibt, die zu einem Phänomenbereich passen, gibt es viele rekonstruktive Grammatiken, die zu einem gegebenen Sprachgebrauch passen. Unser gegenseitiges Verstehen ist immer nur endlich. Es ist immer nur so gut, wie es zu den bisherigen, mehr oder minder gemeinsamen Bewertungen der Wahrheit oder Falschheit von Aussagen passt. Eine wohldeterminierte Bedeutung (»meaning«) sowohl im Sinn einer bestimmten Intention der Sprecher oder eines wohlbestimmten Sinnes von Ausdrücken und Sätzen gibt es nicht. Bestenfalls gibt es eine (im Übrigen selbst extensionale) Rede über Sprachgebrauchsnormalitäten. Dabei lässt sich nicht einmal der Unterschied zwischen Gegenständen und Eigenschaften bzw. Namen und prädikativen Ausdrücken unmittelbar aus den linguistischen und nicht-linguistischen Verhaltensdispositionen von Sprechern und Hörern entnehmen, sondern beruht auf einer sozialen Kunst des Umgangs mit entsprechenden Ausdrücken im komplexen Erfahrungskontext. Daher ist die ›eigentliche‹ Referenz eines Aus-*

182    *Welt und Sprache*

*drucks auf der Grundlage des Sprachverhaltens grundsätz-*
*lich unerforschlich. Es gibt keinen ›fact of the matter‹ über*
*die mehr oder weniger glückende Kommunikation in einer*
*gemeinsamen Erfahrung hinaus.*

*Quine kritisiert daher auch die Hypostasierung von Kom-*
*petenzregeln etwa der Spracherkennung oder Sprachpro-*
*duktion im Gehirn, wie sie gerade auch Chomskys Kog-*
*nitionstheorie postuliert. Solche Regeln stellen einen ge-*
*gebenen Gebrauch nur in einer je zweckorientierten*
*Grammatikschreibung dar. Quines Zurückweisung der*
*Unterscheidung zwischen analytischen und synthetischen*
*Urteilen betrifft dann nicht etwa eine eigens normierte*
*Sprache, sondern die Annahme, dass es in der Gebrauchs-*
*sprache Urteile gebe, die durch rein konventionelle Rege-*
*lungen in Geltung gesetzt seien und sich klar und deutlich*
*von materialen Aussagen abheben ließen. Obwohl es zwi-*
*schen logisch-begrifflichen und sachlichen Zusammenhän-*
*gen keine klare Trennung gibt, gibt es pragmatisch wichti-*
*ge Unterscheidungen zwischen allgemeinem Sprachwissen*
*und besonderem Weltwissen, insofern nämlich jede einzel-*
*ne empirische Kenntnis an der Peripherie des holistischen*
*Wissenssystems auf allgemeinem Wissen im Kern aufruht –*
*das freilich auf vielfältige Weise revidierbar ist (»Duhem-*
*Quine-Hypothese«). Dabei passen wir sogar logisch-ma-*
*thematische Regeln etwa in der Geometrie an die Welt der*
*Erfahrung an.*

*Quine verteidigt damit ein Programm der ›Naturalisie-*
*rung der Erkenntnistheorie‹, der Einbettung philosophi-*
*scher Epistemologie in die empirischen Wissenschaften. Ihr*
*Gegenstand ist das Gesamt der von einer Person vollzoge-*
*nen Transformationen von Reizkonstellationen in weiteres*
*sprachliches und nichtsprachliches Verhalten, und zwar im*
*evolutiven Gesamtzusammenhang der Entwicklung sozia-*
*ler Verhaltensformen. Quines Physikalismus ist dabei eine*
*appellative These, nach der es doch wohl so sei, dass die*
*Gegenstände und Prozesse, wie sie die Physik beschreibe*

*und erkläre, wirklich seien, und dass die Physik im Grundsatz die ganze reale Wirklichkeit beschreibe und erkläre. Sie und die sich an sie anschließenden empirischen Verhaltenswissenschaften lieferten jedenfalls das beste Verständnis davon, was es wirklich gibt, jenseits aller unklaren Dualismen und Hypostasierungen von Bedeutungen und anderen spirituellen Gegenständen philosophischer Spekulation.*

## Fünf Marksteine des Empirismus

In den letzten beiden Jahrhunderten hat es fünf Wendepunkte gegeben, an denen sich der Empirismus zum Besseren gewandelt hat. Der erste ist der Wechsel von Ideen zu Wörtern. Der zweite ist der Wechsel im Zentrum der Semantik von den Termini zu den Sätzen. Der dritte ist der Wechsel der semantischen Zentralstellung von Sätzen zu Satzsystemen. Der vierte ist, um mit Morton White zu reden, der methodologische Monismus: Die Preisgabe des Dualismus analytisch/synthetisch. Der fünfte ist der Naturalismus: der Verzicht auf das Ziel einer der Naturwissenschaft vorgängigen Ersten Philosophie. Im folgenden werde ich auf jeden dieser fünf Punkte eingehen.

Der erste war der Wechsel der Aufmerksamkeit von den Ideen zu den Wörtern. Das hieß, daß man sich in der Erkenntnistheorie das Verfahren zu eigen machte, wo möglich von sprachlichen Ausdrücken statt von Ideen zu reden. Dieses Verfahrens hatten sich freilich schon die Nominalisten des Mittelalters bedient, doch in den neuzeitlichen Empirismus hat es nach meiner Auffassung erst 1786 Eingang gefunden, als der Philologe John Horne Tooke wie folgt schrieb: »Der größte Teil des Essays des Herrn Locke, d.h. alles, was (wie er es nennt) die Abstraktion, Komplexität, Verallgemeinerung, Beziehung usw. von Ide-

184    *Welt und Sprache*

en betrifft, bezieht sich eigentlich nur auf die Sprache«
(S. 32).
Der britische Empirismus hatte sich dem Grundsatz ver-
schrieben, daß nur das Sinnliche Sinn hat. Ideen waren
nur akzeptabel, sofern sie auf Sinneseindrücken beruhten.
Tooke erkannte jedoch, daß die *Idee* der Idee ihrerseits
empiristischen Maßstäben kaum gerecht wird. In die
Tookesche Terminologie übersetzt, würde der Grundsatz
des britischen Empirismus dann, wie es scheint, besagen,
daß Wörter nur Sinn haben, insofern sie sich durch sensorische Ausdrücke definieren lassen.
An dieser Stelle ergeben sich Probleme im Hinblick auf
grammatische Partikeln – wie steht es mit unseren Präpo-
sitionen, unseren Konjunktionen, unseren Kopulae? Diese
sind der kohärenten Rede unentbehrlich, aber wie lassen
sie sich in sensorischen Ausdrücken definieren? Hier ver-
fuhr John Horne Tooke heldenmütig und machte geltend,
die Partikeln seien eigentlich normale konkrete Termini in
degenerierter Form. Er machte scharfsinnige etymologi-
sche Vorschläge: »if« sei »give«, und »but« sei »be out«.
Dieses Verfahren war jedoch unnötig und aussichtslos.
Wäre es möglich, alle Aufgaben der grammatischen Partikeln durch konkrete Termini erfüllen zu lassen, dann
könnten wir das auch zuwege bringen, ohne auf eine
Rechtfertigung von seiten der Etymologen zu warten.
Doch dazu sind wir sicher nicht imstande, und es besteht
kein triftiger Grund, weshalb man es wollen sollte; denn
das Problem der Definition grammatischer Partikeln
durch sensorische Ausdrücke läßt sich anders anpacken.
Wir brauchen nur zu erkennen, daß die Partikeln *synkategorematisch* sind. Isoliert sind sie nicht definierbar, sondern in einem Kontext.
Das bringt uns zum zweiten der fünf Wendepunkte, dem
Übergang von Termini zu Sätzen. Der Begriff synkatego-
rematischer Wörter war zwar schon im Mittelalter bekannt gewesen, doch es war ein Zeitgenosse John Horne

*Willard Van Orman Quine* 185

Tookes, nämlich Jeremy Bentham, der eine explizite Theorie der Kontextdefinition daraus entwickelte. Er wandte Kontextdefinitionen nicht nur auf grammatische Partikeln und dergleichen an, sondern sogar auf einige echte, kategorematische Termini. Fand er einen Terminus praktisch, aber ontologisch verwirrend, gab ihm die Kontextdefinition die Möglichkeit, die Dienste dieses Terminus in manchen Fällen weiter in Anspruch zu nehmen und zugleich seine Bezeichnungsfunktion in Abrede zu stellen. Er konnte den Terminus dem grammatischen Anschein zum Trotz für synkategorematisch erklären und seine Weiterverwendung des Ausdrucks rechtfertigen, sofern er systematisch zu zeigen vermochte, wie alle Sätze, in die er ihn einsetzen wollte, als ganze zu paraphrasieren sind. Dies war Benthams Theorie der Fiktionen: das, was er Paraphrasis nannte und was wir heute als Kontextdefinition bezeichnen. Sinnvoll ist der Terminus, ebenso wie die grammatischen Partikeln, als Bestandteil sinnvoller Ganzheiten. Wenn jeder Satz, in dem wir einen Terminus verwenden, durch Paraphrase in einen sinnvollen Satz überführt werden kann, kann man nichts weiter verlangen.

Alle, die womöglich Lockes und Humes Bedenken bezüglich abstrakter Ideen geerbt haben, könnten Trost ziehen aus Benthams Theorie der Paraphrasis. Betrachtet man diese Bedenken erneut, diesmal im Geiste von John Horne Tooke, werden sie zu Bedenken in bezug auf abstrakte Termini; und dann bietet Benthams Verfahren Aussicht auf Unterbringung solcher Termini – in manchen Kontexten jedenfalls –, ohne eine Ontologie abstrakter Gegenstände zuzugestehen. Ich bin überzeugt, daß man nicht alle abstrakten Gegenstände derart in Bausch und Bogen aus der Welt schaffen kann, ohne einen großen Teil der Wissenschaft – einschließlich der klassischen Mathematik – zu opfern. Aber gewiß kann man jene nominalistischen Ziele sehr viel weiter verfolgen, als in den Tagen vor Bentham und Tooke klar vorstellbar gewesen wäre.

186    *Welt und Sprache*

In der Semantik wurde durch die Kontextdefinition eine
Revolution ausgelöst, weniger plötzlich vielleicht als die
Kopernikanische Revolution in der Astronomie, doch dieser ähnlich, insofern sie das Zentrum verschob. Als
Hauptvehikel der Bedeutung wird nicht mehr das Wort
gesehen, sondern der Satz. Termini haben, wie die grammatischen Partikeln, Bedeutung, indem sie zur Bedeutung
der sie enthaltenden Sätze beitragen. Der von Kopernikus
vorgeschlagene Heliozentrismus war nicht unmittelbar
einleuchtend, und dieser ist es auch nicht, und zwar deshalb nicht, weil wir Sätze zumeist nur durch ihren Aufbau
aus bereits verstandenen Wörtern begreifen. Dies ist notwendig so, denn Sätze sind in ihrer Vielfalt potentiell unendlich. Einige Wörter lernen wir isoliert, im Grunde als
Einwortsätze; weitere Wörter lernen wir im Zusammenhang, indem wir verschiedene kurze Sätze lernen, die sie
enthalten; und wir verstehen weitere Sätze, indem wir sie
aus den derart gelernten Wörtern aufbauen. Wird die so
gelernte Sprache anschließend kompiliert, wird das Hand-
buch größtenteils notwendig aus einem Wort-für-Wort-
Lexikon bestehen und so die Tatsache verbergen, daß die
Bedeutungen der Wörter aus den Wahrheitsbedingungen
der sie enthaltenden Sätze abstrahiert sind.
Es war die Anerkennung dieses semantischen Vorrangs
der Sätze, die uns die Kontextdefinition bescherte, und
umgekehrt. Ich habe diese Erkenntnis Bentham zugeschrieben. Dann stoßen wir darauf, wie Frege, Generationen später, den semantischen Primat der Sätze glorifiziert
und Russell in der technischen Logik aus Kontextdefinitionen den äußersten Nutzen zieht. Doch Benthams Beitrag war nicht die ganze Zeit ohne Wirkung geblieben. Im
Laufe des neunzehnten Jahrhunderts bildete sich in der
Differentialrechnung eine Praxis heraus, Differentialope-
ratoren als simulierte Koeffizienten zu gebrauchen, während man anerkannte, daß die Operatoren eigentlich nur
als Bruchstücke umfassenderer Termini verständlich wa-

*Willard Van Orman Quine*  187

ren. In der Tat war es dieser Sprachgebrauch – und nicht Benthams Schriften –, der Russell unmittelbar zu seinen Kontextdefinitionen anregte.

Infolge des Wechsels der Aufmerksamkeit vom Terminus zum Satz kam es, daß die Erkenntnistheorie im zwanzigsten Jahrhundert in erster Linie nicht eine Kritik der Begriffe, sondern der Wahrheiten und Überzeugungen darstellt. Die im Wiener Kreis vorherrschende Verifikationstheorie der Bedeutung beschäftigte sich mehr mit dem Sinn und der Sinnhaftigkeit von Sätzen als von Wörtern. Die an der Normalsprache orientierten englischen Philosophen haben ihre Analysen ebenfalls eher an Sätzen als an Wörtern vorgenommen, darin mit dem Beispiel übereinstimmend, das ihr Mentor Wittgenstein sowohl in seinem frühen als auch in seinem Spätwerk gegeben hatte. Da die Zeit erfüllet ward, fand Benthams Lehre Eingang in die Erkenntnistheorie und durchdrang sie.

Durch den nächsten Schritt – Nummer drei von meinen fünfen – werden die Sätze durch Satzsysteme aus dem Zentrum verdrängt. Allmählich erkennen wir, daß in einer wissenschaftlichen Theorie sogar ein ganzer Satz gewöhnlich zuwenig Text abgibt, um als unabhängiges Vehikel der empirischen Bedeutung zu dienen. Er wird kein eigenes, abtrennbares Bündel beobachtbarer oder überprüfbarer Konsequenzen haben. Ein einigermaßen umfassendes wissenschaftliches Theoriekorpus wird, als ganzes genommen, tatsächlich solche Konsequenzen haben. Eine Menge Beobachtungskonditionale werden von der Theorie impliziert, und jedes dieser Konditionale sagt, daß ein bestimmtes beobachtbares Ereignis eintreten wird, sofern bestimmte beobachtbare Bedingungen erfüllt sind. Doch diese Beobachtungskonditionale werden, wie Duhem betont, nur von der Theorie als ganzer impliziert. Erweist sich eines von ihnen als falsch, ist die Theorie falsch, doch auf den ersten Blick weiß man nicht anzugeben, welcher der aus Sätzen gebildeten Theoriebausteine daran schuld

188    *Welt und Sprache*

ist. Die Beobachtungskonditionale lassen sich nicht als
Konsequenzen der Einzelsätze der Theorie distribuieren.
Ein einzeln genommener Satz impliziert wahrscheinlich
keines der Beobachtungskonditionale.

Es kommt zwar tatsächlich vor, daß der Wissenschaftler
einzelne Sätze seiner Theorie mit Hilfe von Beobach-
tungskonditionalen überprüft, aber das ist nur möglich,
weil er beschlossen hat, diesen Satz als angreifbar und die
übrigen einstweilen als feststehend zu behandeln. So verhält es sich, wenn er eine neue Hypothese im Hinblick
darauf überprüft, ob sie seinem wachsenden System
von Annahmen hinzufügen darf.

Wenn wir dementsprechend eine ganze Theorie oder ein
ganzes Satzsystem als Vehikel der empirischen Bedeutung
wählen – wie umfassend sollen wir dieses System dann
verstehen? Soll es die Wissenschaft insgesamt sein? Oder
das Ganze *einer* Wissenschaft, eines Zweigs der Wissenschaft? Dies sollte man als Sache des Grades und der ab-
nehmenden Erträge ansehen. Alle Wissenschaften sind in
gewissem Maße miteinander verzahnt; Logik und ein Teil
der Mathematik sind ihnen generell gemeinsam, auch
wenn es sonst nichts ist. Zu denken, unser wissenschaftliches Weltsystem spiele en bloc in jede Prognose hinein, ist
jedoch langweilige Prinzipienreiterei. Bescheidenere Stük-
ke tun es auch und können ihre unabhängige empirische
Bedeutung zugeschrieben bekommen, zumindest mit aus-
reichender Annäherung, denn eine gewisse Vagheit der
Bedeutung muß man in jedem Fall in Anschlag bringen.

Verfehlt wäre auch die Annahme, daß *kein* Einzelsatz einer Theorie seine abtrennbare empirische Bedeutung hat.
Theoretische Sätze gehen in Beobachtungssätze über; Be-
obachtungsmäßigkeit ist eine Sache des Grades, nämlich
des Grades der spontanen Zustimmung, die dem Satz von
anwesenden Beobachtern zukäme. Und obwohl geltend
gemacht werden kann, selbst ein Beobachtungssatz könne
bei Berücksichtigung der übrigen Theorie des Betreffen-

*Willard Van Orman Quine* 189

den widerrufen werden, ist dies doch ein Extremfall und zum Glück nicht charakteristisch. In jedem Fall wird es auf der entgegengesetzten Extremseite Einzelsätze geben – und zwar lange theoretische Sätze –, die sicherlich ihre eigene empirische Bedeutung haben, denn durch Konjunktion können wir aus einer ganzen Theorie einen Einzelsatz bilden.

Dementsprechend sollte der durch den dritten Schritt herbeigeführte Holismus lediglich als gemäßigter oder relativer Holismus gesehen werden. Wichtig ist, daß wir aufhören, von einem wissenschaftlichen Satz zu verlangen oder zu erwarten, daß er seine eigene abtrennbare empirische Bedeutung hat.

Der vierte Schritt – hin zum methodologischen Monismus – schließt sich eng an diesen Holismus an. Der Holismus läßt den Gegensatz verschwimmen, der angeblich besteht zwischen dem synthetischen Satz mit seinem empirischen Gehalt und dem analytischen Satz mit seinem Nullgehalt. Die systematische Rolle, die den analytischen Sätzen zugedacht war, fällt, wie man jetzt erkennt, den Sätzen generell zu, und der empirische Gehalt, der als Eigentümlichkeit der synthetischen Sätze galt, ist, wie nunmehr ersichtlich, über das ganze System verteilt.

Der fünfte Schritt schließlich beschert uns den Naturalismus: die Preisgabe des Ziels einer Ersten Philosophie. Er sieht die Naturwissenschaft als Erforschung der Realität, die zwar fehlbar und korrigierbar, aber keinem überwissenschaftlichen Tribunal verantwortlich ist und außer der Beobachtung und der hypothetisch-deduktiven Methode keiner Rechtfertigung bedarf. Der Naturalismus hat zwei Quellen, beide negativ. Die eine ist die Hoffnungslosigkeit mit Bezug auf die Möglichkeit, die theoretischen Termini generell durch Begriffe für Phänomene zu definieren, was selbst mit Kontextdefinitionen nicht gehe. Eine holistische oder systemzentrierte Einstellung sollte genügen, um diese Hoffnungslosigkeit aufkommen zu lassen. Die andere

190   *Welt und Sprache*

negative Quelle des Naturalismus ist der unbereute Realismus, die robuste Geisteshaltung des Naturwissenschaftlers, der nie irgendwelche Bedenken empfunden hat, die über die wissenschaftsinternen, überwindbaren Ungewißheiten hinausgingen. Schon 1830 hatte der Naturalismus einen Repräsentanten in dem Antimetaphysiker Auguste Comte, der erklärte, in der Methode sei die »positive Philosophie« nicht verschieden von den Einzelwissenschaften.

Die Erkenntnistheorie verwirft der Naturalismus nicht, sondern er assimiliert sie der empirischen Psychologie. Die Wissenschaft selbst sagt uns, daß unsere Informationen über die Welt auf Erregungen unserer Oberflächen beschränkt sind, und dann wird die erkenntnistheoretische Frage ihrerseits zu einem innerwissenschaftlichen Problem: Wie ist es uns menschlichen Tieren gelungen, aufgrund derart beschränkter Informationen zur Wissenschaft zu gelangen? Unser wissenschaftlicher Erkenntnistheoretiker geht dieser Fragestellung nach und gibt schließlich eine Darstellung, die eine Menge mit dem Spracherwerb und der Wahrnehmungsneurologie zu tun hat. Er spricht davon, wie die Menschen Körper und hypothetische Teilchen setzen, doch er will keineswegs andeuten, daß die so gesetzten Dinge nicht existieren. Evolution und natürliche Zuchtwahl werden in dieser Erklärung zweifellos eine Rolle spielen, und er wird sich nicht gehindert fühlen, die Physik anzuwenden, sofern er eine Möglichkeit dazu sieht.

Der naturalistische Philosoph betrachtet die überlieferte Welttheorie als ein in Gang befindliches Unternehmen und setzt mit seinen Überlegungen inmitten dieser Theorie an. Vorläufig glaubt er an die ganze Theorie, ist aber auch überzeugt, daß einige noch nicht identifizierte Bestandteile falsch sind. Er versucht, das System von innen heraus zu verbessern, zu klären und zu verstehen. Er ist der fleißige Matrose, auf See im Neurathschen Schiff.

# Elizabeth Anscombe

*Keine Analyse menschlicher Intentionalität und kein ange- messenes Verständnis des Begriffs des Handelns im Unter- schied zu einem bloßen Verhalten wird ohne eine hinrei- chend genaue Unterscheidung zwischen einem bloßen Be- gehren, einem schon begrifflich bestimmten Wünschen und einem handlungsleitenden Wollen oder Intendieren aus- kommen. Von besonderer Bedeutung ist insbesondere die von Anscombe in »Intention« (1957) entwickelte Differenz zwischen expliziten und in einem Tun implizit enthaltenen Absichten. Erst mit dem (zumindest versuchten) Beginn der Ausführung verwandelt sich eine explizite Absicht, die zu- nächst ein bloßer Handlungsplan ist, in eine durch sie gelei- tete Handlung. Dabei antwortet die Beschreibung der ge- nerischen Handlung auf die Frage nach dem Inhalt oder der Bestimmung der Absicht. Eine Absicht ist daher wie jede Handlung immer im Blick auf die zugehörige Be- schreibung der intendierten generischen Handlung zu ver- stehen. Dem Tun als Aktualisierungsversuch der Handlung lässt sich aber nicht einfach deskriptiv vom Interpreten eine Handlungsbeschreibung zuordnen. Dazu ist vielmehr die wirkliche Absicht des Akteurs selbst entscheidend. Anderer- seits ist immer zu fragen, wie sich die Perspektive der ersten Person und eine mögliche Selbstzuschreibung ihrer Absich- ten zu einer deskriptiven Interpretation verhält. Und wie bestimmen wir die »wirkliche Absicht« im Tun? Ein Tun heißt dabei absichtlich, wenn das Tun, grob gesagt, Teil der Aktualisierung einer Handlung ist. Offenbar ist dabei im- mer auch zu unterscheiden zwischen Teilhandlungen, von denen wir wissen (könnten), die also in einem entsprechen- den Sinn ›bewusst‹ sind, auf der einen Seite, bloßen Begleit- erscheinungen oder Konsequenzen eines Tuns, die, wie wir metaphorisch und doch treffend sagen, nicht im Bereich un- serer Absicht(en) liegen oder lagen, auf der anderen Seite.*

192    *Welt und Sprache*

*Donald Davidson reduziert diese Analysen wohl gegen die Intentionen Anscombes zur These, dass Handlungen Ereignisse seien, die unter einer passenden (das Tun rationalisierenden) Beschreibung als beabsichtigte Handlung erscheinen. Mit Anscombe sollten wir dagegen daran festhalten, dass zwar die Zuordnung von Absichten zu einem Tun von der Beschreibung der generischen Handlung abhängt, dass aber nicht die rationalisierende Beschreibung, sondern der reale ›praktische Schluss‹, d. h. die Umsetzung einer möglichen Absicht in eine Tat, entscheidet, ob ein Tun ein (absichtliches) Handeln ist oder ein bloßes Geschehnis oder Ereignis. Die Frage ist damit eher, was wir tun, wenn wir ein Handeln abstrakt als bloßes Ereignis beschreiben, und nicht etwa, was wir tun müssen, um ein Ereignis oder bloßes Tun auf angemessene Weise als beabsichtigte Handlung anzusprechen. Eine analoge Einsicht betrifft auch die Tatsache, dass viele (soziale) Fakten in aller Regel nur unter Gebrauch normativ ›dichter‹ Begriffe darstellbar sind, so dass wir es nur durch (stillschweigende) Unterschlagung entsprechender Aspekte möglich machen, über sie so zu reden, als handele es sich um ›reine‹ Fakten. Diese gelegentlich ›aristotelisch‹ genannte Einsicht in die Abstraktheit reiner Fakten geht hier auf Wittgenstein zurück. Sie hat zur Folge, dass die These Humes, nach der aus einem »es ist so« kein »es muss oder soll so sein« folgt, alles andere als eine flächendeckende Wahrheit ist.*

### Reine Tatsachen

In Anlehnung an Hume könnte ich zu meinem Händler sagen: »Wahrheit besteht in Übereinstimmung entweder mit Relationen zwischen Ideen, wie daß ein Groschen zehn Pfennig sind, oder mit Tatsachen, wie daß Sie mir einen Sack Kartoffeln geliefert haben. Daran können Sie sehen, daß der Ausdruck *Wahrheit* sich nicht auf so einen Satz wie den anwenden läßt, daß ich Ihnen für die Kartoffeln so und so viel schulde. Sie dürfen wirklich nicht einen Sprung von einem *ist* – wie, daß es wirklich der Fall ist, daß ich Kartoffeln bestellt, Sie mir diese geliefert und eine Rechnung geschickt haben – zu einem *schuldet* machen.«

Besteht nun mein Dem-Händler-etwas-Schulden in irgendwelchen Tatsachen, die über die oben erwähnten hinausgehen? Nein. Nun könnte jemand sagen wollen: Es besteht in diesen Tatsachen im Kontext unserer Institutionen. Dies ist in einem bestimmten Sinne richtig. Wir müssen jedoch darauf achten, diese Analyse sozusagen richtig zu verbinden. Das heißt, wir dürfen nicht sagen: Es besteht in Diesen-im-Kontext-unserer-Institutionen-geltenden Tatsachen. Wir müssen vielmehr sagen: Es besteht in diesen Tatsachen – im Kontext unserer Institutionen. Oder: Im Kontext unserer Institutionen besteht es in diesen Tatsachen. Die Feststellung, daß ich dem Händler etwas schulde, enthält nämlich keine Beschreibung unserer Institutionen, genausowenig wie die Feststellung, daß ich jemandem einen Groschen schulde, eine Beschreibung der Institution des Geldes und der Währung in diesem Land enthält. Andererseits erfordert sie jedoch diese bzw. sehr ähnliche Institutionen als Hintergrund, damit sie überhaupt *die Art* von Feststellung sein kann, die sie eben ist.

Aber auch wenn dieser Hintergrund gegeben ist, so laufen diese Tatsachen doch nicht notwendigerweise darauf hinaus, daß ich dem Händler die und die Summe schulde. Denn es könnte ja sein, daß die ganze Transaktion bei der Herstellung eines Amateurfilms arrangiert worden ist. Dabei sagte ich vielleicht zum Händler: »Schicken Sie mir doch so und so viel Kartoffeln.« Und er hat sie auch geliefert und eine Rechnung geschickt. Aber der ganze Vorgang war gar kein richtiger Verkauf, sondern lediglich eine gespielte Szene; und zwar selbst dann, wenn ich die Kar-

194    *Welt und Sprache*

toffeln daraufhin esse (wenn auch nicht im Film): Vielleicht hat nämlich der Händler zu mir gesagt, daß ich sie behalten kann. Oder er hat nichts gesagt, kümmerte sich aber nicht weiter drum, und die Frage taucht gar nicht mehr auf. Somit ist die Tatsache, daß eine Handlung in einer Gesellschaft mit gewissen Institutionen vollzogen worden ist, in deren Kontext sie normalerweise eine so und so geartete Transaktion darstellt, kein absoluter Beweis, daß eine so und so geartete Handlung auch tatsächlich stattgefunden hat.

Ist es die *Intention*, die den Unterschied ausmacht? Nicht, wenn wir die Intention als etwas Inneres ansehen. Wahr ist vielmehr: Was normalerweise als eine so und so geartete Transaktion gilt, *ist* eine so und so geartete Transaktion, es sei denn, ein spezieller Kontext verleiht ihr einen anderen Charakter. Zu den speziellen Kontexten sollten wir jedoch nicht den Umstand rechnen, daß ich plötzlich mein ganzes Hab und Gut verliere und im Gefängnis sitze (wenn auch, wenn man so will, nicht durch eigenes Verschulden) – so daß ich den Händler nicht bezahlen kann. Denn auch in diesen Umständen gilt noch, daß ich ihm Geld schulde. Außerdem ist es normalerweise auch gar nicht nötig, nach einem speziellen Unterschied zu suchen, um sicherzustellen, daß es keinen gibt, der einen wesentlichen Unterschied ausmacht. Denn normalerweise gibt es einen solchen einfach nicht. Sollte es ihn aber doch geben, so wird er gewöhnlich, wenngleich auch nicht immer, sehr rasch entdeckt. Es ist jedoch aus theoretischen Gründen unmöglich, sich von vornherein gegen eventuelle Ausnahmefälle abzusichern. Man kann nämlich theoretisch für jeden speziellen Kontext einen weiteren speziellen Kontext annehmen, durch den der erstere in einem neuen Licht erscheint.

Kehren wir zu dem Argument zurück: »Dem Händler etwas schulden besteht in diesen Tatsachen – im Kontext unserer Institutionen.« Wir sollten festhalten, daß genau das gleiche auch für die Tatsachen selbst gilt, so wie wir sie beschrieben haben. Eine Menge von Ereignissen ist ein Bestellen und Liefern von Kartoffeln (und etwas ist eine Rechnung) nur im Kontext unserer Institutionen.

Wenn nun mein Dem-Händler-etwas-Schulden in diesem Fall nicht in irgendwelchen über die oben erwähnten Tatsachen hinausgehenden Tatsachen besteht, so müssen wir anscheinend entweder (a) oder (b) vertreten:

(a) Wer behauptet, daß ich dem Händler etwas schulde, der behauptet nichts anderes, als daß eben *irgendwelche derartige* Tatsachen bestehen.

(b) Wer behauptet, daß ich dem Händler etwas schulde, der fügt der Behauptung, daß irgendwelche derartigen Tatsachen bestehen, etwas Nicht-Faktisches hinzu.

Wenn dies zutrifft, dann natürlich ebenso für die Beschreibung von Ereignissen wie: Der Händler liefert mir Kartoffeln. Und davon würden wir doch weder (a) noch (b) behaupten wollen.

Der Händler liefert mir einen Sack Kartoffeln; d.h. (1) er bringt mir diesen Sack Kartoffeln ins Haus und (2) läßt sie dort. Aber nicht jede Handlung, die darin besteht, Kartoffeln vor meine Tür zu stellen und sie dort zu lassen, würde heißen, daß sie mir *geliefert* werden. Wenn zum Beispiel ein anderer, der mit mir nichts zu tun hat, auf Veranlassung des Händlers käme und sie mir gleich darauf wieder wegnähme, so könnte man vom Händler nicht sagen, daß er mich beliefert hat. – *Wann* also, so könnte man fragen, hat er mich denn wirklich beliefert? Offensichtlich, als er die Kartoffeln stehenließ; es wäre absurd, wenn man hinzufügte »und wenn er sie *nicht* wieder von jemandem abholen ließ«.

Es ist ausgeschlossen, daß es so etwas wie eine erschöpfende Beschreibung *aller* Umstände gibt, die theoretisch verhindern könnten, daß die Handlung, mir einen Sack Kartoffeln vor die Tür zu stellen, als ein *mir einen Sack Kartoffeln liefern* beschrieben werden kann. Wenn es eine

196    *Welt und Sprache*

solche erschöpfende Beschreibung derartiger Umstände
gäbe, könnte man sagen, daß *mir einen Sack Kartoffeln
liefern* in Verbindung mit der Annahme, daß keiner dieser
Umstände vorliegt, dasselbe bedeutet wie *sie in meinem
Haus lassen.* Wie die Dinge stehen, könnten wir nur sagen:
Es bedeutet *Er stellt mir die Kartoffeln vor die Tür, und es
liegt keiner der Umstände vor, die verhindern könnten,
daß diese Handlung als die Handlung, mir Kartoffeln zu
liefern, beschrieben werden kann* – was aber wohl kaum
eine Erklärung wäre. Nun kann ich jedoch durchaus wissen, daß der Händler mir Kartoffeln geliefert hat; gefragt,
worin dies bestand, antworte ich, daß da nichts weiter
war, als daß ich sie bestellt und er sie mir ins Haus gebracht hatte.

Jede Beschreibung setzt einen Kontext eines normalen
Handlungsablaufs voraus. Dieser Kontext wird aber nicht
einmal implizit durch die Beschreibung beschrieben. Au-
ßergewöhnliche Umstände könnten stets einen Unterschied ausmachen. Aber solche Umstände kommen nur in
Betracht, wenn es Gründe gibt.

Daß ein Sack Kartoffeln zu meinem Haus geschafft und
dort stehengelassen wird, könnten wir, verglichen damit,
daß mir ein Sack Kartoffeln geliefert wird, eine *natürliche
Tatsache* nennen. Aber verglichen mit der Tatsache, daß
ich dem Händler die und die Geldsumme schulde, ist, daß
er mir einen Sack Kartoffeln geliefert hat, selbst wiederum
eine natürliche Tatsache. Bezüglich vieler Beschreibungen
von Ereignissen oder Sachverhalten, deren Vorliegen behauptet wird, können wir fragen, was die *natürlichen Tatsachen* sind, d. h. *die* Tatsachen, die vorliegen, durch die in
einem angemessenen Kontext die und die Beschreibung
wahr oder falsch wird und die *natürlicher* sind als die angeblich dieser Beschreibung entsprechende Tatsache. Ich
will hier nicht die Frage stellen, ob es noch weitere Tatsachen gibt, die, wenn man so will, *natürlich* im Vergleich
dazu sind, daß ein Sack Kartoffeln vor meiner Tür stehen-

*Elizabeth Anscombe* 197

gelassen wird. Andererseits könnte man aber auch an Tatsachen denken, bezüglich derer die Tatsache, daß ich dem Händler die und die Geldsumme schulde, *natürlich* ist – z. B. die Tatsache, daß ich solvent bin.

Wir können nun einige von den Beziehungen angeben, die zumindest manchmal zwischen einer Beschreibung *A* und den Beschreibungen *xyz* von Tatsachen gelten, wobei diese Tatsachen bezüglich der durch *A* beschriebenen Tatsachen ›natürlich‹ sind.

(1) Es gibt einen *Bereich* von Mengen solcher Beschreibungen *xyz*, so daß irgendeine Menge des Bereichs wahr sein muß, damit die Beschreibung *A* wahr sein kann. Der Bereich kann jedoch jeweils nur grob angegeben werden – und zwar dadurch, daß ein paar Beispiele vorgebracht werden.

(2) Die Existenz der Beschreibung *A* in der Sprache, in der *A* vorkommt, setzt einen Kontext voraus, den wir *die Institution hinter A* nennen wollen. Dieser Kontext kann auch von den in den Beschreibungen *xyz* vorkommenden Elementen vorausgesetzt werden, braucht es aber nicht. Zum Beispiel wird die Institution Kaufen und Verkaufen von der Beschreibung *eine Rechnung schicken* und ebenso von *für erhaltene Waren etwas schulden* vorausgesetzt, aber nicht von der Beschreibung *Kartoffeln liefern*.

(3) *A* ist keine Beschreibung der Institution hinter *A*.

(4) Wenn irgendeine Menge aus dem Bereich der Mengen von Beschreibungen zutrifft, von denen einige zutreffen müssen, damit *A* zutreffen kann, und wenn die Institution hinter *A* existiert, dann trifft *in normalen Umständen* auch *A* zu. Die Bedeutung von *in normalen Umständen* kann nur grob angegeben werden, und zwar dadurch, daß Beispiele von außergewöhnlichen Umständen vorgebracht werden, in denen *A* nicht zutreffen würde.

(5) Die Wahrheit von *A* behaupten heißt nicht, behaupten, daß die Umstände *normal* sind. Wird aber eine Rechtfertigung von *A* verlangt, dann ist die Wahrheit der Beschrei-

198    *Welt und Sprache*

bung *xyz* in normalen Umständen eine adäquate Rechtfertigung: *A* wird nicht durch irgendwelche weiteren Tatsachen verifiziert.

(6) Wenn aus *A* eine andere Beschreibung *B* logisch folgt, dann gilt im allgemeinen nicht, daß *A* aus *B* logisch folgt. Es gilt aber: Aus *xyz* in Verbindung mit der Normalität der Umstände bezüglich solcher Beschreibungen wie *A* folgt *B*. Beispiel: Aus *Er lieferte mir Kartoffeln* folgt *Die Kartoffeln kamen in meinen Besitz*. Ferner ist *Er hatte mir die Kartoffeln vor die Tür gestellt und dort stehengelassen* in normalen Umständen eine adäquate Rechtfertigung für die Behauptung *Er lieferte mir Kartoffeln*. Gefragt, worin seine Handlung, mir Kartoffeln zu liefern, bestand, könnte man normalerweise keine weiteren Tatsachen anführen. (Man *kann nicht* all die Dinge anführen, die *nicht* der Fall waren, die aber einen Unterschied ausgemacht hätten, wenn sie der Fall gewesen wären.) Aus *Er hatte mir die Kartoffeln ins Haus gebracht und auch dort gelassen, und die Umstände waren – sofern es das Mit-Waren-beliefert-Werden betrifft – ganz einfach die normalen Umstände* folgt in der Tat *Die Kartoffeln kamen in meinen Besitz*.

# Karl-Otto Apel

*Die klassische Transzendentalphilosophie in der Tradition Kants hatte zunächst nach dem Status synthetischer Urteile apriori als Artikulation präsuppositionaler Voraussetzungen sinnvoller bzw. wahrer Aussagen über Erfahrungsobjekte gefragt. An die entsprechende Einsicht der Kritik der reinen theoretischen Vernunft schließt sich eine Analyse des Kategorischen Imperativs als allgemeiner Form moralischen Urteilens in der Kritik der praktischen Vernunft an, gefolgt von einer Unterscheidung verschiedenartiger teleologischer Aussagen, die der Kritik der Urteilskraft zufolge auch außerhalb des individuellen Handelns im Zusammenhang des Begriffs des Lebens und des Schönen ihre je begrenzte Bedeutung haben. Apels »Transformation der Philosophie« (1973) verbindet nun unter dem auf Charles Sanders Peirce verweisenden Titel einer Transzendentalpragmatik die genannten drei Teile der Philosophie enger miteinander. Darüber hinaus verstärkt Apel Kants sinnkritischen Ansatz durch einen Anspruch auf (dialogisch-analytische) Letztbegründung. Dies geschieht im Rahmen der Auseinandersetzung mit dem (angeblichen) Relativismus der Phänomenologie, Hermeneutik und überhaupt einer Tradition des ›Aristotelismus‹. In ihr werde nicht genügend zwischen bloß faktischen Möglichkeitsbedingungen der Teilnahme an einem vernünftigen Diskurs und der Idee autonomen Begründens unterschieden. In jedem assertorischen oder auch wertenden Sprechakt werde nämlich immer schon ein Ideal des Konsenses in einer universalen und zwanglosen Kommunikationsgemeinschaft vom Sprecher unterstellt. Auf diese Unterstellung könne eine Letztbegründung zurückgreifen, etwa wenn ex negativo implizite performative Widersprüche expliziert werden.*
*Apel behält dabei gegen manchen Kritiker Recht. Denn er erkennt die Fallibilität jedes endlichen Urteils ebenso an*

200  *Welt und Sprache*

*wie das Problem des von Hans Albert so genannten Münchhausen-Trilemmas, das der Tradition gemäß auf den Skeptiker Agrippa zurückgeht: Wie kann man zirkuläre Beweise oder einen unendlichen Regress der Prämissen vermeiden, ohne dogmatisch erste Axiome zu setzen? Apel beharrt darauf, dass ein appellativer Aufweis, der zeigt, dass gewisse Normen des Richtigen vom Sprecher im Grunde schon akzeptiert sind, eine anzuerkennende Form der Begründung ist. Wie Platons »epagogē« ist sie freilich von ganz anderer Art als das Herleiten von Sätzen aus Axiomen nach gewissen Deduktionsregeln. Wie weit allerdings Apels konsensbezogene Erläuterung des Richtigen und Wahren reicht, wie weit uns jedes Denken schon in eine vorgestellte Argumentation mit beliebigen Gesprächspartnern setzt und ob der Verweis auf eine ›universale‹ und zugleich ›ideale‹ Kommunikationsgemeinschaft überhaupt spezifisch genug ist, um unser Denken und Argumentieren orientieren zu können, sind offene, aber für die Philosophie der Gegenwart nach wie vor gewichtige Fragen.*

## Sprache als Thema und Medium der transzendentalen Reflexion

### I.

Ich möchte im folgenden aus der vielfältigen Problematik der modernen Sprachphilosophie ein Problem herausgreifen, das m. E. für das Verhältnis von Sprache und Philosophie in der Gegenwart entscheidend ist – entscheidend in dem Sinne, daß von seiner Auflösung die Antwort bestimmt wird auf die Frage: kann, oder muß vielleicht sogar, die Sprachphilosophie heute die Funktion der Tran-

*Karl-Otto Apel* 201

szendentalphilosophie im Sinne Kants, u. d. h. zugleich:
der *prima philosophia* übernehmen?

Man wird sich vielleicht – unter Kennern der philosophischen Literatur – darüber leicht einigen können, daß in
unserem Jahrhundert die für die Neuzeit charakteristische
Beschäftigung der Philosophen mit dem eigenen Bewußtsein durch die Beschäftigung mit der Sprache abgelöst
worden ist. Das scheint zu besagen: Die Sprachphilosophie – nicht als Thematisierung des Gegenstands Sprache
unter anderen möglichen Erkenntnisgegenständen, sondern als *Reflexion auf die sprachlichen Bedingungen der
Möglichkeit der Erkenntnis* – ist an die Stelle der traditionellen Erkenntnistheorie getreten[1].

(Dies scheint zumindest insofern richtig zu sein, als die –
sprachanalytisch zu klärende – Frage nach dem möglichen
Sinn (oder Unsinn) von Sätzen der erkenntnistheoretischen Frage nach der möglichen Wahrheit (Geltung, Objektivität) von Urteilen vorgeschaltet wurde. Darüber hinaus ist aber sogar die Beantwortung der Frage nach der
möglichen Wahrheitsgeltung von Urteilen, sofern diese
von apriorischen und empirischen Bedingungen der Erkenntnis abhängt, zum Thema sprachanalytischer Untersuchungen geworden. Dies gilt nicht nur insofern, als die
logische Konsistenz von Theorien anhand von formali-
sierten Theorien-*Sprachen* überprüft wird: es gilt auch insofern, als das empirische Basis-Problem der Erkenntnis
als das einer Übereinkunft (aufgrund argumentativer Verständigung) über die Geltung von Beobachtungs-*Sätzen*
als Basis-*Sätzen* behandelt wird; ja, darüber hinaus werden sogar synthetisch-apriorische Vorstellungsgewißhei-
ten, wie sie die Axiome der euklidischen Geometrie im
Sinne Kants oder die sog. »Farbsätze« im Sinne Husserls

---

1 Vgl. die »Einleitung« zu meinem Buch *Die Idee der Sprache in der Tradition des Humanismus von Dante bis Vico* (Archiv f. Begriffsgeschichte, Bd. 8,
Bonn 1963).

202    *Welt und Sprache*

darstellen, von der modernen – sprachanalytisch orientierten – Wissenschaftstheorie nicht schon aufgrund ihrer *Evidenz für jedes einzelne Bewußtsein*, sondern erst aufgrund ihrer *öffentlichen* Anerkennung als *Sprachspiel-Paradigmata* (im Sinne Wittgensteins) zu den Voraussetzungen der Geltung der Erfahrungswissenschaft gerechnet. Die Pointe dieser Wendung von der Erkenntniskritik qua Bewußtseinsanalyse zur Erkenntniskritik qua Sprachanalyse scheint darin zu liegen, daß das Problem der *Wahrheitsgeltung* selbst nicht mehr als solches der *Evidenz* oder *Gewißheit (certitudo)* für ein einsames Bewußtsein im Sinne Descartes', und auch nicht mehr als das der *objektiven* (und insofern intersubjektiven) *Geltung* für ein »Bewußtsein überhaupt« im Sinne Kants, sondern primär als das einer *intersubjektiven Konsens*bildung aufgrund *sprachlicher (argumentativer) Verständigung* angesehen wird.)

Wenn es sich so verhält, dann besteht offenbar zwischen der Erkenntnistheorie der Neuzeit und der sie – zumindest partiell – ablösenden Sprachphilosophie des 20. Jahrhunderts eine Kontinuität der philosophischen Fragestellung: diese Kontinuität würde – in Anknüpfung an Kant formuliert – in der *Reflexion auf die Bedingungen der Möglichkeit und Gültigkeit der Erkenntnis* liegen: die Sprache wäre heute, so wie früher das Bewußtsein, Thema und Medium der transzendentalen Reflexion (und auch als Medium der gültigen Reflexion hätte sie wiederum Thema der Reflexion zu sein!).

Hier erhebt sich nun die Frage, die ich in meinem Vortrag stellen und entfalten möchte: Wird in der Sprachphilosophie unseres Jahrhunderts wirklich auf die Sprache »reflektiert« – als auf eine *subjektive Bedingung der Möglichkeit* der Erkenntnis? Wird also die Kontinuität der modernen Sprachphilosophie mit der klassischen *Transzendentalphilosophie* zurecht unterstellt? Wird nicht – z. B. in der sog. »sprachanalytischen Philosophie« und im

»Strukturalismus« – die Sprache entweder als *objektives* (innerweltliches) Phänomen *beschrieben* bzw. *erklärt* oder aber als »semantical framework« konstruiert?

## II.

Eine eindeutige Antwort auf diese Frage ist gar nicht leicht zu geben: Einerseits ist wohl nicht zu bestreiten, daß die sog. »sprachanalytische Philosophie« in all ihren Phasen und Richtungen – also vom *Tractatus logico-philosophicus* des frühen Wittgenstein über die »konstruktive Semantik« Tarskis und Carnaps bis zur »Sprachspiel-Analyse« des späten Wittgenstein und zur »ordinary language philosophy« – im Gesamthaushalt der westlichen Philosophie weithin die reflexive Funktion der Erkenntniskritik übernommen hat. – Dieser Feststellung steht jedoch entgegen, daß gerade durch die Ablösung der Bewußtseinsphilosophie durch Sprachanalyse die *Reflexion* aus der Mode gekommen oder sogar sinnlos geworden zu sein scheint: Während von Descartes bis Husserl die Reflexion des erkennenden Bewußtseins auf sich selbst die letzte Instanz methodologischer Besinnung darstellte, kommt in der sprachanalytischen Philosophie ein »intentionales Bewußtsein« oder »Subjekt« so gut wie nicht mehr vor. Derartige Termini gelten jetzt als psychologistisch.

Daß hier eine Paradoxie verborgen liegt, hat der junge Wittgenstein in seinem *Tractatus* zumindest angedeutet: Hier, wo die Erkenntnistheorie ausdrücklich durch »Sprachkritik« abgelöst und die Logik der Sprache »transzendental« genannt wird, wird zugleich die sprachlich formulierbare Reflexion auf die logische Form der Sprache als unmöglich erklärt. Und ebenso wie von der Sprachform heißt es vom Subjekt der Sprache: »Das Subjekt gibt es nicht« (nämlich in der beschreibbaren Welt). Subjekt und Sprache sind die »Grenze der Welt«, über die

204  *Welt und Sprache*

eben deshalb nichts gesagt werden kann. Seitdem wird in der analytischen Philosophie tatsächlich nichts mehr über das *transzendentale Subjekt* der Sprache, u. d. h. der formulierbaren Erkenntnis, gesagt: *Die quasi-transzendentalen* Funktionen, welche Wittgenstein *im Tractatus* der einen »Logik der Sprache« zugedacht hatte, werden bei Carnap im Sinne des Toleranzprinzips von den konventionell festgelegten Regeln der *onto-semantischen* »frameworks« möglicher Wissenschaftssprachen übernommen; und beim späten Wittgenstein sollen sie durch Beschreibung von »Sprachspielen«, die mit »Lebensformen« und Weltinterpretationen »verwoben« sind, als deren »Tiefengrammatik« aufgezeigt werden[2].

Und nicht nur in der sprachanalytischen Philosophie im engeren Sinn, auch in jenen Sprach- und Kulturphilosophien, welche aus dem sprachwissenschaftlichen »Strukturalismus« F. de Saussures und der Prager Schule hervorgegangen sind, scheint die *Reflexion des menschlichen Subjekts* auf seine »intentionalen Leistungen« (Husserl) durch die *Deskription objektiv-anonymer Symbolsysteme*, durch die das intentionale Verhalten der Menschen a priori festgelegt ist, abgelöst und überholt zu sein. Zwar wird vorausgesetzt, daß Menschen die strukturell charakterisierbaren Sprach- bzw. Kultursysteme »anwenden« bzw. »realisieren«. Aber diese *Leistung* der Subjekte wird ganz ähnlich behandelt wie die *Anwendung* konstruierter Wissenschaftssprachen in der konstruktiven Semantik: die »Parole« des Strukturalismus wird ebensowenig als subjektiv-intersubjektive Bedingung der Möglichkeit der »langue« als System behandelt wie die Zeichenpragmatik in der konstruktiven Semantik als subjektiv-intersubjektive Bedingung der Möglichkeit einer konstruierten Wis-

---

2 Vgl. zum Vorstehenden K.-O. Apel, »Die Entfaltung der ›sprachanalytischen‹ Philosophie und das Problem der ›Geisteswissenschaften‹« (*Philos. Jb.*, 72. Jg., 1965, S. 239–289) (oben S. 28 ff.); ferner ders., »Wittgenstein und Heidegger«, in: *Philos. Jb.*, 75. Jg. (1967), S. 56–94.

senschaftssprache; die Leistungen der Subjekte werden nur als Objekt empirischer Wissenschaften thematisiert[3]. Mit anderen Worten: Es gibt (noch) keine *transzendentale Pragmatik* der Sprechakte und Verstehensakte als der subjektiv-intersubjektiven Bedingungen der Möglichkeit der Kommunikation und insofern auch der Sprache[4].

Nun läßt sich gar nicht leugnen, daß im modernen Sprach-Objektivismus ein Phänomen wissenschaftlich zur Geltung gebracht wird: Wie der späte Wittgenstein durch seine »Sprachspiele«, die zugleich »Lebensformen« oder »Institutionen« sind, prinzipiell ebenso demonstriert der »Strukturalismus« als Sprach- und Kulturphilosophie, daß »einer allein und nur einmal« nicht einer Regel folgen, daß ein Einzelner aus eigener Bewußtseinsleistung heraus nicht »etwas *als etwas*« meinen kann. In der Tat wird ein durch die moderne Sprachanalyse hindurchgegangener Philosoph kaum mit Descartes (und noch Husserl) daran festhalten, daß man sich durch radikale Selbstbesinnung im Stile des *methodischen Solipsismus* aus der Verstrickung in die Sprache (bzw. ein mit ihr verwobenes Kultursystem) herausreflektieren könnte. Man kann z. B. nicht, ohne Rücksicht auf die *Spielregeln* der Kommunikation, Fragen stellen wie diese: Ist am Ende alles, was ich überhaupt meinen kann, *bloß* in meinem Bewußtsein? (D. h. gibt es vielleicht keine »Außenwelt« und daher prinzipiell auch keine Kommunikationspartner?) Man wird heute dem einsamen Denker, der sich zum *methodischen Solipsismus* verpflichtet glaubt, sehr schnell zeigen, daß er be-

---

3 Vgl. K.-O. Apel, »Szientismus oder transzendentale Hermeneutik? Zur Frage nach dem Subjekt der Zeicheninterpretation in der Semiotik des Pragmatismus«, in: R. Bubner u. a. (Hrsg.): *Hermeneutik u. Dialektik*, Bd. I, Tübingen 1970, S. 105–144.

4 Vgl. aber J. Habermas, »Vorbereitende Bemerkungen zu einer Theorie der kommunikativen Kompetenz«, in: J. Habermas / N. Luhmann, *Theorie der Gesellschaft oder Sozialtechnologie – Was leistet die Systemforschung*, Frankfurt a. M. 1971. – Ferner K.-O. Apel: »N. Chomsky und die Philosophie der Gegenwart«, in: *Jahrbuch des Instituts für Deutsche Sprache*, Mannheim 1972.

206    *Welt und Sprache*

reits mit den Argumenten, die für ihn selbst Geltung haben sollen, ein *öffentliches Sprachspiel* voraussetzt; dieses vorausgesetzte Sprachspiel macht z.B. im Falle des Ausdrucks »bloß im Bewußtsein« den Sinn des Arguments davon abhängig, daß nicht *alles* Meinbare bloß im Bewußtsein ist. Wäre alles bloß im Bewußtsein, so verlöre die Wendung »bloß im Bewußtsein«, die man voraussetzt, um die Pointe des radikalen Zweifels zu konstituieren, ihren zuvor vorausgesetzten Sinn[5].

Die Konsequenz aus solchen Einsichten scheint zu sein, daß eine *reflexive* Rechtfertigung oder Kritik von intentionalen Leistungen gar nicht möglich ist. Man kann offenbar nicht – wie noch Husserl es wollte – mit der Reflexion auf die »intentionalen Leistungen eines reinen Bewußtseins« gleichsam hinter die Sprache zurücktreten; das Meinenkönnen ist selbst a priori bedingt durch die »innere Form« oder die »Tiefengrammatik« der Sprache, deren Gebrauch mit den Regeln sinnvollen Handelns und mit denen des Weltverstehens, einschließlich des Selbstverstehens, »verwoben« ist (Wittgenstein). Objektive Strukturanalysen von Sprachspielen oder von umfassenderen Symbol- und Verhaltenssystemen scheinen daher an die Stelle des reflexiven Selbst- und des analogen Fremdverstehens treten zu müssen. Genauer gesagt: An die Stelle der Selbstreflexion der traditionellen Bewußtseinsphilosophie scheinen endlose Hierarchien von Metasprachen bzw. Metatheorien zu treten, mit deren Hilfe Sprachen bzw. sprachlich bedingte Theorien objektiv analysiert werden können. Da jedoch Selbstreflexivität durch solche Hierarchiebildung a priori ausgeschlossen wird, entziehen sich die *transzendentalen* Bedingungen der Möglichkeit und Gültigkeit solcher objektiven Analyse offenbar prinzipiell

---

5  Vgl. K.-O. Apel, »Die erkenntnisanthropologische Funktion der Kommunikationsgemeinschaft und die Grundlagen der Hermeneutik«, in: *Information u. Kommunikation* (hrsg. v. S. Moser, München/Wien 1968), S. 163–171.

jeder wissenschaftlich-philosophischen Aussage, wie der junge Wittgenstein im *Tractatus* bemerkt hat. Wenn es sich aber so verhalten sollte: wie kann dann die Beschäftigung mit der Sprache zugleich die Aufgabe einer kritischen Reflexion auf transzendentale Bedingungen der Möglichkeit der Erkenntnis, z. B. auch der Erkenntnis der sprachlichen Symbolsysteme, erfüllen? Wird aber nicht gerade eine solche kritische Reflexion selbst noch durch die angedeutete Kritik des cartesischen Zweifels im Geiste Wittgensteins bewerkstelligt? Durch die kritische Analyse des Sprachspiels mit dem Ausdruck »bloß im Bewußtsein« wird doch offenbar eine Einsicht gewonnen, die – sofern sie verstanden wird – in jeder Sprache zur Geltung gebracht werden kann, da sie es mit *notwendig universalen* Bedingungen der Rede über so etwas wie das »Bewußtsein im Verhältnis zur Realität« der »Außenwelt« zu tun hat. So scheint es doch, daß wir etwas über die Bedingungen der Möglichkeit sinnvoller Rede überhaupt – und nicht nur über die Struktur bestimmter (empirischer oder konstruierter) Sprachsysteme – wissen können. Auch wissen wir sehr wohl, daß die *objektiv* analysierbaren Sprachsysteme mit der zu ihrer Analyse vorausgesetzten – *subjektiv* benutzten – Sprache identisch sein können; denn in der linguistischen Analyse kann und muß sogar das subjektive Sprachgefühl des kompetenten Sprechers als *objektive* Verifikations- bzw. Falsifikationsinstanz behandelt werden, und die *Konstruktion* von künstlichen syntaktisch-semantischen Systemen läßt sich, falls eine *Interpretation* mit Hilfe der bei der Konstruktion vorausgesetzten »natürlichen« Sprache gelingt, als partielle *Rekonstruktion* der letzteren auffassen. Somit muß sich also die objektive Sprachanalyse und die Sprachkonstruktion doch auf ihre angeblich nicht aussagbaren transzendentalen Bedingungen zurückbeziehen können. Und läßt sich nicht andererseits die objektiv analysierbare Sprache, an die wir immer schon gebunden sind, zugleich als *von uns gemachte* auf-

208  Welt und Sprache

fassen und z. B. im Interesse wissenschaftlicher Präzision *rekonstruieren*?

Man könnte meinen, die angedeuteten Schwierigkeiten beruhten lediglich darauf, daß man einen absoluten Unterschied zwischen Sprache als *Objekt* und Sprache als *subjektiver* Bedingung der Erkenntnis macht. Mit Hegel läßt sich indessen die als System wirksame Sprache als »objektiver Geist«, als entäußerte Subjektivität der Sinnintentionen auffassen, die eben deshalb auch rekonstruierbar ist; und mit Marx läßt sich umgekehrt darauf hinweisen, daß »der ›Geist‹ ... von vornherein den Fluch an sich (hat), mit Materie ›behaftet‹ zu sein, die hier in der Form von bewegten Luftschichten, Tönen, kurz der Sprache auftritt«, so daß die »Sprache ... das praktische, auch für andere Menschen existierende, also auch für mich existierende, wirkliche Bewußtsein« ist[6]. Auch W. v. Humboldt betont, daß die Sprache »ein zugleich subjektives und objektives Gebilde« ist: Indem sie »dem Erkennbaren als subjektiv entgegensteht, tritt sie dem Menschen als objektiv gegenüber«[7], »wie es überhaupt ein Gesetz der Existenz des Menschen in der Welt ist, daß er nichts aus sich hinauszusetzen vermag, das nicht augenblicklich zu einer auf ihn zurückwirkenden und sein ferneres Schaffen bedingenden Masse wird ...«.[8]

Indessen: es handelt sich hier, wie man nicht verkennen wird, um *dialektische* Formulierungen, wie sie unter den Voraussetzungen der modernen *analytischen* Philosophie noch gar nicht als sinnvoll gerechtfertigt werden können. Für die moderne *analytische* Philosophie ist auch der Mensch bzw. die Gesellschaft ein Objekt der empirischen Beobachtung und der von außen herangetragenen (de-

6 K. Marx, *Die Deutsche Ideologie* (in: *Frühschriften*, hrsg. v. S. Landshut, Stuttgart 1953), S. 356 f.
7 W. v. Humboldt, *Über das vergleichende Sprachstudium*, § 20.
8 W. v. Humboldt, *Über die Verschiedenheit des menschlichen Sprachbaues* ... (Ges. Schr., Bd. 7, S. 250 f.).

*Karl-Otto Apel* 209

skriptiven oder explanativen) Theoriebildung. Die Gesellschaft ist hier nicht zugleich ein Subjekt im Zustand der »Entäußerung«, in dessen – wie immer unbewußter – Regelbefolgung die Bedingungen der Möglichkeit aller Theoriebildung wiederzuerkennen wären. Nimmt man aber die *dialektischen* Hinweise auf die Sprache als Paradigma der *Identität von Subjekt und Objekt* im Bereich der Humanwissenschaften ernst, so stellt sich erst recht die Frage nach dem Verhältnis von Sprache und Reflexion:

Jeder, der überhaupt erkennen will, muß *sich* als Subjekt der Erkenntnis die Wahrheit zutrauen, u. d. h. zugleich: er muß sich als kritische Instanz der Geltungsreflexion voraussetzen: Hinter diese Emanzipation des denkenden Subjekts in der Erkenntnistheorie der Neuzeit ist m. E. nicht zurückzugehen. Wenn nun andererseits die Illusion der neuzeitlichen Erkenntnistheorie in der Vorstellung liegt, daß ein einsames Denksubjekt sich aus der Verstrickung in die Sprache herausreflektieren könnte, so ergibt sich das Problem: Wie kann im Medium der *öffentlichen* Sprache die Reflexion auf den *universalen* Geltungsanspruch des *subjektiven* Denkens und Erkennens durchgeführt werden?

Mir scheint, daß die *sprachanalytische* Philosophie unseres Jahrhunderts auf diese Frage keine befriedigende Antwort gegeben hat. Eher könnte man den Eindruck gewinnen, daß sie bereits die von uns gestellte Frage als sinnlos zu diskreditieren versucht.

Ein Grund für diese Einstellung dürfte in der logistischen *Leitidee der Kalkülsprache* liegen, die durch ihre semantischen Regeln jeden möglichen Widerspruch des Denkens a priori ausschalten soll. Diese Leitidee führte bei Russell zum Verbot jeder – auch indirekten – *Selbstrückbezüglichkeit* der Sprache in der sog. »Typentheorie«, die freilich, als Theorie über alle sinnvollen Sätze, mit sich selbst in Widerspruch gerät[9]. Eben dieser Selbstwiderspruch der

9 Vgl. Max Black, *Language and Philosophy*, Ithaca (N. Y.) 1949, S. 14.

210    *Welt und Sprache*

Sprachphilosophie, welche Sätze über alle Sätze und damit über die logische Form der Sprache für unmöglich erklärt, wird dann im *Tractatus* des jungen Wittgenstein zur *Grundparadoxie des tiefen Unsinns aller Philosophie*: diese ist gezwungen, über das zu reden, worüber man nicht reden kann: über die logische Form der Sprache und der – von ihr zu beschreibenden – Welt. Die Auflösung dieser Paradoxie, die von B. Russell vorgeschlagen und in der konstruktiven Semantik von Tarski und Carnap ausgearbeitet wurde: die Unterscheidung nämlich von Objektsprache, Metasprache, Metametasprache usw., scheint mir die paradoxe Lehre des *Tractatus* nur zu illustrieren, nicht aber zu widerlegen: die Lehre nämlich, daß die Möglichkeit der Philosophie als sinnvoller Rede daran hängt, daß eine Reflexion auf die Sprache in derselben Sprache möglich ist. Die Metasprachenhierarchie der logischen Semantik nämlich macht aus Philosophen »Konstrukteure von Sprachen«, die auf die actualiter verstandene und zur Einführung und Interpretation der Kalkülsprachen vorausgesetzte Sprache niemals legitim, sondern immer nur illegitim – in den umgangssprachlichen Einleitungen ihrer Werke z. B. – *reflektieren* dürfen.

Daß die *Idee der Kalkülsprache* mit der *Selbstreflexion der Sprache* nicht vereinbar ist, leuchtet ein, wenn man bedenkt, daß in der Kalkülsprache auch keine menschliche »Kommunikation« möglich ist. Genauer: Der Austausch von reinen »Informationen« über »Sachverhalte« ohne *Mitausdruck subjektiver Stellungnahme* ist in der Kalkülsprache sehr wohl möglich; dabei ist aber vorausgesetzt, daß man sich über die Bezeichnungsregeln der Kalkülsprache und über ihre Anwendung auf erfahrbare Sachverhalte in der »Umgangssprache« (die selbst schon eine Wissenschaftssprache sein kann) geeinigt hat. Gerade die restlose Vorwegnahme der *Vorverständigung* über den Sprach-Gebrauch und damit jeder reflexiven Stellungnahme zur Sprache sichert der Kalkülsprache den Vorzug, daß in ihr keine Mißverständnisse mehr auftreten können. Demgegenüber kann eine Reflexion auf die Sprache nur dort in Funktion treten, wo der Sprachgebrauch des einzelnen Sprachteilnehmers und die intersubjektive Verständigung über den Sprachgebrauch noch nicht getrennt sind, wo vielmehr die Sprache so gebraucht wird, daß zugleich damit auch eine Verständigung über den *Gebrauch* erarbeitet wird.

Man könnte von diesen Überlegungen her vermuten, daß in der »Semiotik« von Charles Morris[10] oder in der »Sprachspiel«-Analyse des späten Wittgenstein[11], wo die »pragmatische« Dimension des Sprach-*Gebrauchs* thematisch wird, auch das Problem der Reflexion auf die Sprache in der Sprache eine Lösung erfährt. Diese Erwartung wird jedoch enttäuscht. Zwar läßt sich nicht leugnen, daß unsere *Reflexion* auf die Sprache als Bedingung der Möglichkeit eines Weltvorverständnisses durch Morris und mehr noch durch den späten Wittgenstein *effektiv* gefördert wird, aber die Frage, wie dies möglich ist, wird gerade nicht beantwortet.

Bei Morris hängt dies, wie schon angedeutet, damit zusammen, daß der Sprachgebrauch nicht als sich verstehendes und verstehbares intentionales Geschehen, sondern als rein objektiv beschreibbares *Stimulus-Response-Behavior* aufgefaßt wird. Auch beim späten Wittgenstein haben viele Interpreten eine behavioristische Reduktion des Verstehens von Sinn auf ein Beschreiben des faktischen Zeichengebrauchs feststellen wollen. Mir scheint freilich die Pointe Wittgensteins eher darin zu liegen, daß man zwar die

10 Vgl. K.-O. Apel, in: *Philos. Rundschau*, 1959, S. 161–184.
11 Vgl. K.-O. Apel, »Entfaltung ...«, a. a. O. (s. Anm. 2); ferner ders., »Wittgenstein u. das Problem des hermeneutischen Verstehens«, in: *Zeitschr. f. Theologie u. Kirche*, 63. Jg. (1966), S. 49–87. Ferner ders., »Wittgenstein u. Heidegger«, in: *Philos. Jb.*, 75. Jg. (1967), S. 56–94. Ferner ders., »Heideggers Radikalisierung der Hermeneutik und die Frage nach dem Sinnkriterium der Sprache«, in: O. Loretz u. W. Strolz (Hrsg.), *Die hermeneutische Frage in der Theologie*, Freiburg i. Br. 1968, S. 86–152.

212 *Welt und Sprache*

philosophische Frage nach dem Wesen des »Sinn-Verstehens« nur durch Beschreiben von Sprachspielen beantworten kann, zugleich aber voraussetzen muß, daß alles menschliche Verhalten durch – möglicherweise internalisierte und reflexiv distanzierte – *Teilnahme* am zugehörigen Sprachspiel *verstanden* werden muß. Ohne solche Teilnahme läßt sich, wie P. Winch gezeigt hat, nicht ausmachen, ob Menschen *sich* nach einer Regel richten, d.h. sinnvoll handeln, z.B. sprechen[12].

Damit ist indessen die Frage, wie Reflexion der Sprache in der Sprache *möglich* sei, noch keineswegs beantwortet, sondern, folgt man einer naheliegenden Wittgenstein-Interpretation, erneut durch eine paradoxe Lösung verstellt.

Wittgenstein suggeriert nämlich durch seine Behandlung der Sprachspiele (als nur beschreibbarer faktischer apriori-Begrenzungen möglichen Sinns), daß die »internen Relationen« zwischen Sprachgebrauch, Verhaltenspraxis und Weltverständnis gewissermaßen monadisch geschlossene »Lebensformen« konstituieren. Dieser pluralistische und relativistische Aspekt der Sprachspielkonzeption tritt besonders in der Interpretation von P. Winch hervor. Da nun, ihm zufolge, bereits die Möglichkeit der Identifikation von Gegenständen in der Welt durch die institutionalisierten Sprachspiele a priori festgelegt ist, so ist nicht einzusehen, wie verschiedene Sprachspiele – u.d.h. zugleich: verschiedene menschliche »Lebensformen« – in ein Gespräch über ein und dieselbe Sache treten können[13].

Ein Spezialfall dieser Aporie tritt im semantischen »Operationalismus« P. W. Bridgmans auf, demzufolge, streng genommen, ebenso viele verschiedene Bedeutungen jedes

---

12 Ich folge hier der Wittgenstein-Interpretation von P. Winch in *The Idea of a Social Science and its Relation to Philosophy*, London ⁴1965 (dtsch. Frankfurt a. M. 1966).

13 Vgl. hierzu und zum folgenden meine Kritik an Wittgenstein und P. Winch in den unter Anm. 11 angeführten Arbeiten.

wissenschaftlichen Begriffs unterschieden werden müssen, wie es experimentelle Operationen gibt, durch die sich die Bedeutungen explizieren lassen. Ließe sich nun tatsächlich das Begriffsverständnis auf das entsprechende Operationsverständnis *reduzieren*, so ließe sich schon bei physikalischen Begriffen wie »Länge« oder »Gewicht« nicht mehr verständlich machen, wie sich die mit verschiedenen Meßoperationen »verwobenen« verschiedenen Sprachspiele auf ein und dieselbe Sache beziehen können. Sollte aber nicht zumindest das deiktisch identifizierbare *Reale* und seine Eigenschaften dadurch gekennzeichnet werden können, daß man sich in verschiedenen, d.h. mit verschiedenen Operationen »verwobenen« Sprachspielen auf es muß beziehen können? Dies würde aber besagen, daß nicht nur die Identifikation von Gegenständen in der Welt durch Sprachspiel-Horizonte a priori bedingt ist, sondern auch umgekehrt die Ausbildung und Überschreitung von Sprachspielhorizonten von der Identifikation und prädikativen Bestimmung realer Gegenstände ihren Ausgang nehmen kann. Eine solche wechselseitige Korrektur von Sprachspielhorizont und »physiognomischer« Erkenntnis[14] ist aber nur denkbar, wenn mit jedem Sprachgebrauch immer schon *Reflexion* auf den Sprachgebrauch verbunden ist. Die Konstitution von *Begriffen* und vollends von *Theorien* kann nicht nur von den zugehörigen experimentellen Tätigkeiten her, sondern muß auch aus der alle bestimmten Tätigkeiten distanzierenden Reflexion verstanden werden. Diese Reflexion muß auch die interpersonale Interaktion innerhalb der Sprachspiele als gesellschaftlicher Lebensformen immer schon begleiten und es prinzipiell möglich machen, daß die verschiedensten soziokulturellen Lebensformen qua Sprachspiele in Kommunikation treten können.

14 Vgl. K.-O. Apel, »Technognomie, eine erkenntnisanthropologische Kategorie«, in: G. Funke (Hrsg.), *Konkrete Vernunft*, Festschr. f. E. Rothacker, Bonn 1958, S. 61–78.

214    *Welt und Sprache*

Deutlicher noch wird die Notwendigkeit der Sprachreflexion, wenn man die Frage aufwirft, wie der Philosoph, der nach Winch mit dem Sozialwissenschaftler identisch ist, verschiedene Sprachspiele bzw. Lebensformen verstehen und sie in bezug auf ihr Verständnis der Welt vergleichen kann. Dergleichen setzt offenbar voraus, daß die einzelnen Sprachspiele, in die man durch Sozialisation hineinwächst, zugleich die Möglichkeit implizieren, durch Selbstreflexion über sich hinauszugehen und daß solche Selbsttranszendierung bis hin zur philosophischen Sprachreflexion und Gesellschaftskritik durch Kommunikation zwischen verschiedenen Sprachspielen bzw. Lebensformen provoziert werden kann. Ja: man wird schließlich – auf der Reflexionsstufe des philosophischen Sprachspiels – gerade dasjenige als das Reale identifizieren müssen, auf das in verschiedenen Sprachspielen Bezug genommen werden kann und muß, ohne daß es in endlich vielen Sprachspielen zureichend interpretiert werden kann. – Bei der Provokation der kritischen Selbstreflexion der Sprachspiele wird schließlich der Umstand eine Rolle spielen, daß zwischen Sprachgebrauch, Verhaltenspraxis und Weltverständnis, die nach Wittgenstein im Sinne einer internen Relation miteinander »verwoben« sind, gleichwohl de facto Widersprüche bestehen können und unter den Bedingungen der bislang in der Sozialgeschichte realisierten Lebensformen auch immer aufzufinden sind.

In summa: Weder die hermeneutischen Geisteswissenschaften, welche das geschichtliche Kontinuum des menschlichen Gesprächs – auch und gerade des Streitgesprächs – über die Welt verstehen wollen, noch die sozialwissenschaftlich orientierte Ideologiekritik, welche Unstimmigkeiten in den menschlichen Sprachspielen zum Ausgangspunkt einer Kritik der realen Selbstentfremdung der Menschen nimmt, können m. E. mit Hilfe der Modellvorstellung eines Pluralismus von quasi selbstgenügsamen Sprachspielen qua Lebensformen hinreichend begründet werden. Noch weniger läßt sich aber die Sprach-*philosophie* – und sei es nur die therapeutische Sprachkritik Wittgensteins – unter der Voraussetzung als möglich und gültig erweisen, daß sie nichts weiter tut, als überschaubare Sprachspiele als empirische Fakten von außen zu beschreiben.

## III.

Angesichts dieser Probleme scheint mir zunächst der Ansatz einer *sprachhermeneutischen* Philosophie, wie er z.B. im Anschluß an Heidegger von H.-G. Gadamer und Joh. Lohmann entwickelt wurde, weiterzuhelfen. Ich skizziere ihn im folgenden in meiner eigenen Version und beziehe auch Gedanken von J. Habermas[15] mit ein.

Hier wäre – und darin liegt ein wesentlicher Gegensatz zur *sprachanalytischen* Philosophie – davon auszugehen, daß schon bei der primären sprachlichen Welterschließung das intersubjektive Kommunikationsverhältnis der Menschen und, über dieses vermittelt, ein implizites Reflexionsverhältnis der Menschen zu sich selbst zum Ausdruck kommt. Mit anderen Worten: Wenn die Menschen nicht immer schon mit der Sprache ein Selbstverständnis an die Welt herantrügen, dann könnte ihnen überhaupt nicht »etwas *als* etwas« begegnen[16]. Die in der Konstitution von etwas *als* etwas sich vollziehende »hermeneutische Synthesis«, die der Synthesis der Prädikation zugrunde liegt, muß dem Seienden eine »Bedeutsamkeit« abgewinnen, die ihre Bedingung der Möglichkeit im effektiven Reflexions-Verhältnis des menschlichen In-der-Welt-Seins zu seinen Möglichkeiten hat. Daß diese Grundannahme der Heideg-

15 Vgl. insbesondere J. Habermas, *Zur Logik der Sozialwissenschaften*, Frankfurt a. M. 1970, S. 220 ff.
16 Vgl. K.-O. Apel, »Wittgenstein und Heidegger«, a. a. O. (s. Anm. 11).

216   *Welt und Sprache*

gerschen »Hermeneutik des Daseins« sich *sprachherme-neutisch* muß verifizieren lassen, leuchtet ein, wenn man bedenkt, daß jede geschichtlich gewordene Sprache in ihrer semantischen Struktur als Niederschlag pragmatischer Bedeutsamkeitserfahrung sich muß begreifen lassen. Tatsächlich hat z.B. der Linguist P. Zinsli sehr anschaulich zeigen können, daß in den Wortfeldstrukturen der bäuerlichen Alpenmundarten nicht nur ein anderes Weltverständnis, sondern auch ein anderes Selbstverständnis der Menschen zum Ausdruck kommt als in den vergleichbaren Feldstrukturen der Alpinistensprache[17]. Philosophisch als These zugespitzt besagt dies: die Einheit des Gegenstandsbewußtseins und des *Selbst*bewußtseins, die nach Kant als Bedingung der Möglichkeit der Erfahrung vorauszusetzen ist: diese Einheit liegt auch der Möglichkeit sprachlicher Welterschließung zugrunde. Es werden nicht einfach vorhandenen Gegenständen vorhandene Eigenschaften bzw. Relationen als Prädikate zugesprochen, sondern in der Entdeckung von etwas *als* etwas spricht *sich* das »In-der-Welt-Sein« von Menschen als *Welt*- und *Selbst*verständnis aus.

Bei dieser ursprünglichen sprachlichen Weltartikulation kann freilich als *subjektive Bedingung der Möglichkeit und Gültigkeit* nicht ein »reines Bewußtsein« im Sinne Kants oder Husserls zugrunde gelegt werden; ein solches könnte der Welt gar keine »Bedeutsamkeit« abgewinnen. Die Sprachspieltheorie Wittgensteins, die der »Verwobenheit« von Arbeit, Interaktion und Kommunikation gewissermaßen einen *transzendental-pragmatischen* Stellenwert verleiht, kommt hier dem *sprachhermeneutischen* Ansatz viel mehr entgegen. Indessen: die geschichtliche Ausbildung dieses quasitranszendentalen Zusammenhangs, die im Sozialisationsprozeß von jedem Kind in abgekürzter

---

17 Vgl. P. Zinsli, *Grund und Grad. Der Formaufbau der Bergwelt in den Sprachbegriffen der schweizerdeutschen Alpenmundarten*, Bern 1946.

*Karl-Otto Apel* 217

Form wiederholt wird, ist für die sprachhermeneutische Philosophie nicht, wie offenbar für Wittgenstein, ein »Abgerichtetwerden«, in dem lediglich die Beherrschung einer »Technik« eingeübt wird[18]. Vielmehr erwirbt der Mensch mit der kommunikativen Erlernung der Sprache zugleich ein wie immer unausdrückliches Bewußtsein davon, was es heißt, *sich* nach einer Regel zu richten; d.h.: er wird nicht nur faktisch in eine bestimmte Lebensform eingeübt, sondern erwirbt ein *effektives* Reflexionsverhältnis zur Form des Lebens überhaupt: z.B. hat er mit der Erlernung einer Sprache zugleich ein Verständnis von Sprachgebrauch überhaupt erlernt, das ihn prinzipiell in den Stand setzt, fremde Sprachen zu erlernen, aus einer Sprache in die andere zu übersetzen, u.d.h. zugleich: fremde Lebensformen zu verstehen.

Die Quintessenz aus dem soeben zitierten Ansatz einer sprachhermeneutischen Philosophie scheint mir J. Lohmann in seinem Buch *Philosophie und Spachwissenschaft*[19] auf den Begriff gebracht zu haben, wenn er das »Bewußtsein« der menschlichen Subjekte als Erzeugnis des Jahrtausende währenden, die Reflexion provozierenden Miteinanderredens der Menschen begreift. Die »Entfaltung des Bewußtseins als Sprache«[20] müßte freilich auch heute noch im Detail von einer philosophischen Philologie bzw. Sprachwissenschaft, wie sie schon Vico und Herder forderten, rekonstruiert werden. Dabei läßt sich das selbst durch die Sprache ermöglichte *Erstarken der Reflexion* im *Verhältnis* des Menschen *zur* Sprache z.B. in dem »Abwerfen der Brücken« (W.v. Humboldt), welche die Sprache in ihrer formenreichen »synthetischen« Phase dem

---

18 In dieser Kritik Wittgensteins treffen sich P. Winch (s. Anm. 12), J. Habermas (s. Anm. 15) und W. Schulz, *Wittgenstein – die Negation der Philosophie*, Pfullingen 1967, S. 71 ff.

19 J. Lohmann, *Philosophie und Sprache*, Berlin 1965.

20 So lautet der Titel eines programmatischen Vortrags von J. Lohmann in *Freiburger Dies Universitatis*, Bd. 11, 1963, S. 1–16.

218    *Welt und Sprache*

Weltverständnis baute, in der sog. »analytischen« Phase
der Sprachentwicklung belegen. A. Gehlen hat diesen linguistischen Beitrag Humboldts und zuvor schon der Brü-
der Schlegel zum Verhältnis von Sprache und Reflexion
durch den Gesichtspunkt der »Entlastung« (vom unmittelbaren Weltumgang durch die Sprachstruktur und wiederum von der Sprachstruktur zugunsten erneuter Reali-
tätszuwendung) vertieft.[20a]

## IV.

Die explizite *Reflexion auf die Sprache mit der Sprache*
wird jedoch erst in der Entstehung der Philosophie doku-
mentiert, die von der Entstehung der »Wissenschaften von
der Rede« (Grammatik, Rhetorik, Logik) nicht zu trennen
ist. Die von uns aufgeworfene Frage nach der Möglichkeit
der Reflexion auf die Sprache mit der Sprache fällt daher,
genauer betrachtet, von Anfang an mit der *Frage nach der
Möglichkeit der Philosophie* zusammen; und Wittgensteins
*Tractatus* bestätigt diesen Zusammenhang durch seine
paradoxe Infragestellung beider Möglichkeiten. Die unab-
weisliche Notwendigkeit, die Reflexionsparadoxie des
*Tractatus* aufzulösen, um das Sprachspiel der Philosophie
zu legitimieren, zeigt aber m. E. auch die Grenzen des
*sprachhermeneutischen* Ansatzes.
Mit J. Lohmann könnte man die Sprachreflexion der Philosophie als Ergebnis eines kontinuierlichen Erstarkens
der »effektiven« Sprachreflexion begreifen, die im kommunikativen Sprachgebrauch selbst von Anfang an wirksam ist, und zweifellos muß die philosophische Reflexion
in ihrer Geschichtlichkeit aus dem Kontinuum des
menschlichen Gesprächs heraus hermeneutisch verstanden

---

20a Vgl. A. Gehlen, *Der Mensch*, 2. Aufl. 1941, § 40 »Höhere Sprachentwicklung«.

*Karl-Otto Apel* 219

werden. Indessen: mit einer solchen hermeneutisch-historischen Würdigung ist m. E. die Eigenart des Geltungsanspruchs der philosophischen Reflexion noch nicht begriffen. Bereits Th. Litt[21] hat darauf aufmerksam gemacht, daß die Philosophie, wenngleich selbst an den Gebrauch einer geschichtlich gewordenen Sprache gebunden, in jeder Sprache die Geschichtlichkeit, Individualität, kurz: die Relativität des sprachgebundenen Denkens allgemeingültig zur Sprache bringen kann. Dieser Umstand zeigt in der Tat an, daß in der Philosophie eine Stufe der Sprachreflexion erreicht ist, die in einer *hermeneutischen* Philosophie (im Sinne Heideggers, Gadamers und Lohmanns) nicht mehr gewürdigt werden kann.

Bedenkt man den *universalen Geltungsanspruch* der von den Griechen erstmals erreichten *philosophischen Reflexion*, den wir im Vollzug dieser – unserer – Überlegungen festzuhalten gezwungen sind, so ist es nicht verwunderlich, daß dieser Durchbruch des Denkens von den Philosophen zunächst – und in immer erneuten Ansätzen der Sprachkritik – als eine Befreiung des reinen und einsamen Denkens von den Fesseln der Sprache überhaupt verstanden wurde. Der Einseitigkeit *dieser* Verabsolutierung des »Nous« bzw. später des »Bewußtseins« entspricht die moderne Einseitigkeit der Verabsolutierung der Sprache als der Grenze je meiner Welt, auf die nicht mehr reflektiert werden könne, wie sie bei Wittgenstein ausgesprochen ist. Dabei ist doch offenkundig, daß die moderne Entdeckung der Sprache als Bedingung der Möglichkeit der Erkenntnis selbst eine neue Stufe der in der Antike zuerst gelungenen *Reflexion auf die Sprache* darstellt.

Wenn also die Philosophie der Gegenwart ihr effektives Reflexionsniveau bewußt in Besitz nehmen und damit die kritische Vergewisserung der eigenen Methode und des eigenen Geltungsanspruchs, die von Descartes, Hegel und

---

21 Vgl. Th. Litt, *Mensch und Welt*, München 1948.

220 *Welt und Sprache*

Husserl gefordert wurde, unter den Bedingungen der Gegenwart erneuern will, so steht sie vor der unabweisbaren Frage: Welches Sprachspiel setzt die Philosophie in den Stand, nicht nur auf das Verhältnis von Sprache und Welt zu reflektieren, sondern darüber hinaus darauf, daß sie mit Hilfe der Sprache auf das Verhältnis von Sprache und Welt reflektiert?

Diese Frage bzw. ihre Beantwortung impliziert keinen *regressus ad infinitum*, wie man heute in der *analytischen* Philosophie allgemein anzunehmen scheint. Denn sie ist als *Reflexion auf die höchste Allgemeinheitsstufe* begrifflichen Sinns, die durch Reflexion mit Hilfe der Sprache erreicht werden kann, nicht identisch mit einer beliebig iterierbaren psychologischen Reflexion auf den privaten Denkakt. Sie stellt vielmehr eine der Form nach endgültige Besinnung des sprachgebundenen Denkens auf sich selbst als Bedingung der Möglichkeit seines Geltungsanspruchs dar. Als transzendentale *Besinnung* ist diese Reflexion m. E. die der Philosophie (und nur der Philosophie) mögliche Selbstbegründung und als solche nicht zu verwechseln mit einer Begründung durch Deduktion. Eine solche Begründung würde allerdings in einen regressus ad infinitum hineinführen, wie zuletzt K. Popper und H. Albert[22] gezeigt haben.

Der Unterschied zwischen der von mir gemeinten *transzendentalen Reflexion* und der von Popper abgelehnten Art der *Letztbegründung* sei im folgenden kurz verdeutlicht:

K. Popper geht mit Recht davon aus, daß eine deduktive Selbstbegründung seiner eigenen Position, des »kritischen Rationalismus«, nicht möglich ist. Er zieht daraus den Schluß, daß der *kritische* Rationalist, will er sich vom dogmatischen Rationalismus unterscheiden, die Position seines Gegners, also etwa die eines Obskurantisten, der die

---

22 Vgl. H. Albert, *Traktat über kritische Vernunft*, Tübingen 1968.

*Karl-Otto Apel* 221

Spielregeln einer kritischen Diskussion nicht anerkennt, als mit der eigenen Position prinzipiell gleichberechtigt anerkennen muß. Der kritische Rationalist kommt nach Popper durch radikale Reflexion auf die Bedingungen der Möglichkeit seiner eigenen Position zu der Einsicht, daß er sie in einer »irrationalen«, »moralischen Entscheidung« angesichts der Alternative von kritischem Rationalismus und Obskurantismus wählen muß[23]. Für die Wahl, die nach Popper einem »Glaubensakt« entspricht, lassen sich zwar gewichtige Gründe beibringen, die insbesondere in der Erwägung der praktischen Konsequenzen liegen. Das ändert aber nach Popper nichts an der Feststellung, daß nur und erst die irrationale Wahl des Einzelnen der Position des kritischen Rationalismus ihren prinzipiellen Vorrang vor der des Obskurantismus verleihen kann; denn »kein rationales Argument wird eine rationale Wirkung auf einen Menschen ausüben, der eine rationale Einstellung nicht einnehmen will«[24].

Diese Argumentation Poppers, hinter der evtl. auch das ganze Pathos eines ethisch-religiösen Existenzialismus sich zu versammeln vermag, scheint mir noch einen Rest jenes *methodischen Solipsismus* zu implizieren, der durch radikale Reflexion auf die sprachlichen Bedingungen der Möglichkeit alles Denkens und Entscheidens widerlegt werden kann.

Es soll nicht etwa bestritten werden, daß die Wissenschaft dem Einzelnen nicht die Entscheidung darüber abnehmen kann, ob Sein besser ist als Nichtsein, oder Vernunft besser als Unvernunft. Insofern kann der existenzielle Skeptiker in der Tat nicht durch rationale Argumente am Selbstmord gehindert werden, und ebensowenig der entschlossene Obskurant daran, sich den Spielregeln rationaler Diskussion zu verweigern. Positiv ausgedrückt: Das Funk-

---

23 Vgl. K. Popper, *The Open Society and its Enemies*, London 1945, vol. II, S. 231 ff.
24 Ebda.

222    Welt und Sprache

tionieren der logischen Spielregeln einer »Gemeinschaft der Wissenschaftler« setzt in der Tat bereits ein *ethisches Engagement* der Mitglieder dieser Gemeinschaft voraus, wie Ch. S. Peirce erkannte[25].

Aber aus dieser Anerkennung der Unentbehrlichkeit einer ethisch-existenziellen Entscheidung folgt nicht, daß es sich bei der Entscheidung zugunsten des kritischen Rationalismus um eine »irrationale Entscheidung« handelt, die angesichts einer prinzipiellen Gleichberechtigung der Alternativen erfolgt. Denn nicht nur dies gilt: das Funktionieren der Spielregeln des kritischen Rationalismus setzt schon eine ethische Entscheidung des Einzelnen voraus; auch umgekehrt gilt: die ethische Entscheidung angesichts einer Alternative setzt, um als solche *verständlich* zu sein, bereits die Spielregeln einer Kommunikationsgemeinschaft voraus, die im kritischen Rationalismus auf den Begriff gebracht sind. Verhielte es sich anders, wäre eine *Entscheidung* als solche ein vorsprachlicher Akt, der nicht selbst schon intersubjektive Spielregeln des Verstehens voraussetzte, so könnte sie nicht von Popper in eine *reflexive Diskussion* der Entscheidungsmöglichkeiten eingeführt werden. Indem die Entscheidung von Popper in die *Diskussion* eingeführt wird, wird sie als ein Akt der Vernunft unterstellt, der sich selbst in der Wahl bestätigen oder verleugnen kann. Wer dies nicht einsieht und von der stillschweigenden Voraussetzung ausgeht, er könne als Einzelner in seiner Entscheidung eine Position diesseits der in Frage stehenden Alternative einnehmen, der scheint mir noch im πρῶτον ψεῦδος des *methodischen Solipsismus* befangen zu sein. In Anknüpfung an eine Bemerkung des späten Wittgenstein, die den *Beitrag der radikalen Sprachreflexion* zu unserem Thema zum Ausdruck bringt, kann man auch sagen: »Einer allein und nur einmal« kann

25 Vgl. Ch. S. Peirce, *Collected Papers* (ed. Ch. Hartshorne and P. Weiss), vol. V, §§ 354 ff. – Vgl. meine »Einführung« zu Ch. S. Peirce, *Schriften I* (Frankfurt a. M. 1967), S. 105 ff.

nicht angesichts einer Alternative sich entscheiden, wählen
u. dgl. Auch die existenziellen Entscheidungsakte sind als
*sinnvolle* Akte solche des *Regelfolgens*, die, wenn schon
nicht faktisch, so doch prinzipiell die Möglichkeit einer
öffentlichen Beurteilung im Rahmen eines Sprachspiels
voraussetzen.

Daraus folgt: nicht nur die von Popper geforderte Entscheidung zugunsten der »kritischen Kommunikationsgemeinschaft« setzt diese schon als Bedingung ihrer Möglichkeit voraus: auch (sogar) die Entscheidung des Obskurantisten (oder des existenziellen Skeptikers) gegen den
»criticist frame« bewegt sich, solange sie für den Wählen-
den selbst *sinnvoll* sein soll, noch im Rahmen der Voraussetzung, die anzuerkennen er sich weigert. Er vermag,
streng genommen, dieser Voraussetzung nur durch den
Selbstmord (oder die »Idiotie«, wörtlich: Privatheit!) zu
entgehen. Doch muß eine *solche* irrationale Entscheidung,
die in der Tat nicht durch Argumente verhindert werden
kann, als Argument im Kontext der Frage nach einer
möglichen Selbstbegründung des kritischen Rationalismus
berücksichtigt werden? – Mir scheint: sie muß – als Möglichkeit des Ausscheidens aus dem Sprachspiel der Argumentation – ernst genommen werden, wenn es um die
Beantwortung der Frage geht, ob die *praktische Verwirkli-*
*chung* der Vernunft allein durch Räsonnement bewerkstelligt werden kann. Hier muß in der Tat der gute Wille zum
guten Argument hinzutreten. Wenn es aber um die Beantwortung der Frage nach dem *Grund der Geltung* des Ver-
nunftsprinzips geht, dann scheint mir die Besinnung auf
das immer schon vorausgesetzte *transzendentale Sprach-*
*spiel*, die in jeder Sprache als reflexive »Selbstaufstufung
der Sprache« durchgeführt werden kann, ausreichend und
endgültig zu sein.

M. a. W.: Wer sich zugunsten des »criticist frame« der
Kommunikation im Sinne Poppers entscheidet, der fällt
keine »irrationale Entscheidung« zugunsten einer Mög-

## 224    Welt und Sprache

lichkeit des Verhaltens, die nur *pragmatisch* vor ihrer ob-
skurantistischen Alternative ausgezeichnet wäre; vielmehr
leistet er eine *reflexive Bestätigung* und *willensmäßige Be-
kräftigung* der Regeln *des* Sprachspiels, das allein ihm ein
Selbstverständnis in seiner Entscheidung ermöglichen
kann. In dieser Selbstbestätigung des transzendentalen
Sprachspiels durch die theoretisch *und* praktisch relevante
Entscheidung zugunsten einer kritischen Kommunikationsgemeinschaft zeigt sich, daß die Vernunft in sich selbst
begründet ist und nur (allerdings) zu ihrer Realisierung in
der Welt des menschlichen Engagements bedarf.

# IV
# Sprache und Kommunikation

## Herbert Paul Grice

*Überlegungen zur Bedeutungsvielfalt des englischen Wortes »to mean« führen Grice zu seinem Programm, die nicht-natürliche Bedeutung eines Symbolgebrauchs und am Ende auch von sprachlichen Ausdrucksformen und Sprechhandlungen zu definieren ohne Rückgriff auf semantisches, wohl aber auf intentionales Vokabular. Dem Basismodell zufolge möchte ein Sprecher in einem Kommunikationsversuch durch seine Äußerung den Hörer dazu bringen, gewisse Überzeugungen und Absichten zu bilden oder etwas Bestimmtes zu tun. Dazu muss allerdings der Hörer in aller Regel schon über eine ›Interpretation‹ (oder logische Semantik) der geäußerten Sätze verfügen, ggf. unter Zuordnung der wahrscheinlichen Gründe für deren Äußerung. Zwar ergeben sich bei Grice aus der allgemeinsten Maxime für gute Verständigung, der Kooperativität – die übrigens jeden reinen Intentionalismus schon weit hinter sich lässt – besondere Konversationsmaximen wie z. B. die der Klarheit und die der Relevanz. Dabei entsteht aber eine gewisse Spannung zu der Absicht, auf der Basis von individuellen Sprecherintentionen in kommunikativen Akten die überindividuelle Bedeutung von sprachlichen oder symbolischen Handlungen zu erläutern.*

*Das Problem liegt darin, dass individuelle Absichten im Allgemeinen, Sprecherabsichten im Besonderen eine zumindest partiell schon sprachlich vermittelte Bestimmung des Inhalts der jeweiligen Absicht voraussetzen. Die Beherrschung sprachlich artikulierter Inhaltsbestimmungen*

226    *Sprache und Kommunikation*

*gehört zu den Möglichkeitsbedingungen des Beabsichtigens und des Von-etwas-überzeugt-Seins selbst. Eine analoge Spannung gibt es zwischen der von Austin übernommenen Methode der linguistischen Phänomenologie und dem Versuch der Trennung zwischen satzbezogener Semantik und sprechaktbezogener Pragmatik, d. h. zwischen formal (analytisch) gültigen Schlüssen und Präsuppositionen (auf der Ebene der Sätze) und den Implikaturen und Konnotationen auf der Ebene der Äußerungen. Das Problem besteht darin, dass die (semantische) Ebene der ›wörtlichen‹ Bedeutung nicht bestimmbar ist ohne Bezugnahme auf gültige Schlussformen in ›rein assertorischen‹ Kontexten. Die Unterscheidung zwischen dem ›wörtlich Gesagten‹ und konversationellen Implikaturen als Folge kommunikativer Maximen auf der pragmatischen Ebene ist zwar wegen der verschiedenartigen Inferenzformen äußerst wichtig. Aber sie lässt sich nicht sinnvoll als ein fixfertiges System schematischer Normen oder Regeln entwickeln, das man in satzartiger Form als Theorie darstellen könnte.*

*Trotz der genannten offenen Fragen finden sich Elemente der Analysen von Grice in allen philosophischen und linguistischen Theorien der Sprache wieder, besonders dort, wo propositionale Haltungen wie Absichten oder Überzeugungen über nicht-propositionale Begriffe wie Begierden, Dispositionen, Funktionen (D. Dennett, R. Millikan) erklärt werden sollen und wo propositionale Inhalte – ggf. über die Vermittlung partiell sanktionsbewehrter Sozialkonventionen (D. Lewis, E. v. Savigny) – auf Sprecherabsichten zurückgeführt werden. Die Ambivalenz der von Grice entwickelten Perspektive wird aber erst dort überwunden, wo sowohl das Haben als auch das Zuschreiben von Absichten nicht anders als die Gehalte assertorischer Sprechakte in ihrer normativen und damit implizit sozialen Struktur begriffen werden, nämlich auf der Basis inferenzieller Verpflichtungen und Erlaubnisse, die in möglichen Dialogen über Gründe kontrolliert werden (R. Brandom).*

*Herbert Paul Grice*

# Logik und Konversation

Angenommen, A und B unterhalten sich über einen gemeinsamen Freund, C, der jetzt in einer Bank arbeitet. A fragt B, wie es C bei seinem Job so geht, und B antwortet »Oh, ganz gut, nehme ich an; er mag seine Kollegen und ist bislang noch nicht ins Gefängnis gekommen«. Hier mag A nun wohl wissen wollen, was B damit zu verstehen geben wollte, was er damit angedeutet hat oder auch, was er damit gemeint hat, daß er sagte, C sei bislang noch nicht ins Gefängnis gekommen. Als Antwort könnten lauter solche Sachen kommen wie: C ist der Typ, der nicht gut der Verlockung widerstehen kann, die seine Beschäftigung mit sich bringt; Cs Kollegen sind wirklich sehr unangenehme und heimtückische Leute; und so weiter. Es könnte natürlich für A völlig unnötig sein, dies von B wissen zu wollen – wenn die Antwort darauf in diesem Zusammenhang im voraus klar ist. Es ist wohl klar, daß das, was B in diesem Beispiel zu verstehen gegeben, angedeutet, gemeint hat usw., etwas anderes ist als das, was er gesagt hat – das war ja einfach, daß C bislang noch nicht ins Gefängnis gekommen ist. Ich möchte, als Kunstbegriffe, das Verbum »implizieren« und die damit verwandten Nomina »Implikatur« (vgl. »imply« [andeuten]) und »Implikat« (vgl. »what is implied« [das Angedeutete]) einführen. Der Witz dieses Manövers ist es zu umgehen, daß jedesmal zwischen diesem oder jenem Mitglied der Familie von Verben gewählt werden muß, für die »implizieren« allgemeine Zuständigkeit übernehmen soll. Zumindest fürs erste werde ich in beträchtlichem Maß ein intuitives Verständnis der Bedeutung von »sagen« in solchen Kontexten voraussetzen und auch, daß einzelne Verben sich als Mitglieder der Familie erkennen lassen, mit der »implizieren« in Zusammenhang gebracht wurde. Allerdings kann ich ein oder zwei Bemerkungen machen, die vielleicht zur

228    *Sprache und Kommunikation*

Klärung der problematischeren dieser beiden Annahmen – und zwar der, die mit der Bedeutung des Wortes »sagen« zusammenhängt – beiträgt.

Wie ich das Wort »sagen« hier benutze, soll das, was jemand gesagt hat, in enger Beziehung zur konventionalen Bedeutung der von ihm geäußerten Worte (des geäußerten Satzes) stehen. Angenommen, jemand hat den Satz »Er kommt von dem Laster nicht los« geäußert. Mit Kenntnis des Deutschen, aber ohne Kenntnis der Äußerungsumstände wüßte man – unter der Annahme, daß er gewöhnliches Deutsch und wörtlich gesprochen hat – etwas darüber, was der Sprecher gesagt hat. Man wüßte, daß er über eine bestimmte Person oder ein bestimmtes Tier männlichen Geschlechts x gesagt hat, daß zum Zeitpunkt der Äußerung (gleichgültig, wann das war) entweder (1) x unfähig war, sich selbst von einem schlechten Charakterzug zu befreien, oder (2) an einem Beförderungsmittel einer gewissen Art festhing (natürlich nur so in etwa dargestellt). Um jedoch ganz und gar zu bestimmen, was der Sprecher gesagt hat, müßte man (a) die Identität von x, (b) den Zeitpunkt der Äußerung und (c) die bei dieser bestimmten Äußerungsgelegenheit vorliegende Bedeutung der Wendung »von dem Laster nicht loskommen« [eine Entscheidung zwischen (1) und (2)] kennen. Diese kurze Andeutung über meine Verwendung von »sagen« läßt offen, ob jemand, der (heute) sagt »Harold Wilson ist ein großer Mann«, dasselbe gesagt hat wie einer, der (ebenfalls heute) sagt »Der britische Premierminister ist ein großer Mann« – vorausgesetzt, beide wüßten, daß die beiden singulären Terme dieselbe Referenz haben. Wie die Entscheidung in dieser Frage aber auch immer ausfallen mag, der von mir sogleich bereitgestellte Apparat wird beliebigen Implikaturen gerecht werden können, für die es etwas ausmachen könnte, ob der eine – und nicht der andere – singuläre Term im geäußerten Satz vorkommt. Solche Implikaturen würden bloß zu verschiedenen Maximen in Beziehung stehen.

In manchen Fällen wird die konventionale Bedeutung der verwandten Worte bestimmen, was impliziert ist, und nicht nur helfen zu bestimmen, was gesagt worden ist. Wenn ich (selbstgefällig) sage »Er ist ein Engländer; er ist mithin tapfer«, so habe ich mich – kraft der Bedeutung meiner Worte – darauf festgelegt, daß seine Tapferkeit eine Konsequenz dessen ist (daraus folgt), daß er ein Engländer ist. Aber während ich gesagt habe, er sei ein Engländer, und gesagt habe, er sei tapfer, möchte ich nicht sagen, ich hätte (im bevorzugten Sinn) *gesagt*, seine Tapferkeit folge daraus, daß er Engländer ist – obwohl ich dies sicherlich angedeutet und somit impliziert habe. Ich möchte nicht sagen, meine Äußerung dieses Satzes wäre, *strenggenommen*, falsch, falls die fragliche Folgerung nicht gelten sollte. Mithin sind *einige* Implikaturen konventional, anders als diejenige, mit der ich diese Erörterung über Implikaturen begonnen habe.

Eine gewisse Teilklasse der nicht-konventionalen Implikaturen, die ich *konversationale* Implikaturen nennen werde, möchte ich als mit gewissen allgemeinen Diskursmerkmalen wesentlich verknüpft darstellen; somit werde ich als nächstes versuchen zu sagen, was für Merkmale das sind.

Das Folgende mag eine erste Annäherung an ein allgemeines Prinzip abgeben. Unsere Gespräche bestehen normalerweise nicht aus einer Abfolge unzusammenhängender Bemerkungen und wären so auch nicht rational. Sie sind kennzeichnenderweise, wenigstens bis zu einem gewissen Maß, kooperative Bemühungen; und jeder Teilnehmer erkennt bis zu einem gewissen Grad in ihnen einen gemeinsamen Zweck (bzw. mehrere davon) oder zumindest eine wechselseitig akzeptierte Richtung an. Zweck oder Richtung können von Beginn an festgelegt sein (z.B. durch einen Vorschlag einer zu erörternden Frage) oder sich während des Gesprächs herausbilden; sie können ziemlich bestimmt sein oder so unbestimmt, daß sie den Teilnehmern

230    *Sprache und Kommunikation*

ganz beträchtlichen Spielraum lassen (wie bei zwangloser Konversation). Aber an jedem Punkt wären *einige* Züge im Gespräch als konversational unpassend ausgeschlossen. Wir könnten demnach ganz grob ein allgemeines Prinzip formulieren, dessen Beachtung (ceteris paribus) von allen Teilnehmern erwartet wird, und zwar: Mache deinen Gesprächsbeitrag jeweils so, wie es von dem akzeptierten Zweck oder der akzeptierten Richtung des Gesprächs, an dem du teilnimmst, gerade verlangt wird. Dies könnte man mit dem Etikett *Kooperationsprinzip* versehen.

Unter der Annahme, daß irgend ein allgemeines Prinzip wie dies akzeptabel ist, kann man vielleicht vier Kategorien unterscheiden, unter deren eine oder andere gewisse speziellere Maximen und Untermaximen fallen. Die folgenden darunter werden, im allgemeinen, zu Ergebnissen führen, die im Einklang mit dem Kooperationsprinzip stehen. In Anlehnung an Kant nenne ich diese Kategorien Quantität, Qualität, Relation und Modalität. Die Kategorie der *Quantität* steht in Beziehung zur Quantität der zu gebenden Information, und unter sie fallen die folgenden Maximen:

1. Mache deinen Beitrag so informativ wie (für die gegebenen Gesprächszwecke) nötig.
2. Mache deinen Beitrag nicht informativer als nötig.

(Über die zweite Maxime läßt sich streiten; es könnte gesagt werden, Überinformativität sei keine Überschreitung des KP, sondern bloß Zeitvergeudung. Darauf ließe sich allerdings entgegnen, daß solcherlei Überinformativität insofern verwirrend sein kann, als sie gerne dazu führt, daß Nebenthemen aufgeworfen werden; und es kann auch den indirekten Effekt geben, daß die Hörer dadurch in die Irre geführt werden können, daß sie denken, mit der Übermittlung der überschüssigen Information *habe es irgendetwas* Bestimmtes *auf sich.* Wie dem auch sei, vielleicht gibt es einen anderen Grund, die Hinzunahme dieser zweiten Maxime in Zweifel zu ziehen – eine spätere Maxime, die mit Relevanz zu tun hat, erreicht nämlich dasselbe.)

Unter die Kategorie der *Qualität* fällt eine Obermaxime – »Versuche deinen Beitrag so zu machen, daß er wahr ist« – und zwei speziellere Maximen:

1. Sage nichts, was du für falsch hältst.
2. Sage nichts, wofür dir angemessene Gründe fehlen.

Unter die Kategorie der *Relation* setze ich eine einzige Maxime, und zwar: »Sei relevant«. Die Maxime selbst ist zwar kurz und prägnant, aber ihre Formulierung verdeckt eine Menge von Problemen, die mich ganz schön plagen: Was für verschiedene Arten und Brennpunkte der Relevanz es geben kann; wie sie sich im Verlauf eines Gesprächs verschieben; wie dem Umstand Rechnung zu tragen ist, daß der Gesprächsgegenstand zu Recht geändert wird; und so weiter. Die Behandlung solcher Fragen finde ich überaus schwierig, und ich hoffe, in einer späteren Arbeit auf sie zurückzukommen.

Die Kategorie der *Modalität* schließlich bezieht sich nach meinem Verständnis nicht (wie die vorausgegangenen Kategorien) darauf, was gesagt wird, sondern darauf, *wie das*, was gesagt wird, zu sagen ist. Unter sie nehme ich die Obermaxime – »Sei klar« – und verschiedene Maximen wie:

1. Vermeide Dunkelheit des Ausdrucks.
2. Vermeide Mehrdeutigkeit.
3. Sei kurz (vermeide unnötige Weitschweifigkeit).
4. Der Reihe nach!

Und möglicherweise braucht man noch andere.

Offensichtlich ist die Beachtung dieser Maximen weniger dringend als die Beachtung anderer; wer sich übermäßig weitschweifig ausdrückt, wird im allgemeinen milderer Kritik ausgesetzt sein als jemand, der etwas sagt, das er für falsch hält. Ja, man könnte den Eindruck haben, zumindest die erste Maxime der Qualität sei von solcher Wichtigkeit, daß sie gar nicht in so ein System gehört, wie ich es gerade entwickle; andere Maximen kommen ja nur unter der Annahme zur Anwendung, daß dieser Maxime der Qualität genügt wird. Das ist zwar richtig, aber soweit es um die Entstehung von Implikaturen geht, spielt sie anscheinend keine völlig andere Rolle als die anderen Maximen, und zumindest für den Augenblick ist es wohl passend, sie als zur Liste der Maximen gehörig zu betrachten.

Natürlich gibt es alle möglichen anderen Maximen (ästhetischer, gesellschaftlicher oder moralischer Natur), wie etwa »Sei höflich«, die von den Gesprächsteilnehmern normalerweise ebenfalls beachtet werden, und auch die können nicht-konventionale Implikaturen erzeugen. Gleichwohl stehen die Konversationsmaximen und die mit ihnen zusammenhängenden Implikaturen (wie ich hoffe) in besonderer Beziehung zu den besonderen Zwecken, für welche Rede (und mithin, Gespräch) geeignet ist und deretwegen sie vornehmlich statthat. Ich habe meine Maximen hier so formuliert, als bestünde dieser Zweck in maximal effektivem Informationsaustausch; diese Kennzeichnung ist natürlich zu eng, und das System gehört verallgemeinert, um so allgemeinen Zwecken wie der Beeinflussung oder Steuerung des Handelns anderer Rechnung zu tragen.

Wo es eines meiner erklärten Ziele ist, Rede als einen Spezialfall oder eine Spielart zweckhaften, ja rationalen Verhaltens zu sehen, mag es des Bemerkens wert sein, daß die spezifischen Erwartungen oder Annahmen im Zusammenhang mit zumindest einigen der obigen Maximen ihre Entsprechungen auch in der Sphäre solcher Interaktionen haben, die keine Gespräche sind. Ich führe ganz kurz für jede Konversationskategorie jeweils eine solche Entsprechung an.

1. *Quantität.* Wenn du mir dabei hilfst, einen Wagen zu reparieren, dann erwarte ich, daß du weder mehr noch weniger beiträgst, als erforderlich ist; wenn ich beispielsweise an einem bestimmten Punkt vier Schrauben brauche, dann erwarte ich von dir, daß du mir vier gibst, und nicht zwei oder sechs.

2. *Qualität.* Ich erwarte, daß du wirklich etwas beiträgst, und nicht bloß so tust. Wenn ich Zucker für den Kuchen brauche, bei dessen Zubereitung du mir hilfst, erwarte ich nicht, daß du mir Salz gibst; wenn ich einen Löffel brauche, erwarte ich keinen Tricklöffel aus Gummi.

3. *Relation.* Ich erwarte vom Beitrag des Partners, daß er dazu paßt, was an dem jeweiligen Punkt der Interaktion gerade vonnöten ist; wenn ich gerade die Zutaten für einen Kuchen verrühre, möchte ich kein gutes Buch und nicht einmal einen Topflappen gereicht bekommen (obwohl das zu einem späteren Zeitpunkt passend sein mag).

4. *Modalität.* Ich erwarte vom Partner, daß er klarmacht, was er beiträgt, und daß er es einigermaßen zügig tut.

Diese Analogien sind relevant für eine meines Erachtens fundamentale Frage bezüglich des KP und seiner Begleitmaximen: und zwar, welches die Grundlage der von uns offenbar gemachten Annahme ist – von der (wie ich hoffe, daß sich ergeben wird) ein großer Teil von Implikaturen abhängt –, daß Sprecher im allgemeinen (ceteris paribus und in Abwesenheit von Hinweisen aufs Gegenteil) in der von diesen Prinzipien vorgeschriebenen Weise vorgehen. Eine lahme, aber auf einer gewissen Ebene zweifellos adäquate, Antwort lautet: Es sei einfach ein wohlbekannter empirischer Sachverhalt, daß Menschen sich nun einmal so verhalten; das haben sie als Kinder so gelernt und diese Gewohnheit ist geblieben; und es würde ja auch ein gerüttelt Maß Anstrengung erfordern, von dieser Gewohnheit radikal abzugehen. Es ist beispielsweise viel einfacher, die Wahrheit zu sagen, als Lügen zu erfinden.

Ich bin allerdings Rationalist genug, um eine Basis finden

234    *Sprache und Kommunikation*

zu wollen, die alldem unterliegt – und seien dies auch noch so unbestreitbare Tatsachen. Ich würde die normale Konversationspraxis gerne nicht nur als etwas auffassen können, woran sich die meisten oder alle *de facto* halten, sondern als etwas, woran wir uns *vernünftigerweise* halten, was wir nicht aufgeben *sollten*. Eine Zeitlang war ich von der Idee angetan, die Beachtung des KP und der Maximen beim Gespräch lasse sich als eine quasi-vertragliche Sache auffassen, mit Parallelen außerhalb des Bereichs der Konversation. Wenn ich mich mit meinem Wagen herumplage, mit dem ich steckengeblieben bin, und du kommst vorbei, dann habe ich zweifelsohne eine gewisse Erwartung, daß du mir Hilfe anbietest, aber sobald du mit unter der Haube herumfummelst, werden meine Erwartungen stärker und nehmen spezifischere Formen an (vorausgesetzt, nichts deutet darauf hin, daß du von so etwas nichts verstehst und nur deine Nase mal hereinstecken willst). Und Gespräche schienen mir charakteristischerweise gewisse Merkmale aufzuweisen, die zusammengenommen kooperative Interaktion kennzeichnen:
1. Die Beteiligten haben irgendein gemeinsames unmittelbares Ziel, etwa einen Wagen zu reparieren; ihre weiterreichenden Ziele können natürlich voneinander unabhängig und sogar miteinander im Konflikt sein – es kann sein, daß jeder den Wagen nur deshalb repariert haben will, um wegzufahren und den andern aufgeschmissen zurückzulassen. Im typischen Gespräch gibt es ein gemeinsames Ziel sogar dann, wenn – wie bei einem Plausch am Gartenzaun – es eines zweiter Stufe ist, und zwar, daß beide Seiten sich für den Moment mit den gerade gegebenen konversationalen Interessen der jeweils anderen Seite identifizieren mögen.
2. Die Beiträge der Beteiligten sollen zueinander passen, sollen wechselseitig voneinander abhängen.
3. Es besteht so eine Art Einvernehmen (möglicherweise explizit, oft aber stillschweigend) darüber, daß – ceteris

paribus – die Interaktion in angemessenem Stil fortgesetzt wird, bis beide Seiten damit einverstanden sind, daß sie beendet werden soll. Man haut nicht einfach ab oder fängt mit etwas anderem an.

Aber während irgend so eine quasi-vertragliche Grundlage auf einige Fälle zutreffen mag, gibt es doch allzu viele Gesprächsformen – wie Streiten und Briefeschreiben – auf die das nicht so recht paßt. Allemal hat man den Eindruck, daß Irrelevanz und Dunkelheit nicht vornehmlich zum Schaden der Zuhörerschaft, sondern zum Schaden des Sprechers selbst sind. Daher würde ich gern zeigen können, daß Beachtung des KP und der Maximen gemäß dem Folgenden vernünftig (rational) ist: Wem es um die für Konversation/Kommunikation zentralen Ziele geht (beispielsweise Information geben und empfangen, beeinflussen und von andern beeinflußt werden), dem muß – passende Umstände vorausgesetzt – ein Interesse daran unterstellt werden, an einem Gespräch teilzunehmen, das nur von Gewinn sein wird, falls es in allgemeiner Übereinstimmung mit dem KP und den Maximen verläuft. Ob man zu irgend so einem Ergebnis gelangen kann, ist mir unklar; jedenfalls bin ich ziemlich sicher, daß ich nicht dazu gelangen kann, solange ich mir nicht entschieden klarer darüber bin, was es mit der Relevanz und den Umständen, in denen sie erfordert ist, auf sich hat.

Es ist jetzt an der Zeit, die Verbindung zwischen dem KP und den Maximen auf der einen Seite und konversationaler Implikatur auf der andern zu zeigen.

Es kann auf verschiedene Weisen geschehen, daß ein an einem Gespräch Beteiligter eine Maxime nicht erfüllt; zu diesen Weisen gehören:

1. Er mag ganz still und undemonstrativ eine Maxime *verletzen*; er wird dann in manchen Fällen sehr leicht irreführen.

2. Er kann *aussteigen*, die Geltung sowohl der Maxime als auch des KP außer Kraft setzen; er kann sagen, darauf

236 *Sprache und Kommunikation*

hinweisen oder es klar werden lassen, daß er nicht willens ist, in der von der Maxime erforderten Weise zu kooperieren. Er kann beispielsweise sagen »Mehr kann ich nicht sagen; meine Lippen sind versiegelt«.

3. Er mag vor einer *Kollision* stehen: Er mag beispielsweise nicht in der Lage sein, die erste Maxime der Quantität (Sei so informativ wie nötig) zu erfüllen, ohne die zweite Maxime der Qualität (Habe angemessene Belege für das, was du sagst) zu verletzen.

4. Er mag gegen eine Maxime *verstoßen*; d.h. es kann sein, daß er eine Maxime *flagrant* nicht erfüllt. Unter der Annahme, daß der Sprecher die Maxime erfüllen kann, ohne (wegen einer Kollision) eine andere Maxime zu verletzen, daß er zudem nicht aussteigt und – angesichts der Offensichtlichkeit seines Tuns – nicht irrezuführen versucht, steht der Hörer vor keinem allzu großen Problem: Wie kann der Umstand, daß er das sagt, was er sagt, mit der Annahme in Einklang gebracht werden, daß er das umfassende KP beachtet? Diese Situation läßt charakteristischerweise eine konversationale Implikatur zustande kommen; und wenn eine konversationale Implikatur in dieser Weise zustande kommt, werde ich sagen, eine Maxime sei *ausgebeutet* worden.

Ich bin nun in der Lage, den Begriff der konversationalen Implikatur zu charakterisieren. Angenommen, jemand hat dadurch, daß er (indem er, wenn er) p sagt (oder so tut, als sagte er es), impliziert, daß q. Unter folgenden *Voraussetzungen* kann man dann von ihm sagen, er habe konversational impliziert, daß q: (1) von ihm ist anzunehmen, daß er die Konversationsmaximen oder zumindest das Kooperationsprinzip beachtet; (2) die Annahme, daß er sich bewußt ist oder glaubt, daß q, ist nötig, um den Umstand, daß er sagt oder so tut, als sagte er, daß p (bzw. daß er es *auf genau diese Weise* – anscheinend – tut), mit der in (1) erwähnten Annahme in Übereinstimmung zu bringen; (3) der Sprecher glaubt (und würde vom Hörer erwarten, daß er glaubt, daß er – der Sprecher – glaubt), daß der Hörer in der Lage ist, dahinterzukommen oder intuitiv zu erfassen, daß die in (2) erwähnte Annahme wirklich nötig ist. Man wende dies auf mein ursprüngliches Beispiel an, auf Bs Bemerkung, C sei bislang noch nicht ins Gefängnis gekommen. In einem geeigneten Rahmen könnte A sich folgende Gedanken machen: »(1) B hat offensichtlich die Maxime »Sei relevant« verletzt, mithin hat er wohl gegen eine der Maximen verstoßen, die zur Klarheit gehören; dennoch habe ich keinen Grund anzunehmen, daß er die Geltung des KP außer Kraft setzt; (2) angesichts der Umstände kann ich die Irrelevanz seines Beitrags dann, und nur dann, als bloß scheinbar auffassen, wenn ich annehme, daß er C für potentiell unredlich hält; (3) B weiß, daß ich es schaffen kann, durch Überlegung auf Schritt (2) zu kommen. Somit impliziert B, daß C potentiell unredlich ist.«

Es muß möglich sein, durch Überlegung dahinterzukommen, daß eine konversationale Implikatur vorliegt; denn auch wenn sie de facto intuitiv erfaßt werden kann, gilt sie (falls sie überhaupt vorliegt) nicht als *konversationale* Implikatur, solange die Intuition nicht durch eine Argumentation ersetzt werden kann; sie wäre sonst eine *konventionale* Implikatur. Um durch Überlegung dahinterzukommen, daß eine bestimmte konversationale Implikatur vorliegt, wird der Hörer auf die folgenden Daten zurückgreifen: (1) die konventionale Bedeutung der verwendeten Worte samt ihrem jeweiligen Bezug; (2) das KP und seine Maximen; (3) den sprachlichen und sonstigen Kontext der Äußerung; (4) anderes Hintergrundwissen; und (5) die Tatsache (oder vermeintliche Tatsache), daß alles, was vom bisher Aufgeführten relevant ist, beiden Beteiligten verfügbar ist, und daß beide Beteiligte wissen oder annehmen, daß dem so ist. Ein allgemeines Schema für den Gedankengang, mit dem man hinter eine konversationale Implikatur kommt, könnte folgendermaßen angegeben

238    *Sprache und Kommunikation*

werden: »Er hat gesagt, daß p; es gibt keinen Grund anzunehmen, daß er die Maximen oder zumindest das KP nicht beachtet; er könnte sie nicht beachten, falls er nicht dächte, daß q; er weiß (und weiß, daß ich weiß, daß er weiß), daß ich feststellen kann, daß die Annahme, daß er glaubt, daß q, nötig ist; er hat nichts getan, um mich von der Annahme, daß q, abzuhalten; er will – oder hat zumindest nichts dagegen –, daß ich denke, daß q; und somit hat er impliziert, daß q.«

## Beispiele

Ich werde nun ein paar Beispiele geben, die ich in drei Gruppen unterteile.

*Gruppe A: Beispiele, bei denen keine Maxime verletzt ist, oder es jedenfalls nicht klar ist, daß eine verletzt ist.*

(1) A steht vor einem Auto, das sich offensichtlich nicht mehr von der Stelle rührt; B kommt hinzu, und es kommt zu folgendem Dialog:

A: »Ich habe kein Benzin mehr.«

B: »Um die Ecke ist eine Werkstatt.«

(Anmerkung: B würde der Maxime »Sei relevant« zuwiderhandeln, wenn er nicht dächte oder es für ausgeschlossen hielte, daß die Werkstatt aufhat und Benzin verkauft; mithin impliziert er, daß die Werkstatt zumindest möglicherweise aufhat, und so weiter.)

Anders als im Fall der Bemerkung »Er ist bislang noch nicht ins Gefängnis gekommen« ist die unausgesprochene Verbindung zwischen Bs Bemerkung und As Bemerkung derart offensichtlich, daß man in diesem Beispiel wohl auch dann kaum eine Zuwiderhandlung gegen die Obermaxime der Modalität, »Sei klar«, sehen kann, wenn man diese Obermaxime so deutet, daß sie sich nicht nur darauf bezieht, wie das Gesagte gesagt wird, sondern auch darauf, in welcher Verbindung das Gesagte zu unmittelbar vorausgegangenen Bemerkungen steht. Was diesen Punkt betrifft, ist das nächste Beispiel vielleicht ein bißchen weniger klar: *gehe davon aus, dass es verbannt ist*

(2) A: »Smith scheint derzeit keine Freundin zu haben.«

B: »Er war in der letzten Zeit oft in New York.«

B impliziert, daß Smith – möglicherweise – eine Freundin in New York hat (angesichts der für das obige Beispiel gegebenen Anmerkung ist hier keine nötig).

In beiden Beispielen impliziert der Sprecher gerade das, was man ihm als Überzeugung unterstellen muß, um die Annahme aufrechtzuerhalten, daß er die Maxime der Relation beachtet.

*Gruppe B: Ein Beispiel, in dem eine Maxime verletzt wird, wo die Verletzung aber durch die Annahme einer Kollision mit einer anderen Maxime zu erklären ist.*

A und B sind bei der gemeinsamen Planung einer Reiseroute für einen Urlaub in Frankreich. Beide wissen, daß A seinen Freund C treffen möchte, falls dies keine allzu große Verlängerung der Reise bedeuten würde:

A: »Wo wohnt C?«

B: »Irgendwo in Südfrankreich.«

(Anmerkung: Es gibt keinen Grund für die Annahme, daß B aussteigt; seine Antwort ist, wie er selbst genau weiß, für As Zwecke nicht informativ genug. Diese Zuwiderhandlung gegen die erste Maxime der Quantität läßt sich nur durch die Annahme erklären, daß es B klar ist, daß er der Maxime der Qualität, »Sage nichts, wofür dir angemessene Belege fehlen«, zuwiderhandeln müßte, um etwas Informativeres zu sagen. Mithin impliziert B, daß er nicht weiß, in welcher Stadt C wohnt.)

*Gruppe C: Beispiele mit Ausbeutung, d. h. mit einem Verfahren, mit dem gegen eine Maxime verstoßen wird, um durch so etwas wie eine Redefigur zu einer konversationalen Implikatur zu gelangen.*

Obwohl in diesen Beispielen auf der Ebene des Gesagten eine Maxime verletzt ist, darf der Hörer annehmen, daß

240    *Sprache und Kommunikation*

diese Maxime oder zumindest das umfassende Kooperationsprinzip auf der Ebene des Implizierten beachtet ist.

(1a) *Ein Verstoß gegen die erste Maxime der Quantität.*
A schreibt ein Gutachten über einen Schüler, der sich für eine Stelle als Philosoph beworben hat, und sein Brief lautet folgendermaßen: »Sehr geehrter Herr So-und-so, Herr X spricht ein ausgezeichnetes Deutsch, und sein Besuch der Übungen war regelmäßig. Mit freundlichem Gruß, usw.«.

(Anmerkung: A steigt ganz gewiß nicht aus, denn wenn er nicht kooperativ sein wollte, warum überhaupt schreiben? Er ist auch ganz bestimmt nicht auf Grund mangelnden Wissens außerstande, mehr zu sagen, denn der Betreffende ist ja sein Schüler; überdies weiß er, daß mehr Information erwünscht ist. Demnach muß ihm daran gelegen sein klarzumachen, daß er nicht willens ist, X schlechtzumachen. Diese Annahme läßt sich nur unter der Voraussetzung aufrechterhalten, daß er Herrn X für keinen guten Philosophen hält. Gerade das impliziert er demnach.)

Extremfälle eines Verstoßes gegen die erste Maxime der Quantität sind mit Äußerungen offenkundiger Tautologien gegeben, wie etwa »Frauen sind Frauen« und »Krieg ist Krieg«. Meines Erachtens sind solche Bemerkungen auf der Ebene des – in dem von mir bevorzugten Sinn – Gesagten vollkommen uninformativ und müssen mithin auf dieser Ebene der ersten Maxime der Quantität in jedem Konversationskontext unweigerlich zuwiderlaufen. Auf der Ebene des Implizierten sind sie natürlich informativ; ob der Hörer hinter ihren Informationsgehalt auf dieser Ebene kommt, hängt von seiner Fähigkeit ab zu erklären, warum der Sprecher gerade diese *besondere* offenkundige Tautologie ausgesucht hat.

(1b) *Eine Zuwiderhandlung gegen die zweite Maxime der Quantität, »Gib nicht mehr Information als nötig«, unter der Voraussetzung, daß man so eine Maxime überhaupt zulassen sollte.*

*Herbert Paul Grice* 241

A möchte wissen, ob p, und B gibt nun aus freien Stücken nicht nur die Information, daß p, sondern auch die Information, es sei sicher, daß p, und es gebe die-und-die und solche-und-solche Belege dafür, daß p der Fall ist.

B mag ganz unbeabsichtigt so redselig sein, und wenn A dieser Ansicht ist, weckt dies vielleicht in ihm den Zweifel, ob B tatsächlich so sicher ist, wie er sagt (»Die Dame, wie mich dünkt, gelobt zu viel«). Aber wenn wir einmal annehmen, daß eine Absicht dahintersteckt, dann wäre das eine sehr verblümte Art, durchblicken zu lassen, daß es bis zu einem gewissen Grad strittig ist, ob p oder nicht. Man kann sich allerdings darüber streiten, ob so eine Implikatur nicht auch mit Rückgriff auf die Maxime der Relation erklärt werden kann, ohne eine vermeintliche zweite Maxime der Quantität in Anspruch zu nehmen.

*(2a) Beispiele, in denen gegen die erste Maxime der Qualität verstoßen wird.* Wahaftigkeit verstorben

1. *Ironie.* X, mit dem A bislang sehr eng stand, hat ein Geheimnis As an einen Geschäftsrivalen weiterverraten. Dies ist A und seinem Zuhörer bekannt. A sagt »X ist ein feiner Freund«. (Anmerkung: Es ist A und seinem Zuhörer vollkommen klar, daß A nicht glaubt, was er damit – vorgeblich – gesagt hat; und der Zuhörer weiß, daß A weiß, daß dies dem Zuhörer vollkommen klar ist. Demnach muß A – damit seine Äußerung nicht vollkommen witzlos ist – irgendeine andere Proposition zu übermitteln versucht haben als die, die er anscheinend ausgedrückt hat. Es muß sich dabei um eine offensichtlich damit im Zusammenhang stehende Proposition handeln; die am offensichtlichsten damit im Zusammenhang stehende Proposition ist das Gegenteil dessen, was er vorgeblich ausgedrückt hat.)

2. *Metapher.* Beispiele wie »Du bist die Sahne in meinem Kaffee« enthalten kennzeichnenderweise einen Kategorienfehler; das Gegenteil dessen, was der Sprecher vorgeblich gesagt hat, ist demnach – streng genommen – eine

242     *Sprache und Kommunikation*

Binsenwahrheit. *Das* kann es also nicht sein, was er ausdrücken will. Die wahrscheinlichste Vermutung ist, daß
der Sprecher seiner Zuhörerin eine Eigenschaft, oder mehrere Eigenschaften, zuschreibt, in denen die Zuhörerin der
erwähnten Substanz (bei mehr oder weniger strapazierter
Phantasie) ähnlich ist. Metapher und Ironie lassen sich
kombinieren, indem man den Hörer durch zwei Stadien
der Interpretation schickt. Ich sage »Du bist die Sahne in
meinem Kaffee« in der Absicht, daß die Hörerin zunächst
zur Metapher-Interpretation »Du bist meine Zierde und
Wonne« und dann zur Ironie-Interpretation »Du bist
mein Verderben« gelangt.
3. *Litotes*. Jemand hat das gesamte Mobiliar zertrümmert,
ein anderer, der dies weiß, sagt »Er war nicht ganz nüchtern«.
4. *Hyperbel*. Jedes nette Mädchen liebt einen Seemann.
(2b) *Beispiele, in denen gegen die zweite Maxime der
Qualität, »Sage nichts, wofür Dir angemessene Gründe
fehlen«, verstoßen wird*, sind möglicherweise nicht leicht
zu finden, aber das folgende scheint so ein Fall zu sein.
Ich sage über Xs Frau »Vermutlich ist sie heute abend gerade dabei, ihn zu betrügen«. In geeignetem Kontext, oder
mit geeigneter Geste und Tonlage, mag es klar sein, daß
ich keinen passenden Grund habe, dies anzunehmen.
Mein Gegenüber nimmt – um die Annahme, daß das Konversationsspiel immer noch gespielt wird, aufrechtzuerhalten – an, daß es mir um irgendeine verwandte Proposition
geht, für die ich tatsächlich vernünftige Gründe habe. Die
verwandte Proposition könnte ganz gut sein, daß sie für
einen Seitensprung immer mal zu haben ist, oder möglicherweise, daß sie der Typ Mensch ist, der vor so etwas
nicht zurückschrecken würde.
(3) *Beispiele, in denen eine Implikatur durch wirkliche –
im Gegensatz zu scheinbarer – Verletzung der Maxime
der Relation erreicht wird*, sind vielleicht selten, aber das
folgende gibt wohl einen guten Kandidaten ab. A sagt auf

*Herbert Paul Grice* 243

einem distinguierten Kaffeekränzchen »Frau X ist eine alte Schachtel«. Nach einem Moment entsetzten Schweigens sagt B »Das Wetter war diesen Sommer ganz entzükkend, finden Sie nicht auch?«. B lehnt es ganz unverblümt ab, mit dem, was *sie* sagt, auf As vorausgegangene Bemerkung einzugehen. Damit impliziert sie, daß As Bemerkung nicht erörtert werden soll und, vielleicht auch noch spezieller, daß A sich danebenbenommen hat.

(4) *Beispiele, in denen gegen verschiedene Maximen verstoßen wird, die unter die Obermaxime* »*Sei klar*« *fallen.*

(a) *Mehrdeutigkeit.* Wir dürfen nicht vergessen, daß es hier nur um beabsichtigte Mehrdeutigkeit geht, von welcher der Sprecher will oder erwartet, daß der Hörer sie bemerkt. Der Hörer steht vor folgendem Problem: Was veranlaßt den Sprecher – der das Konversationsspiel doch noch mitspielt – auf den Umweg einer mehrdeutigen Äußerung zu verfallen? Es gibt Fälle von zweierlei Art:

(α) Beispiele, wo es, was die Direktheit angeht, zumindest keinen augenfälligen Unterschied zwischen mehreren Äußerungsdeutungen gibt; keine Deutung ist deutlich subtiler, abweichender, abstruser oder weiter hergeholt als eine andere. Wir könnten Blakes Zeilen nehmen: »Never seek to tell thy love / Love that never told can be«. Um die durch den Imperativ hervorgerufenen Komplikationen zu vermeiden, beziehe ich mich auf den verwandten Satz »Von meiner Liebe wollt ich reden / Liebe die niemals gesagt kann sein«. Hier kann es sich um eine doppelte Mehrdeutigkeit handeln. »Meiner Liebe« kann sich sowohl auf einen Gefühlszustand als auch auf einen Gegenstand des Gefühls beziehen, und »Liebe, die niemals gesagt kann sein« kann entweder bedeuten »Liebe, die niemals gesagt werden kann« oder »Liebe, einmal gesagt, kann nicht weiterbestehen«. Teils wegen der Subtilität des Dichters, teils wegen immanenter Belege (die Mehrdeutigkeit wird aufrechterhalten), scheint nur die Annahme übrig zu bleiben, daß die Mehrdeutigkeiten beabsichtigt sind

244 Sprache und Kommunikation

und daß der Dichter beides übermittelt. Nichtsdestotrotz sagt er keines davon explizit, sondern drückt beides nur aus bzw. legt beides nur nahe (vgl. »Since she [die Natur] pricked thee out for women's pleasure / mine be thy love, and thy love's use their treasure«).

(β) Beispiele, in denen eine Deutung deutlich indirekter ist als eine andere. Nehmen wir das vielschichtige Beispiel des britischen Generals, der die Stadt Sind eingenommen hatte und die Botschaft »Peccavi« zurückschickte. Die Mehrdeutigkeit (»I have Sind« [Ich habe Sind] / »I have sinned« [Ich habe gesündigt]), die hier im Spiel ist, ist phonematisch und nicht morphematisch; der verwandte Ausdruck selbst ist unzweideutig, aber weil er aus einer dem Sprecher und Hörer fremden Sprache kommt, ist Übersetzung vonnöten, und die Mehrdeutigkeit ist in der Standardübersetzung ins Englische angesiedelt.

Ob die direkte Interpretation (»I have sinned« [Ich habe gesündigt]) nun ausgedrückt wird oder nicht, die indirekte scheint ganz offensichtlich ausgedrückt zu werden. Es mag Gründe des Stils dafür geben, mit einem Satz nur seine indirekte Deutung auszudrücken, aber es wäre witzlos, und vielleicht auch vom Stil her kritisierbar, sich die Mühe zu machen, einen Ausdruck zu finden, der indirekt ausdrückt, daß p – und damit auch einer Zuhörerschaft die Mühe zu machen, diese Deutung zu finden –, wenn diese Deutung kommunikativ überflüssig wäre. Ob die direkte Deutung ebenfalls ausgedrückt wird, scheint davon abzuhängen, ob diese Annahme mit anderen konversationalen Erfordernissen konfligieren würde – es kommt beispielsweise darauf an, ob sie relevant wäre, ob man dem Sprecher unterstellen könnte, daß er sie akzeptiert, und so weiter. Falls solchen Erfordernissen nicht entsprochen wurde, dann wurde die direkte Interpretation nicht ausgedrückt. Wenn ihnen entsprochen wurde, dann wurde sie ausgedrückt. Hätte man Gründe, vom Schreiber des ›Peccavi‹ anzunehmen, er glaube, irgendeinen Verstoß began-

*Herbert Paul Grice* 245

gen zu haben – beispielsweise durch seine Eroberung von
Sind seine Befehle mißachtet zu haben – und wäre Bezugnahme auf solch einen Verstoß für die der Zuhörerschaft
unterstellten Interessen relevant, dann hätte er beide Deutungen ausgedrückt; ansonsten hätte er nur die indirekte
ausgedrückt.

(b) *Dunkelheit.* Wie beute ich für die Zwecke der Kommunikation eine absichtliche und offene Verletzung der
Forderung aus, ich solle Dunkelheit vermeiden? Wenn das
Kooperationsprinzip in Geltung sein soll, dann muß ich
offensichtlich wollen, daß mein Partner trotz der Dunkelheit meiner Äußerung versteht, was ich sage. Angenommen, A und B führen ein Gespräch in Anwesenheit eines
Dritten, beispielsweise eines Kindes. A mag dann absichtlich dunkel – wiewohl nicht zu dunkel – sein, in der Hoffnung, daß B ihn versteht und der Dritte nicht. Wenn A erwartet, daß B bemerkt, daß A absichtlich dunkel ist, dann
liegt es weiterhin auch noch nahe, daß A damit, daß er seinen Gesprächsbeitrag in dieser Weise macht, impliziert,
daß der Inhalt der Mitteilung nicht an den Dritten weitergegeben werden soll.

(c) *Mangelnde Kürze oder Bündigkeit.* Man vergleiche die
Bemerkungen:

(1) »Frl. X sang ›Home sweet home‹«.
(2) »Frl. X erzeugte eine Lautfolge, die in enger Überein-
     stimmung mit der Partitur von ›Home sweet home‹
     stand.«

Angenommen, ein Kritiker hätte mit Bedacht (2) und
nicht (1) geäußert.

(Anmerkung: Warum ist er statt des knappen und beinahe
gleichbedeutenden Ausdrucks »sang« auf dieses Gefasel
verfallen? Vermutlich um anzuzeigen, daß irgendein entscheidender Unterschied zwischen Frl. Xs Vortrag und
solchen Sachen besteht, auf die normalerweise das Wort
»singen« angewandt wird. Die nächstliegende Vermutung

ist, daß mit Frl. Xs Vortrag irgendetwas ganz schrecklich im argen war. Der Kritiker weiß, daß sich diese Vermutung wahrscheinlich aufdrängt; mithin ist es das, was er impliziert.)

Bislang habe ich nur Fälle betrachtet, in denen bei einer bestimmten Gelegenheit gesagt wird, daß p, und in denen dies nur kraft spezieller Kontextmerkmale eine Implikatur mit sich bringt. In solchen Fällen – wo man nicht annehmen kann, daß p zu sagen *normalerweise* so eine Implikatur mit sich bringt – möchte ich von spezialisierten konversationalen Implikaturen sprechen. Es gibt aber auch generalisierte konversationale Implikaturen. Manchmal läßt sich von gewissen Wörtern und Wendungen sagen, ihre Verwendung in einer Äußerung bringe normalerweise (in *Abwesenheit* besonderer Umstände) die-und-die Implikatur bzw. Sorte von Implikatur mit sich. Unstrittige Beispiele sind vielleicht schwer zu finden, weil es ja allzu einfach ist, eine generalisierte konversationale Implikatur so zu behandeln, als wäre sie eine konventionale Implikatur. Ich stelle ein hoffentlich einigermaßen unstrittiges Beispiel vor.

Wer einen Satz der Form »X trifft sich heute abend mit einer Frau« verwendet, impliziert normalerweise, daß es sich bei der Frau nicht um Xs Ehefrau, Mutter, Schwester oder vielleicht sogar enge platonische Freundin handelt. Ganz ähnlich wäre mein Hörer, wenn ich zu ihm sagte »X ging gestern in ein Haus und fand drinnen eine Schildkröte«, normalerweise überrascht, wenn sich ein bißchen später herausstellte, daß es sich dabei um Xs eigenes Haus gehandelt hat. Ähnliches ließe sich unter Verwendung der Ausdrücke »ein Garten«, »ein Auto«, »ein Institut« usw. erreichen. In manchen Fällen läge allerdings keine solche Implikatur vor (»Ich habe den ganzen Morgen in einem Auto gesessen«) und manchmal eine umgekehrte Implikatur (»Ich habe letztes Jahr eine Sonnenbrille verloren«). Man hätte wohl nicht viel für einen Philosophen übrig, der für den Ausdruck »ein X« drei Bedeutungen ansetzte: eine, in der er etwa bedeutet »etwas, das die das Wort ›X‹ definierenden Bedingungen erfüllt«; eine andere, in der er ungefähr bedeutet »ein X (im ersten Sinn), das in einer nur abgelegenen Beziehung irgendeiner Art zu einer durch den Kontext kenntlich gemachten Person steht«; und eine noch andere, in der er bedeutet »ein X (im ersten Sinn), das in einer engen Beziehung irgendeiner Art zu einer durch den Kontext kenntlich gemachten Person steht«. Eine Darstellung nach dem folgenden Schema (das natürlich in den Einzelheiten inkorrekt sein mag) wäre uns doch wohl viel lieber: Wird durch die Verwendung der Ausdrucksform »ein X« impliziert, daß der oder das X nicht zu einer bestimmbaren Person gehört und auch ansonsten nicht eng mit ihr zusammenhängt, so rührt die Implikatur daher, daß der Sprecher nicht konkret war, wo man es von ihm hätte erwarten können; deshalb wird leicht die Annahme entstehen, daß er gar nicht in der Lage ist, konkret zu sein. Dies ist eine vertraute Implikatur-Situation und läßt sich – aus dem einen oder andern Grund – als Nichterfüllung der Maxime der Quantität klassifizieren. Die einzig schwierige Frage ist: Warum sollten wir unabhängig davon, was wir über die einzelnen Äußerungskontexte wissen, unterstellen, daß eine Angabe darüber von Interesse ist, ob die Verbindung zu einer bestimmten Person bzw. einem bestimmten Gegenstand und einer weiteren – in der Äußerung erwähnten oder durch sie kenntlich gemachten – Person entfernt oder eng ist? Die Antwort muß im Umkreis des Folgenden liegen: Wenn eine Person mit Sachen oder anderen Personen interagiert, zu denen sie in enger Verbindung steht, so ist das häufig hinsichtlich der Begleitumstände und Auswirkungen etwas ganz anderes, als wenn sie in Interaktionen derselben Art mit Personen oder Sachen verstrickt ist, zu denen sie in nur entfernter Verbindung steht. Wenn ich beispielsweise in *meinem* Dach ein Loch entdecke, so hat das vermutlich ganz andere Begleit-

248    *Sprache und Kommunikation*

umstände und Auswirkungen, als wenn ich eines bei jemand anderem im Dach entdecke. Informationen gibt man – wie Geld – häufig, ohne zu wissen, was der Empfänger damit wird anfangen wollen. Wenn jemandem von einer Interaktion berichtet wird, so wird er bei weiterer Überlegung wahrscheinlich auf weitere Fragen kommen, die der Sprecher vorab nicht im einzelnen kennen konnte. Wenn die passende Angabe (etwa über die Art der Beziehung des Interagierenden) den Hörer mit einiger Sicherheit in die Lage versetzt, sich allerlei solche Fragen selbst zu beantworten, dann ist zu unterstellen, daß der Sprecher diese Angabe in seine Bemerkung hineinnehmen sollte; andernfalls ist es nicht zu unterstellen.

Zum Schluß können wir nun zeigen, daß konversationale Implikatur als solche gewisse Merkmale besitzen muß:

1. Wenn man eine konversationale Implikatur vermutet, muß man zumindest das Kooperationsprinzip für beachtet halten, und der Beachtung dieses Prinzips kann man sich durch Aussteigen entziehen. Mithin kann eine generalisierte konversationale Implikatur in einem Einzelfall storniert werden. Dies kann explizit geschehen – durch Hinzufügung einer Klausel, mit der gesagt oder zu verstehen gegeben wird, daß der Sprecher ausgestiegen ist. Eine generalisierte konversationale Implikatur kann aber auch kontextuell storniert werden, wenn der Äußerungsbestandteil, der gewöhnlich die Implikatur mit sich bringt, in einem Kontext verwandt wird, der klarmacht, *daß* der Sprecher aussteigt.

2. Insofern der Schluß auf das Vorliegen einer bestimmten konversationalen Implikatur neben Informationen über Kontext und Hintergrund nur Wissen darüber erfordert, was gesagt wurde (oder worauf der Sprecher mit der Äußerung konventional festgelegt ist), und insofern es für diesen Schluß keine Rolle spielt, wie der Sprecher sich ausgedrückt hat, läßt sich dasselbe nicht solchermaßen anders sagen, daß die fragliche Implikatur einfach wegfällt –

es sei denn, irgendein spezielles Merkmal der ursprünglichen Fassung ist selbst (kraft einer Maxime der Modalität) für die Bestimmung der Implikatur relevant. Wenn wir das als *Unabtrennbarkeit* bezeichnen, so ist zu vermuten, daß eine generalisierte konversationale Implikatur im Gefolge einer geläufigen, unspezifischen Ausdrucksweise ein hohes Maß an Unabtrennbarkeit hat.

3. Ohne es ganz genau zu nehmen: Weil der Schluß auf das Vorliegen einer konversationalen Implikatur bereits vorhandene Kenntnis der konventionalen Rolle desjenigen Ausdrucks der Äußerung voraussetzt, der die Implikatur nach sich zieht, wird ein konversationales Implikat nicht in die ursprüngliche Angabe der konventionalen Rolle des Ausdrucks gehören. Obwohl es für etwas, das sozusagen als konversationale Implikatur zur Welt kommt, nicht unbedingt ausgeschlossen ist, konventionalisiert zu werden, bedürfte es doch besonderer Rechtfertigung, um in einem gegebenen Fall anzunehmen, daß es sich so verhält. Konversationale Implikate gehören – zumindest anfangs – nicht zur Bedeutung der Ausdrücke, an deren Verwendung sie geknüpft sind.

4. Die Wahrheit des Gesagten bedingt nicht die Wahrheit des konversationalen Implikats (das Gesagte mag wahr sein – das Implizierte falsch); der Träger der Implikatur ist daher nicht das Gesagte, sondern nur das Sagen des Gesagten, bzw. das »Es-mal-so-Sagen«.

5. Hinter eine konversationale Implikatur zu kommen, heißt, auf das zu kommen, was zur Aufrechterhaltung der Annahme, daß das Kooperationsprinzip beachtet ist, unterstellt werden muß. Mehrere verschiedene Einzelerklärungen können möglich sein; deren Liste mag offen sein. In solchen Fällen wird das konversationale Implikat daher eine Disjunktion solcher Erklärungen sein, und wenn deren Liste offen ist, so wird das Implikat gerade die Art von Unbestimmtheit haben, die viele wirkliche Implikate offenbar in der Tat besitzen.

# Robert B. Brandom

*Angesichts des Siegeszuges kognitionstheoretischer ›Erklä-rungen‹ menschlicher Intelligenz und Sprachkompetenz ist eine Rückbesinnung auf die Bedeutung der sprachphiloso-phischen Wende in einer mythenkritischen Philosophie des Geistes nötiger denn je. Dazu ist zunächst zu begreifen, dass die Projektion der Funktionsweise von Computern auf den Menschen zur Großmetapher des Regulismus führt, der Regeln im Geist oder Kopf situiert. Eine andere Großmetapher ist der behaviorale Regularismus, des-sen Urbild die Verhaltenstypik animalischer Lebensformen ist. Brandom zufolge ebnet eine regularistische Theorie etwa des linguistischen Verhaltens den Unterschied ein zwischen dem Vermögen, auf Wahrnehmungen verlässlich zu reagieren, und dem Vermögen zum begrifflich-reprä-sentativen Denken. Der Regulismus verkennt den sekun-dären Status expliziter syntaktischer und semantischer Re-geln. Diese entwerfen wir u. a. zum Zwecke der Verbesse-rung einer schon etablierten Praxis. Brandom entwickelt dagegen in seiner Philosophie des »Making It Explicit« (1994) eine sprechhandlungstheoretische Semantik in der Nachfolge Freges, Wittgensteins, Sellars' und durchaus auch des linguistischen Strukturalismus: Die Bedeutung von Worten besteht in ihrer Funktion im satzholistischen und dann auch pragmatischen Kontext. Die Bedeutung des Satzes ist über seine inferentielle Rolle in (assertorischen) Sprechakten, besonders im Kontext des dialogischen Argu-mentierens, des Gebens und Erfragens von Gründen für Aussagen zu analysieren: Wer eine Aussage macht, über-nimmt eine diskursive Begründungsverpflichtung (»Com-mitment«) und gewährt eine Inferenzerlaubnis an die Dialogpartner (»Entitlement«). Der ›normative‹ Inhalt der Aussage ist daher bestimmt durch die möglichen Diskurse des Erfragens und des Gebens von Gründen. Dabei kön-*

*Robert B. Brandom* 251

nen die Berechtigungen immer auch durch andere Aussagen bedingt sein, für welche ggf. andere Personen die Verantwortung übernehmen. (Dabei haben schon Kant und Hegel gesehen, dass Urteilshandlungen ihren bestimmten Inhalt durch die implizierten Schlüsse erhalten und dass diese die Basis für jede Repräsentation und damit jedes Denken bilden.) Um festzuhalten, welche der je übernommenen Begründungsverpflichtungen in einem laufenden Dialog schon abgegolten, welche Fragen noch offen sind, zu welchen Inferenzen ein Dialogpartner durch den anderen ermächtigt war und welche er selbst noch zu verteidigen hat, benutzt Brandom die Idee einer Notation von Spielständen, wie sie von David Lewis in dem Aufsatz »Scorekeeping in a Language Game« (1979) entwickelt wurde. Die impliziten Normen im Erfragen, Geben und Annehmen von materialen Gründen sind unter Verwendung von logischem und kategorialem Vokabular explizit zu machen. Jede ›ontologische‹ Frage nach einem Bereich von Gegenständen, über den man redet, wird zur Frage nach der sprachlogischen Konstitution eines zugehörigen Bereiches von relevanten Aussagen und Benennungen. Diese definieren eine Klasse bereichsadäquater Prädikate und eine zugehörige Gleichheit. Worauf eine Benennung (objektiv) referiert und wovon ›in Wirklichkeit‹ die Rede ist, ist immer nur zu beantworten im Kontext der Perspektiventransformation, die von der subjektiven Sicht einer Person zu der einer anderen, eines Ich zu der eines Du führt. Sowohl der empiristische Mythos des Gegebenen als auch der korrespondenztheoretische Mythos von einem Spiegel der Natur ist zu ersetzen durch eine Analyse des ›sozialen Wegs vom Begründen zum Repräsentieren‹.

## Ein sozialer Weg vom Begründen zum Repräsentieren

## I. Hintergrund

### 1. Denken und über etwas Nachdenken

Will man die mehr oder weniger kognitiven Fähigkeiten sortieren, die zusammen unser Geistigsein [*mindedness*] konstituieren, so besteht ein brauchbarer Weg darin, zwischen unserer Empfindungsfähigkeit [*sentience*] und unserer Verstandesfähigkeit [*sapience*] zu unterscheiden. Empfindungsfähigkeit ist das, was wir mit nichtverbalen Tieren, zum Beispiel Katzen, gemeinsam haben: die Fähigkeit, *bewußt* im Sinne von *wach* zu sein. Soweit wir wissen, handelt es sich bei der Empfindungsfähigkeit um ein ausschließlich biologisches Phänomen, das wiederum von der bloßen verläßlichen unterscheidenden Reaktionsfähigkeit unterschieden werden muß, die wir Empfindungswesen mit Artefakten wie Thermostaten oder Landminen teilen. Im Gegensatz dazu hat Verstandesfähigkeit mehr mit *Verstehen* oder Intelligenz zu tun als mit Irritierbarkeit oder Reizempfindlichkeit. Man behandelt etwas als verstandesfähig, insofern man sein Verhalten dadurch erklärt, daß man ihm intentionale Zustände wie Überzeugungen und Wünsche zuschreibt, die die *Gründe* für dieses Verhalten bilden. Verstandesfähige Wesen handeln, als ob Gründe für sie von Bedeutung seien. Sie sind insofern rationale Akteure, als ihr Verhalten – wenigstens gelegentlich – dadurch verständlich gemacht werden kann, daß man ihnen unterstellt, sowohl praktische Inferenzen ziehen zu können, die sich darum drehen, wie sie das, was sie wollen, bekommen können, als auch theoretische Inferenzen, die damit zu tun haben, was aus was folgt.

Neben diesem Verständnis in Begriffen von Gründen und Inferenz liegt es nahe, sich die Verstandesfähigkeit anhand von Wahrheit zurechtzulegen. Verstandesfähige Wesen sind Wesen mit Überzeugungen, und Überzeugtsein ist Fürwahrhalten. Verstandesfähige Wesen sind handelnde Wesen, und Handeln ist Wahrmachen. Verstandesfähig zu sein bedeutet, Zustände wie Überzeugungen, Wünsche und Absichten zu haben, die dahingehend gehaltvoll sind, daß sich sinnvoll die Frage stellen läßt, unter welchen Umständen das Geglaubte, Gewünschte oder Gewollte *wahr* wäre. Einen solchen Gehalt zu verstehen heißt, die Bedingungen zu begreifen, die notwendig und hinreichend für seine Wahrheit sind.

Diese beiden Weisen, die Verstandesfähigkeit zu konzipieren, also einerseits in Begriffen der Inferenz, andererseits in Begriffen der Wahrheit, verfolgen das gleiche Erklärungsziel, nämlich zu Gehalten zu gelangen, die als verstehbar aufgrund ihrer *propositionalen* Form gelten. Was wir als einen Grund vorbringen können, was wir für wahr halten oder wahrmachen können, besitzt einen propositionalen Gehalt, also einen Gehalt, den wir durch den Gebrauch von Aussagesätzen ausdrücken und durch den Gebrauch von »daß«-Sätzen zuschreiben. Propositionale Gehalte stehen in inferentiellen Beziehungen, und sie haben Wahrheitsbedingungen.

Gleichgültig jedoch, ob wir über den propositionalen Gehalt in Begriffen von Wahrheit oder von Gründen nachdenken – wir sind nichtsdestoweniger verpflichtet, etwas über Bezogenheit [*aboutness*] und Repräsentation [*representation*] zu sagen. Die Aufgabe, das Denken oder den Diskurs anderer verstehen zu wollen, läßt sich zunächst in zwei Teile aufspalten: Wir können uns einerseits fragen, worüber sie nachdenken oder reden, und andererseits, was sie darüber denken oder sagen. Mir geht es hier in erster Linie um die Relation zwischen dem, was *gesagt* oder *gedacht* wird, und dem, *worüber* etwas gesagt oder gedacht wird, also um diejenige Relation, die zwischen der *propositionalen* Dimension des Denkens und Redens und des-

254    *Sprache und Kommunikation*

sen *repräsentationaler* Dimension besteht. Ich versuche die Frage zu beantworten, warum jeder Zustand oder jede Äußerung mit propositionalem Gehalt auch als einer oder eine mit repräsentationalem Gehalt aufgefaßt werden sollte. (Um diese Frage überhaupt stellen zu können, muß es möglich sein, den propositionalen Gehalt in nichtrepräsentationalen Begriffen zu charakterisieren.)

Die Antwort, die ich im folgenden verteidigen möchte, lautet, daß die repräsentationale Dimension propositionaler Gehalte verstanden werden sollte, indem man sich die *soziale* Gliederung solcher Gehalte genauer ansieht, sich also damit beschäftigt, wie eine propositional gehaltvolle Überzeugung oder Behauptung aus der Perspektive der Person, die glaubt oder behauptet, eine andere Signifikanz haben kann, als sie aus der Perspektive desjenigen besitzt, der ihr diese Überzeugung oder Behauptung unterstellt oder zuweist. Die Frage, *worüber* nachgedacht und geredet wird, entsteht überhaupt erst im Kontext von Beurteilungen, wie die Urteile eines Individuums als Gründe für ein anderes Individuum dienen können. Der repräsentationale Gehalt von Behauptungen und die von ihnen ausgedrückten Überzeugungen reflektieren die soziale Dimension des Spiels des Gebens und Verlangens von Gründen.

## 2. Kant

Es sollte vielleicht gleich zu Beginn festgehalten werden, daß es keinesfalls ausreichen wird, sich über die repräsentationale Dimension des semantischen Gehaltvollseins [*semantic contentfulness*] allein im Rahmen eines Bezeichnungsparadigmas Gedanken zu machen, also nach dem Modell der Relation zwischen einem Namen und dem von ihm Benannten. Denn nur kraft dessen, was man nachfolgend mit dem durch einen Namen Herausgegriffenen *tun* kann – was man dann darüber *sagen* kann –, ist diese Re-

*Robert B. Brandom* 255

lation eine *semantische* Relation. Es reicht einfach nicht, bloß einen Gegenstand oder einen möglichen Sachverhalt herauszugreifen. Man muß darüber hinaus etwas über den Gegenstand sagen, man muß behaupten, daß der Sachverhalt besteht oder eine Tatsache ist.

Eine von Kants epochemachenden Einsichten, die Frege und Wittgenstein für uns bestätigt und gesichert haben, besteht in seiner Anerkennung des *Vorrangs des Propositionalen.* Für die vorkantische Tradition stand fest, daß jede ordnungsgemäße semantische Erklärung mit einer Lehre von den Begriffen oder (singulären bzw. generellen) Termini anzufangen habe, deren Bedeutungshaltigkeit unabhängig von und vor der Bedeutungshaltigkeit von Urteilen erfaßt werden könne. Ausgehend von dieser grundlegenden Interpretationsebene erklärt dann eine Lehre von den Urteilen die Kombination von Begriffen zu Urteilen und wie die Richtigkeit der sich ergebenden Urteile davon abhängt, was wie kombiniert wurde. Gestützt auf diese abgeleitete Interpretation der Urteile erklärt schließlich eine Lehre der Konsequenzen die Kombination von Urteilen zu Inferenzen und wie die Richtigkeit der Inferenzen davon abhängt, was wie kombiniert wurde.

Kant lehnt das ab. Eine seiner tiefgreifendsten Neuerungen besteht in der Behauptung, daß die fundamentale Einheit des Bewußtseins oder der Erkenntnis, das kleinste Begreifbare, das *Urteil* sei. Die Urteile sind deswegen grundlegend, weil sie die kleinste Einheit darstellen, für die man auf der kognitiven Seite *Verantwortung* übernehmen kann, ebenso wie Handlungen die entsprechende Einheit der Verantwortung auf der praktischen Seite bilden. (Die Transzendentale Einheit der Apperzeption ist eine Einheit, die durch eine Äquivalenzrelation zweiseitiger Verantwortung [*corresponsibility*] definiert ist. Die »gänzlich leere Vorstellung«, das »»Ich denke‹, das alle [meine] Vorstellungen begleiten können muß«, drückt die formale Dimension der Verantwortlichkeit *für* Urteile aus. Das »Ge-

256 *Sprache und Kommunikation*

genstand = X«, um das sich die transzendentale Logik, im Gegensatz zur allgemeinen Logik, bemüht, drückt die formale Dimension der Verantwortlichkeit von Urteilen *gegenüber* etwas aus.) Daher lassen sich Begriffe nur als Abstraktionen verstehen anhand der Rolle, die sie beim Urteilen spielen. Ein Begriff ist nichts anderes als ein Prädikat eines möglichen Urteils,[1] und deshalb gilt: »*Von diesen Begriffen kann nun der Verstand keinen andern Gebrauch machen, als daß er dadurch urteilt.*«[2] Für Kant muß also jede Diskussion des Gehalts bei den Gehalten von Urteilen anfangen, denn alles andere besitzt nur insofern Gehalt, als es zu den Gehalten von Urteilen beiträgt. Genau deshalb kann seine transzendentale Logik die Voraussetzungen des Gehaltvollseins anhand der Kategorien, d. h. der »Funktion[en] der Einheit in den Urteilen«,[3] untersuchen. Diese Erklärungsstrategie wird von Frege übernommen, für den die eigentliche Aufgabe des semantischen Konzepts des begrifflichen Gehalts darin besteht, die pragmatische *Kraft* zu erklären. Deren paradigmatische Spielart ist wiederum die *behauptende* Kraft, welche allein Aussagesätzen zukommt. Mit Wittgenstein formuliert: Allein die Äußerung eines Satzes macht einen Zug im Sprachspiel. Das Verwenden eines Begriffes ist anhand des Vorbringens einer Behauptung oder des Ausdrückens einer Überzeugung zu verstehen. Der Begriff *Begriff* ist unabhängig von der Möglichkeit einer solchen Verwendung beim *Urteilen* nicht verstehbar.

Daraus ist die Lehre zu ziehen, daß die Relation zwischen Bezeichnung und Bezeichnetem nur als ein Aspekt des Urteilens oder Behauptens verstanden werden kann, und zwar des Urteilens oder Behauptens, *daß* etwas (was durch einen Aussagesatz und nicht durch einen singulären Terminus oder ein Prädikat allein ausgedrückt wird) so

---

1 Kant, Immanuel, *Kritik der reinen Vernunft*, A69/B94.

2 A. a. O., A68/B93 (Hervorhebung R. B.).

3 A. a. O., A69/B94.

der Fall, d. h. *wahr* ist. Damit urteilt, glaubt oder behauptet man, *daß* eine Proposition oder eine Behauptung wahr ist (eine Tatsache ausdrückt oder feststellt), *daß* etwas *die Wahrheit über* einen Gegenstand oder eine Reihe von Gegenständen ist, *daß* ein Prädikat *auf* etwas anderes *zutrifft*. Folglich muß man sich sowohl darum kümmern, was gesagt oder ausgedrückt wird, als auch darum, *worüber* damit gesprochen wird, *von* wessen Wahrheit die Rede ist. Wichtig ist also sowohl der Gedanke als auch das, *wovon* der Gedanke handelt.


## 3. Inferenz und Gehalt

Dementsprechend beginnen wir unsere Geschichte mit einem Zugang zu begrifflichen Gehalten, verstanden als etwas, was *gesagt, geglaubt* oder *gedacht* werden kann, allgemein gesprochen, was für *wahr gehalten* werden kann. Die leitende Idee lautet, daß sich das, was propositional gehaltvoll ist, wesentlich dadurch auszeichnet, daß es sowohl als Prämisse als auch als Konklusion in *Inferenzen* dienen kann. Indem man etwas für wahr hält, behandelt man es als potentielle Prämisse für Inferenzen. Das bedeutet auch, sich Freges semantisches Prinzip – daß nämlich gute Inferenzen niemals von wahren Prämissen zu falschen Konklusionen führen – zunutze zu machen, aber nicht, um gute Inferenzen als solche zu definieren, bei denen die Wahrheit bewahrt wird, sondern vielmehr, um Wahrheit als das zu definieren, was durch gute Inferenzen bewahrt wird.

Auf der Seite der propositional gehaltvollen *intentionalen Zustände*, insbesondere der *Überzeugungen*, manifestiert sich die wesentliche inferentielle Gliederung des Propositionalen in der Form der intentionalen Interpretation oder Erklärung. Ein Verhalten verstehbar zu machen heißt diesem Modell zufolge, davon auszugehen, daß das Individuum aus *Gründen* handelt. Nichts anderes steckt hinter

## 258    Sprache und Kommunikation

Dennetts Slogan: »Die Rationalität ist die Mutter der Absicht.« Die Rolle der Überzeugung beim unterstellten praktischen Schließen oder Begründen, das von Überzeugungen und Wünschen zur Bildung von Absichten führt, ist für die intentionale Erklärung von wesentlicher Bedeutung. Und ebenso wesentlich ist jenes Begründen, bei dem sowohl die Prämisse als auch die Konklusion Überzeugungsform besitzen.

Auf der Seite der propositional gehaltvollen *Sprechakte*, allen voran der Behauptung [*assertion*], schlägt sich die wesentliche inferentielle Gliederung des Propositionalen in der Tatsache nieder, daß das Spiel des Gebens und Verlangens von *Gründen* das Herzstück der spezifisch *sprachlichen* Praxis ist. Um einen Grund zu liefern, muß man einen Anspruch [*claim*] geltend machen bzw. eine Behauptung aufstellen, und dabei handelt es sich wiederum um einen Sprechakt, für den Gründe eingefordert werden können. Ansprüche bzw. Behauptungen dienen als Gründe und bedürfen ihrerseits der Begründung oder Rechtfertigung. Sie verdanken ihre Gehalte teilweise der Rolle, die sie in einem Netzwerk von Inferenzen spielen.

Tatsächlich sollte das Begriffliche gerade aufgrund seiner inferentiellen Gliederung abgegrenzt werden. An diesem Punkt hatte der traditionelle Empirismus etwas vom traditionellen Rationalismus zu lernen. Was ist der Unterschied zwischen einem Papagei, der ein Licht dadurch als rot repräsentiert, daß er seine verläßlichen unterscheidenden Dispositionen ausübt und das Geräusch »Das ist rot« äußert, oder einem Thermostat, der einen Raum als kalt repräsentiert, indem er auf gleiche Weise die Heizung in Gang setzt, auf der einen Seite und einem Wissenden auf der anderen Seite, der das gleiche tut, indem er die Begriffe *rot* oder *kalt* gebraucht? Was kann der Wissende *tun*, was der Papagei und der Thermostat nicht können? Schließlich können sie offenbar auf *genau* das gleiche Spektrum von Stimuli unterscheidend reagieren. Der Wissende ist in der Lage, die differentiell ausgelöste Reaktion in *Inferenzen* zu *verwenden*. Er besitzt das praktische Wissen-wie, um dieser Reaktion einen Ort in einem Netzwerk aus inferentiellen Beziehungen zuzuweisen – er kann sagen, was daraus folgt, daß etwas rot oder kalt ist, was dafür sprechen würde, womit dies unvereinbar wäre und so weiter. Etwas als rot oder kalt zu betrachten bedeutet für den Wissenden, einen Zug im Spiel des Gebens und Verlangens von Gründen zu machen – einen Zug, der andere Züge rechtfertigen kann, der durch wieder andere Züge gerechtfertigt werden kann und der nochmals andere Züge verunmöglicht oder ausschließt. Auch wenn sie die entsprechenden nichtinferentiellen unterscheidenden responsiven Dispositionen ausüben können, fehlt es dem Papagei und dem Thermostat dennoch an den zugehörigen Begriffen, und zwar genau deshalb, weil es ihnen an der praktischen Beherrschung der inferentiellen Gliederung fehlt, in der das Begreifen eines begrifflichen Gehalts besteht.

Die Idee lautet folglich, mit einer Geschichte über jene sagbaren, denkbaren, glaubbaren (und damit propositionalen) Gehalte zu beginnen, die durch den Gebrauch deklarativer Sätze und daraus abgeleiteter daß-Sätze ausgedrückt werden – mit einer Geschichte also, die aus dem Blickwinkel jener Rolle erzählt wird, die diese Gehalte beim *Folgern*, d.h. in *Inferenzen* spielen.[4] Begriffliche Gehalte sind in erster Linie *inferentiell* gegliedert. Um sich aus dieser Richtung der repräsentationalen Dimension des semantischen Gehalts zu nähern, muß man sich fragen, wie die Relation zwischen *Inferenz* und *Referenz* aussieht. Damit fragt man sich zugleich, wie sich das, was gesagt oder geglaubt wird, zu dem verhält, wor*über* es gesagt oder wo*von* es geglaubt wird. Wie also kann die re-

---

4 Vgl. dazu auch Kapitel 2 von *Making It Explicit*, Cambridge (Mass.) 1994. [Dt. *Expressive Vernunft*, Frankfurt a. M. 2000.]

260    *Sprache und Kommunikation*

präsentationale Dimension des begrifflichen Gehalts in das inferentielle Bild von propositionalen Gehalten integriert werden? Die hier auszuarbeitende These lautet, daß die repräsentationale Dimension des Diskurses die Tatsache widerspiegelt, daß der begriffliche Gehalt nicht nur *inferentiell*, sondern auch *sozial* gegliedert ist. Das Spiel des Gebens und Verlangens von Gründen ist eine wesentlich *soziale* Praxis.

## 4. Der normative Charakter des Begriffsgebrauchs

Daß eine solche These nicht jeglicher Grundlage entbehrt, wird besonders deutlich, wenn man sich gewisse, sehr allgemeine Merkmale der diskursiven Praxis vor Augen hält. Hierbei erweist sich eine andere fundamentale Einsicht Kants als nützlicher Ausgangspunkt, der zufolge alles, was begrifflich gehaltvoll ist, eine *normative* Signifikanz besitzt. Er versteht Urteile und Handlungen in erster Linie als Angelegenheiten, für die wir *verantwortlich* sind. Für Kant haben Begriffe die Form von *Regeln*, was nichts anderes heißt, als daß sie angeben, wie etwas (gemäß der Regel) getan werden *sollte*. Der Verstand, das begriffliche Vermögen, ist das Vermögen, Regeln zu begreifen und der von den Regeln gezogenen Unterscheidung zwischen korrekter und inkorrekter Verwendung Rechnung zu tragen. Einzelne Urteile und Taten sind Akte mit Gehalten, die für wahr gehalten oder wahrgemacht werden können und für die mit Recht Gründe verlangt werden können. Das Besondere an ihnen ist die Art und Weise, in der sie Regeln unterworfen sind. Einerlei ob man sich in einem intentionalen Zustand befindet oder eine intentionale Handlung performiert – beides besitzt jeweils eine normative Signifikanz. Es gilt als das Eingehen (als das Erwerben) einer Verpflichtung oder Festlegung; der Gehalt der Festlegung wird von jenen Regeln bestimmt, die die Begriffe sind, anhand deren der Akt oder Zustand gegliedert ist.

Daher sind wir für Kant unverwechselbar normative Wesen – Wesen, die durch Regeln geleitet sind.

Descartes läutete ein neues philosophisches Zeitalter ein, indem er das, was er für die ontologische Unterscheidung zwischen dem Mentalen und dem Physischen hielt, erkenntnistheoretisch interpretierte, in Begriffen des kognitiven Zugangs, in Begriffen, letzten Endes, der Gewißheit. Kant brachte eine neue philosophische Epoche auf den Weg, indem er die Aufmerksamkeit von der *Gewißheit* auf die *Notwendigkeit* lenkte. Während Descartes' deskriptive, auf Gewißheit ausgerichtete Auffassung von Intentionalität unseren Zugriff auf die Begriffe beim Erkennen und Handeln als das Wesentliche erachtet, behandelt Kants normative, auf Notwendigkeit ausgerichtete Konzeption der Intentionalität den Zugriff der Begriffe auf uns als des Pudels Kern. Das eigentliche Zentrum von Kants philosophischem Unternehmen bildet der Versuch, den Ursprung, das Wesen und die Signifikanz derjenigen Normen zu verstehen, die implizit in unseren Begriffen enthalten sind, und zwar sowohl der Normen, denen die theoretische Anwendung von Begriffen beim Forschen und Wissen unterworfen sind, als auch der Normen, die die praktische Verwendung von Begriffen beim Überlegen und Handeln leiten. Die vordringlichste Frage für Kant lautet, wie der *Regelcharakter* von Begriffen zu verstehen sei, wie deren *Autorität*, *Verbindlichkeit* oder *Geltung* zu verstehen sei. Genau diesen normativen Charakter hat Kant im Sinn, wenn er von *Notwendigkeit*\* spricht.

Aus dieser kantianischen normativ-begrifflichen Pragmatik ist die Lehre zu ziehen, daß sich Urteilen und Handeln aufgrund der damit verbundenen Art der *Festlegung* von anderen Akten unterscheiden. Wenn man ein Urteil fällt oder eine Behauptung aufstellt, macht man einen Anspruch geltend – man geht eine Festlegung ein. Die be-

---

\* deutsch im Original.

griffliche Gliederung dieser Festlegungen, ihr Status als spezifisch *diskursive* Festlegungen, besteht in der Art und Weise, wie sie Forderungen nach *Rechtfertigung* unterliegen und wie sie sowohl dazu dienen, gewisse weitere Festlegungen zu rechtfertigen, als auch die Rechtfertigung wiederum anderer Festlegungen auszuschließen. Ihre Eigenschaft, propositional gehaltvoll zu sein, besteht exakt in dieser inferentiellen Gliederung der Festlegungen und der Berechtigungen zu diesen Festlegungen.

Als spezifisch *sprachliche* Praktiken gelten solche Praktiken, in denen einigen Performanzen die Signifikanz von Behauptungen zugebilligt wird, die also als das Eingehen inferentiell gegliederter (und somit propositional gehaltvoller) Festlegungen angesehen werden können.[5] Um solche sprachlichen Praktiken zu meistern, muß man lernen, wie sich über die inferentiell gegliederten Festlegungen und Berechtigungen verschiedener Gesprächspartner, man selbst eingeschlossen, Konto führen läßt. Man versteht einen Sprechakt – begreift seine diskursive Signifikanz –, wenn man imstande ist, im Gegenzug die richtigen Festlegungen zuzuweisen. Dies wiederum bedeutet zu wissen, wie sich der Sprechakt auf die jeweiligen Kontostände des Sprechers und der Zuhörer auswirkt, die Auskunft darüber geben, worauf sie festgelegt und wozu sie berechtigt sind.

Diskursive Festlegungen werden also durch Behauptungen ausgedrückt, und über diese Behauptungen läßt sich anhand der Interaktion zwischen je inferentiell gegliederter *Autorität* und *Verantwortung* nachdenken. Indem man eine Behauptung aufstellt, leiht man dem behaupteten Gehalt seine *Autorität* und lizensiert damit andere Sprecher,

---

5 Diesem Kriterium zufolge qualifiziert sich zum Beispiel das von Wittgenstein in seinen *Philosophischen Untersuchungen* beschriebene Sprachspiel mit ›Platte‹ nicht als eine genuin *sprachliche* Praxis. Warum man so reden sollte, erläutere ich in meiner Abhandlung »Asserting«, in: *Nous* 17, Nr. 4 (November 1983), S. 637–650.

eine entsprechende Festlegung einzugehen und sie als eine Prämisse in *ihrem* Begründen zu verwenden. Ein wesentlicher Aspekt dieses Modells der diskursiven Praxis ist daher *Kommunikation*: die zwischen Personen ablaufende [*interpersonal*], auf einen Gehalt [*intracontent*] bezogene Vererbung der Berechtigung zu Festlegungen. Indem man eine Behauptung aufstellt, übernimmt man zudem eine *Verantwortung* – die Verantwortung, die Behauptung bei angemessener Anfechtung zu rechtfertigen und damit die eigene Berechtigung zu der durch das Behaupten anerkannten Festlegung einzulösen. Ein weiterer wesentlicher Aspekt dieses Modells diskursiver Praxis ist somit *Rechtfertigung*, d.h. die bei einer Person stattfindende [*intrapersonal*], über verschiedene Gehalte laufende [*intercontent*] Vererbung der Berechtigung zu Festlegungen.

## II. Analyse

### 1. Repräsentation und Kommunikation

Zunächst einmal läßt sich das *propositional* Gehaltvolle als das herausgreifen, was sowohl als Prämisse wie auch als Konklusion in *Inferenzen* fungieren kann, d.h. was als *Begründung* angeboten werden und seinerseits der *Begründung* bedürfen kann. Das Verstehen oder Begreifen eines solchen propositionalen Gehalts ist ein Wissen-wie [*know-how*] – ist praktisches Beherrschen des Spiels des Gebens und Verlangens von Gründen, heißt sagen zu können, was ein Grund für was ist, und imstande zu sein, gute Gründe von schlechten Gründen zu unterscheiden. Ein solches Spiel zu spielen heißt, ein *Konto* zu führen, und zwar darüber, worauf sich verschiedene Gesprächspartner festgelegt haben und wozu sie berechtigt sind. Man versteht den Gehalt eines Sprechakts oder einer Überzeugung, wenn man in der Lage ist, der Performanz

264  *Sprache und Kommunikation*

dieses Sprechakts oder dem Erwerb dieser Überzeugung die angemessene praktische Signifikanz beizumessen, wenn man also weiß, wie dadurch der Kontostand in unterschiedlichen Kontexten verändert würde. Semantische Relationen, das heißt zunächst nichts anderes als inferentielle Relationen, sind anhand dieser Art von pragmatischer Kontoführung zu verstehen. Geht man davon aus, daß die durch den einen Satz ausgedrückte Behauptung die durch einen anderen Satz ausgedrückte Behauptung zur Folge hat, so behandelt man jeden, der auf die erste Behauptung festgelegt ist, als dadurch auch auf die zweite Behauptung festgelegt. Normalerweise denken wir über die Inferenz allein in Begriffen der Relation zwischen Prämisse und Konklusion nach, d. h. wir stellen sie uns als eine monologische Relation zwischen propositionalen Gehalten vor. Die diskursive Praxis – das Geben und Verlangen von Gründen – beinhaltet jedoch sowohl Relationen zwischen *Gehalten* als auch zwischen *Personen*. Ich möchte geltend machen, daß die repräsentationale Seite jener propositionalen Gehalte, die die inferentiellen Rollen von Prämissen und Konklusionen spielen, anhand der sozialen oder dialogischen Dimension des Kommunizierens von Gründen verstanden werden sollte, also anhand des Beurteilens der Signifikanz jener Gründe, die von anderen geliefert werden.

Wenn alles, was eine entsprechende Rolle in Inferenzen spielt, propositional gehaltvoll ist und alles, was propositional gehaltvoll ist, deshalb auch einen repräsentationalen Gehalt besitzt, dann kann nichts als eine spezifisch *inferentielle* Praxis gelten dürfen, was nicht wenigstens implizit eine repräsentationale Dimension enthält. Nichtsdestoweniger lassen sich für eine soziale Praxis hinreichende Bedingungen angeben, aufgrund deren sie sich als eine qualifiziert, die Performanzen *inferentiell gegliederte* Signifikanzen zumißt, sich also als eine Praxis erweist, die im Aufstellen von Behauptungen besteht, die anderen Pra-

*Robert B. Brandom* 265

xisteilnehmern als Gründe dienen können und für die Gründe verlangt werden können – und zwar ohne irgendwelches speziell repräsentationale Vokabular in Anschlag zu bringen. Das als ein Kontoführen über Festlegungen und Berechtigungen angelegte Modell der diskursiven Praxis leistet genau dies. Die Geschichte, die ich erzählen möchte, handelt also davon, wie die implizite repräsentationale Dimension der inferentiellen Gehalte von Behauptungen aus jenem Unterschied seitens der sozialen Perspektive hervorgeht, der zwischen den *Produzenten* und den *Konsumenten* von Gründen besteht. Mein Ziel ist eine in nicht-repräsentationalen Begriffen gefaßte Analyse dessen, was durch den Gebrauch von explizit repräsentationalem Vokabular ausgedrückt wird.

Da der Zusammenhang zwischen *Repräsentation* auf der einen und *Kommunikation* bzw. der *sozialen* Dimension inferentieller Praxis auf der anderen Seite nicht gerade ins Auge springt, möchte ich anhand zweier knapper Punkte zunächst erläutern, wie man überhaupt auf die Idee kommen kann, daß Repräsentation in dieser Weise verstanden werden könnte. Man schaue sich eine rationale Rekonstruktion jener Dialektik an, die Quine im Kielwasser von »Two Dogmas of Empiricism« dazu veranlaßte, *Bedeutung* [*meaning*] als den zentralen semantischen Begriff zugunsten von Bezugnahme [*reference*] zu verdrängen. Quine war davon ausgegangen, daß die Bedeutung zumindest die inferentielle Rolle bestimmen muß. Was jedoch aus dem Billigen einer Behauptung folgt – auf was einen diese Billigung sonst noch festlegt –, hängt davon ab, welche begleitenden Festlegungen verfügbar sind, um als Hilfshypothesen beim Herausziehen dieser inferentiellen Konsequenzen zu fungieren. Somit hängt die Signifikanz einer Überzeugung davon ab, wovon man sonst noch überzeugt ist, so daß man davon ausgehen sollte, daß ganze Theorien, und nicht bloß einzelne Sätze, die Bedeutungseinheiten bilden. Dann aber meinen zwei Gesprächs-

266  *Sprache und Kommunikation*

partner unterschiedliche Dinge mit den von ihnen geäußerten Sätzen, wenn sie unterschiedliche Überzeugungen besitzen. Aus dieser Analyse wird nicht klar, wie die Möglichkeit von Kommunikation als eine Sache des Teilens von Bedeutungen verständlich gemacht werden kann. Diese Schwierigkeit verschwindet allerdings, wenn die Aufmerksamkeit statt dessen auf *Bezug* oder *Referenz* gelenkt wird. Weil sich ihre kollateralen Festlegungen von den meinigen unterscheiden, mag die Anhängerin des Zarathustra mit dem Wort ›Sonne‹ etwas anderes *meinen* als ich (es hat in ihrem Mund eine andere Bedeutung als in meinem Ohr), und dennoch kann es sein, daß sie *über* das gleiche Ding, die Sonne, redet. Ein anderes, gleichermaßen aussagekräftiges Beispiel: Obwohl Rutherford mit ›Elektron‹ wohl etwas anderes gemeint hat als ich, macht es dennoch Sinn, davon auszugehen, daß wir uns auf die gleichen Dinge, nämlich Elektronen, beziehen und sie der gleichen Extension zurechnen, d. h. gleichermaßen als subatomare Teilchen klassifizieren. Wenn man also davon redet, *worüber* man redet, spricht man Schwierigkeiten an, die andernfalls durch Bedeutungstheorien mit *holistischen* Konsequenzen aufgeworfen würden. Und im augenblicklichen Kontext sogar noch wichtiger: Ein Interesse an der Erklärung der Möglichkeit von *Kommunikation* kann zu einem Interesse an *Referenz* und *Repräsentation* führen. Der zweite Punkt stellt diese Reihenfolge des Zugangs gewissermaßen auf den Kopf.

Die allgemeine Behauptung, um die es mir geht, lautet, daß die Beurteilung dessen, *worüber* Leute reden und nachdenken, und nicht, was sie darüber sagen, ein Merkmal des wesentlich *sozialen* Kontextes von *Kommunikation* darstellt. Über Repräsentation zu reden heißt, darüber zu reden, was es bedeutet, Kommunikation dadurch zu sichern, daß man in der Lage ist, die Urteile der anderen als Gründe zu verwenden, als Prämissen in unseren eigenen Inferenzen, auch rein hypothetisch, um deren Signifikanz im Kontext unserer eigenen Begleitfestlegungen zu beurteilen. Um einen Vorgeschmack davon zu bekommen, wie man zu der Auffassung gelangen kann, daß die repräsentationale semantische Rede als Ausdruck von Unterschieden in der sozialen Perspektive seitens der Gesprächspartner verstanden werden könnte, schaue man sich an, wie *Wahrheits*beurteilungen arbeiten. Der vielleicht zentrale Kontext, in dem solche Beurteilungen klassischerweise auftauchen, bilden Zuweisungen von *Wissen*. Der traditionellen GWÜ-Analyse zufolge ist Wissen gerechtfertigte wahre Überzeugung. Ein Ansatz, der dies als einen normativen Status interpretiert, den etwas aus Sicht der über Festlegungen und Berechtigungen kontoführenden Gesprächspartner besitzen kann, verlangt von einem Kontoführer dreierlei praktische Einstellungen, damit es sich bei dem, was der Kontoführer einem anderen zuerkennt, auch um *Wissen* handelt. Erstens muß der Kontoführer eine inferentiell gegliederte, also propositional gehaltvolle *Festlegung zuweisen*. Das entspricht der *Überzeugung*sbedingung für Wissen. Zweitens muß der Kontoführer eine Art von inferentieller *Berechtigung* zu dieser Festlegung *zuweisen*. Das entspricht der *Rechtfertigung*sbedingung für Wissen. Was nun aber entspricht der dritten, der *Wahrheits*bedingung für Wissen? Die zugewiesene Behauptung für wahr zu halten bedeutet für den Kontoführer nichts anderes, als sie zu billigen. Die dritte Bedingung lautet demzufolge, daß der Kontoführer ebenjene Festlegung, die dem Wissenskandidaten zugewiesen wird, selbst *einzugehen* hat.

Eine Festlegung einzugehen heißt, eine bestimmte *normative Haltung [normative stance]* gegenüber einer Behauptung einzunehmen; es heißt nicht, ihr eine Eigenschaft zuzuweisen. Die klassische Metaphysik der Wahrheitseigenschaften mißdeutet das Billigen der Behauptung als eine besondere Art des *Beschreibens*. Indem sie die dritte Bedingung für Wissenszuweisungen den ersten beiden an-

268    *Sprache und Kommunikation*

gleicht, verwechselt sie das *Zuweisen* und das *Eingehen* oder *Anerkennen* von Festlegungen, also die beiden fundamentalen sozialen Gewänder, in denen die deontischen praktischen Einstellungen auftreten können, die normative Status* instituieren. Will man die Rede von Wahrheit richtig verstehen, so muß man tatsächlich den sozial-praktischen Unterschied verstehen, der zwischen dem *Zuweisen* eines normativen Status an jemanden anderen und dem *Eingehen* oder Einnehmen dieses Status durch einen selbst besteht.[6] Der Idee, daß propositionale Gehalte in Begriffen von Wahrheitsbedingungen verstanden werden können, liegt die Praxis des Beurteilens der Wahrheit von Behauptungen zugrunde. Ich würde gerne zeigen, wie sich diese Idee, nämlich *Wahrheits*behauptungen als Ausdruck sozial-perspektivischer Unterschiede aufzufassen, auch auf Repräsentation, allgemeiner verstanden, übertragen läßt.

## 2. *De dicto* und *de re*

Die wichtigsten explizit repräsentationalen Redewendungen in natürlichen Sprachen sind *de re-Zuschreibungen propositionaler Einstellungen*. Aufgrund ihrer Verwendung in diesen Wendungen drücken die Wörter ›von‹ und ›über‹ die intentionale Gerichtetheit des Denkens und Redens aus. Ihr Gebrauch in Sätzen wie

»Die Zeit ist reif«, das Walroß sprach,
*Von* mancherlei zu reden –

---

* Die mit langem *u* zu sprechende lateinische Pluralbildung Stat*us* dient hierbei als Übersetzung des englischen Ausdrucks »statuses«.

6 Haufenweise technische Details müssen geklärt werden, damit eine solche Analyse der Rede von Wahrheit funktioniert. Ich habe mich diesen Schwierigkeiten an anderer Stelle gewidmet, nämlich dort, wo eine prosentientiale oder anaphorische Theorie der Wahrheit ins Spiel kommt. Vgl. Kapitel 5 von *Making It Explicit* und »Pragmatism, Phenomenalism and Truth Talk«, in: *Midwest Studies in Philosophy* 12 (1988), S. 75–93, *Realism*. Für die augenblicklichen Zwecke können diese Details ausgeklammert werden.

> *Von* Schuhen – Schiffen – Siegellack,
> *Von* Königen und Zibeben – «*

oder

> Bei der Überzeugung der Jägerin, daß sich ein Hirsch
> vor ihrer Nase befand, handelte es sich in Wirklich-
> keit um eine Überzeugung *über* eine Kuh

ist ein ganz anderer als ihr Gebrauch in »Der Füllfeder-
halter von meiner Tante« und »Ein über 900 Seiten langes
Buch«. Um also in fremden Sprachen Vokabular identifizieren zu können, das genau das bedeutet, was ›von‹
und ›über‹ in diesem Sinne bedeuten, muß man Ausdrücke
von *de re*-Zuschreibungen propositionaler Einstellungen
ausfindig machen. Denn wir verwenden genau diese Zuschreibungen, um zu *sagen, worüber* wir reden und nachdenken. Meine Strategie besteht nun darin, die Frage, wie
man das verstehen kann, was durch repräsentationales Vokabular ausgedrückt wird, dadurch zu beantworten, daß
man sich fragt, wie Ausdrücke *gebraucht* werden müssen,
um als *de re*-Zuschreibungen propositionaler Einstellungen fungieren zu können. Was machen sie explizit? Was
*tun* wir, wenn wir darüber reden und nachdenken, *worüber* wir reden und nachdenken? Diese Strategie bemüht
sich auch um ein allgemeines Verständnis der Intentionalität, und zwar aus einem pragmatistischen Blickwinkel.
Die Tradition unterscheidet zwei Lesarten bzw. Auffassungen von Zuschreibungen propositionaler Einstellungen. Zuschreibungen *de dicto* weisen einen Glauben an ein
*Diktum* oder etwas Gesagtes zu, wohingegen Zuschreibungen *de re* eine Überzeugung mit Blick auf eine *res*
oder Sache unterstellen. Die Unterscheidung ist nicht spezifisch für sententiale Operatoren wie ›ist überzeugt‹.
Fangen wir mit folgender Behauptung an:

---

\* Das Beispiel stammt aus Lewis Carrolls *Through the Looking Glass*, dt.
*Alice hinter den Spiegeln*. Zitiert wird hier die deutsche Übersetzung von
Christian Enzensberger, Frankfurt a. M. 1974, S. 59 f.

270   *Sprache und Kommunikation*

Im Jahr 2020 wird der Präsident der Vereinigten Staaten schwarz sein.

*De dicto* gelesen bedeutet das, daß das Diktum oder der Satz

Der Präsident der Vereinigten Staaten ist schwarz

im Jahr 2020 wahr sein wird. Liest man dagegen *de re*, so bedeutet es, daß die *res* oder Sache – nämlich der augenblickliche Präsident der Vereinigten Staaten (also George W. Bush) – im Jahr 2020 schwarz sein wird. Uns beschäftigt hier die Frage, wie sich diese Unterscheidung auf Zuschreibungen propositionaler Einstellungen anwenden läßt, auch wenn ein Adäquatheitskriterium für diese Analyse vorschreibt, daß sie sich so ausweiten lassen muß, um auch mit diesen anderen Kontexten zurechtzukommen. Klarerweise hat der Unterschied etwas mit *Reichweite* zu tun, mit einer Weise, den Unterschied zwischen zwei möglichen, aber verschiedenen Reihenfolgen auszudrücken, in denen man die beiden folgenden Operationen durchführen kann: (a) Die Bestimmung, wen die definite Beschreibung herausgreift, und (b) die Anwendung des Zeitoperators, um den Bewertungszeitpunkt des ganzen Satzes nach vorne [in die Zukunft] zu verschieben. Tut man (a) als erstes, so ergibt sich die *de re*-Lesart, wendet man dagegen zuerst (b) an, so führt das zur *de dicto*-Lesart. Dieses Phänomen möchte ich ein wenig genauer unter die Lupe nehmen.
In der gewöhnlichen Rede ist die Unterscheidung zwischen *de dicto*- und *de re*-Lesarten die Quelle systematischer Zweideutigkeit. Manchmal schließt eine der Lesarten, so wie im obigen Fall, eine so wenig einleuchtende Behauptung ein, daß es leicht ist, die Zweideutigkeit loszuwerden. Doch am besten ist es, unseren Gebrauch ein wenig zu reglementieren, um die Unterscheidung explizit kenntlich zu machen. Man kann ›daß‹ und ›von‹ in einer systematischen Weise gebrauchen, ohne daß es für unsere

Ohren zu einer allzu großen Belastung wird, wie die folgenden Sätze zeigen:

Henry Adams glaubte, der Erfinder des Blitzableiters habe nicht den Blitzableiter erfunden.

Das dürfte kaum *de dicto* gemeint sein:

Henry Adams glaubte, **daß** der Erfinder des Blitzableiters nicht den Blitzableiter erfunden hat.

Adams hätte vermutlich dem *Diktum*, das nach dem ›daß‹ folgt, nicht zugestimmt. Die *de re*-Behauptung kann allerdings durchaus wahr sein:

Henry Adams glaubte **von** dem Erfinder des Blitzableiters, **daß** er nicht den Blitzableiter erfunden hat.

Denn da der Erfinder des Blitzableiters der Erfinder der Zweistärkenbrille ist (nämlich Benjamin Franklin), könnte diese Behauptung wahr sein, wenn Henry Adams der folgenden Überzeugung war, die *de dicto* zugeschrieben würde als

Henry Adams glaubte, **daß** der Erfinder der Zweistärkenbrille nicht den Blitzableiter erfunden hat.

(Als Bostonianer, der nur ungern einem aus Philadelphia eine solche Ehre zukommen ließ, war Adams bei seiner Meinung geblieben, Franklin habe den Blitzableiter lediglich populär gemacht.)

Quine betont, daß der ausschlaggebende grammatische Unterschied zwischen diesen beiden Zuschreibungsarten die Richtigkeit der *Substitution* von singulären Termini betrifft, die in ihnen vorkommen. Ausdrücke im *de re*-Teil einer Zuschreibung – im Bereich des ›von‹-Operators in den reglementierten Fassungen – sind, wie er es nennt, *referentiell transparent*, was bedeutet, daß koreferentielle Ausdrücke *salva veritate*, d. h. ohne den Wahrheitswert der Zuschreibung im ganzen zu ändern, wechselseitig sub-

272  *Sprache und Kommunikation*

stituiert werden können. Hingegen kann eine solche Substitution im *de dicto*-Teil einer Zuschreibung – im Bereich des ›daß‹-Operators in den reglementierten Fassungen – sehr wohl den Wahrheitswert der ganzen Zuschreibung verändern. Syntaktisch betrachtet kann man sich *de re*-Zuschreibungen als aus *de dicto*-Zuschreibungen gebildet denken, und zwar so, daß ein singulärer Terminus aus dem Bereich des ›daß‹-Satzes *exportiert* und mit ›von‹ versehen wird und ein Pronomen an die ursprüngliche Stelle gesetzt wird. Somit wird aus der *de dicto*-Form

  S glaubt, daß $\Phi(t)$

die *de re*-Form

  S glaubt **von** t, daß $\Phi(es)$.

Die Bedeutsamkeit von Quines grundlegender Beobachtung, daß der ausschlaggebende Unterschied zwischen diesen beiden Zuschreibungsarten auf die Umstände zurückgeht, unter denen die Substitution koreferentieller Ausdrücke gestattet ist, wurde durch zwei Überlegungen in den Schatten gestellt, die aus meiner Sicht nichts zur Sache tun:

1. Quines idiosynkratische Auffassung, daß singuläre Termini zugunsten jener quantifikationalen Ausdrücke fallengelassen werden können, die er für den genuinen Ort referentieller Festlegungen hielt, veranlaßte ihn dazu, ausschließlich quantifizierte Zuschreibungen zu betrachten, stiftete zudem Verwirrung in seiner Diskussion von Existenzfestlegungen und brachte ihn dazu, sich mit der Frage, wann die ›Exportation‹ legitim sei, herumzuschlagen.
2. Diese Schwerpunktsetzung führte wiederum dazu, die Analyse gewöhnlicher *de re*-Zuschreibungen zugunsten der von mir so genannten *epistemisch starken de re*-Zuschreibungen zu vernachlässigen, die gebraucht werden, um eine privilegierte epistemische Relation zu dem Objekt, über das geredet oder nachgedacht wird, zuzuweisen. Die-

ser Umweg (für den Kaplan maßgeblich verantwortlich
zeichnet) war zwar äußerst fruchtbar, denn er ermöglichte
es uns, die besonderen Merkmale des Verhaltens von Demonstrativa (und, infolgedessen, von davon abhängigen
Tokenings von Eigennamen), insbesondere in modalen
Kontexten, besser zu integrieren; dennoch handelte es sich
aus der Sicht des hier von mir behandelten Themas, nämlich Bezogenheit im allgemeinen zu verstehen, trotz allem
um einen Umweg und eine Ablenkung.

Wie uns die Reglementierung erinnert, ist der springende
Punkt, daß es eben die Wendungen sind, mit denen wir
propositionale Einstellungen *de re* zuschreiben, die wir im
alltäglichen Leben verwenden, um auszudrücken, wo*von*
wir reden oder wor*über* wir nachdenken. Man kann demzufolge versuchen, zu einem Verständnis der repräsentationalen Dimension des propositionalen Gehalts zu gelangen, indem man sich fragt, was durch diese fundamentale
Art der repräsentationalen Redewendung ausgedrückt
wird. Was *tun* wir eigentlich, wenn wir Behauptungen
darüber aufstellen, *worüber* jemand redet oder nachdenkt?
Wie muß ein Vokabular gebraucht werden, damit es als
eines gelten kann, das solche *de re*-Zuschreibungen ausdrückt? Gelingt es, diese Frage zu beantworten, ohne zur
Erläuterung dieses Gebrauchs auf repräsentationales Vokabular zurückzugreifen, so befindet man sich auf dem
besten Weg, repräsentationale Beziehungen in nichtrepräsentationalen Begriffen zu verstehen.

## 3. Eingehen und Zuweisen

Der verbleibende Teil dieses Kapitels handelt von der expressiven Rolle von *de re*-Zuschreibungen. Ich trage meine Überlegungen in dem von mir bevorzugten technischen Vokabular vor, das in einigen Hinsichten idiosyn-
kratisch ist. Der springende Punkt jedoch, der mit der Art
und Weise zu tun hat, in der der Gebrauch dieser paradig-

274   *Sprache und Kommunikation*

matischen repräsentationalen Redewendung Unterschiede
in der sozialen Perspektive ausdrückt, hängt nicht von den
Einzelheiten dieses Idioms ab.[7]

Zur Erinnerung: Ich hatte ja bereits geltend gemacht, daß
wir die diskursive Praxis anhand des Einnehmens von
praktischen Einstellungen verstehen sollten, mit deren
Hilfe Gesprächspartner wechselseitig über ihre Festlegungen (und die Berechtigungen zu diesen Festlegungen, die
wir hier aber vernachlässigen können) Konto führen. Behaupten (und somit letzten Endes auch Urteilen) ist das
*Eingehen* oder *Anerkennen* einer Festlegung, die kraft ihrer *inferentiellen* Gliederung propositional gehaltvoll ist.
Letzten Endes ist zu zeigen, was es mit jener inferentiellen
Gliederung auf sich hat, kraft deren behauptbare Gehalte
zugleich auch *repräsentationale* Gehalte sind. Das bedeutet, sich von den propositionalen Gehalten, die als potentielle Prämissen und Konklusionen von Inferenzen eingeführt wurden, über die soziale Dimension der inferentiellen Gliederung, die aus dem wechselseitigen Geben und
Nehmen von Gründen in der Kommunikation besteht,
hin zu den Propositionen zu bewegen, die gewissermaßen
von oder über Gegenstände oder Objekte reden und von
ihnen sagen, wie sie sind. (Ich mache an dieser Stelle kurzen Prozeß mit dem *Objektivitäts*-Teil der Behauptung –
der das Thema des nächsten Kapitels sein wird –, wobei
allerdings darauf verwiesen sei, wie Beurteilungen von
*Wahrheit* im Unterschied zu Beurteilungen von *Überzeugung* und *Rechtfertigung* zuvor [in Abschnitt II/1] dargelegt wurden.)

Wenn man eine Festlegung *eingeht*, so tut man etwas, was
es für andere angemessen macht, diese Festlegung *zuzuweisen*. Dies kann auf zweierlei Weise geschehen. Erstens
kann man die Festlegung *anerkennen*, paradigmatischer-

---

7 Der hier verfolgte Ansatz (einschließlich einer Behandlung sowohl von *de
dicto*-Zuschreibungen als auch von epistemisch starken *de re*-Zuschreibun-
gen) wird ausführlich in Kapitel 8 von *Making It Explicit* dargelegt.

weise dadurch daß man bereit ist, sich zu ihr durch eine offene Behauptung zu *bekennen*. Oder man kann sie anerkennen, indem man sie als eine Prämisse im eigenen theoretischen oder praktischen Begründen einsetzt. Letztgenanntes schließt die Bereitschaft ein, *praktisch* danach zu *handeln* – sie also als eine Prämisse innerhalb des praktischen Begründens zu berücksichtigen, das hinter den intentionalen Handlungen steht, die man faktisch vollzieht. Zweitens kann man die Festlegung *konsequentiell* eingehen, d. h. als eine Konklusion, auf die man festgelegt ist, weil sie als eine inferentielle Konsequenz aus etwas folgt, was man bereits *tatsächlich* anerkennt. Diese beiden Weisen, Festlegungen einzugehen, entsprechen zwei Bedeutungen von ›glauben‹, die oftmals nicht auseinandergehalten werden: nach der einen glaubt man nur das, was man selbst zu glauben glaubt; nach der anderen glaubt man wohl oder übel alles, worauf man durch seinen Glauben festgelegt ist. (Die Tatsache, daß Leute häufig zwischen dem empirischen Sinn von ›glauben‹, der keine inferentielle Geschlossenheit erfordert, und dem logischen oder idealen Sinn, für den das sehr wohl gilt, hin- und herschwanken, ist einer der Gründe, warum ich es vorziehe, in Begriffen von Festlegungen anstatt von Überzeugungen oder Glauben zu reden. Offiziell bin ich von Überzeugungen nicht überzeugt.) Der zweite Sinn von ›glauben‹ ist jener, dem zufolge ich, wenn ich glaube, daß Kant Hamann verehrte, und glaube, daß Hamann der Magus des Nordens war, faktisch auch glaube, daß Kant den Magus des Nordens verehrte. Dabei spielt es keine Rolle, ob sich mir diese Frage jemals gestellt hat oder ob ich weiß, daß es sich so verhält, denn ich habe mich selbst auf diese Behauptung festgelegt.

Das *Zuweisen* von Überzeugungen oder Festlegungen ist eine praktische Einstellung, die *implizit* in jenen Kontoführungspraktiken enthalten ist, in deren Rahmen allein etwas die Signifikanz einer Behauptung oder eines Urteils

276    *Sprache und Kommunikation*

besitzen kann. Das *Zuschreiben* von Überzeugungen oder Festlegungen ist das *Explizit*machen jener *impliziten* praktischen Einstellung, und zwar in Form einer Behauptung. In einer Sprache, die über keine expliziten einstellungszuschreibenden Wendungen wie ›glaubt, daß‹ oder ›behauptet, daß‹ verfügt, bleibt das Zuweisen von Festlegungen etwas, was man lediglich *tun* kann. Durch Wendungen der Zuschreibung propositionaler Einstellungen wird es möglich, explizit zu *sagen*, daß man genau dies tut. Man kann nun diese praktische deontische Kontoführungseinstellung als einen propositionalen Gehalt ausdrücken, d.h. als den Gehalt einer Behauptung. In dieser Form kann die Einstellung als eine Prämisse oder Konklusion einer Inferenz auftauchen; sie wird zu etwas, was als ein Grund geliefert werden kann und wofür Gründe gefordert werden können. Als Musterbeispiel für *explizitmachendes* Vokabular, als das Wendungen zur Zuschreibung propositionaler Einstellungen eingestuft werden, gilt das Konditional. Der Gebrauch des Konditionals macht die Billigung einer *Inferenz* als den Gehalt einer Behauptung und somit als etwas, was man *sagen* kann, explizit – also eine Einstellung, die man andernfalls nur durch das, was man *tut*, manifestieren könnte. Zuschreibungsvokabular wie ›glaubt‹ oder ›behauptet‹ macht die *Zuweisung* doxastischer Festlegungen in Form von behauptbaren Gehalten explizit.

## 4. Zuschreiben

Wenn man eine Zuschreibungsbehauptung der Form

  S glaubt (oder ist auf die Behauptung festgelegt), daß
  $\Phi(t)$

behauptend äußert, tut man also zwei Dinge, macht sich zwei unterschiedliche deontische Einstellungen zu eigen: Man *weist* eine doxastische Festlegung *zu*, nämlich auf $\Phi(t)$, und man *geht* eine andere Festlegung *ein*, nämlich eine Festlegung auf die Zuschreibung. Die explizitmachende Rolle von Zuschreibungswendungen besagt, daß der Gehalt der Festlegung, die man *eingeht*, in Begriffen dessen zu verstehen ist, was man tut, wenn man die erste Festlegung *zuweist*.

Die obige Zuschreibung spezifiziert den Gehalt der zugewiesenen Festlegung unter Verwendung eines nichtmodifizierten ›daß‹-Satzes, der unserer Reglementierung zufolge einer Zuschreibung *de dicto* entspricht. Um meine Geschichte weiterzuspinnen, müßte ich eigentlich ein wenig mehr darüber sagen, wie diese Zuschreibungen arbeiten, was ich mir allerdings an dieser Stelle sparen werde. Grob gesagt ist der Zuschreiber, der den Gehalt der zugewiesenen Festlegung im *de dicto*-Stil angibt, darauf festgelegt, daß die Zielperson der Zuschreibung bereit ist, die zugewiesene Festlegung *anzuerkennen*, und zwar mehr oder weniger in den spezifizierten Begriffen. Mit anderen Worten: Er ist darauf festgelegt, daß die Zielperson bereit ist, das *Diktum* zu billigen.[8]

Ich würde gerne eine angemessene Analyse von *de dicto*-Zuschreibungen propositionaler Einstellungen als erledigt betrachten und zeigen, was bei *de re*-Zuschreibungen anders ist, also bei den Zuschreibungen, die in folgender Weise reglementiert sind:

S behauptet **von** t, daß Φ(es).

Zur ersten Orientierung in diesem Problemfeld erscheint es mir wichtig zu erkennen, daß (sobald die von mir so bezeichneten ›epistemisch starken *de re*-Zuschreibungen‹ ausgesondert worden sind) die Unterscheidung zwischen *de dicto* und *de re* nicht dazu dient, zwei Arten von *Über-*

---

8 Klarerweise muß eine solche Analyse noch verbessert werden, um mit jenen Fällen zurechtzukommen, in denen derjenige, dem eine propositionale Einstellung zugeschrieben wird, indexikalische Ausdrücke oder eine andere Sprache verwenden würde, um diese Einstellung zum Ausdruck zu bringen. Vgl. dazu Kapitel 8 von *Making It Explicit*.

278    *Sprache und Kommunikation*

*zeugungen* oder Überzeugungsgehalten auseinanderzuhalten, sondern zwei Arten von *Zuschreibungen* – insbesondere zwei unterschiedliche *Stile*, in denen der Gehalt der zugeschriebenen Festlegung *spezifiziert* werden kann.[9] (Dennett ist unter denen, die diese Linie verfolgen, vielleicht der prominenteste.)[10]

Wenn man den Gehalt der Behauptung spezifiziert, die durch eine Zuschreibung zugewiesen wird, stößt man möglicherweise auf die Frage, wen der Zuschreiber eigentlich dafür verantwortlich hält, daß es sich dabei um eine Art und Weise handelt, zu *sagen*, was geglaubt wird, also um die Art und Weise, den Gehalt der Festlegung explizit zu machen. Stellen wir uns einen gewieften Staatsanwalt vor, der die Einlassung seines Gegners mit den Worten charakterisiert:

> Der Verteidiger glaubt, ein pathologischer Lügner sei ein glaubwürdiger Zeuge.

Der Verteidiger könnte dem heftig widersprechen:

> Mitnichten; meine Überzeugung ist, daß der Mann, der soeben ausgesagt hat, ein glaubwürdiger Zeuge ist.

Darauf könnte der Staatsanwalt entgegnen:

> Eben, und ich habe Beweise vorgelegt, die jeden überzeugen sollten, daß der Mann, der gerade ausgesagt hat, ein pathologischer Lügner ist.

Wenn der Staatsanwalt bei der Charakterisierung der Behauptung des anderen gewissenhaft wäre, würde er klar-

---

9 Daß dies richtig ist, läßt sich unter anderem daran feststellen, daß die Operatoren, die Zuschreibungen bilden, *iteriert* werden können: S' kann von t behaupten, daß S von ihm (= t) behauptet, daß $\Phi$(es). Somit gäbe es in jedem Fall nicht *zwei* unterschiedliche Arten von Überzeugungen (*de dicto* und *de re*), sondern eine unendliche Zahl.

10 Dennett, Daniel, »Beyond Belief«, in: *Thought and Object*, hg. von Woodfield, A., Oxford 1982, S. 1–96.

stellen, wer wofür verantwortlich ist: Der Verteidiger behauptet, jemand sei ein glaubwürdiger Zeuge, und der Staatsanwalt behauptet, dieser Mann sei ein krankhafter Lügner. Die Meinungsverschiedenheit dreht sich darum, ob dieser Mann ein Lügner ist, und nicht darum, ob Lügner glaubwürdige Zeugen sind. Unter Verwendung der oben vorgeschlagenen Reglementierung wäre das durch eine *de re*-Spezifikation des Gehalts der zugeschriebenen Überzeugung explizit zu machen. Der Staatsanwalt *hätte* (Gerichtsrhetorik beiseite) sagen *sollen*:

> Der Verteidiger behauptet **von** einem pathologischen Lügner, daß er ein glaubhafter Zeuge ist.

Auf diese Weise wird die Aufteilung der in die Zuschreibung involvierten Verantwortung explizit gemacht. Daß jemand ein glaubwürdiger Zeuge ist, ist Teil der Festlegung, die der Zuschreiber *zuweist*; daß diese Person in Wirklichkeit ein pathologischer Lügner ist, gehört zu der Festlegung, die er selbst *eingeht*. (Man erinnere sich an die Analyse der Rolle der Wahrheitsbedingung bei Wissenszuweisungen.) Wenn *wir*, als Theoretiker, über diese Dinge nachdenken, sollten wir selbstverständlich eine solche vereindeutigende Reglementierung verwenden, wenn wir auf der Höhe des analytischen Credos bleiben wollen, das zu Redlichkeit, Zuversicht und Klarheit verpflichtet (auch wenn wir nicht sicher sind, ob Klarheit am höchsten zu bewerten sei).

Zu einer Zuschreibung gehört immer das Zuweisen einer doxastischen Festlegung und, da Zuschreibungen ihrerseits Behauptungen oder Urteile sind, das Eingehen einer anderen. Ich vertrete die Auffassung, daß die expressive Funktion von *de re*-Zuschreibungen propositionaler Einstellungen darin besteht, explizit zu machen, welche Aspekte des Gesagten *zugewiesene* Festlegungen ausdrücken und welche Aspekte *eingegangene* Festlegungen ausdrücken. Der Teil der Gehaltsspezifikation, der innerhalb

280    *Sprache und Kommunikation*

des *de dicto*-›daß‹-Satzes liegt, ist auf das beschränkt, was, nach Auffassung des Zuschreibers, derjenige, dem die Festlegung zugeschrieben wird, als einen Ausdruck seiner Festlegung *anerkennen* würde (oder in einem starken Sinn anerkennen sollte). Der Teil der Gehaltspezifikation, der im Bereich des *de re*-›von‹ liegt, enthält das, was aus Sicht des *Zuschreibers* der Festlegung (nicht aber unbedingt aus Sicht desjenigen, dem sie zugeschrieben wird) als ein Ausdruck der Festlegung der von der Zuschreibung betroffenen Person anerkannt wird (und was diese nach Auffassung des Zuschreibers anerkennen sollte – allerdings in einem sehr viel schwächeren Sinn von ›sollte‹). Indem man die Teile der Gehaltspezifikation einer Zuschreibung einer propositionalen Einstellung als *de dicto*- bzw. *de re*-Teile markiert, macht man somit die wesentliche deontische Kontoführungsunterscheidung explizit, die hinsichtlich der *sozialen* Perspektive zwischen Festlegungen, die zugewiesen werden, und solchen, die eingegangen werden, besteht.

## 5. Substitutionale Festlegungen

Man kann sich den Unterschied, der durch die Aufteilung der Gehaltspezifikation von Zuschreibungen propositionaler Einstellungen in distinkte *de re*- und *de dicto*-Bereiche ausgedrückt wird und in unserer Reglementierung durch ›von‹ und ›daß‹ markiert ist, anhand von *inferentiellen* und *substitutionalen* Festlegungen klarmachen. Meinem Modell zufolge sind propositionale, d.h. behauptbare Gehalte inferentiell gegliedert. Einen solchen Gehalt zu begreifen heißt, in der Praxis unterscheiden zu können, was aus seiner Billigung folgen sollte und woraus eine solche Billigung folgen sollte. Die Folgen der Billigung einer gegebenen Behauptung hängen jedoch davon ab, welche anderen Festlegungen zum Einsatz als Hilfshypothesen in der Inferenz zur Verfügung stehen. Beim Spezifizieren des

Gehalts der zugeschriebenen Festlegung kann der Zuschreiber einer doxastischen Festlegung auf zwei unterschiedliche Perspektiven zurückgreifen, aus denen er diese Hilfshypothesen gewinnen kann: Die Perspektive desjenigen, dem sie *zugeschrieben* wird, und die Perspektive desjenigen, der sie *zuschreibt*. Sollte die Gehaltspezifikation allein auf Hilfsprämissen beruhen, die die Zielperson der Zuschreibung (aus Sicht des Zuschreibers) als ihre Festlegungen *anerkennt*, auch wenn der Zuschreiber das vielleicht nicht tut, so wird sie an die *de dicto*-Stelle gesetzt, also in den ›daß‹-Satz. Sollte die Gehaltspezifikation von Hilfsprämissen abhängen, die der *Zuschreiber* billigt, die Zielperson der Zuschreibung aber nicht unbedingt, so wird sie an die *de re*-Stelle verfrachtet.

Darüber hinaus ist der Gebrauch von Ausdrücken als singuläre Termini *substitutions*-inferentiellen Festlegungen unterworfen.[11] Die Regel, die ich zur Bestimmung der Kontoführungssignifikanz und somit der expressiven Funktion von *de re*-Zuschreibungen vorschlagen möchte, lautet dann wie folgt: Nehmen wir an, daß B gemäß A's Kontoführung über Festlegungen die Festlegung zu der Behauptung $\Phi(t)$ anerkennt. A kann dann diese Zuweisung einer Festlegung in Form einer Behauptung explizit machen, indem er sagt:

B behauptet, **daß** $\Phi(t)$.

Wenn A zudem die Festlegung auf die Identität $t = t'[t']$ anerkennt, dann kann A, ganz egal ob er von der Anerkennung dieser Festlegung durch B ausgeht, den Gehalt der B zugeschriebenen Festlegung ebenfalls charakterisieren, indem er sagt:

B behauptet **von** $t'$, daß $\Phi$(es).

Wiederum stellt sich nun die Frage, auf wessen substitutionale Festlegungen man zurückgreifen darf, will man die

---

11 Dieser Gedanke wird in Kapitel 6 von *Making It Explicit* ausbuchstabiert.

282    *Sprache und Kommunikation*

Folgen genauer angeben, auf die jemand dadurch festgelegt ist, daß er eine bestimmte doxastische Festlegung anerkennt. Dort, wo der Zuschreiber beim Charakterisieren der Festlegung jene Konsequenzen herausgeschält hat, die lediglich in den Festlegungen bestehen, die das Zuschreibungsziel anerkennen würde, handelt es sich um eine *de dicto*-Gehaltspezifikation. Sollte der Zuschreiber allerdings substitutionale Festlegungen einsetzen, die er zwar selbst billigt, die Zielperson vielleicht aber nicht, dann haben wir es mit einer *de re*-Gehaltspezifikation zu tun.

Hier könnte natürlich die Frage auftauchen, ob es Redewendungen gibt, die die umgekehrte Funktion ausüben und es einem gestatten, eine behauptende Festlegung *einzugehen*, während man jemand anderem die Verantwortung für den Gebrauch jenes singulären Terminus *zuweist*, der bestimmt, welche *substitutionalen* Festlegungen beim Herausziehen seiner inferentiellen Konsequenzen zu verwenden sind. Ich glaube, daß diese wichtige expressive Rolle von *distanzierenden Anführungszeichen* gespielt wird. Angenommen, ein Politiker sagt:

> Die patriotischen Freiheitskämpfer haben das Dorf befreit.

Seine Gegenspielerin, die damit nicht einverstanden ist, aber dennoch klarstellen möchte, daß sie über die gleichen Leute redet, könnte entgegnen:

> Jene »patriotischen Freiheitskämpfer« haben die gesamte Dorfbevölkerung niedergemetzelt.

Mit dieser Aussage wird die Verantwortung für den Gebrauch des Terminus zugewiesen, wohingegen die Verantwortung für die Behauptung eingegangen wird. Ich kann einfach nicht erkennen, warum die expressive Rolle von distanzierenden Anführungszeichen nicht in jeder Hinsicht genauso philosophisch bedeutsam sein soll wie die von *de re*-Zuschreibungen, auch wenn der größte Teil der

Literatur über diese beiden Themen behauptet, dies sei eine idiosynkratische Sichtweise.

Nach meinem Verständnis jedenfalls ist das, was durch *de re*-Spezifikationen der Überzeugungsgehalte anderer ausgedrückt wird, entscheidend für *Kommunikation*. Verstehen zu können, was andere sagen, und zwar in dem Sinn, daß deren Äußerungen zur Verwendung als Prämissen in den eigenen Inferenzen verfügbar werden, beruht gerade darauf, diese Gehalte *de re* und nicht bloß *de dicto* spezifizieren zu können. Wenn ich, wie im folgenden Beispiel, den Gehalt der Überzeugung eines Schamanen allein durch eine *de dicto*-Zuschreibung spezifizieren kann, indem ich sage

> Er glaubt, gegen Malaria könne man sich schützen, indem man den aus dieser Baumrinde gewonnenen Trank zu sich nimmt,

so kann ich unter Umständen die Wahrheit seiner Behauptung nicht beurteilen. Das ist anders, wenn ich diesen Gehalt in der *de re*-Zuschreibung

> Er glaubt von Chinin, daß es gegen Malaria schützt,

angeben kann, denn ›Chinin‹ ist ein Ausdruck, der reichlich inferentielle Verbindungen zu anderen Ausdrücken unterhält, von denen ich weiß, wie sie anzuwenden sind. Wenn der Schamane sagt, der siebte Gott sei gerade aufgegangen, so weiß ich vielleicht nichts mit seiner Bemerkung anzufangen. Zweifellos hat die Aussage für ihn Konsequenzen, denen ich nicht beipflichten könnte, so daß nichts, was ich sage, genau das *bedeuten* könnte, was seine Bemerkung bedeutet. Wenn mir allerdings mitgeteilt wird, daß es sich bei dem siebten Gott um die Sonne handelt, so kann ich den Gehalt seines Berichts auf eine für mich brauchbarere Weise spezifizieren:

> Er behauptet von der Sonne, daß sie gerade aufgegangen ist.

284    *Sprache und Kommunikation*

Das ist nun eine Formulierung, der ich *Informationen* entnehmen kann, die ich also zur Erzeugung von Prämissen verwenden kann, mit denen ich überlegen und schlußfolgern kann. Oder man nehme einen Studenten, der behauptet:

> Die größte Zahl, die nicht die Summe der Quadrate distinkter Primzahlen ist, ist die Summe von höchstens 27 Primzahlen.

Der Student hat vielleicht keine Ahnung, welche Zahl das ist, oder glaubt fälschlicherweise, sie sei extrem groß. Wenn ich nun aber weiß:

> 17 163 ist die größte Zahl, die nicht die Summe der Quadrate verschiedener Primzahlen ist,

dann kann ich den Inhalt seiner Behauptung *de re* charakterisieren:

> Der Student behauptet **von** der Zahl 17 163, daß sie die Summe von höchstens 27 Primzahlen ist,

und ich kann aus dieser Behauptung Inferenzen ziehen, um zu sehen, ob sie im Lichte meiner restlichen Überzeugungen einleuchtend ist. (Sie ist im übrigen wahr, weil *alle* natürlichen Zahlen die Summe von höchstens 27 Primzahlen sind.) Dadurch, daß ich identifizieren kann, worüber gesprochen wird, wird es mir möglich, über eine doxastische Kluft hinweg Informationen zu entnehmen.

Zuerst haben wir den entscheidenden Unterschied zwischen dem *Zuweisen* einer Festlegung und dem *Eingehen* oder Anerkennen einer Festlegung in der Diskussion der Wahrheitsbeurteilungen und des Wissens wahrgenommen. Wir sehen nun, was vor sich geht, wenn wir uns von der Behauptung

> Es ist wahr, daß Benjamin Franklin die Zweistärkenbrille erfunden hat,

die ja das Eingehen einer Festlegung des Inhalts ist, daß
Benjamin Franklin die Zweistärkenbrille erfunden hat,
über das Eingehen einer Festlegung auf die Behauptung,
daß Benjamin Franklin der Erfinder des Blitzableiters ist,
zu der Behauptung bewegen:

> Es ist wahr **vom** Erfinder des Blitzableiters, daß er
> die Zweistärkenbrille erfunden hat.

(Durch ebendiese ›wahr von‹-Redewendung wird eine
Verbindung hergestellt, und zwar zwischen dem, was zuvor über die wesentlich soziale Struktur von Wahrheitsbeurteilungen gesagt wurde und der gerade gelieferten
Analyse jener sozialen Struktur, die *de re*-Zuscheibungen
propositionaler Einstellungen zugrunde liegt.) Um dem,
was andere sagen, Informationen entnehmen zu können,
muß man begreifen, was ausgedrückt wird, wenn man *de
re*-Charakterisierungen der Gehalte ihrer Überzeugungen
vorlegt – d.h. man muß sagen können, *von* was ihre
Überzeugungen wahr wären, wenn sie wahr wären. Man
muß also den *repräsentationalen* Gehalt ihrer Behauptungen begreifen. Und ich habe vorgetragen, daß dies in
nichts anderem besteht, als die *soziale* Dimension der inferentiellen Gliederung dieser Behauptungen zu beherrschen.

Wenn wir uns die *de re*-Spezifikationen des Gehalts von
*Absichten* anschauen, werden wir sehen, daß dort die Vor-
hersage oder die Erklärung des *Erfolgs* von Handlungen
eine Rolle spielt, die der von Beurteilungen der *Wahrheit*
im Fall von *Überzeugungen* ähnelt. Somit gelangen wir
von der *de dicto*-Zuschreibung einer Absicht, etwa:

> Nicole beabsichtigt, einen Hirsch zu schießen

zusammen mit der *de re*-Zuschreibung einer Überzeugung:

> Nicole glaubt von dieser Kuh, daß sie ein Hirsch ist

286  *Sprache und Kommunikation*

zu der *de re*-Zuschreibung einer Absicht:

Nicole beabsichtigt von dieser Kuh, sie zu schießen.

Um die unterschiedlichen Aspekte ihres Verhaltens zu erklären, würden wir auf diese perspektivisch unterschiedlichen Arten zurückgreifen, den Gehalt ihrer Absicht zu
spezifizieren. Wenn wir vorhersagen oder erklären wollen,
was Nicole zu tun *versucht*, so sollten wir die *de dicto*-
Spezifikation ihrer Absicht und ihrer Überzeugung heranziehen. Wollen wir aber vorhersagen oder erklären, was
sie *erfolgreich* tun wird, was also tatsächlich passieren
wird, dann sollten wir die *de re*-Spezifikationen verwenden. Denn diese werden erklären, warum sie eine Kuh
schießen wird, auch wenn sie eigentlich einen Hirsch
schießen will. Der Erfolg von Handlungen spielt dieselbe
Rolle wie die Wahrheit von Behauptungen, zumindest was
den Unterschied zwischen *de re-* und *de dicto*-Spezifika-
tionen des Gehalts von intentionalen Einstellungen angeht.

## III. Ergebnis

Ich habe behauptet, daß es sich bei den primären repräsentationalen Redewendungen in der gewöhnlichen Sprache, also bei denjenigen, die wir verwenden, um über die
repräsentationale Dimension unseres Denkens und Redens zu reden – um anzugeben, *über* was wir reden und
nachdenken – um *de re*-Zuschreibungen propositionaler
Einstellungen handelt. Die Worte ›von‹ und ›über‹, die wir
gebrauchen, um intentionale Gerichtetheit auszudrücken,
erhalten ihre Bedeutung durch die Rolle, die sie in solchen
Zuschreibungen spielen. Ich habe zudem geltend gemacht,
daß die expressive Rolle solcher Redewendungen darin
besteht, den Unterschied hinsichtlich der sozialen Perspektive explizit zu machen, der involviert ist, wenn wir

unsere Kontenbücher dahingehend, wer auf was festgelegt ist, in Ordnung halten. Das wechselseitige Kommunizieren von Behauptungen, die sowohl dem Sprecher als auch den Zuhörern als Gründe zur Verfügung stehen müssen, und zwar ungeachtet der Unterschiede seitens der kollateralen Festlegungen, schließt die soziale Dimension des Folgerns ein, und es ist diese soziale Dimension, die der repräsentationalen Dimension des Diskurses zugrunde liegt.

Überzeugungen und Behauptungen, die *propositional* gehaltvoll sind, sind notwendigerweise *repräsentational* gehaltvoll, weil ihre inferentielle Gliederung wesentlich eine *soziale* Dimension beinhaltet. Diese soziale Dimension läßt sich nicht umgehen, denn die inferentielle Signifikanz einer Behauptung, verkörpert durch die angemessenen Vorder- und Nachsätze einer doxastischen Festlegung, hängt von einem Hintergrund aus Begleitfestlegungen ab, die als Hilfshypothesen bereitstehen. Somit muß jede Spezifikation eines propositionalen Gehalts aus der Perspektive irgendeiner solchen Menge von Festlegungen zustande gebracht worden sein. Man möchte sagen, die *richtige* inferentielle Rolle werde durch diejenigen kollateralen Behauptungen bestimmt, die *wahr* sind. Und genau so ist es; das ist es, was *jeder* Gesprächspartner sagen möchte, denn jeder beurteilt die inferentiellen Richtigkeiten aus einer zumindest minimal anderen Perspektive. Mit repräsentationalen Redewendungen wird das Sortieren von Festlegungen in diejenigen, die zugewiesen werden, und diejenigen, die eingegangen werden, explizit gemacht. In Anbetracht dieser Perspektivenunterschiede wäre Kommunikation ohne dieses Sortieren unmöglich. Die *repräsentationale* Dimension der propositionalen Gehalte reflektiert die *soziale* Struktur ihrer *inferentiellen* Gliederung im Spiel des Gebens und Verlangens von Gründen.

# Friedrich Kambartel

*Erkennen und Verstehen sind praktische Kompetenzen. Ob sie bestehen und wie gut sie ausgeprägt sind, wird gemeinsam beurteilt. Jede individuelle Handlungskompetenz ist in der einen oder anderen Weise sprachlich vermittelt. Jedes rechte Verständnis von etwas zeigt sich dennoch am Ende nur in der kompetenten Teilnahme an humanen Praxisformen, nicht (nur) in dem, was wir begleitend sagen. Derartige Meinungen oder Kommentare etwa zu Handlung und Arbeit, zum Wert des Geldes oder zur Praxis religiöser Rede können nämlich, wie wir anhand der Analysen Kambartels sehen lernen, unvernünftiger sein als die Praxis selbst. Dies ist eine Grundeinsicht in die Funktionsweisen und Gefahren jeder Mythenbildung: Das Reden in einer Praxis oder über eine Praxis kann sich von der Praxis ablösen. Die Idee einer Philosophie als Demythisierung durch Rekonstruktion vernünftigen Redens über unsere Praxisformen entwickelt Kambartel in seinen früheren Schriften zunächst in freier Anlehnung an den methodischen Konstruktivismus Paul Lorenzens und in kritischer Auseinandersetzung mit der Diskurstheorie von Habermas. Wittgensteins Idee problembezogener philosophischer Therapeutik führt dann weiter zur Einsicht, dass für die Beförderung eines guten Verständnisses humaner Lebensformen alle möglichen sprachlichen Mittel recht sein können, wenn sie nur zum Erfolg, eben zum besseren Verständnis führen. Damit verliert die ›analytische‹ Rekonstruktion ›des‹ Sinns von Formen einer (Rede-)Praxis ihren ausgezeichneten Status.*

*Nun hatte freilich auch Wittgenstein im Ausgang von Frege mit Hilfe analytischer Rekonstruktionen gezeigt, dass sich hinter sogenannten ›ontologischen‹ Problemen wie z. B. der Frage nach der Existenz(weise) von Zahlen und Mengen immer die Aufgabe verbirgt, durch angemessene-*

*Friedrich Kambartel* 289

re Kommentare zur Rede- und Rechentechnik der Mathematik ein besseres Verständnis dieser Technik zu entwikkeln. Wie weit damit auch die Praxis der Mathematik selbst in Frage steht, ob also der Philosoph dem Mathematiker als Mathematiker etwas zu sagen hat oder nur als Kommentator seines Tuns, ist dabei sekundär. Daher kann man die Mathematik weitgehend lassen, wie sie ist. Zweck der Philosophie ist die Entwicklung des (Selbst-)Bewusstseins im Bezug auf die Teilnahme an den Praxisformen, die eine humane Welt ausmachen. Dem jeweiligen Sachbezug sind dabei allgemeine Erwägungen zur Methode der Philosophie unterzuordnen. Dies gilt auch dort, wo es um ›allgemeine‹ Erläuterungen der Möglichkeit von Sprache, Kommunikation und Kooperation geht, insbesondere auch im Blick auf die Begriffe oder besser die Ideen des menschlichen Geistes, also auf die Vielfalt der Verwendungen von Worten wie »(Selbst-)Bewusstsein« oder »Vernunft«, »Verstehen« oder »Erklären«.

Allerdings führt die inzwischen übliche Einteilung der Philosophie in Sparten wie ›theoretische‹ und ›praktische‹ Philosophie oder in Sprachphilosophie und Philosophie des Geistes dort in die Irre, wo materiale Probleme nicht ohne allgemeinere Betrachtungen begrifflicher, oder (in der Sprechweise Wittgensteins) ›grammatischer‹ Formen des Urteilens und Schließens, des Argumentierens und Handelns lösbar sind. Angesichts der wachsenden Unübersichtlichkeit unseres eigenen Wissens und Könnens als Folge immer komplexerer Arbeitsteilung wächst nämlich auch die Bedeutung sprachlicher Verdichtung unter Erhalt der Genauigkeit des Denkens, da sie die (Wieder-)Herstellung übersichtlicher Orientierungen fördert, wie sie jedes autoritätskritische Urteil nötig hat. Dies wird um so wichtiger, je mehr sich die Philosophie trotz der Attitüde des Selbstdenkens Themen und Urteilsmaßstäbe aus der Geschichte und einem implizit anerkannten Literaturkanon vorgeben lässt.

290  *Sprache und Kommunikation*

## Versuch über das Verstehen

Vor allem im alltäglichen sprachlichen Verkehr treten uns
die Sätze der Sprache zunächst in der Form konkreter, in
bestimmte Situationen des Lebens eingebetteter Rede
entgegen. Das heißt, Sätze werden an bestimmten Orten, zu bestimmten Zeiten, unter bestimmten Umständen,
von bestimmten Personen, gegenüber bestimmten Personen geäußert. Und häufig gehen der Äußerung bestimmte
andere Reden vorher oder folgen ihr, insbesondere den
Sinn des Gesagten betreffend, nach. Unsere Rede verrichtet so jeweils eine bestimmte, konkrete Arbeit, löst bestimmte Probleme, leistet eine bestimmte Orientierung –
hier ist Wittgensteins Wahrnehmung der Sprache als eines
Teils menschlicher *Tätigkeit* am schwersten zu unterschlagen.
Die Äußerung des Satzes als konkretes Handeln in konkreten Situationen will ich den *konkreten* Satz nennen.
Wenn wir den konkreten Satz nicht verstehen, so stehen
uns in der konkreten Situation viele Möglichkeiten zur
Verfügung, um ein gemeinsames Verständnis herzustellen:
wir können insbesondere den konkreten Satz mit weiteren
(konkreten) *Sätzen* kommentierend erläutern. Wir können
unsere Verständnisse und Mißverständnisse auch über die
unsere Rede umgebende konkrete *Handlungs*situation
(und deren Zusammenhang mit unseren Reden) bearbeiten und verändern. Für das Hermeneutische ist hier durch
die *dialogische und praktische* Einbettung des konkreten
Satzes also zunächst gesorgt.
Auf der anderen Seite begegnen uns viele Sätze eher *abstrakt*, das heißt so, daß sich ihnen, aus verschiedenen
Gründen, keine konkrete Verwendungs- und Gesprächssituation zuordnen läßt. Dies ist etwa der Fall bei der An-
führung von Sätzen in Grammatikbüchern, oft beim bloßen Zitat, aber auch im allgemeinen bei Sätzen, die in phi-

losophischen Texten oder wissenschaftlichen Theorien auftreten. Hier, im zuletzt genannten Fall, beschränkt sich die Umgebung des (betrachteten) Satzes häufig auf weitere Sätze; oder die Situationen, auf welche der Satz bezogen ist, sind nur *allgemein*, durch *Beschreibung* gegeben (vorgestellt), als Teil des »abstrakten« Kontextes also. Die sprachliche Vergegenwärtigung von (reproduzierbaren) Laborsituationen, von moralischen Dilemmata oder gar von Schreibtischsituationen (wie bei Husserl) ist etwa von dieser Art.

Der *abstrakte* Satz muß vom *unbestimmt konkreten Satz* unterschieden werden. Der unbestimmte konkrete Satz ist konkret gemeint und verwendet; lediglich ist die Situation, in welche er gehört, verborgen; so wenn wir das Fragment eines Gespräches hören oder uns eine Äußerung berichtet wird, ohne daß der Bericht die Äußerungssituation mitführt.

Die Situation, auf welche ein Satz bezogen werden muß, damit wir die Orientierungsarbeit, welche er verrichtet oder verrichten soll, identifizieren können, möchte ich seinen *Bezug* nennen. Nach den getroffenen Unterscheidungen kann der Bezug des Satzes insbesondere konkret, unbestimmt konkret oder allgemein sein.

Der abstrakte Satz stellt sich häufig zugleich in dem Sinne als »allgemein« dar, daß er keine Ausdrücke enthält, welche ihn in einer konkreten Redesituation verankern könnten, insbesondere also keine im engeren Sinne deiktischen Terme. Und doch kann der so verstandene allgemeine Satz natürlich Eigennamen enthalten, wenn etwa Theorien über einen individuellen Verlauf formuliert werden.

Abstrakte, vor allem allgemeine (oder allgemein bezogene) Sätze (und jede Weltorientierung, die sich ihrer wesentlich bedient) stellen uns vor besondere hermeneutische Probleme; wenn wir nämlich das Verstehen unserer Sätze in einer Wittgensteinschen Perspektive betrachten. Ich will diese Perspektive, die im Anschluß an bestimmte Passagen

292    *Sprache und Kommunikation*

aus den *Philosophischen Untersuchungen* Wittgensteins
vor allem für das so genannte »Regelfolgen« erörtert wird,
zunächst etwas ausarbeiten:

Ob wir ein (gemeinsames) Verständnis etwa einer arith-
metischen Operation besitzen, zeigt sich, wenn wir Wittgenstein folgen, durch die Übereinstimmung, welche wir
in der Befolgung dieser Anweisung erzielen können. Daß
wir hier übereinstimmen, ist nicht nur ein *Symptom* unseres Verstehens, sondern *konstitutiv* für das, was wir das
Verstehen des Gemeinten *nennen*.

Natürlich können wir uns in einer entwickelten *sprachlichen* Praxis auch um übereinstimmende *Kommentare* bemühen, z. B. indem wir explizite Regel*ausdrücke*, Formeln
für das allgemeine Glied einer Zahlenfolge etwa, formulieren. Auch dies ist, so ließe sich sagen, als *sprach*praktische
Übereinstimmung Teil der Übereinstimmung im ganzen,
welche im jeweiligen Fall das Verstehen ausmacht.

Die übereinstimmende Anerkennung des sprachlichen
Ausdrucks unserer Handlungsorientierungen ist allerdings
immer der Gefahr ausgesetzt, *bloß verbal* zu sein. Daher
muß auch die gelungene (akzeptierte) sprachliche Fassung
letztlich an das *praktische* Verstehen geknüpft sein, daran,
daß wir uns im praktischen Vollzuge einig sind.

Wenn es nun zunächst darum geht, den Sinn eines konkreten Satzes, einen konkreten Zug im Sprachspiel zu verstehen, so müssen wir einen Unterschied zur Situation bei
Rechenübungen beachten: Beim Rechenunterricht, wie
überhaupt beim Regelfolgen, tritt im allgemeinen die Differenz zwischen dem *Verstehen* des Gemeinten und seiner
*Anerkennung* als handlungsleitende Orientierung nicht
auf. Es geht hier schließlich gerade darum, entsprechend
der Anweisung oder Regel zu *handeln*, etwa dadurch die
geforderte Kompetenz zu zeigen.

Dagegen verlangen wir von demjenigen, der eine Feststellung oder Norm verstehen soll, normalerweise nicht, daß
er sie sich selbst zu eigen macht und dies praktisch zeigt.

*Friedrich Kambartel* 293

Er könnte die Feststellung für falsch halten und die Norm unakzeptabel finden.

Der Zusammenhang des konkreten Satzes *mit unserem Handeln* muß nun allerdings nicht derjenige einer Handlungsorientierung und ihrer schlichten Befolgung (Anwendung) sein. Ob und wie wir den konkreten Satz verstehen, zeigt sich praktisch vielmehr allgemeiner darin, wie wir auf ihn reagieren, welche Rolle wir ihm in unserem auf seine Äußerung folgenden Handeln geben. Diese Folgepraxis mag zunächst in Argumenten, Fragen, Kommentierungen und Erläuterungen des Gesagten bestehen, bettet dann also den zu verstehenden Satz in ein bestimmtes *sprachliches* Handeln, in eine *dialogische* Umgebung, ein; und diese kann schließlich auch *von uns selbst anerkannte* Handlungsorientierungen enthalten, welche dann *unmittelbar handlungsleitend* für uns werden, in Analogie zum Fall der Anwendung einer Rechenregel. In dieser *gesamten* Folgepraxis, insbesondere in der darin eingeschlossenen sprachlichen Folgepraxis, und durch sie können wir unsere Verständnisse und Mißverständnisse gleichsam am Werke sehen und über die Herstellung praktischer Gemeinsamkeit korrigieren.

Es reicht nicht, daß jemand lediglich *Sätze unserer Sprache spricht*, wenn wir ihn verstehen wollen. Es muß uns am Ende eine gemeinsame *praktische* Einbettung dieser Sätze gelingen. Wo dies nicht der Fall ist, bleibt uns der bloße Sprecher fremd, undurchsichtig wie der sprechende Löwe der Bemerkung in Wittgensteins *Philosophischen Untersuchungen* (II XI).[1]

Das Verstehen des konkreten Satzes ist also im allgemeinen in einem doppelten Sinne praktisch konstituiert, als angemessene *dialogische* Einbettung und als mehr oder

---

1 *Philosophische Untersuchungen, Schriften,* Bd. 1, Frankfurt a. M.: Suhrkamp, 1960, S. 536; *Werkausgabe,* Bd. 1, Frankfurt a. M.: Suhrkamp, 1984, S. 568.

294　*Sprache und Kommunikation*

minder unmittelbares *praktisches* Verstehen bestimmter Elemente in der dialogischen Umgebung des konkreten Satzes. Ich werde daher im folgenden von einem dialogisch-praktisch konstituierten Verstehen, kurz: von einem *dialogisch-praktischen Verstehen* sprechen; und das bedeutet selbstverständlich das »grammatische« Prinzip, daß unser Sprachverstehen richtigerweise über unsere *dialogisch-praktische Übereinstimmung* zu begreifen ist.

Dialogisch-praktisch eingebettete hermeneutische Kommentare können wir mit Frege *Erläuterungen* nennen und sie dann von semantischen *Erklärungen* im Sinne der klassischen Definitionstheorie abheben. Semantische Erklärungen sollen uns Regeln des Sprachgebrauchs im engeren Sinne angeben, wie im Falle von expliziten Definitionen oder anderen Substitutionsregeln für sprachliche Ausdrücke. Semantische Erläuterungen sind *situationsimmanente* Kommentare oder Hinweise; semantische Erklärungen versuchen den Sprachgebrauch *situationsübergreifend* zu bestimmen.

Vernachlässigen wir bei dem allen nicht den Fall, in welchem wir uns *fraglos* verstehen, in dem es der Erläuterung unserer Rede *nicht* bedarf? – Auch hier, in Situationen unmittelbarer Übereinstimmung also, tragen und enthalten allerdings die den konkreten Satz *ohnehin* umgebende Rede und Praxis die Gemeinsamkeit seines Verständnisses; ohne daß es dazu dann noch eigener hermeneutischer Kommentare bedarf.

Der dialogisch-praktische Begriff des Verstehens richtet sich gegen naheliegende andere, falsche Vorstellungen, die wir uns vom »Funktionieren der Sprache« machen, wie Wittgenstein formuliert. Danach bestünde das Verstehen des konkreten Satzes etwa im Erfassen oder im Erschließen der semantischen *Regeln*, welche die Äußerung befolgt (anwendet), oder im Gewahrwerden der *Mitteilungsintention* (des Satzautors), welche der Satz in mehr oder minder gute Worte bringt. Jedenfalls wird hier das Verstehen wesentlich auf *mentale* Ereignisse bezogen, die sich gewissermaßen hinter der Bühne unserer praktischen Übereinstimmung abspielen; während, wenn wir Wittgenstein folgen, unser Verstehen von Regeln und Intentionen grammatisch letztendlich selbst noch auf eine übereinstimmende Praxis bezogen bleibt.

Stellen wir uns, um dies ein wenig genauer zu sehen, eine (künstlich vereinfachte) Situation vor, in der jemand, nennen wir ihn den *Proponenten*, gegenüber anderen, den *Adressaten*, einen Satz äußert. Insofern es also darum geht, daß die Adressaten den symbolischen Sinn der Äußerung verstehen (identifizieren) können (zu welchem Zweck auch immer), ist der Satz (die Äußerung) als *Mitteilung* gedacht. (Wer zum Beispiel für sich selbst Sätze zu grammatischen Übungszwecken bildet, verwendet sie also nicht als Mitteilung in diesem Sinne.)

Wir können dann, so scheint es, den konkreten Satz gewissermaßen von zwei Seiten betrachten: als Artikulation einer bestimmten *Mitteilungsabsicht* seines Proponenten – oder als Aktualisierung des seinen *Gebrauch*, gleichsam die sprachliche Institution dieses Satzes bestimmenden (regelnden) Systems gelernter Vereinbarungen. Nennen wir das erste Moment den *subjektiven*, das zweite den *objektiven* Sinn des sprachlichen Geschehens. Die objektiven Intentionen unserer Worte machen insbesondere die anderen Teilnehmer des Gesprächs gegen uns geltend.

Es liegt nahe, den konkreten Satz als eine (sprachliche) *Handlung* zu verstehen. Dann lautet die Frage nach dem *subjektiven* Sinn des Satzes: Was wollte der Proponent tun, als er den Satz äußerte? Und die entsprechende Frage für den *objektiven* Fall: Was hat der Proponent, wirklich, getan?

Wer hat im Konflikt zwischen objektiven und subjektiven symbolischen Intentionen recht? – Wir sind geneigt, dem Autor des sprachlichen Handelns einen intentionalen Vorrang einzuräumen: er wollte schließlich etwas Bestimmtes kundtun, und es geht darum, *dies*, gegen etwa dazwi-

296    *Sprache und Kommunikation*

schenkommende *objektive* Verständnisse seiner Intentionen, zu verstehen.

Wenn wir uns auf Wittgensteins *praktischen* Begriff des Verstehens einlassen, dann müssen wir uns allerdings der üblichen Vorstellung verweigern, daß der Sinn des (konkreten) Satzes gleichsam, subjektiv oder objektiv, *vorhanden*, also für unser Verstehen nur zu »entdecken« ist. (Vielleicht verweigern wir uns damit dem Versuch, die sogenannten Rede»handlungen« einer Person im allgemeinen überhaupt als eine selbständige Form des Handelns, unabhängig vom Redekontext, an dem andere Personen beteiligt sind, zu betrachten.)

Wie ist uns aber der subjektive Sinn, die Mitteilungsabsicht, zugänglich, wenn wir sie nicht als einen »inneren« mentalen Zustand begreifen wollen?

Unterstellen wir, daß den Adressaten der Sinn der Äußerung des Proponenten nicht unmittelbar einsichtig ist. Es schließen sich Versuche der Adressaten (und des Proponenten) an, den Sinn in gemeinsamer Redearbeit zu bestimmen, durch Fragen nach der Bedeutung von sprachlichen Ausdrücken, durch Umformulierungsvorschläge usf. Kurz: Adressaten und Proponent werden zu Teilnehmern eines Dialoges, welcher durch übereinstimmende »Kommentare« zur Eingangsäußerung eine gelungene Mitteilung herbeiführen soll. Im kritischen Falle muß der bloßen Kommentierung ferner das zu Hilfe kommen, was wir (»direkte«) praktische Folgen symbolischer Verständnisse nennen könnten.

Die Mitteilungsabsicht des konkreten Satzes tritt also hinter der Äußerung nur dann und insoweit hervor, als dazu eine dialogisch-praktische Einbettung gelingt, in der die Beteiligten übereinstimmen können. Dabei mag dann schließlich sogar die anfängliche Äußerung als unangemessen gegenüber der Mitteilungsabsicht erscheinen und durch einen besseren, gemeinsam akzeptierten Kommentar ersetzt werden.

*Friedrich Kambartel* 297

Was die Mitteilungsabsicht des Proponenten ist, bildet sich in solchen Fällen erst im Verlauf der gemeinsamen Bemühung um ein Verständnis heraus, ist ein *Ergebnis* dieser Arbeit.

Aber auch, wenn wir unsere Analysen nun auf den Sinn beziehen, den der »Satz selbst« unabhängig von den Absichten einer bestimmten Person hat; auch dann ergibt sich, daß der Satz seinen Sinn, d.h. einen von den Beteiligten gemeinsam unterstellten Gebrauch, erst durch den *Prozeß der Bildung* eines Verständnisses erhält, mag dieser »objektive« Sinn nun mit der Mitteilungsabsicht übereinstimmen oder nicht. Denn auch hier entscheidet am Ende die übereinstimmende Kommentierung (und gegebenenfalls die Praxis der Orientierung an diesem Satz) darüber, was genau er in dem Kontext, auf den er sich beziehen soll, besagt.

Der genaue Sinn der Sätze ist in den geschilderten Situationen weder als eine wohlbestimmte subjektive Intention richtig begriffen noch als eine Erscheinung, welche Sätzen gleichsam »objektiv«, aufgrund allgemeiner den Sprachgebrauch tragenden Vereinbarung, anhaftet. Der Gebrauch, den wir von einem Satz in einem bestimmten Falle machen, ist eben im allgemeinen nicht *vor* seiner gelingenden Verwendung bereits völlig vorhanden und fertig.

Was wir mit dem von uns Gesagten meinen, *stellen* wir ein Stück weit *selbst erst fest,* wenn wir auf Verständnisfragen antworten, gemeinsam mit anderen an einer Deutung unserer Sätze arbeiten oder schließlich in der von solchen Deutungen angeleiteten Praxis unsere Übereinstimmung oder ihr Ausbleiben sehen.

*Ob* wir mit unseren Reden etwas *Bestimmtes* meinen und *was* wir damit meinen, zeigt sich so am Ende in der *Praxis,* die unseren konkreten Sätzen folgt oder in die sie eingebettet sind, zeigt sich, heißt das, im dialogischen Bemühen um ein Verständnis unserer Sätze und in deren sonstigen praktischen Folgen.

298  *Sprache und Kommunikation*

Zu dieser Einsicht führt uns noch ein anderes Argument: Offenbar können wir unsere Äußerungen nicht auf *alle* Verständnisprobleme einrichten. Wir wissen nicht vorab, was wir auf (insbesondere vorhersehbare) Verständnisfragen antworten, was wir erklären oder zugestehen werden, wenn unsere Sätze als Orientierung für andere (und für uns selbst!) ganz oder teilweise versagen. Die Bestimmungen des Satzsinnes, welche sich dann ergeben, werden also auch dann für uns selbst (neu und) überraschend sein, wenn *wir* es sind, welche sie für die Bemühungen um ein besseres Verständnis ausarbeiten und vortragen.

Wenn wir einen Satz äußern, so können wir also im allgemeinen nicht unterstellen, daß wir seinen Sinn oder die ihn tragenden sprachlichen Vereinbarungen in oder vor der Äußerung bereits für alle auftretenden hermeneutischen Fragen hinreichend *bestimmt* haben. Seine Verständlichkeit zu unterstellen würde sonst nämlich darauf hinauslaufen, daß sich der Sinn des Satzes mit diesem (dem Satz) jedermann schlichtweg *mitteilen* läßt. Wir müssen uns hier von der Vorstellung lösen, als seien unsere *Gedanken* (sprachlichen Intentionen) »an sich« klar und wohlbestimmt und lediglich in unseren *Sätzen* (Äußerungen) unvollkommen artikuliert; so daß es dann so erscheint, als läge das Mißverständnis allein in der *Übermittlung* unserer semantischen Absichten, gewissermaßen im *Medium* der Verständigung, nicht in deren Inhalten.

Was wir tatsächlich unterstellen müssen, ist dagegen, daß sich in konkreten Dialogen, sogar ohne unser Zutun, ein gemeinsames Verständnis des Satzes *entwickeln* läßt. Was dazu von uns und anderen zu tun ist, läßt sich weder allgemein noch vollständig vorwegnehmen. Auch in diesem Sinne ist uns dann die Bedeutung unserer Worte nicht als fertige Alternative einer Wahl (die sich durch unsere Rede vollzöge) verfügbar.

Insbesondere soweit wir *neue* Sätze formulieren, können wir nicht davon ausgehen, daß es uns stets gelingt, den Sinn

*Friedrich Kambartel*  299

dieser Sätze auch nur für uns selbst sofort genau zu bestimmen. Ein Stück weit wissen wir hier häufig selbst nicht, was wir sagen (mit dem von uns Gesagten meinen).

Das Verfertigen einer (gelungenen) Mitteilung verlangt damit im allgemeinen die Mitarbeit desjenigen, der den mitzuteilenden Gedanken verstehen soll. – Die dialogische (»partizipatorische«) Verfassung der Sprache betrifft eben nicht nur *Regeln* im Rücken des sprachlichen Sinns; sie bestimmt den *konkreten Prozeß* seiner *Herstellung* und Verbreitung. Diese ist, wie gesagt, im allgemeinen keine bloße Übermittlung (von semantischen Intentionen) nach gemeinsamen Regeln. Der Sinn unserer Sätze stellt sich also ein Stück weit erst im Verlauf unseres Bemühens, sie zu verstehen, her. Dieses Bemühen schließt immer auch unser *eigenes* Bemühen ein, zu verstehen, was wir gesagt haben.

Ein dialogisch-praktischer Begriff des Verstehens hebt also nicht nur *objektivistische* Mißverständnisse des sprachlichen Sinns auf, er muß, zu Ende gedacht, auch den *produktiven* Charakter hermeneutischer Bemühungen anerkennen.

Ich möchte die zugehörigen Untersuchungen Wittgensteins als einsichtig unterstellen. Der analytischen Scholastik ist hier auch genug geschehen. Nicht wie wir zu diesen Einsichten gelangen, sondern wohin sie uns bei einem illusionslosen Umgang mit ihnen führen, ist, was mich im folgenden interessiert. Daher möchte ich jetzt auch nicht textphilosophisch erörtern, wo die von mir bisher angestellten Erwägungen etwa das Territorium der Wittgensteinschen Überlegungen bereits verlassen.

Der konkrete Satz führt die dialogisch-praktische Situation mit sich, in der sich ein gemeinsames Verständnis des Satzes kontrollierbar bilden kann. Zugleich ist in der Regel der Kreis der Personen, um deren sprachliche Verständigung es geht, für den konkreten Satz beschränkt, so beschränkt häufig, daß sich Nichtverstehen direkt, in situationsimmanenter Arbeit, bewältigen läßt. (Der konkrete

300　*Sprache und Kommunikation*

Satz kann andererseits seinen praktischen Bezug teilweise oder ganz verlieren und doch von seinem Autor in seiner konkreten Situation an bestimmte Beteiligte gerichtet werden. Der Satz wird dann ein Zwitter: Sein Adressat ist konkret; sonst aber trägt er Züge einer »abstrakten« Äußerung.)

Dagegen stellt sich ein hermeneutisches Problem *universal*, wenn alle Menschen oder doch so viele von uns davon betroffen sind, daß sie sich nicht mehr zu *einem* hermeneutisch noch sinnvollen konkreten Gespräch zusammenführen lassen. Wir geraten in *universale* Verständnisprobleme insbesondere dort, wo der Situationsbezug eines abstrakt geäußerten Satzes *allgemein*, der Satz auf ein situationsübergreifendes Verständnis angelegt ist.

Wie aber können wir hoffen, ein universales hermeneutisches Problem zu lösen? Hat andererseits unsere Sprache nicht immer schon für diesen Fall gesorgt?

Offenbar können wir uns in *elementaren* Fällen in der Tat dessen praktisch sicher sein, daß unsere Äußerungen direkt oder durch eine leicht verfügbare Übersetzung »überall« verstanden werden. Dies ist dann der Fall, wenn der Sitz des Satzes in typischen Situationen völlig übersehbar und daher im allgemeinen unmißverständlich ist. Hier reicht der situationsimmanente Sprachunterricht, den wir alle als Kinder genossen haben, bereits gleichsam automatisch über die lokalen Lebenssituationen hinaus. Unterscheidungen und Aufforderungen, welche sich ganz direkt mit unseren einfachen Lebensvollzügen verbinden, sind von dieser Art, aber auch Ausdrücke, die sich unmittelbar auf unsere Sinneswahrnehmungen beziehen, die elementare Artikulation der Grundfarben etwa.

Daß insbesondere die Alltagskommunikation in der Regel problemlos gelingt, liegt daher häufig daran, daß sie sich eindeutig (ja stereotyp) auf wohlbekannte Elementarsituationen bezieht oder erzählend eine unmißverständliche Situationseinbettung sekundär schafft.

*Friedrich Kambartel* 301

In einer ähnlichen Lage sind wir dort, wo wir die Universalität des Verstehens durch überall gleiche Standardsituationen und einen darin eingelassenen standardisierten Sprachgebrauch eigens *hergestellt* haben, beim mathematischen Operieren etwa oder bei technischen Geräten und Anordnungen. Hier bedarf es in der Regel eines für »alle«, welche beteiligt sein sollen, einheitlichen Unterrichtes, der sowohl die technisch-praktische als auch, im Zusammengehen damit, die sprachlich-praktische Seite des Ganzen betrifft. In den entwickelten Formen ist diese *Normierung* des Sprachgebrauchs nicht ohne eine weltweit geübte Professionalisierung möglich. – Die elementare Universalität des Verstehens ist dabei jeweils in das Fundament der technischen Universalität auf geeignete Weise eingearbeitet.

Auch die *logisch-grammatische* Komplexität der Sprache nimmt ein Stück weit an der elementar oder technisch gegebenen Eindeutigkeit der dialogisch-praktischen Einbettung unserer Sätze teil. Im technischen Fall kann der Situationsbezug der grammatischen Strukturen im übrigen hochkomplex normiert sein.

Schwieriger steht es um die Probleme universaler hermeneutischer Ansprüche bereits dort, wo unser Sprachgebrauch, wie ich sagen möchte, sich *semantisch verzweigt.* Dies ist überall dort der Fall, wo wir den Gebrauch sprachlicher Ausdrücke über Paradigmen lernen, welche keine durchgehenden Gemeinsamkeiten aufweisen, Gemeinsamkeiten, welche auf einheitliche Gebrauchsregeln, definitorische Merkmale und dergleichen hinauslaufen. Dies ist die Situation, welche Wittgenstein mit der Metapher »Familienähnlichkeit« charakterisiert hat und für die ich hier nur ein anderes Bild, das der semantischen Verzweigung, benutzen möchte.

Auch bei Verzweigungen ist es so, daß die verschiedenen Stücke, insbesondere die Enden der Verzweigung, im allgemeinen keine gemeinsamen Stellen haben, obwohl wir

302    *Sprache und Kommunikation*

jeweils über andere Stücke eine mittelbare Verbindung erreichen können. Das Bild dürfen wir dabei natürlich nicht porphyrianisch deuten.

Semantisch verzweigte Verhältnisse in diesem Sinne liegen nicht nur bei Wittgensteins bekannten Beispielen, etwa unserem Reden über Spiele, vor, sondern gelten etwa auch für die konstruktiven Unterscheidungen, welche wir mit dem Wort »Beweis« treffen, und übrigens, wie ich meine, für das Vokabular, mit dem wir Vernunft- und Moralitätsansprüche vertreten. Die verzweigte Semantik ist für die menschliche Weltorientierung wohl eher ein Regel- als ein Spezialfall.

Wenn unsere Sätze einen semantisch verzweigten Sprachgebrauch enthalten, sehen wir es einem Satz (wenn jemand etwa von einem »Beweis« oder einem »Rationalitätsanspruch« spricht) häufig nicht unmittelbar an, auf welchen Zweigen er in einer bestimmten Situation operieren soll; obwohl im besonderen Fall der Kontext hier manche Eindeutigkeit bewirken mag. Dazu kommt, daß wir einen verzweigten Sprachgebrauch stets in eine neue, wenn auch von den etablierten Paradigmen abzweigende, insoweit also durch sie bestimmte Richtung fortentwickeln können und solche semantischen *Erfindungen* dann häufig erst durch (dialogisch-praktische) Erläuterung gegen konkret auftretende Mißverständnisse absichern müssen.

Das Faktum *semantischer Verzweigung* trägt also zur mangelnden Eindeutigkeit unseres sprachlichen Ausdrucks wesentlich bei und ist immer wieder einmal einer der Gründe für die Notwendigkeit einer dialogisch-praktischen Begleitung unserer Sätze. Jedoch treten *dialogisch-praktische* semantische Verhältnisse nicht nur hier auf. Das liegt vor allem daran, daß wir ganz allgemein und ständig damit rechnen müssen, daß sprachlicher Sinn erst im Prozeß des Verstehens *produziert*, also darin nicht lediglich *nachvollzogen* oder *erfaßt* wird.

Soweit unsere Sätze mit einem *situationsimmanenten* Bezug gemeint sind, reichen die Verständigungsprobleme, welche sie stellen, im allgemeinen nicht über die konkrete Situation hinaus, in der sie geäußert werden. Für eine dialogisch-praktische Übereinstimmung der Beteiligten besteht dann stets eine Chance. – In eine prinzipielle, grammatisch bedingte Schwierigkeit geraten wir jedoch, wenn sich ein *allgemeiner* Bezug mit Sätzen verbindet, deren Sinn nur *dialogisch-praktisch* vermittelbar ist, die also insbesondere nicht zu einer elementar oder technisch eindeutigen Sprachpraxis gehören.

Die Differenz zwischen der Allgemeinheit des Bezuges von bestimmten unter unseren Sätzen und der Tatsache, daß diese Sätze für ihr Verständnis einer dialogisch-praktischen Begleitung bedürfen, möchte ich die *hermeneutische Differenz* nennen. Wir können dann das hermeneutische Grundproblem, das sich uns hier stellt, auch als dasjenige einer *Aufhebung* der hermeneutischen Differenz bezeichnen.

Die hermeneutische Differenz besteht unter den Sätzen mit allgemeinem Bezug weitgehend auch für die philosophische Rede, gesteigert vor allem für ihre Abhandlungs- oder Buchform. Wir könnten darüber hinaus sogar sagen, daß gerade die für unser Lebensverständnis *wichtigen* allgemeinen Mitteilungen in der Regel mit Sätzen geschehen, deren Bezug allgemein und deren Sinn nur *praktisch-dialogisch* gewinnbar ist.

Ein dialogisch-praktisches Verständnis ist – zunächst – *lokal*, insofern es auf den Dialog, in welchem es sich bildet, beschränkt erscheint. Dagegen stellt der Anspruch hermeneutischer Universalität gewissermaßen auf eine »globale« Verständigung ab, die nun offenbar nicht die Form eines umfassenden konkreten Dialoges haben kann. Der bloße allgemeine Bezug unserer Rede (Sätze) kann andererseits die Universalität ihres Verständnisses nicht garantieren.

Ich denke, daß hier nur eine Möglichkeit besteht, die ich

304    *Sprache und Kommunikation*

über eine Reihe von Unterscheidungen vergegenwärtigen möchte:

Hängen Dialoge über gemeinsame Teilnehmer zusammen, bilden sie insoweit, wie wir sagen können, ein *dialogisches Netz*. Dialogische Netze können, was die Verflechtung über Teilnehmer angeht, verschieden *dicht* sein. In dialogischen Netzen besteht nun die Möglichkeit, daß ein in einem Dialog gewonnenes *Verständnis* in einem anderen Dialog »vermittelt« wird, weil Teilnehmer beider Dialoge (mindestens ein solcher Teilnehmer!) die jeweils im einen Dialog gemeinsam gebildeten Verständnisse im anderen Dialog *erläutern* können.

Zu einer *hermeneutischen* (dialogischen) *Kultur* (für bestimmte Verstehensprobleme) wird ein dichtes dialogisches Netz, wenn es wesentlich und regelmäßig die universale Vermittlung »lokaler« Verständnisbildungen leistet. – Hermeneutische Kulturen sind nicht selbstverständlich (vorhanden). Deshalb kann das Bemühen um Verständlichkeit leerlaufen oder sich verlieren.

In einer hermeneutischen *Kultur* wird die hermeneutische Universalität nicht durch Sprach- und Situationsnormierung, sondern durch die Interdependenz der Gespräche gesichert. In hermeneutischen Kulturen herrscht insoweit *semantische Bewegung*.

Die semantische Gemeinsamkeit reicht hier so weit wie die dialogische Praxis, welche sie trägt. Ob unsere Sätze darüber hinaus, »allgemein«, verständlich sind, muß sich erst *bewähren* im Versuch, das Verständnis auszudehnen. Daß diese Versuche bei genügender Bemühung gelingen, müssen wir allerdings in jeder ernsthaften Gemeinschaft des Verstehens unterstellen, aus einem *grammatischen* Grund, weil dies nämlich den Anspruch der *Verständlichkeit* unserer Rede, daß sie das Prädikat »Sprache« verdient, erst konstituiert. Das ist am Ende der Kern der Einsicht, welche wir Wittgensteins Argumenten gegen die Möglichkeit einer *privaten Sprache* verdanken.

*Friedrich Kambartel* 305

Ein in einer hermeneutischen (dialogischen) Kultur gewonnenes (»vermitteltes«) Verständnis möge *dialektisch gewonnen* oder einfach *dialektisch* heißen. Universalität des Verstehens, die auf einer hermeneutischen (dialogischen) Kultur beruht, kann dann entsprechend *dialektische Universalität* genannt werden. In ihr ist die hermeneutische Differenz dialektisch aufgehoben. – Dialektisch universale Verständnisse stehen dann nicht ein für allemal fest, sind vielmehr ständig »in the making«. – Durch dialektische Allgemeinheit wird ein dialogisches Netz zu einer *vernünftigen Öffentlichkeit*, zu einer Öffentlichkeit, die nicht in verschiedene (partikulare) Verständnisbildungen zerfällt. (Die »Vernünftigkeit« bezieht sich hier zunächst auf den Anspruch der *Verständlichkeit* unserer Orientierung, nicht bereits stets auch auf deren *Rechtfertigung*.)
Wir haben vielleicht mehr an Sokrates und Platon als an Hegel zu denken, wenn wir so reden wollen. »Dialektisch«, heißt das, soll hier zum Beispiel kein entwicklungslogischer Begriff sein. – Zu erinnern ist auch der alte Sokratische Hinweis, das Wesentliche der philosophischen Weltorientierung sei in der *Schrift*form allein, das heißt eben ohne dialogisch-praktische Bemühung, nicht zu vermitteln. Dort wo die Verständlichkeit unserer Reden dialektisch erzeugt werden muß, sind sie auf dialogisch-praktische Begleitung angewiesen.
Wir sehen nun allerdings eine Tendenz auch in der Philosophie, sich über die dialogisch-praktische Einbettung ihrer Sätze hinwegzusetzen (und sie wie die auf normierte Gebrauchssituationen bezogenen Sätze technischer Theorien zu behandeln).
Wenn sich bestimmte Philosophen nach langen dialogischen Mühen über den Sinn eines Satzes einigen, so folgt nicht, daß sie den Satzsinn für jede weitere Gesprächssituation (eindeutig) festgelegt haben. Auch für sie lassen sich ja die möglichen Verständnisse und Mißverständnisse nicht vorwegnehmen.

306    *Sprache und Kommunikation*

Immer wieder narrt uns in der philosophischen Analyse allerdings die verführerische Vorstellung, wir könnten aus den elementaren und technischen Fällen den komplizierten Sprachgebrauch »zusammensetzen«, »aufbauen« und so die Situationen und Probleme dialektischer Allgemeinheit doch noch vermeiden. Auch der semantische Atomismus des *Tractatus logico-philosophicus* hat etwas von dieser Illusion an sich. Das *Schwierige* ist aber im allgemeinen nicht, wenigstens nicht in einem einfachen Sinne, das *Komplexe.*

Eine Elimination dialektischer Verstehensprobleme würde sich auch auf dem Wege einer Veränderung der zugrundeliegenden semantischen Situation ergeben, indem wir technisch verfügbaren Sprachgebrauch als »logische Analyse« oder »rationale Rekonstruktion« situationsimmanent erläuterungsbedürftiger Rede ausgeben und durchsetzen. Gegenwärtig geschieht dies zum Beispiel in der informationstheoretischen Rekonstruktion derjenigen unserer lebensweltlich fundierten Begriffe (Ausdrucksweisen), mit denen wir unsere Erfahrungen und Erkenntnisse philosophisch reflektieren.

Die Illusion einer *wissenschaftlichen* Sprache in der Philosophie besteht weitgehend darin, daß Ausdrücke und Sätze, deren Verständnis auf eine Kultur des Gespräches angewiesen ist, nach Art technischer Termini und Aussagen begriffen werden. Und dies eben ist der Fehler der szientifisch orientierten Traditionen der *analytischen Philosophie,* daß sie eine weitgehend sprachsysteminterne Normierung der Sprache auch dort methodisch (normativ) ins Spiel bringt, wo dialogisch-praktische Genauigkeit der Erläuterung und die ihr eigentümliche dialektische Mühe geboten sind. Die dialogisch-praktische *Genauigkeit* des Verstehens läßt sich insbesondere durch die Exaktheit technischer Terminologien nicht einfangen. Hier haben wir es mit grundverschiedenen Verhältnissen zu tun.

Andererseits ist auch die *Flucht* aus den Sprachrekon-

*Friedrich Kambartel* 307

struktionen des analytischen Paradigmas, der wir zur Zeit beiwohnen, vielfach von einer falschen Diagnose der sprachphilosophischen Verhältnisse geleitet. Das Aufgeben szientifisch-technisch garantierter hermeneutischer Universalität bedeutet nämlich in den hier wesentlichen Fällen nicht bereits, daß wir eine Partikularisierung der hermeneutischen Situation in Kauf nehmen müßten, sie gar als Abarbeiten einer Illusion, durch Sprach*dek*onstruktion, befördern sollten.

Weder die szientistische Konstruktion rationaler Verständigung noch der schlichte Verzicht auf die Verständlichkeit unserer Weltorientierung in einer vernünftigen Öffentlichkeit stellen eine angemessene Weise der Vernunftkritik dar. Eine Aufhebung dessen, was ich die hermeneutische Differenz genannt habe, ist auf beiden Wegen nicht möglich. Hier bleibt uns aber der *dialektische* Weg, wenn wir die allgemeinen Bezüge unserer Rede *unreduziert* und *verständlich* halten wollen.

Daß die Sprache der Philosophie wesentlich dialogisch, auf ein dialogisch-praktisches Verstehen angewiesen ist, schließt natürlich einige technisch verwendete Ausdrücke in ihr nicht aus. – In den elementaren und technischen Fällen ist das Dialektische im übrigen nur an den Rand gedrängt. Es kann, heißt das, immer relevant werden.

Die Versuche, dialogische Begriffe durch exakte Termini zu ersetzen (die *so* verstandene *rationale Rekonstruktion* der Sprache), *verändert* die Sprache, stellt nicht lediglich ihren rationalen Kern fest. Was wichtiger ist, sie muß auch *die Welt verändern*. Die situationsübergreifend normierte Sprache setzt eine entsprechend normierte Welt voraus. – Man könnte natürlich die Kultur in einen technischen Zustand überführen und damit die Differenz, welche unser Leben noch prägt, aus der Welt schaffen. – Vielleicht besteht überhaupt in naher Zukunft nur noch die Möglichkeit, dialogische (sprachliche) Umgangsformen in den Nischen der technischen Zivilisation zu un-

308  *Sprache und Kommunikation*

terhalten, sie sich aber nicht mehr als deren *Grundlage* vorzustellen.

Der Szientismus ist nicht dies, daß die Kulturwissenschaften die falschen wissenschaftlichen Methoden verwenden, sich des Paradigmas der naturwissenschaftlichen Empirie dort, wo dies unmöglich ist, bedienen. Vielmehr besteht der Szientismus in einer unangemessenen Übertragung des *Wissenschaftsparadigmas überhaupt* auf die *kulturelle* Gesprächssituation und Überlegungspraxis, indem wir diese mit dem »logischen Lineale« (Frege) normierter Wissenschaftssprachen messen. Die theoretischen Kultur*wissenschaften* – »Wissenschaft« im Sinne des Szientismus verstanden – sind also aus sprachphilosophischen Gründen unmöglich. Natürlich läßt sich dieser Konsequenz entgehen, indem das Wort »Wissenschaft« (auch) sokratisch, also dialektisch verstanden wird. Aber das ist einstweilen eher nicht der Brauch.

Ich möchte noch einige praktisch-philosophische Überlegungen im engeren Sinne anfügen. Sie geraten kurz und thesenartig, weil das Ethische und Politische hier nicht mein Thema ist.

Trägt die dialektische Grammatik der Verständlichkeit bereits auch unser Verständnis des *Ethischen*? So daß wir etwa sagen können, die moralische Universalität sei bereits im Anspruch hermeneutischer Universalität enthalten. Die Situation ist hier begrifflich komplizierter, als es eine so einfache Frage erscheinen läßt. Einiges Wesentliche dazu sollen die folgenden fünf tentativen Bemerkungen dartun:

1. Zunächst möchte ich eine Einsicht *praktisch* nennen, wenn es nicht möglich ist, sie zu verstehen, ohne daß sich dies in einem ihr gemäßen Handeln ausdrückt. Bereits das *Verständnis* praktischer Einsichten beruht dann also darauf, daß diese Teil unserer Lebenserfahrungen sind oder werden.

2. Ferner möchte ich die wesentliche, der Sokratischen Schriftkritik zugrundeliegende Unterstellung heranziehen:

daß wir nämlich den Sinn der ethischen Reflexionsausdrücke und -sätze, z.B. ein ethisch gefülltes Verständnis von »vernünftig« und »moralisch«, nicht wirklich begreifen können, ohne ihren Sitz in den zugehörigen praktischen Einsichten zu kennen.

3. Andererseits scheinen mir die ethischen Reflexionsausdrücke ein besonders eindringliches Beispiel dafür zu sein, daß sich ein mit ihnen verbundener Anspruch der Verständlichkeit nur dialektisch einlösen läßt.

4. Wenn wir nun diese drei Momente der Grammatik des Ethischen, die jedes für sich einer genaueren Untersuchung bedürften, zusammennehmen, so können wir sagen, daß die verständliche Rede über die ethischen Dinge nicht möglich ist, ohne daß in der zugehörigen hermeneutischen Kultur das Ethische zugleich ein Stück weit eine gemeinsame Form des Lebens wird.

5. Der Streit der Philosophen um den Inhalt dieser Lebensform, um den Sinn der ethischen Worte und Formeln, ist damit nicht geschlichtet. Er kann weiterhin zwei Formen annehmen: Zum einen kann er einfach Teil der immerwährenden dialektischen Bemühung um das Verständnis der ethischen Sätze sein. Zum anderen kann und wird es natürlich immer wieder darum gehen, ob die Grammatik des Ethischen nicht doch unterhalb des Niveaus begleitender praktischer Einsichten angesiedelt werden kann.

Wenn es nun um das Ethische so steht, wie ich es selbst mit diesen letzten Bemerkungen unterstelle, dann sind die *Philosophischen Untersuchungen* Wittgensteins eine methodische Vorschule auch einer ethischen Lebensform. Sie üben uns nämlich in den unverzichtbar *dialogisch-praktischen* Umgang mit jenem Teil unserer sprachlichen Weltorientierung ein, zu dem auch die sprachliche Form ethischer Reflexion gehört, und bereiten uns damit auf die eigentümliche Verbindung von Sprachpraxis und Lebenssinn vor, welche für das Ethische charakteristisch ist.

# Jürgen Habermas

*Die allgemeine Aufgabe der Philosophie, unsere Zeit in Gedanken zu fassen, verlangt gerade in der politischen Philosophie eine Revision von Hegels Analysen, die auf einen mehr oder weniger ›republikanisch‹ verfassten Rechtsstaat zugeschnitten waren. Gefordert ist die Artikulation der Idee einer echten demokratischen Gesellschaft. Dabei sind die gegenläufigen Ideen individueller Subjektivität, positiver Rechtsordnung und universeller Gerechtigkeit miteinander zu versöhnen. Für die konkreten philosophischen Fragen, auf die Habermas Antworten zu geben versucht, kann dabei der sogenannte Positivismusstreit in den Sozialwissenschaften als Hintergrund betrachtet werden: Die Hauptaufgabe einer methodenkritischen Sozialphilosophie besteht darin, die impliziten normativen Voraussetzungen der empirischen Sozialforschung ebenso wie die der politischen Argumentationen in einer demokratischen Republik im Rahmen einer Gesellschaftstheorie explizit zu machen.*

*Dabei ist, erstens, die Unmittelbarkeitskritik der Hegel-Tradition und ihr ›Holismus‹ in der Strukturanalyse gegen gewisse Naivitäten des logischen Empirismus und gegen allzu schematische Verständnisse von Theorie im kritischen Rationalismus Karl Poppers zu verteidigen. Soziale Tatsachen treten immer schon als normativ dichte, gedeutete, vorbewertete auf und verweisen über die einzelne Situation hinaus auf eine allgemeine Form des guten Lebens. Sie sind nie als nackte Tatsachen unmittelbar beobachtbar. Es ergibt sich, zweitens, aus der Szientismuskritik der philosophischen Phänomenologie der Lebenswelt Husserls und der existenzialphilosophischen Hermeneutik Heideggers die Aufgabe, eine Methodenlehre für eine emanzipative Sozialwissenschaft zu entwickeln, in der es nicht, jedenfalls nicht nur, um prognostische Steuerungstechnik oder Sozial-*

*politik geht, sondern immer auch um Vertiefung und Er-*
*weiterung von Recht, Gerechtigkeit und Autonomie. Es*
*geht zugleich um die Anerkennung des Gemeinschaftspro-*
*jekts der Aufklärung und Moderne bei gleichzeitigem*
*Schutz subjektiver Authentizität, ferner um die Einsicht in*
*die Grenzen des Machbaren bei gleichzeitiger Orientie-*
*rung an einem Zielideal. Eine entsprechend komprehensive*
*Theorie der Moderne geht über die im Grunde bloß kriti-*
*sche, in ihren positiven Vorschlägen gerade auch im Blick*
*auf das Demokratieproblem eher schwache und eben daher*
*problematische Gesellschaftstheorie der Tradition von K.*
*Marx oder G. Lukács weit hinaus. Dabei ist das schwierige*
*Verhältnis zwischen den realen historischen Entwicklungen*
*endlicher, d h. sich ändernder konkreter Vernunft-*
*kriterien mit ihrem immer bloß relativ-apriorischen*
*Geltungsanspruch auf der einen Seite, einer idealen*
*Zielidee der Vernunft auf der anderen Seite nicht*
*zugunsten einer bloß formalen Idee des Guten oder der*
*Moralität zu unterschlagen. Es kann daher sein, dass die*
*Bedeutung der Erinnerung an diese Endlichkeiten in der*
*philosophischen Phänomenologie und Hermeneutik (Hei-*
*degger, Gadamer, Foucault, Derrida, am Ende auch Rorty)*
*aufgrund einer gewissen Furcht vor Konservativismen und*
*Relativismen von Habermas unterschätzt, Kants Vernunft-*
*philosophie dagegen überschätzt wird.*
*Die große Leistung von Habermas besteht dennoch darin,*
*dass er die Lehren des Pragmatismus und der sprachanaly-*
*tischen Metaphysikkritik des 20. Jahrhunderts (von Ch. S.*
*Peirce bzw. W. Sellars bis K.-O. Apel) mit der Kritischen*
*Theorie der Frankfurter Schule in der Nachfolge T. W.*
*Adornos und M. Horkheimers auf fruchtbare Weise ver-*
*bindet. Dabei konfrontiert er in seiner »Theorie des kom-*
*munikativen Handelns« (1981) den methodischen Indi-*
*vidualismus in Max Webers Konzept von Sinn mit den*
*Ansätzen G. H. Meads und mit L. Wittgensteins subjekti-*
*vismuskritischer Analyse menschlichen Verstehens. Diese*

*Verbindung zeigt sich schon in der Explikation des Ver-
hältnisses von »Erkenntnis und Interesse« (1968) und in
der sich anschließenden Entwicklung einer universalpragmatischen Deutung von Wahrheit im Kontext verständi-
gungsorientierten Handelns. Die Entwicklung argumentativer Vernunft orientiert sich an einer normativen Zielidee
universaler Kooperation mit ihren drei Aspekten der
Wahrheit, Autonomie und Gerechtigkeit.*

## Zu einer sprachtheoretischen Grundlegung
## der Soziologie

Nach der vorläufigen Klärung des kognitiven und des
kommunikativen Sprachgebrauchs, möchte ich die Geltungsansprüche, die in Sprechakten enthalten sind, untersuchen. Die Kommunikationstheorie der Gesellschaft, für
deren Entwicklung ich plädiere, begreift den Lebenspro-
zeß der Gesellschaft als einen durch Sprechakte vermittel-
ten Erzeugungsprozeß. Die gesellschaftliche Realität, die
daraus hervorgeht, ruht auf der Faktizität der in symbolischen Gebilden wie Sätzen, Handlungen, Gesten, Über-
lieferungen, Institutionen, Weltbildern usw. implizierten
Geltungsansprüche. Die letztlich physische Gewalt strate-
gischer Einflußnahmen und die materielle Gewalt funktio-
naler Zwänge, die sich hinter der leichtfüßigen Faktizität
des Geltung beanspruchenden Sinnes so verbirgt, wie sie
sich darin auch ausspricht, kann nur im Medium anerkannter Interpretationen auf Dauer gestellt werden. Ich
werde vier Klassen von Geltungsansprüchen unterscheiden, die Anerkennung fordern und finden können: Verständlichkeit, Wahrheit, Richtigkeit und Wahrhaftigkeit.
Diese Ansprüche konvergieren in einem einzigen: dem der
Vernünftigkeit. Ich führe diese Begriffe auf der Ebene der
Universalpragmatik ein und verbinde damit die starke Be-

*Jürgen Habermas* 313

hauptung, daß die in der sprachlichen Kommunikation selbst angelegten Idealisierungen keineswegs nur eine bestimmte historische Gestalt der Vernunft zum Ausdruck bringen. Vielmehr ist die Idee der Vernunft, die sich in den verschiedenen Geltungsansprüchen ausdifferenziert, in die Form der Reproduktion einer sprechenden Tiergattung eingebaut. Soweit wir überhaupt Sprechakte vollziehen, stehen wir auch unter den eigentümlichen Imperativen derjenigen Macht, die ich unter dem ehrwürdigen Titel ›Vernunft‹ aus der Struktur möglicher Rede begründen möchte. In diesem Sinne halte ich es für sinnvoll, von einem immanenten Wahrheitsbezug des gesellschaftlichen Lebensprozesses zu sprechen.

Das Paradigma aller Geltungsansprüche ist die *Wahrheit* von Propositionen. Auch der kommunikative Sprachgebrauch verweist, da in der Standardform von Sprechhandlungen stets Sätze propositionalen Gehalts auftreten, auf den mit Wahrheitsansprüchen verknüpften kognitiven Sprachgebrauch. ›Wahr‹ oder ›falsch‹ nennen wir Aussagen im Hinblick auf die Existenz von Sachverhalten, die in assertorischen Sätzen wiedergegeben werden. Wenn eine Aussage einen wirklichen Sachverhalt oder eine Tatsache wiedergibt, nennen wir sie wahr. Behauptungen sind berechtigt oder nicht berechtigt. Indem ich etwas behaupte, erhebe ich den Anspruch, daß die Aussage, die ich behaupte, wahr ist. Wahrheit ist keine Eigenschaft von Behauptungen; vielmehr erhebe ich mit konstativen Sprechakten (wie Behauptungen) den Geltungsanspruch ›wahr‹ oder ›falsch‹ für eine Proposition. Die metasprachliche Feststellung: »die Behauptung ›p‹ ist berechtigt« (was dasselbe heißt wie: »›p‹ ist wahr«), verhält sich zu der einfachen Aussage »p« nicht wie eine Prämisse zur Schlußfolgerung. Die metasprachliche Feststellung macht einen implizit erhobenen Geltungsanspruch lediglich explizit.[1] Sie sagt, was

1 Vgl. Sellars, *Science, Perception, and Reality,* New York 1968, S. 100 f.

314    *Sprache und Kommunikation*

wir stillschweigend meinen, wenn wir geradehin Behauptungen aufstellen oder, indem wir das tun, Aussagen machen. Der Sinn von Wahrheit läßt sich mithin nur mit Bezugnahme auf die Pragmatik dieser Klasse von Sprechakten klären. Am Vollzug der konstativen Sprechakte muß sich zeigen, was wir mit der Wahrheit oder Unwahrheit von Aussagen meinen.

So ist die Universalpragmatik der Ort, an dem sich der Sinn von Wahrheit klären läßt. Das wirft ein Licht auf die Unzulänglichkeit der sog. *Korrespondenztheorie der Wahrheit*, und zwar sowohl in ihrer semantischen (Tarski, Carnap) wie auch in ihrer seit Aristoteles überkommenen ontologischen Form.

Die semantische Wahrheitsdefinition lautet in ihrer expliziten Form:

(1) x ist ein wahrer Satz dann und nur dann, wenn ›p‹ wahr ist

wobei ›x‹ einen assertorischen Satz mit der Bedeutung ›p‹ bezeichnet. Diese Formulierung macht deutlich, daß der semantische Wahrheitsbegriff den Begriff der Aussagenwahrheit zirkulär voraussetzt.[2] Tarski kann (1) nur darum durch

(2) x ist ein wahrer Satz dann und nur dann, wenn ›p‹

ersetzen,
weil er die Äquivalenz unterstellt:

(3) p = ›p‹ ist wahr.

Das Äquivalenzzeichen verbirgt jedoch das Problem, um dessen Klärung es geht. Denn mit ›p‹ meine ich eine wahre Aussage genau dann, wenn ich den entsprechenden assertorischen Satz x in einen Sprechakt von der Art einer Be-

---

2 Vgl. E. Tugendhat, in: *Philos. Rundschau*, Jg. 8, H. 2/3, S. 131–159.

*Jürgen Habermas* 315

hauptung einbette. Wir können uns nicht mit der unter (3) genannten Äquivalenz begnügen, wenn wir das Geltungsimplikat von Behauptungen klären wollen. Wir müssen vielmehr den Geltungsanspruch explizieren, den wir mit konstativen Sprechakten erheben.[3]

Der klassische Versuch, dieser Frage auszuweichen, ist die ontologische Deutung der Korrespondenz zwischen Aussage und Tatsache als Abbildung (*Adäquationstheorie der Wahrheit*). Diese Interpretation trifft ersichtlich nicht den Sinn von Wahrheit, da Bilder dem Original, das sie darstellen sollen, mehr oder weniger ähnlich sein können, während eine Aussage, die wahr ist, der Realität nicht mehr oder weniger angenähert sein kann: Wahrheit ist kein komparatives Verhältnis. (Darauf haben bereits Austin und Sellars hingewiesen.) Die eigentliche Schwierigkeit ontologischer Wahrheitstheorien liegt freilich darin, daß die Korrespondenz zwischen Aussagen und Tatsachen (oder der Realität als dem Inbegriff aller Tatsachen) wiederum nur in Aussagen erklärt werden kann. Dem Terminus ›Wirklichkeit‹ können wir, wie schon Peirce nachgewiesen hat[4], keinen anderen Sinn beilegen als den, den wir mit der Wahrheit von Aussagen meinen. Wir können den Begriff ›Wirklichkeit‹ nur mit Bezugnahme auf ›wahre Aussagen‹ einführen: Wirklichkeit ist der Inbegriff aller Sachverhalte, über die wahre Aussagen möglich sind. Die ontologischen Wahrheitstheorien versuchen vergeblich aus dem sprachlogischen Bereich auszubrechen, in dem der Geltungsanspruch von Sprechakten allein geklärt werden kann.

Zwar besteht der Sinn von Wahrheit nicht in der Methode der Wahrheitsfindung; jedoch kann der Sinn eines Geltungsanspruchs auch nicht ohne Rekurs auf die *Möglich-*

---

3 Mit Recht stellt Tugendhat (a. a. O., S. 138) fest: Erschöpft sich der Sinn von ›wahr‹ darin, daß wir »›p‹ ist wahr« durch »p« ersetzen können, dann ist jede Frage nach der Wahrheit von Urteilen gegenstandslos.

4 Vgl. K. O. Apel, Einleitung zu Ch. S. Peirce, *Schriften* I, Ffm. 1968.

316  *Sprache und Kommunikation*

*keit*, diesen einzulösen, bestimmt werden. Die *Evidenztheorie der Wahrheit*, die wir in der Husserlschen Version kennengelernt haben, definiert Wahrheit mit Bezugnahme auf die anschauliche Erfüllung einer Intention. Der Sinn von Wahrheit verweist Husserl zufolge auf die Evidenz der Anschauung eines unmittelbar Gegebenen. Ich will die Argumente nicht wiederholen, die von Peirce bis Popper und Adorno gegen Ursprungsphilosophien dieser Art vorgebracht worden sind. Bei Husserl, so haben wir gesehen, zeigt sich die Undurchführbarkeit der Evidenztheorie der Wahrheit beim Versuch, für universelle Aussagen eine nichtsinnliche (oder kategoriale) Anschauung nachzuweisen, in der Allgemeinheiten zur Selbstgegebenheit kommen sollen. Aber auch singuläre Aussagen (sog. Wahrnehmungsurteile) enthalten mindestens einen universellen Ausdruck (nämlich eines der in Beobachtungssprachen zugelassenen Dispositions-, Meß-, Relations- oder Empfindungsprädikate), dessen Bedeutungsgehalt durch die Evidenzen einer endlichen Anzahl partikularer Beobachtungen nicht erfüllt werden kann. Wort- und Satzbedeutungen führen, wie Wittgenstein an der exemplarischen Einführung von Bedeutungskonventionen gezeigt hat, die Konnotation eines Allgemeinen mit sich, das über alle möglichen partikularen Erfüllungen oder Exemplifizierungen hinausschießt. Der in einer Behauptung implizierte Geltungsanspruch kann deshalb durch Erfahrungsevidenzen nicht eingelöst werden. Gleichwohl stützen wir die Geltung empirisch gehaltvoller Behauptungen offensichtlich auf Erfahrungen. In gewisser Weise ist der Geltungsanspruch in Erfahrungen fundiert. Was das heißt, können wir uns an dem von Gadamer (Wahrheit und Methode) ebenso wie von Popper (Logik der Forschung) betonten Dissonanzcharakter von »Erfahrungen« klarmachen.

Vor allem Peirce und, ihm folgend, die Pragmatisten haben dem Umstand, daß wir nur aus Enttäuschungen lernen können, erkenntnistheoretisches Gewicht beigelegt. Von Erfahrungen sprechen wir in einem emphatischen Sinne nur, wenn sie unsere Erwartungen modifizieren und uns nötigen, neue Orientierungen zu finden. Die bestätigenden Erwartungen bleiben unauffällig. Sie sind das Fundament, auf dem unsere lebensweltliche Praxis ruht; sie verschaffen uns Gewißheit. Aber Gewißheiten sind stets subjektiv, sie können durch dissonante Erfahrungen jederzeit erschüttert werden. Auf seiten des meinenden Subjekts ist Gewißheit das Korrelat zur tatsächlichen Geltung einer Meinung. Insofern fundiert Erfahrung, und zwar die kontinuierlich bestätigende Erfahrung, die in konstativen Sprechhandlungen erhobenen Wahrheitsansprüche. ›Fundieren‹ hat den Sinn der Stabilisierung von Ansprüchen qua Ansprüchen: solange »die Erfahrung nichts anderes lehrt«, haben wir keinen plausiblen Anlaß, an einem Wahrheitsanspruch faktisch zu zweifeln, obgleich wir wissen, daß Zweifel, wenn sie auftreten, nicht durch Erfahrungen, sondern nur durch Argumente behoben werden können. Gewiß kann im Zusammenhang einer Argumentation auch Erfahrung in Anspruch genommen werden. Aber die methodische Inanspruchnahme von Erfahrung, z. B. im Experiment, bleibt ihrerseits abhängig von Interpretationen, die ihre Gültigkeit nur im Diskurs erweisen können. Erfahrungen *stützen* einen Wahrheitsanspruch von Behauptungen; an diesem halten wir, solange keine dissonanten Erfahrungen auftreten, fest. Aber *einlösen* läßt sich ein Wahrheitsanspruch nur durch Argumentation. Ein durch Erfahrung *fundierter* Anspruch genießt seine Rückendeckung bis auf weiteres; sobald er problematisch wird, zeigt sich, daß ein durch Erfahrung fundierter noch keineswegs ein *begründeter* Anspruch ist.

Der mit konstativen Sprechakten verbundene Geltungsanspruch, und das heißt: die Wahrheit, die wir für Aussagen, indem wir sie behaupten, beanspruchen, ist von zwei Bedingungen abhängig: Sie muß a) in Erfahrung fundiert

318    *Sprache und Kommunikation*

sein, d. h. die Aussage darf nicht mit dissonanten Erfahrungen zusammenstoßen, und sie muß b) diskursiv einlösbar sein, d. h. die Aussage muß möglichen Gegenargumenten standhalten und die Zustimmung aller potentiellen Teilnehmer eines Diskurses finden können. Bedingung a) muß erfüllt sein, damit der Anspruch, daß Bedingung b) erforderlichenfalls erfüllt werden *könnte*, glaubhaft ist. Der Sinn von Wahrheit, der in der Pragmatik von Behauptungen impliziert ist, läßt sich explizieren, wenn wir angeben, was ›diskursive Einlösung‹ von Geltungsansprüchen heißt. Das ist die Aufgabe einer *Konsensustheorie der Wahrheit*. Dieser Auffassung zufolge darf ich dann und nur dann einem Gegenstand ein Prädikat zusprechen, wenn auch jeder andere, der in eine Argumentation mit mir eintreten *könnte*, demselben Gegenstand das gleiche Prädikat zusprechen *würde*. Ich nehme, um wahre von falschen Aussagen zu unterscheiden, auf die Beurteilung anderer Bezug – und zwar auf das Urteil aller anderen, mit denen ich je eine Argumentation aufnehmen könnte (wobei ich kontrafaktisch alle die Gesprächspartner einschließe, die ich finden könnte, wenn meine Lebensgeschichte mit der Geschichte der Menschenwelt koextensiv wäre). Die Bedingung für die Wahrheit von Aussagen ist die potentielle Zustimmung *aller* anderen. Jeder andere müßte sich überzeugen können, daß ich dem Gegenstand R das Prädikat n berechtigterweise zuspreche, und müßte mir dann zustimmen können. Der universalpragmatische Sinn der Wahrheit bemißt sich also an der Forderung, einen vernünftigen Konsens zu erzielen. Der Begriff der diskursiven Einlösung von Geltungsansprüchen führt auf den Begriff des vernünftigen Konsenses. Bevor ich die Aporien erörterte, die sich daraus ergeben, möchte ich die anderen Klassen von Geltungsansprüchen untersuchen, die außer Wahrheitsansprüchen in normalen Sprachspielen enthalten sind.

Ein funktionierendes Sprachspiel, in dem Sprechhandlungen koordiniert und ausgetauscht werden, wird von einem ›Hintergrundkonsens‹ begleitet. Dieser Konsens beruht auf der reziproken Anerkennung von mindestens vier Geltungsansprüchen, die kompetente Sprecher mit jedem ihrer Sprechakte gegenseitig erheben müssen. Beansprucht wird die *Verständlichkeit* der Äußerung, die *Wahrheit* ihres propositionalen Bestandteils, die *Richtigkeit* ihres performativen Bestandteils und die *Wahrhaftigkeit* der geäußerten Intention des Sprechers. Eine Kommunikation verläuft nur dann ungestört (auf der Grundlage eines ›eingespielten‹ Konsenses), wenn die sprechenden/handelnden Subjekte

a) den pragmatischen Sinn der interpersonalen Beziehung (der in Form eines performativen Satzes ausgedrückt werden kann) sowie den Sinn des propositionalen Bestandteils ihrer Äußerung verständlich machen;

b) die Wahrheit der mit dem Sprechakt gemachten Aussage (bzw. der Existenzvoraussetzungen des darin erwähnten propositionalen Gehaltes) anerkennen;

c) die Richtigkeit der Norm, als deren Erfüllung der ausgeführte Sprechakt jeweils gelten darf, anerkennen;

d) die Wahrhaftigkeit der beteiligten Subjekte nicht in Zweifel ziehen.

Einzelne Geltungsansprüche werden freilich erst thematisch, wenn das Funktionieren des Sprachspiels gestört und der Hintergrundkonsens erschüttert ist. Dann treten typische Fragen und Antworten auf; sie sind ein normaler Bestandteil der kommunikativen Praxis. Wenn die Verständlichkeit einer Äußerung problematisch wird, stellen wir Fragen des Typs: Wie meinst du das? Wie soll ich das verstehen? Was bedeutet das? Antworten auf solche Fragen nennen wir *Deutungen*. Wenn die Wahrheit einer Aussage problematisch wird, stellen wir Fragen des Typs: Verhält es sich so, wie du sagst? Warum verhält es sich so und nicht anders? Diesen Fragen begegnen wir mit *Behauptungen* und *Erklärungen*. Wenn die Richtigkeit der

320  *Sprache und Kommunikation*

Sprechhandlung oder ihres normativen Kontextes problematisch wird, stellen wir Fragen des Typs: Warum hast du das getan? Warum hast du dich nicht anders verhalten? Darfst du das tun? Solltest du dich nicht anders verhalten? Darauf antworten wir mit *Rechtfertigungen*. Wenn wir in einem Interaktionszusammenhang schließlich die Wahrhaftigkeit eines Gegenübers in Zweifel ziehen, stellen wir Fragen des Typs: Täuscht er mich? Täuscht er sich über sich selbst? Aber diese Fragen adressieren wir nicht an die unglaubwürdige Person selber, sondern an Dritte. Der der Unwahrhaftigkeit verdächtige Sprecher kann allenfalls, etwa in einer Gerichtsverhandlung »verhört« oder, in einem analytischen Gespräch, »zur Besinnung gebracht« werden.

Die vier genannten Geltungsansprüche sind fundamental in dem Sinne, daß sie sich nicht auf ein Gemeinsames zurückführen lassen. Der Sinn von Verständlichkeit, Richtigkeit und Wahrhaftigkeit läßt sich nicht auf den Sinn von Wahrheit zurückführen. Wir verstehen, was Wahrheit ist, wenn wir uns über den Sinn der in konstativen Sprechakten enthaltenen Geltungsansprüche klarwerden. Die Pragmatik von Behauptungen ist der Schlüssel zum Wahrheitsbegriff, während der Rückgriff auf Modelle, die, wie beispielsweise das der Abbildung, in einer anderen Sphäre, nämlich im Bereich der ikonischen Darstellung liegen, irreführt. Wahrheit ist keine Ähnlichkeitsrelation. So verhält es sich auch mit den anderen Klassen von Geltungsansprüchen. Die Verständlichkeit einer Äußerung ist keine Wahrheitsrelation. Verständlichkeit ist ein Geltungsanspruch, der besagt, daß ich über eine bestimmte Regelkompetenz verfüge, z. B. eine natürliche Sprache beherrsche. Eine Äußerung ist verständlich, wenn sie grammatisch und pragmatisch wohlgeformt ist, so daß jeder, der die entsprechenden Regelsysteme beherrscht, die gleiche Äußerung generieren kann. Vielleicht läßt sich auch das, was wir ›analytische Wahrheit‹ nennen, als ein spezieller Fall von

Verständlichkeit, nämlich als Verständlichkeit von formal-sprachlichen Sätzen begreiflich machen. Aber mit ›Wahrheit‹ hat Verständlichkeit nichts zu tun. Wahrheit ist eine Relation zwischen Sätzen und der Realität, über die wir Aussagen machen; Verständlichkeit hingegen ist eine interne Beziehung zwischen symbolischen Ausdrücken und dem zugehörigen Regelsystem, nach dessen Vorschriften wir diese Ausdrücke hervorbringen können.

Sowenig wie Verständlichkeit ist auch Wahrhaftigkeit eine Wahrheitsrelation. Wahrhaftigkeit ist ein mit den Sprechakten aus der Klasse der Repräsentativa verbundener Geltungsanspruch, der besagt, daß ich geäußerte Intentionen ernsthaft so und genau so meine, wie ich sie geäußert habe. Ein Sprecher ist wahrhaftig, wenn er weder sich noch andere täuscht. Wie ›Wahrheit‹ den Sinn trifft, in dem ich eine Proposition aufstelle, so trifft ›Wahrhaftigkeit‹ den Sinn, in dem ich ein privilegiert zugängliches subjektives Erlebnis vor den Augen anderer enthülle oder manifestiere. Sobald wir Wahrhaftigkeit als Relation zwischen einer Erlebnisäußerung und der Entität eines inneren Zustandes auffassen, haben wir sie bereits nach dem Modell der Wahrheitsrelation mißverstanden: in Akten der Selbstdarstellung behaupte ich nichts über innere Episoden, ich mache überhaupt keine Aussagen, sondern ich bringe etwas Subjektives zum Ausdruck. Freilich ist das komplementäre Mißverständnis, das den Offenbarungstheorien der Wahrheit zugrundeliegt, nicht minder schwerwiegend. Darin wird nämlich (wofür Heideggers Theorie ein gutes Beispiel ist) Wahrheit nach dem Modell der Wahrhaftigkeit als Manifestation oder Entbergung begriffen – eine Auffassung, die dem Realitätsbezug des kognitiven Sprachgebrauchs nicht gerecht wird.

Im Vergleich zu Verständlichkeit und Wahrhaftigkeit hat der normative Anspruch der Richtigkeit in philosophischen Diskussionen größere Aufmerksamkeit gefunden, wenn auch meistens unter dem Namen der moralischen

322    *Sprache und Kommunikation*

Wahrheit. Richtigkeit ist jedoch ein mit den Sprechakten
aus der Klasse der Regulativa verbundener Geltungsanspruch, der besagt, daß eine geltende Norm zu Recht
anerkannt wird, daß sie Geltung haben ›soll‹. Diese Soll-
geltung hat mit Wahrheitsgeltung nichts zu tun. Ein Indikator dafür ist die Unableitbarkeit von normativen Sätzen
aus deskriptiven Sätzen. Die oft wiederholten Einwände
gegen naturalistische Fehlschlüsse auf dem Gebiet der
Ethik beziehen sich auf die Differenz zwischen Richtigkeit und propositionaler Wahrheit. Sobald wir Richtigkeit
als eine Relation zwischen einer Empfehlung oder Warnung und inneren Entitäten von Lust und Unlust auffassen, haben wir sie wiederum nach dem Modell der Wahrheitsrelation mißverstanden: in Akten begründeter Wahl
stelle ich ebensowenig Behauptungen über innere Episoden auf wie in Akten der Selbstdarstellung, ich mache
überhaupt keine Aussagen, sondern ich tue etwas Richtiges oder etwas Falsches. Die Schlußfolgerung jedoch, daß
praktische Fragen nicht wahrheitsfähig seien, verfehlt
ebenfalls den Sinn der normativen Geltung. Indem ich
zum Ausdruck bringe, daß eine Norm einer anderen vorgezogen werden sollte, will ich das Moment der Beliebig-
keit gerade ausschalten: Richtigkeit trifft sich mit Wahrheit darin, daß beide Ansprüche allein diskursiv, auf dem
Wege der Argumentation und der Erzielung eines vernünftigen Konsenses eingelöst werden können. Freilich
besagt ein möglicherweise erzielter Konsens in diesen beiden Fällen nicht dasselbe. Die Wahrheit von Aussagen
bemißt sich an der Möglichkeit einer universalen *Zustimmung zu* einer Auffassung, die Richtigkeit einer Empfehlung und/oder Warnung an der Möglichkeit der universalen *Übereinstimmung in* einer Auffassung.[5]

---

5 Diese Differenz mag damit zusammenhängen, daß Meinungen über Tatsachen in Erfahrung fundiert sein müssen, während die Annahme oder die Zurückweisung von Normen einen unmittelbaren Erfahrungsbezug zur äußeren

Nicht alle Geltungsansprüche, die wir universalpragmatisch mit Bezugnahme auf die vier eingeführten Klassen von Sprechakten erläutert haben, sind darauf angelegt, diskursiv eingelöst zu werden. Die Konsensustheorie der Wahrheit, die sich auf den Begriff des diskursiv erzielten Konsensus stützen muß, ist nur für Wahrheits- und Richtigkeitsansprüche relevant. Wahrhaftigkeitsansprüche können nur in Handlungen eingelöst werden. Weder Verhöre noch analytische Gespräche zwischen Arzt und Patient dürfen im Sinne kooperativer Wahrheitssuche als Diskurse gelten. Anders verhält es sich mit Ansprüchen auf Verständlichkeit. Wenn der Hintergrundkonsensus auf dieser Ebene so weit gestört ist, daß ad-hoc-Deutungen nicht genügen, empfiehlt sich ein hermeneutischer Diskurs, in dem verschiedene Deutungen geprüft werden und die für richtig gehaltene Interpretation begründet werden kann. Auch hier ist die Differenz unverkennbar. Wahrheits- und Richtigkeitsansprüche fungieren in der Alltagspraxis *als Ansprüche*, die im Hinblick auf die Möglichkeit, daß sie erforderlichenfalls diskursiv eingelöst werden *könnten*, akzeptiert werden. Verständlichkeit ist hingegen, solange die Kommunikation ungestört verläuft, ein faktisch eingelöster Anspruch; sie ist nicht bloß ein akzeptiertes Versprechen: die unverständliche Kommunikation bricht zusammen.

Die Konsensustheorie der Wahrheit, zu der ich nach der Differenzierung verschiedener Klassen von Geltungsansprüchen zurückkehre, knüpft an den Umstand an, daß Verständigung ein normativer Begriff ist. Wittgenstein bemerkt, daß der Begriff der Verständigung im Begriff der Sprache liege. Wir können daher nur in einem selbstexpli-

---

Realität nicht haben. Der Richtigkeitsanspruch einer Norm stützt sich allenfalls auf eine reflexive Erfahrung der beteiligten Subjekte mit sich selber; diese Erfahrung zeigt an, ob man eine angenommene Norm »wirklich will« und ob die darin ausgedrückte Interpretation der Bedürfnisse das, was man als »die eigenen« Bedürfnisse verstehen kann, »wirklich trifft«.

324  *Sprache und Kommunikation*

kativen Sinne sagen, daß sprachliche Kommunikation der Verständigung dient. Jede Verständigung bewährt sich an einem vernünftigen Konsensus; sonst ist sie, wie wir sagen, keine ›wirkliche‹ Verständigung. Kompetente Sprecher wissen, daß jeder faktisch erzielte Konsens trügen kann; aber dem Begriff des trügerischen (oder bloß erzwungenen) Konsensus haben sie den Begriff des vernünftigen Konsensus schon zugrundegelegt. Sie wissen, daß ein trügerischer durch einen wirklichen Konsens ersetzt werden muß, wenn die Kommunikation zu einer Verständigung führen soll. Sobald wir eine Kommunikation aufnehmen, erklären wir implizit unseren Willen, uns miteinander über etwas zu verständigen. Wenn man auf einen Konsensus, auch über Meinungsverschiedenheiten, sinnvoll nicht mehr hoffen kann, bricht die Kommunikation ab. Woran aber, wenn Verständigung kein deskriptiver Begriff ist, bemißt sich ein vernünftiger Konsens im Unterschied zu einem kontingent zustandegekommenen Konsens, von dem wir sagen, er sei nicht ›tragfähig‹? Einen vernünftigen Konsens, so haben wir gesagt, erzielen wir in Diskursen. Was verstehen wir unter einem Diskurs?

Diskurse sind Veranstaltungen mit dem Ziel, kognitive Äußerungen zu begründen. Kognitive Elemente wie Deutungen, Behauptungen, Erklärungen und Rechtfertigungen sind normale Bestandteile der täglichen Lebenspraxis. Sie füllen Informationslücken. Sobald aber deren Geltungsansprüche explizit in Zweifel gezogen werden, ist die Beschaffung weiterer Informationen kein bloßes Problem der Verbreitung mehr, sondern ein Problem des Erkenntnisgewinns. Im Falle grundsätzlicher Problematisierungen schafft der Ausgleich von Informationsdefiziten keine Abhilfe. Wir verlangen vielmehr nach überzeugenden Gründen, und im Diskurs versuchen wir, durch Gründe zu einer gemeinsamen Überzeugung zu gelangen.

Die in ihrem Geltungsanspruch zunächst naiv hingenommenen, dann problematisierten Deutungen, Behauptun-

*Jürgen Habermas*     325

gen, Erklärungen und Rechtfertigungen werden durch diskursiv erzielte Begründungen umgeformt: Kasuistische Deutungen werden in Interpretationszusammenhänge eingeordnet, singuläre Behauptungen werden mit theoretischen Sätzen verknüpft, Erklärungen werden durch Bezugnahme auf Naturgesetze oder Normen begründet, singuläre Rechtfertigungen von Handlungen werden aus generellen Rechtfertigungen der den Handlungen zugrundeliegenden Normen abgeleitet. Einen *hermeneutischen Diskurs* führen wir, wenn die Geltung der Interpretation von Ausdrücken in einem gegebenen Sprachsystem umstritten ist. Einen *theoretisch-empirischen Diskurs* führen wir, wenn die Geltung von empirisch gehaltvollen Behauptungen und von Erklärungen geprüft werden soll. Einen *praktischen Diskurs* führen wir, wenn die Geltung von Empfehlungen (oder Warnungen), die sich auf die Annahme (oder Ablehnung) von Standards beziehen, geklärt werden soll. Ein spezieller Fall von praktischem Diskurs wird auf einer Metaebene geführt, wenn es um die Frage geht, welches Sprachsystem gewählt werden soll, damit ein vorläufig bezeichnetes Phänomen angemessen beschrieben, ein bestehendes Problem scharf gefaßt und in bearbeitbare Form gebracht oder gar ein erkenntnisleitendes Interesse getroffen werden kann.

Substantielle Argumente haben die Kraft, die Anerkennung eines Geltungsanspruchs rational zu motivieren, obgleich sie die Anerkennung nicht allein durch Deduktion (oder methodisch in Anspruch genommene Erfahrung) herbeiführen, d. h. analytisch (oder empirisch) *erzwingen* können.[6] Die Logik des Diskurses wird nur in Abhebung von ›logischer Notwendigkeit‹ erläutern können, was ›rationale Motivation‹ bedeutet; diese Erläuterung wird sich zirkulär auf den eigentümlich zwanglosen Zwang des besseren, weil einleuchtenderen Argumentes berufen müssen.

6 Toulmin, *The Uses of Argument*, Cambr. 1964, p. 146 ff.

326  *Sprache und Kommunikation*

Läßt sich dann aber der Sinn von Wahrheit, die sich gerade durch ihren Absolutheitsanspruch von bloßer Gewißheit unterscheidet, mit Bezugnahme auf das schwankende Fundament der Bemühung um einen diskursiv zu erzielenden Konsens bestimmen? Wie läßt sich ein vernünftiger von einem bloß kontingent zustandegekommenen Konsens unterscheiden?

Kehren wir noch einmal zur *Wahrheit von Aussagen* zurück. Mit konstativen Sprechakten erheben wir einen Wahrheitsanspruch für Aussagen. Mit ihrer Hilfe treffen wir die fundamentale Unterscheidung zwischen Sein und Schein. Wenn wir der Konsenstheorie der Wahrheit folgen, ist die potentielle Zustimmung *aller* anderen Personen die Bedingung für die Einlösung eines Wahrheitsanspruchs. Nun sind es faktisch immer nur einige Personen, an deren Zustimmung ich den Geltungsanspruch meiner Behauptung kontrollieren kann. Die faktische Zustimmung einiger anderer, die ich möglicherweise erreiche, wird um so eher auf die Zustimmung weiterer Beurteiler rechnen dürfen, je weniger wir und andere einen Grund sehen, an ihrer Urteilskompetenz zu zweifeln. Wir wollen deshalb zunächst die kontrafaktisch eingeführte Bedingung wie folgt einschränken: ich darf ›p‹ behaupten, wenn jeder andere *kompetente* Beurteiler mir darin zustimmen würde. Was kann indessen »Kompetenz der Beurteilung« in diesem Zusammenhang heißen?

Kamlah und Lorenzen haben vorgeschlagen, daß kompetente Beurteiler imstande sein müssen, eine *geeignete Nachprüfung* anzustellen. Sie müssen sachverständig sein. Wie können wir aber entscheiden, welche Art der Nachprüfung im gegebenen Fall als geeignet angesehen werden kann und wer mithin beanspruchen darf, als sachverständig zu gelten? Auch darüber muß es einen Diskurs geben dürfen, dessen Ausgang wiederum von einem Konsensus der Beteiligten abhängt. Sachverstand ist gewiß eine Bedingung, die ein kompetenter Beurteiler erfüllen muß, aber für ›Sachverstand‹ können keine unabhängigen Kriterien angegeben werden; die Entscheidung über die Wahl dieser Kriterien muß wiederum vom Ausgang eines Diskurses abhängen. Ich möchte deshalb die Kompetenz eines Beurteilers, an dessen Zustimmung ich mein eigenes Urteil kontrollieren kann, nicht von seinem Sachverstand abhängig machen, sondern einfach davon, ob er ›vernünftig‹ ist. Selbst wenn wir annehmen, daß sich aus den universalpragmatischen Bestimmungen deskriptiver Sprachen Methoden der Nachprüfung ableiten ließen, die geeignet wären, einen Konsensus über die Geltung empirisch gehaltvoller Behauptungen zu erzwingen; und selbst wenn wir dann vorschlagen könnten, »vernünftig« alle diejenigen Beurteiler zu nennen, die beispielsweise zu methodisch durchgeführten Beobachtungen und Befragungen in der Lage sind – auch dann entgehen wir nicht der erwähnten Verlegenheit. Denn wie können wir eine solche Kompetenz mit Sicherheit feststellen? Es genügt ja nicht, daß einer so tut, als mache er eine Beobachtung oder als führe er eine Befragung durch. Wir erwarten, daß er, sagen wir einmal, seiner Sinne mächtig ist, daß er zurechnungsfähig ist. Er muß in der öffentlichen Welt einer Sprachgemeinschaft leben und darf kein »Idiot« sein, also unfähig, Sein und Schein zu unterscheiden. Ob einer bei Vernunft ist, merken wir freilich erst, wenn wir mit ihm sprechen können und in Handlungszusammenhängen auf ihn rechnen dürfen.

Die Unterscheidung des wahren vom falschen Konsensus muß in Zweifelsfällen durch Diskurs entschieden werden. Aber der Ausgang des Diskurses ist wiederum von der Erzielung eines tragfähigen Konsenses abhängig. Die Konsenstheorie der Wahrheit bringt zu Bewußtsein, daß über die Wahrheit von Aussagen nicht ohne Bezugnahme auf die Kompetenz möglicher Beurteiler und über deren Kompetenz nicht ohne Bewertung der Wahrhaftigkeit ihrer Äußerungen und der Richtigkeit ihrer Handlungen

328    *Sprache und Kommunikation*

entschieden werden kann. Die Idee des wahren Konsensus verlangt von den Teilnehmern eines Diskurses die Fähigkeit, zwischen Sein und Schein, Wesen und Erscheinung, Sein und Sollen zuverlässig zu unterscheiden, um kompetent die Wahrheit von Aussagen, die Wahrhaftigkeit von Äußerungen und die Richtigkeit von Handlungen zu beurteilen. In keiner der drei Dimensionen können wir jedoch ein Kriterium namhaft machen, das eine unabhängige Beurteilung der Kompetenz möglicher Beurteiler oder Berater erlauben würde. Vielmehr müßte sich die Beurteilung der Beurteilungskompetenz ihrerseits ausweisen an einem Konsens derselben Art, für dessen Bewertung Kriterien gerade gefunden werden sollten.[7] Nur eine ontologische Wahrheitstheorie könnte diesen Zirkel durchbrechen. Keine dieser Korrespondenz- oder Abbildtheorien hat aber der Diskussion standgehalten.

Wenn es sich so verhält, ist schwer zu verstehen, warum wir gleichwohl in jedem Gespräch davon ausgehen, daß wir miteinander zu einer Verständigung gelangen können. Faktisch trauen wir uns jederzeit zu, einen vernünftigen Konsensus von einem trügerischen zu unterscheiden.

7 Dieses Ziel kann auch gar nicht erreicht werden, weil wir Diskurse nicht hinterfragen, d. h. »Metadiskurse« nicht führen können. In einem Metadiskurs tun wir so, und das war bisher unsere Einstellung, als könnten wir feststellen, ob die an diesem Diskurs Beteiligten die Bedingungen möglicher Diskursteilnahme erfüllen. Aber strenggenommen stehen »Metadiskurs« und Diskurs auf der gleichen Ebene. *Alle* Diskurse sind intersubjektive Veranstaltungen. Hier entsteht gar nicht erst der Schein der beliebigen Iteration der Selbstreflexion einsamer Subjekte (A. Kulenkampff, *Antinomie und Dialektik*, Stuttgart 1970). Auch die Selbstreflexion, in der sich die Kommunikationsteilnehmer vergewissern, ob sie aus Zusammenhängen kommunikativen Handelns tatsächlich herausgetreten sind und die Realitätszwänge des riskanten Entscheidens suspendiert haben, ist eine intersubjektive Veranstaltung (vgl. *Erkenntnis und Interesse*, Ffm. 1968, Kap. 10). Einen Diskurs können wir nicht führen, ohne zu *unterstellen*, daß die Bedingungen für das Eintreten in einen Diskurs schon erfüllt sind; nachdem wir aber diese Unterstellung gemacht haben, ist der Diskurs darüber, ob wir diese Voraussetzung zu Recht vornehmen, sinnlos. Auf der Ebene des Diskurses kann es eine Trennung von Diskurs und dem externen Standort eines Diskursbeobachters nicht geben.

Sonst könnten wir jenen metakommunikativ immer schon akzeptierten Sinn von Rede, d. h. den vernünftigen Charakter der Rede, nicht stillschweigend voraussetzen, ohne den umgangssprachliche Kommunikation sinnlos wäre. Dieses Phänomen ist erklärungsbedürftig.

Ich möchte es damit erklären, daß Argumentationsteilnehmer gemeinsam so etwas wie eine ideale Sprechsituation *unterstellen*. Die ideale Sprechsituation soll dadurch bestimmt sein, daß jeder Konsens, der unter ihren Bedingungen erzielt werden kann, per se als vernünftiger Konsens gelten darf. Meine These heißt: *Der Vorgriff auf eine ideale Sprechsituation* gibt allein Gewähr dafür, daß wir mit einem faktisch erzielten Konsensus den Anspruch des vernünftigen Konsenses verbinden dürfen; zugleich ist dieser Vorgriff ein kritischer Maßstab, an dem jeder faktisch erzielte Konsensus auch in Frage gestellt und daraufhin überprüft werden kann, ob er ein zureichender Indikator für wirkliche Verständigung ist. Die Konsenstheorie der Wahrheit ist, wie mir scheint, anderen Wahrheitstheorien überlegen; aber auch sie kann aus der zirkulären Bewegung der Argumente nur ausbrechen, wenn wir damit rechnen, daß wir in jedem Diskurs genötigt sind, wechselseitig eine ideale Sprechsituation zu unterstellen. Es ist offensichtlich, daß diese oder eine ähnliche Antizipation *nötig* ist, um der Konsequenz zu entgehen, die diskursive Einlösung eines Geltungsanspruchs von einem kontingenterweise erzielten Konsens abhängig zu machen; es bleibt aber die Frage, wie der Entwurf einer idealen Sprechsituation möglich ist. Wenn erstens jede Rede den Sinn hat, daß mindestens zwei Subjekte sich miteinander über etwas verständigen, sich erforderlichenfalls auch über strittige Geltungsansprüche diskursiv verständigen; wenn zweitens Verständigung die Herbeiführung eines vernünftigen Konsenses meint; wenn drittens ein wahrer von einem falschen Konsens nur durch Bezugnahme auf eine ideale Sprechsituation unterschieden werden kann, d. h. durch Rekurs

330  *Sprache und Kommunikation*

auf eine Übereinstimmung, die kontrafaktisch so gedacht wird, als wäre sie unter idealen Bedingungen zustande gekommen, – dann muß es sich bei dieser Idealisierung um einen Vorgriff handeln, den wir jedesmal, wenn wir eine Argumentation aufnehmen *wollen*, vornehmen *müssen*, und den wir mit Hilfe der Konstruktionsmittel, über die jeder Sprecher kraft kommunikativer Kompetenz verfügt, auch vornehmen *können*.

Wie ist der Entwurf einer idealen Sprechsituation mit Hilfe der Sprechakte, die jeder kompetente Sprecher ausführen kann, möglich? Ideal nennen wir im Hinblick auf die Unterscheidung des wahren vom falschen Konsensus eine Sprechsituation, in der die Kommunikation nicht nur nicht durch äußere kontingente Einwirkungen, sondern auch nicht durch Zwänge behindert wird, die sich aus der Struktur der Kommunikation selbst ergeben. Die ideale Sprechsituation schließt systematische Verzerrung der Kommunikation aus. Nur dann herrscht ausschließlich der eigentümlich zwanglose Zwang des besseren Arguments, der die methodische Überprüfung von Behauptungen sachverständig zum Zuge kommen läßt und die Entscheidung über praktische Fragen rational motivieren kann.

Nun gehen aus der Kommunikationsstruktur nur dann keine Zwänge hervor, wenn für alle Beteiligten eine symmetrische Verteilung der Chancen, Sprechakte zu wählen und auszuüben, gegeben ist. Dann besteht nicht nur universale Austauschbarkeit der Dialogrollen, sondern effektive Gleichheit der Chancen bei der Wahrnehmung der Dialogrollen, d. h. bei der Performanz beliebiger Sprechakte. Aus dieser allgemeinen Symmetriebedingung lassen sich spezielle Regeln für jede der vier eingeführten Klassen von Sprechakten ableiten. Unter der Bedingung, daß alle Gesprächsteilnehmer die gleiche Chance haben, Kommunikativa zu verwenden, d. h. Kommunikationen herbeizuführen sowie durch Rede und Gegenrede, Frage und Antwort zu perpetuieren, kann durch eine chancengleiche Verwendung der Konstativa (und des für Empfehlungen/Warnungen relevanten Teils der Regulativa), d. h. durch eine Gleichverteilung der Chancen, Deutungen, Behauptungen, Erklärungen und Rechtfertigungen vorzutragen, zu begründen oder zu widerlegen, die Grundlage dafür geschaffen werden, daß keine Vormeinung auf Dauer der Thematisierung und der Kritik entzogen bleibt. Mit diesen Bestimmungen sind die Sprechakte, die wir in Diskursen verwenden dürfen, ideal geregelt. Gleichwohl sind die Bedingungen für eine ideale Sprechsituation, die nicht nur uneingeschränkte, sondern auch herrschaftsfreie Diskussion allein aufgrund ihrer Situationsmerkmale, d. h. ihrer Struktur, sichert, noch nicht vollständig angegeben. Denn die bisherigen Bestimmungen sind noch keine Garantie dafür, daß die Gesprächsteilnehmer nicht bloß wähnen, einen Diskurs zu führen, während sie tatsächlich in einer Kommunikation unter Handlungszwang befangen sind. Wir müssen zusätzlich annehmen, daß die Sprecher weder sich noch andere über ihre Intentionen täuschen dürfen. Interessanterweise verlangt also die ideale Sprechsituation Bestimmungen, die sich nur mittelbar auf Diskurse, unmittelbar jedoch auch auf die Organisation von Handlungszusammenhängen beziehen. Offenbar ist die Freisetzung des Diskurses von Handlungszwängen, welche eine ideale Sprechsituation fordert, nur unter Bedingungen reinen kommunikativen Handelns zu denken. Daher beziehen sich die beiden anderen speziellen Annahmen auf Regelungen von Sprechakten, die wir in Interaktionen verwenden.

In der idealen Sprechsituation sind nur Sprecher zugelassen, die *als Handelnde* gleiche Chancen haben, Repräsentativa zu verwenden, denn nur das reziproke Zusammenstimmen der Spielräume jeweils individueller Äußerungen und das komplementäre Einpendeln von Nähe und Distanz bieten die Gewähr dafür, daß die Subjekte in dem, was sie wirklich tun und meinen, vor sich und anderen transparent sind und nötigenfalls ihre extraverbalen Äuße-

332  *Sprache und Kommunikation*

rungen in sprachliche übersetzen können. Die Gegenseitigkeit ungekränkter Selbstdarstellung wird durch eine Reziprozität von Verhaltenserwartungen ergänzt, die Privilegierungen im Sinne einseitig verpflichtender Handlungsnormen ausschließt. Diese Symmetrie von Berechtigungen und Verpflichtungen kann durch eine chancengleiche Verwendung der Regulativa gewährleistet werden, d. h. durch die Gleichverteilung der Chancen, zu befehlen und sich zu widersetzen, zu erlauben und zu verbieten, Versprechen zu geben und abzunehmen, Rechenschaft abzulegen und zu verlangen usw. Zusammen mit der chancengleichen Verwendung der Kommunikativa sichert das zugleich die Möglichkeit, jederzeit aus Zusammenhängen der Interaktion heraus- und in Diskurse, die Geltungsansprüche thematisieren, einzutreten.

Die kontrafaktischen Bedingungen der idealen Sprechsituation können auch als notwendige Bedingungen emanzipierter Lebensformen verstanden werden. Denn die symmetrische Verteilung der Chancen bei der Wahl und der Ausübung von Sprechakten, die sich a) auf Aussagen als Aussagen, b) auf das Verhältnis des Sprechers zu seinen Äußerungen und c) auf die Befolgung von Normen beziehen, sind sprachtheoretische Bestimmungen für das, was wir herkömmlicherweise mit den Ideen der Wahrheit, der Freiheit und der Gerechtigkeit zu fassen suchten. Diese Bestimmungen interpretieren sich wechselseitig und definieren zusammengenommen eine Lebensform, in der alle öffentlich relevanten Fragen nach der Maxime behandelt werden, einen Diskurs zu führen, wobei unterstellt werden muß, daß sich, wann immer wir in dieser Absicht eine Kommunikation aufnehmen und nur lange genug fortsetzen würden, ein Konsensus ergeben müßte, der als ein vernünftiger Konsens zählen dürfte.[8]

8 Ich habe versucht, die ideale Sprechsituation nicht durch die Persönlichkeitsmerkmale idealer Sprecher, sondern durch strukturelle Merkmale einer

*Jürgen Habermas* 333

Die Idealisierung der Sprechsituation verschränkt sich eigentümlich mit der Idealisierung der Handlungssituation. Der unter der Hand eingeführte Begriff des ›reinen kommunikativen Handelns‹ bedarf der Erläuterung.

Wir haben bisher zwei Formen der Kommunikation (oder der ›Rede‹) unterschieden: *kommunikatives Handeln* (Interaktion) auf der einen Seite, *Diskurs* auf der anderen Seite. Dort wird die Geltung von Äußerungen naiv vorausgesetzt, um Informationen (handlungsbezogene Erfahrungen) auszutauschen; hier werden problematisierte Geltungsansprüche zum Thema gemacht, aber keine Informationen ausgetauscht. In Diskursen machen wir den Versuch, ein problematisiertes Einverständnis, das im kommunikativen Handeln bestanden hat, wiederherzustellen oder zu ersetzen. In diesem Sinne habe ich von diskursiver *Verständigung* gesprochen. Argumentationen haben das Ziel, eine Situation zu überwinden, die durch die hartnäckige Problematisierung der in kommunikativem Handeln naiv vorausgesetzten Geltungsansprüche entsteht: diese reflexive Verständigung führt zu einem diskursiv herbeigeführten, begründeten Einverständnis (das sich natürlich zu einem sekundär eingewöhnten Einverständnis auch wieder verfestigen kann).[9]

Kommunikatives Handeln vollzieht sich in eingelebten

Situation möglicher Rede, nämlich durch die symmetrische Verteilung der Chancen, Dialogrollen wahrzunehmen und Sprechakte auszuführen, zu charakterisieren. Diese Konstruktion soll dem Nachweis dienen, daß wir den Vorgriff auf eine ideale Sprechsituation, den jeder kommunikativ kompetente Sprecher, wenn er an einem Diskurs teilnehmen will, vornehmen muß, mit Hilfe der vier, und nur jener vier genannten Klassen von Sprechakten auch vornehmen *können*. Daher läßt sich rückblickend auch unser Systematisierungsvorschlag für Sprechakte unter dem Gesichtspunkt rechtfertigen, daß Sprechakte als pragmatische Universalien, d. h. als Mittel zur Erzeugung allgemeiner Strukturen möglicher Rede nur fungieren können, wenn sie zugleich als Mittel zum Entwurf einer idealen Sprechsituation dienen.

9 Auch ein diskursiv begründeter Geltungsanspruch gewinnt, sobald das Ergebnis des Diskurses wiederum in Handlungszusammenhänge eingeht, den »naiven« Geltungsmodus zurück.

334 *Sprache und Kommunikation*

und normativ abgesicherten Sprachspielen, in denen Äußerungen aller drei Kategorien (Sätze, Expressionen, Handlungen) nicht nur nach Regeln gebildet, sondern auch untereinander nach Regeln der Ergänzung und der Substitution verknüpft werden. Diskurse verlangen hingegen erstens eine *Virtualisierung der Handlungszwänge*, die dazu führen soll, daß alle Motive außer dem einzigen einer kooperativen Wahrheitssuche außer Kraft gesetzt und Fragen der Geltung von denen der Genesis getrennt werden können. Diskurse erfordern zweitens eine *Virtualisierung von Geltungsansprüchen*, die dazu führen soll, daß wir gegenüber den Gegenständen kommunikativen Handelns (also Dingen und Ereignissen, Personen und Äußerungen) einen Existenzvorbehalt anmelden und gegenüber Sachverhalten und Normen eine hypothetische Einstellung einnehmen. Im Diskurs klammern wir, um mit Husserl zu sprechen, die Generalthesis ein. Dadurch verwandeln sich Tatsachen in *Sachverhalte*, die der Fall, aber auch nicht der Fall sein können, und Normen in *Vorschläge*, die richtig, aber auch nicht richtig sein können. Abschließend will ich den Sinn der normativen Geltung, der einen Grundbegriff der Kommunikationstheorie der Gesellschaft darstellt, klären.

In der naiven Geltung von Handlungsnormen steckt ein sehr weitgehender Anspruch. Dieser ist die Quelle für die kontrafaktische Kraft der gewaltlosen Immunität geltender Normen gegen fortgesetzte Enttäuschungen. Ich möchte von einem Phänomen ausgehen, das intuitiv jedem handlungsfähigen Subjekt gegenwärtig ist. Wenn wir einem Gegenüber als einem Subjekt und nicht als einem Gegenspieler oder gar als einem Gegenstand, den wir manipulieren können, begegnen, unterstellen wir ihm (unvermeidlich) Zurechnungsfähigkeit. Wir können mit ihm zusammen nur in eine Interaktion eintreten, ihm auf der Ebene der Intersubjektivität, wie wir gesagt haben, begegnen, wenn wir präsupponieren, daß er bei geeignetem

*Jürgen Habermas* 335

Nachfragen über sein Handeln Rechenschaft ablegen könnte. Wir *müssen*, sofern wir uns überhaupt ihm gegenüber als einem Subjekt einstellen *wollen*, davon ausgehen, daß unser Gegenüber uns sagen *könnte*, warum er in einer gegebenen Situation sich so und nicht anders verhält. Wir nehmen also eine Idealisierung vor, und zwar eine, die uns selber auch betrifft, denn wir sehen das andere Subjekt mit den Augen, mit denen wir uns selbst betrachten; wir unterstellen, daß der andere, falls wir ihn fragen, für sein Handeln in der gleichen Weise Gründe nennen kann, wie wir überzeugt sind, selber über unser Handeln Rechenschaft geben zu können, wenn ein anderes Subjekt uns fragt. Dieses intuitive Wissen, das im Vollzug der Handlung vor sich selbst den Status einer Unterstellung (oder einer Antizipation) verbirgt, läßt sich in zwei kontrafaktische Erwartungen aufspalten. a) Wir erwarten, daß die Handelnden den Normen, denen sie folgen, intentional folgen. Wir sind also unfähig, im direkten Vollzug einer Interaktion einem Gegenüber, das uns als ein anderes Ich begegnet, unbewußte Motive wie überhaupt kausale Handlungsdeterminanten zuzuschreiben.[10] Sobald wir das tun, verlassen wir die Ebene der Intersubjektivität und behandeln den anderen als ein Objekt, *über* das wir mit dritten kommunizieren können, aber *mit* dem die Kommunikation abgebrochen ist. Diese *Intentionalitätserwartung* schließt außerdem die Annahme ein, daß alle extraverbalen Äußerungen erforderlichenfalls zu sprachlichen Äußerungen expandiert werden könnten. b) Wir erwarten, daß handelnde Subjekte nur den Normen folgen, die ihnen gerechtfertigt erscheinen. Wir sind also unfähig, im direkten Vollzug einer Interaktion von einem Gegenüber die Befolgung einer Norm zu erwarten, die er, wenn er ihr absicht-

---

10 Das gilt nicht für den speziellen Fall des therapeutischen Diskurses, in den beide Partner mit der Absicht eintreten, unbewußte Motive zu Bewußtsein zu bringen.

336    *Sprache und Kommunikation*

lich folgt, nicht auch als legitim anerkennen würde. Selbst
einem Subjekt, das sich ersichtlich nur einem faktisch auf-
erlegten Zwang fügt, unterstellen wir Prinzipien, nach denen es auch dieses Verhalten rechtfertigen würde. Diese
*Legitimitätserwartung* schließt außerdem die Annahme
ein, daß nur diejenigen Normen (bzw. allgemeinen Prinzipien) in den Augen handelnder Subjekte als gerechtfertigt gelten, von denen sie überzeugt sind, daß sie notfalls
einer uneingeschränkten und ungezwungenen Diskussion
standhalten würden.

Die beiden genannten kontrafaktischen Erwartungen, die
in der für Handelnde unvermeidlichen Idealisierung der
wechselseitig imputierten Zurechenbarkeit enthalten sind,
verweisen auf eine in praktischen Diskursen grundsätzlich
erreichbare Verständigung. Der Sinn des Geltungsanspruchs von Handlungsnormen besteht auch in der Aussicht, daß sich das faktisch eingewöhnte normengeleitete
Verhalten als das verantwortliche Handeln zurechnungs-
fähiger Subjekte verstehen läßt. Wir unterstellen, daß die
Subjekte unter geeigneten Umständen sagen können, welcher Norm sie folgen *und warum* sie diese Norm als gerechtfertigt akzeptieren; damit unterstellen wir zugleich,
daß Subjekte, denen wir diskursiv zeigen können, daß sie
die beiden genannten Bedingungen nicht erfüllen, die entsprechende Norm fallenlassen und ihr Verhalten ändern
würden. Wir wissen, daß die institutionalisierten Handlungen in der Regel diesem *Modell reinen kommunikativen Handelns* nicht entsprechen, obgleich wir nicht um-
hin können, kontrafaktisch immer wieder so zu tun, als
sei dieses Modell verwirklicht. Auf dieser unvermeidlichen Fiktion beruht die Humanität des Umgangs unter
Menschen, die noch Menschen, d. h. in ihren Selbstobjek-
tivationen noch nicht sich als Subjekten völlig fremd geworden sind.

Der Status des unvermeidlichen Vorgriffs auf eine ideale
Sprechsituation (in Diskursen) und auf ein Modell reinen

kommunikativen Handelns (in Interaktionen) ist freilich noch unklar. Ich möchte am Schluß nur zwei naheliegenden Mißverständnissen vorbeugen. Die Bedingungen tatsächlich stattfindender Argumentationen sind mit denen der idealen Sprechsituation ersichtlich nicht, jedenfalls oft oder meistens nicht identisch. Gleichwohl gehört es zur Struktur möglicher Rede, daß wir im Vollzug der Sprechakte (und der Handlungen) kontrafaktisch so tun, als sei die ideale Sprechsituation (oder das Modell reinen kommunikativen Handelns) nicht bloß fiktiv, sondern wirklich – eben das nennen wir eine Unterstellung. Das normative Fundament sprachlicher Verständigung ist mithin beides: antizipiert, aber als antizipierte Grundlage auch wirksam. Die formale Vorwegnahme des idealisierten Gesprächs (als einer in Zukunft zu realisierenden Lebensform?) garantiert das »letzte« tragende und keineswegs erst herzustellende kontrafaktische Einverständnis, das die potentiellen Sprecher/Hörer vorgängig verbinden muß und über das eine Verständigung nicht erforderlich sein darf, wenn anders Kommunikation überhaupt möglich sein soll. Insofern ist der Begriff der idealen Sprechsituation nicht bloß ein regulatives Prinzip im Sinne Kants; denn wir müssen mit dem ersten Akt sprachlicher Verständigung diese Unterstellung faktisch immer schon vornehmen. Andererseits ist der Begriff der idealen Sprechsituation auch nicht existierender Begriff im Sinne Hegels: denn keine historische Gesellschaft deckt sich mit der Lebensform, die wir im Begriff der idealen Sprechsituation vorwegnehmen. Die ideale Sprechsituation wäre am ehesten mit einem transzendentalen Schein zu vergleichen, wenn nicht dieser Schein, statt sich einer unzulässigen Übertragung (wie beim erfahrungsfreien Gebrauch der Verstandeskategorien) zu verdanken, zugleich konstitutive Bedingung möglicher Rede wäre. Der Vorgriff auf die ideale Sprechsituation hat für jede mögliche Kommunikation die Bedeutung eines konstitutiven Scheins, der zugleich Vorschein einer

## 338  Sprache und Kommunikation

Lebensform ist.[11] A priori können wir freilich nicht wissen, ob jener Vorschein bloße, wie immer aus unvermeidlichen Präsuppositionen stammende Vorspiegelung (Subreption) ist – oder ob die empirischen Bedingungen für die, sei es auch annähernde, Verwirklichung einer idealen Lebensform praktisch herbeigeführt werden können. Die in die Universalpragmatik eingebauten Fundamentalnormen möglicher Rede enthalten unter diesem Gesichtspunkt eine praktische Hypothese. Von ihr, die in einer Theorie kommunikativer Kompetenz erst entfaltet und begründet werden muß, nimmt die kritische Theorie der Gesellschaft ihren Ausgang.

11 Zusatz 1983: ich habe diese Formulierung inzwischen zurückgenommen, vgl. J. Habermas, »A Reply to my Critics«, in: J. B. Thompson, D. Held (Eds.), *Habermas – Critical Debates*, London 1982, S. 261 f.

# V
# Kommunikation und ethische Praxis

Peter Singer

*Am Anfang der neueren ›Rehabilitation der praktischen
Philosophie‹ stand die metaethische Frage im Zentrum des
Interesses, was wir tun, wenn wir in einem gewissen moralischen Vokabular Urteile fällen, und nach welchen allgemeinen Gesichtspunkten wir diese Urteile als hinreichend
begründet oder ungerechtfertigt bewerten. Inzwischen
neigt sich das Interesse eher materialen moralischen Fragen der »Praktischen Ethik« (»Practical Ethics«, 1979,
²1993) zu. Eugenik bzw. Gentechnologie, Euthanasie bzw.
Sterbehilfe und Abtreibung oder Forschung mit embryo-
nalen Stammzellen sind die umstrittensten Themen. Die
erweiterte Bioethik behandelt insbesondere auch Fragen
nach den Rechten von Tieren bzw. nach der moralischen
Verwerflichkeit der Tötung von Tieren. Sie fragt in diesem
Kontext nach einer angeblichen oder wirklichen Parallele
zwischen einer ethnozentrischen Binnenmoral und einem
ethischen Anthropozentrismus.*
*Dabei hat niemand so eindringlich wie Peter Singer für
konkrete Prinzipien und Konklusionen in der Praktischen
Ethik argumentiert und geworben. Wenn man, wie im
Utilitarismus, voraussetzt, dass das ethisch Gute immer
auf die eine oder andere Weise mit dem Streben nach
Glück und der Vermeidung von Schmerz und Leid bzw.
in der Erfüllung von ›Wünschen‹, genauer: von Präferenzen lebendiger Wesen besteht, die mit einem gewissen Bewusstsein um ihr Begehren ausgestattet sind, gibt es nach
Singer auf die Frage nach der Begründung des Tötungs-
verbots drei Antworttypen: Man verweist entweder dar-*

340   *Kommunikation und ethische Praxis*

*auf, dass die Tötung den Gesamtumfang des Glückes ver-*
*mindert, oder dass sie die Erfüllung möglicher Präferenzen*
*verhindert, oder dass sie ein schon bestehendes reales und*
*bewusstes Begehren unerfüllbar macht. Die ersten beiden*
*Antworten führen zu einer in postsäkularen Zeiten nicht*
*sehr plausiblen moralischen Verpflichtung, möglichst vielen*
*Wesen möglichst viele Präferenzerfüllungen zu ermögli-*
*chen, am Ende sogar unter Einschluss des biblischen Be-*
*fehls: Wachset und mehret euch! Die letzte Antwort birgt*
*die Gefahr, dass die Voraussetzung eines irgendwie ›be-*
*wussten‹ Begehrens in vielen Fällen, etwa im Fall des Em-*
*bryonenschutzes, als zu schwach, in anderen Fällen aber,*
*etwa bei der Frage der moralischen Unbedenklichkeit des*
*Verzehrs von Fleisch, dann aber vielleicht auch als zu stark*
*für den Schutz der betroffenen Wesen erscheinen.*
*Je nach Definition von Ausdrücken wie »bewusstes Begeh-*
*ren« erhält man vermeintlich zwingende Gründe für ge-*
*wisse moralische Gebote oder Verbote. Da diese hochgra-*
*dig abhängen von der je gewählten Artikulations- und*
*Deduktionsform und einer entsprechenden Vorstellung da-*
*von, was rationales oder logisches Schließen sei, wird die*
*Debatte um sie nicht bloß objektstufig zu führen sein.*
*Denn die Frage bleibt zentral, welches der angemessene*
*Zugang zu einem guten Verständnis unserer moralischen*
*Urteilspraxis ist. Die Bedeutung der Metaethik und der*
*mit ihr eng verbundenen sprachkritischen Analyse der Be-*
*griffe des Guten und Wahren bzw. der rationalen Begrün-*
*dung und vernünftigen Rechtfertigung wird uns damit er-*
*neut und vertieft vor Augen geführt.*

# Leben nehmen: Der Embryo und der Fötus

## Das Problem

Über kaum ein ethisches Problem wird heute so erbittert gestritten wie über die Abtreibung, und während das Pendel nach beiden Richtungen weit ausgeschlagen ist, hat es keine der streitenden Parteien vermocht, die Überzeugungen ihrer Gegner nennenswert zu ändern. Bis 1967 war Abtreibung außer in Schweden und Dänemark nahezu überall illegal. Dann wurde in Großbritannien das Gesetz geändert und Abtreibung aus umfassenden sozialen Gründen erlaubt; schließlich entschied der Oberste Gerichtshof der Vereinigten Staaten 1973 im Prozeß *Roe gegen Wade*, daß die Frauen in den ersten sechs Monaten der Schwangerschaft ein verfassungsmäßiges Recht auf einen Abbruch haben. Westeuropäische Länder einschließlich der römisch-katholischen wie Italien, Spanien und Frankreich liberalisierten ihr Abtreibungsrecht. Lediglich die Republik Irland widersetzte sich dem Trend.   [...]

1978 stellte sich mit der Geburt von Louise Brown ein neues Problem bezüglich des Status frühen menschlichen Lebens. Denn ihr wurde zum ersten Mal ein menschliches Wesen aus einem Embryo geboren, der außerhalb eines menschlichen Körpers befruchtet worden war. Damit gelang es Robert Edwards und Patrick Steptoe, die Möglichkeit der In-Vitro-Fertilisation (IVF) zu demonstrieren; zuvor hatte man viele Jahre erfolglos mit menschlichen Embryonen experimentiert. Heute ist IVF bei bestimmten Arten von Unfruchtbarkeit eine Standardmethode, durch deren Anwendung Tausende von gesunden Babys das Licht der Welt erblickten. Auf dem Weg dorthin mußten jedoch viele Embryonen bei Experimenten zerstört werden, und weitere Verbesserungen der IVF-Methode erfordern die Fortsetzung der Experimente. Noch bedeutsamer

342 *Kommunikation und ethische Praxis*

sind wohl auf die Dauer andere Versuchsmöglichkeiten, die sich durch die Existenz eines lebensfähigen Embryos außerhalb des menschlichen Körpers eröffnet haben. Embryonen können jetzt eingefroren und über mehrere Jahre aufgehoben werden, bevor man sie auftaut und Frauen implantiert. Aus diesen Embryonen entstehen ganz normale Kinder, aber diese Technik hat zur Folge, daß auf der ganzen Welt eine große Anzahl von Embryonen in speziellen Kühlapparaten konserviert werden (allein 11 000 in Australien zur Zeit der Niederschrift dieses Kapitels). Weil das IVF-Verfahren oft mehr Embryonen produziert, als auf sicherem Wege in den Uterus der Frau, von der das Ei stammt, zurückgeführt werden können, gibt es viele eingefrorene Embryonen, die niemals gebraucht, vermutlich zerstört oder der Forschung zur Verfügung gestellt oder auch an andere unfruchtbare Paare weitergegeben werden.

Zudem tauchen ganz neue Technologien am Horizont auf. Embryonen können auf genetische Anomalien hin untersucht und beseitigt werden, wenn sich solche zeigen. Edwards hat vorhergesagt, daß es wissenschaftlich möglich sein wird, Embryonen im Reagenzglas so weit zu entwikkeln, daß sie siebzehn Tage nach der Befruchtung Blut-Stammzellen bilden, die man zur Behandlung verschiedener bisher tödlicher Blutkrankheiten einsetzen könnte. Andere, die noch weiter in die Zukunft spekulieren, fragen sich, ob wir eines Tages Embryonen- und Föten-Banken haben werden, die Organe bereitstellen für Patienten, die sie benötigen.

Abtreibung und Experimente, die zur Vernichtung von Embryonen führen, werfen schwierige ethische Fragen auf; denn die Entwicklung eines menschlichen Wesens ist ein stufenweiser Prozeß. Wenn wir das befruchtete Ei unmittelbar nach der Empfängnis entfernen, ist es schwer, sich über seinen Tod zu beunruhigen. Das befruchtete Ei ist eine einzelne Zelle. Nach einigen Tagen ist es immer noch lediglich ein kleiner Zellklumpen, ohne daß auch nur

*Peter Singer* 343

ein einziges anatomisches Detail des späteren Wesens erkennbar würde. Die Zellen, die dann den eigentlichen Embryo bilden werden, sind in diesem Stadium nicht von den Zellen zu unterscheiden, die die Plazenta und die Fruchtblase bilden werden. Bis vierzehn Tage nach der Befruchtung können wir nicht einmal sagen, ob aus dem Embryo ein oder zwei Individuen entstehen werden; denn es kann zur Teilung und damit zur Bildung von eineiigen Zwillingen kommen. Nach vierzehn Tagen erscheint dann als erstes anatomisches Detail die Corda dorsalis, aus der sich später die Wirbelsäule entwickeln wird. Zu diesem Zeitpunkt kann der Embryo unmöglich ein Bewußtsein oder Schmerzempfinden haben. Am andern Ende der Entwicklung steht der erwachsene Mensch. Ihn zu töten bedeutet Mord, was von jedermann ohne Zögern verurteilt wird – mit Ausnahme einiger besonderer Fälle, die im folgenden Kapitel diskutiert werden. Eine klare Trennlinie zwischen dem befruchteten Ei und dem Erwachsenen gibt es nicht; daher rührt das Problem.

Dieses Kapitel widmet sich vornehmlich der Problematik des Schwangerschaftsabbruchs, aber die Diskussion um den Status des Fötus berührt offensichtlich auch die Thematik der Embryonen-Versuche und der Verwendung von fötalem Gewebe zu medizinischen Zwecken. Zuerst werde ich nun die Position der Abtreibungsgegner darstellen, die ich die konservative Position nennen werde, danach einige typische liberale Antworten prüfen und zeigen, weshalb sie unangemessen sind. Abschließend werde ich unsere frühere Diskussion über den Wert des Lebens mit heranziehen, um das Problem aus einer umfassenderen Perspektive zu betrachten. Allgemein ist die Ansicht verbreitet, daß Schwangerschaftsabbruch aus moralischer Sicht ein unlösbares Dilemma ist, aber ich werde zeigen, daß es – wenigstens im Rahmen einer nicht-religiösen Ethik – eine eindeutige Antwort gibt: wer eine andere Ansicht vertritt, befindet sich ganz einfach im Irrtum.

## Die konservative Position

Das zentrale Argument gegen den Schwangerschaftsabbruch läßt sich formal etwa folgendermaßen darstellen:

> Erste Prämisse: Es ist unrecht, ein unschuldiges menschliches Wesen zu töten.
> Zweite Prämisse: Ein menschlicher Fötus ist ein unschuldiges menschliches Wesen.
> Schlußfolgerung: Daher ist es unrecht, einen menschlichen Fötus zu töten.

Üblicherweise besteht die liberale Antwort darin, daß man die zweite Prämisse dieses Arguments bestreitet. So kommt es, daß das Problem mit der Frage verbunden wird, ob der Fötus ein menschliches Wesen ist, und die Diskussion um Schwangerschaftsabbruch wird oft als eine Diskussion darüber begriffen, wann menschliches Leben beginnt.

In diesem Punkt läßt sich die konservative Position kaum erschüttern. Die Konservativen verweisen auf das Kontinuum zwischen befruchtetem Ei und Kind und fordern die Liberalen auf, irgendeinen Punkt in diesem stufenweisen Prozeß aufzuzeigen, der eine moralisch bedeutsame Zäsur markiert. Wenn es keine solche Zäsur gibt, dann müssen wir nach konservativer Auffassung entweder den Status des Embryos im frühesten Stadium so hoch wie den des Kindes bewerten oder den Status des Kindes so niedrig wie den des Embryos; aber niemand will zulassen, daß Kinder auf Wunsch ihrer Eltern ins Jenseits befördert werden, und somit besteht die einzig haltbare Position darin, dem Fötus den Schutz zu garantieren, den wir jetzt dem Kind gewähren.

Trifft es zu, daß zwischen dem befruchteten Ei und dem Kind keine moralisch relevante Trennlinie existiert? Gewöhnlich werden die folgenden vorgeschlagen: Geburt; Lebensfähigkeit; Bewegung des Fötus; Einsetzen des Bewußtseins. Wir wollen sie der Reihe nach betrachten.

## Geburt

Die Geburt ist die sichtbarste mögliche Trennlinie, und es ist diejenige, die den Liberalen am besten ins Konzept passen würde. Sie trifft sich zu einem gewissen Grade mit unseren Sympathien: wir werden weniger verwirrt durch die Zerstörung eines Fötus, den wir nie gesehen haben, als durch den Tod eines Wesens, das wir sehen, hören und liebhaben können. Aber genügt das, um die Geburt als die Trennlinie zu betrachten, die entscheidet, ob ein Wesen getötet werden darf oder nicht? Die Konservativen können auf plausible Weise entgegnen, daß Fötus und Baby dasselbe Wesen sind, ob es sich nun innerhalb oder außerhalb des Mutterleibs befindet, mit den gleichen menschlichen Zügen (ob wir sie sehen können oder nicht) und demselben Bewußtseinsgrad und der gleichen Fähigkeit, Schmerz zu empfinden. Ein Frühgeborenes mag in dieser Hinsicht durchaus *weniger* entwickelt sein als ein Fötus kurz vor dem normalen Geburtstermin. Es wäre seltsam, wenn wir die Meinung verträten, wir dürften den frühgeborenen Säugling nicht töten, aber wir dürften den entwickelten Fötus töten. Wo sich ein Wesen befindet – innerhalb oder außerhalb des Mutterleibs –, sollte in bezug auf das Unrecht, das darin besteht, es zu töten, nicht allzu stark ins Gewicht fallen.

## Lebensfähigkeit

Wenn die Geburt keinen entscheidenden moralischen Unterschied markiert, sollten wir dann die Zäsur in die Zeit zurückverlegen, von der an der Fötus außerhalb des Mutterleibs überleben könnte? Damit wird ein Einwand gegen die Meinung, die Geburt sei der entscheidende Punkt, überwunden, denn der lebensfähige Fötus wird als dem frühgeborenen Kind ebenbürtig betrachtet, das auf derselben Entwicklungsstufe steht. Lebensfähigkeit ist die Grenzlinie, die der Oberste Gerichtshof der Vereinigten

346     *Kommunikation und ethische Praxis*

Staaten in seiner historischen Entscheidung von *Roe gegen Wade* 1973 gezogen hat. Das Gericht war der Meinung, der Staat habe ein legitimes Interesse daran, potentielles Leben zu schützen, und dieses Interesse werde bei der Lebensfähigkeit »zwingend, weil der Fötus dann voraussichtlich die Fähigkeit zu einem sinnvollen Leben außerhalb des Mutterleibs besitzt«. Daher wären nach der Auffassung des Gerichtshofs Gesetze, die die Abtreibung nach Erreichung der Lebensfähigkeit verbieten, außer wenn Leben oder Gesundheit der Mutter in Gefahr sind, nicht verfassungswidrig. Aber die Richter, die die mit Mehrheit gefällte Entscheidung begründeten, gaben keinen Hinweis darauf, weshalb die bloße Fähigkeit, außerhalb des Mutterleibs zu existieren, für das staatliche Interesse, potentielles Leben zu schützen, derart ins Gewicht fallen sollte. Schließlich ist, wenn wir wie der Gerichtshof von *potentiellem* Leben sprechen, der nicht lebensfähige Fötus ebensosehr ein potentieller menschlicher Erwachsener wie der lebensfähige Fötus.   […]
Es gibt einen weiteren wichtigen Einwand gegen den Versuch, die Lebensfähigkeit zur Trennlinie zu machen. Der Moment, in dem der Fötus außerhalb des Mutterleibs überleben kann, variiert je nach dem Stand der medizinischen Technologie. Vor dreißig Jahren war man allgemein der Meinung, daß ein mehr als zwei Monate zu früh geborenes Kind nicht überleben könne. Heute kann ein sechs Monate alter Fötus – drei Monate zu früh geboren – dank der hochentwickelten medizinischen Technik oft gerettet und zum Leben gebracht werden, ja nach nur fünfeinhalb Monaten Schwangerschaft haben Föten überlebt. Diese Tatsache droht die vom Obersten Gerichtshof gezogene strikte Trennlinie der Schwangerschaft in Trimesterabschnitte aufzulösen, wobei die Lebensfähigkeit zwischen dem 2. und 3. Trimester liegt.
Können wir also angesichts dieser medizinischen Entwicklungen sagen, bei einem sechs Monate alten Fötus

sollte heute kein Schwangerschaftsabbruch vorgenommen werden, aber vor dreißig Jahren hätte man dies tun können, ohne ein Unrecht zu begehen? Derselbe Vergleich läßt sich nicht nur zwischen Gegenwart und Vergangenheit anstellen, sondern auch zwischen verschiedenen Orten. Ein sechs Monate alter Fötus kann eine gute Überlebenschance haben, wenn er in einer Stadt wie London oder New York geboren wird, wo die modernsten medizinischen Techniken angewendet werden, aber er wird überhaupt keine Chance haben, wenn er in einem abgelegenen Dorf im Tschad oder in Neu-Guinea geboren wird. Angenommen, eine im sechsten Monat schwangere Frau hätte aus irgendeinem Grund von New York in ein Dorf in Neu-Guinea reisen müssen und, dort angekommen, keine Möglichkeit gehabt, rasch in eine Stadt mit modernen medizinischen Einrichtungen zurückzukehren. Heißt das etwa, es wäre unrecht gewesen, wenn sie vor ihrer Abreise aus New York die Schwangerschaft abgebrochen hätte, jetzt jedoch, da sie sich in diesem Dorf befindet, dürfe sie einen Abbruch vornehmen lassen? Die Reise ändert doch nichts an der Natur des Fötus; weshalb also sollte sie seinen Anspruch auf Leben aufheben?

Die Liberalen könnten entgegnen, die Tatsache, daß der Fötus in dem, was sein Überleben angeht, völlig von der Mutter abhängig sei, bedeute, daß er kein von ihren Wünschen unabhängiges Recht auf Leben habe. In anderen Fällen sind wir allerdings nicht der Ansicht, völlige Abhängigkeit von einer anderen Person bedeute, daß diese Person über Leben oder Tod entscheiden darf. Ein neugeborenes Baby ist ganz und gar abhängig von seiner Mutter, wenn es in einer abgeschiedenen Gegend geboren wird, wo es von keiner anderen Frau gestillt oder mit der Flasche großgezogen werden kann. Eine ältere Frau kann völlig abhängig sein von ihrem Sohn, der für sie sorgt, und eine Frau auf Wanderschaft, die sich fünf Tagesmärsche von der nächsten Straße entfernt ein Bein bricht, wird ster-

348 *Kommunikation und ethische Praxis*

ben, wenn ihr Begleiter nicht Hilfe holt. Wir sind nicht der Meinung, daß in diesen Situationen die Mutter ihr Baby, der Sohn seine betagte Mutter oder der Wanderer seine verletzte Gefährtin umbringen darf. Somit ist die Behauptung nicht plausibel, daß die Abhängigkeit des nicht lebensfähigen Fötus von der Mutter ihr das Recht gibt, ihn zu töten; wenn aber Abhängigkeit es nicht rechtfertigt, die Lebensfähigkeit zur Trennlinie zu machen, dann ist schwer einzusehen, was sonst dafür sprechen könnte. [...]

Bewußtsein

Man könnte Bewegung indirekt für moralisch relevant halten, ist sie doch ein Anzeichen für irgendeine Form von Bewußtheit – und wie wir bereits gesehen haben, sind Bewußtsein und die Fähigkeit, Freude und Schmerz zu empfinden, tatsächlich von moralischer Bedeutung. Trotzdem ist keine der beiden Seiten in der Abtreibungsdebatte auf die Bewußtseinsentwicklung des Fötus besonders eingegangen. Die Abtreibungsgegner mögen Filme über den »stummen Schrei« des Fötus während des Schwangerschaftsabbruchs zeigen, aber damit soll nur auf die Gefühle der Nichtbetroffenen eingewirkt werden. Die Gegner propagieren in Wirklichkeit das Lebensrecht für das menschliche Wesen von der Empfängnis an, ohne Rücksicht darauf, ob es Bewußtsein hat oder nicht. Die Befürworter des Schwangerschaftsabbruchs haben sich dagegen auf ein riskantes Spiel eingelassen, wenn sie auf die Abwesenheit von Bewußtseinsfähigkeit setzen. Seitdem gezeigt wurde, daß schon sechs Wochen nach der Befruchtung Bewegung einsetzt, und andere Untersuchungen Gehirnaktivitäten in der siebten Woche festgestellt haben, ist nicht mehr auszuschließen, daß der Fötus möglicherweise schon in diesem frühen Stadium fähig ist, Schmerz zu empfinden. Aufgrund dieser Möglichkeit sind auch die Liberalen vorsichtig geworden, das Einsetzen des Bewußtseins mit dem Lebensrecht des Fötus zu koppeln. [...]

Was den Schwangerschafsabbruch anlangt, so ist in der bisherigen Diskussion deutlich geworden, daß die Suche der Liberalen nach einer moralisch entscheidenden Trennlinie zwischen dem Neugeborenen und dem Fötus kein Ereignis oder Entwicklungsstadium erbracht hat, das solche *mit* Lebensrecht von andern *ohne* Lebensrecht eindeutig scheiden könnte; es ist einfach nicht klar bewiesen, daß Föten in einem Entwicklungsstadium, in dem die meisten Schwangerschaftsabbrüche stattfinden, der letzteren Kategorie angehören. Die Konservativen bewegen sich dagegen auf festem Boden, wenn sie betonen, daß die Entwicklung vom Embryo zum Säugling ein stufenweiser Prozeß ist. [...]

## Der Wert des fötalen Lebens

Kehren wir zum Anfang zurück. Das Hauptargument gegen die Abtreibung, von dem wir ausgingen, lautete folgendermaßen:

> Erste Prämisse: Es ist unrecht, ein unschuldiges menschliches Wesen zu töten.
> Zweite Prämisse: Ein menschlicher Fötus ist ein unschuldiges menschliches Wesen.
> Schlußfolgerung: Daher ist es unrecht, einen menschlichen Fötus zu töten.

[...]

Die Schwäche der ersten Prämisse des konservativen Arguments liegt darin, daß wir vom besonderen Status des *menschlichen* Lebens überzeugt sein müssen. Wir haben aber gesehen, daß der Begriff »menschlich« zwischen verschiedenen Bedeutungen schwankt: Mitglied der Spezies Homo sapiens einerseits und Person andererseits. Ist der

350     *Kommunikation und ethische Praxis*

Begriff erst einmal auf diese Weise aufgespalten, so wird die Schwäche der ersten Prämisse der Konservativen augenfällig. Wird »menschlich« als Äquivalent für »Person« genommen, dann ist die zweite Prämisse des Arguments, die Behauptung, der Fötus sei ein menschliches Wesen, mit Sicherheit falsch, denn man kann nicht plausibel argumentieren, der Fötus sei rational oder selbstbewußt. Nimmt man andererseits »menschlich« in der Bedeutung von »Mitglied der Spezies Homo sapiens«, dann beruht die konservative Verteidigung des Lebens des Fötus auf einer Eigenschaft, die keine moralische Relevanz hat, und somit ist die erste Prämisse falsch. Dieser Punkt sollte uns jetzt allmählich vertraut sein: ob ein Wesen ein Mitglied unserer Spezies ist oder nicht, ist für sich genommen für die Unrechtmäßigkeit des Tötens ebenso unerheblich wie die Frage, ob es ein Mitglied unserer Rasse ist oder nicht. Die Auffassung, die bloße Zugehörigkeit zu unserer Spezies, ungeachtet aller anderen Eigenschaften, sei von entscheidender Bedeutung für die Unrechtmäßigkeit des Tötens, ist ein Erbe religiöser Lehren, die selbst die Gegner der Abtreibung nur mehr zögernd ins Gespräch bringen.

Diese einfache Erkenntnis verändert die Abtreibungsdiskussion. Wir können den Fötus nun als das betrachten, was er ist – die wirklichen Eigenschaften, die er besitzt –, und können sein Leben nach demselben Maßstab bewerten wie das Leben von Wesen, die ähnliche Eigenschaften haben, aber nicht zu unserer Spezies gehören. Es wird nun offensichtlich, daß die »Pro-Leben-« oder »Recht-auf-Leben«-Bewegung einen falschen Namen hat. Weit entfernt davon, sich für jedes Leben einzusetzen oder sich einzusetzen in einem Ausmaß, das sich ohne Voreingenommenheit nur nach der Natur des fraglichen Lebens bemißt, zeigen diejenigen, die gegen Abtreibung protestieren, jedoch regelmäßig das Fleisch von Hühnern, Schweinen und Kälbern verspeisen, nur ein vordergründiges Interesse am Leben von Wesen, die zu unserer eigenen Spezies gehören. Denn bei jedem fairen Vergleich moralisch relevanter Eigenschaften wie Rationalität, Selbstbewußtsein, Bewußtsein, Autonomie, Lust- und Schmerzempfindung und so weiter haben das Kalb, das Schwein und das viel verspottete Huhn einen guten Vorsprung vor dem Fötus in jedem Stadium der Schwangerschaft – und wenn wir einen weniger als drei Monate alten Fötus nehmen, so würde sogar ein Fisch mehr Anzeichen von Bewußtsein zeigen.

Ich schlage daher vor, dem Leben eines Fötus keinen größeren Wert zuzubilligen als dem Leben eines nichtmenschlichen Lebewesens auf einer ähnlichen Stufe der Rationalität, des Selbstbewußtseins, der Bewußtheit, der Empfindungsfähigkeit usw. Da kein Fötus eine Person ist, hat kein Fötus denselben Anspruch auf Leben wie eine Person. Wir müssen natürlich noch untersuchen, wann der Fötus voraussichtlich in der Lage sein wird, Schmerz zu empfinden. Für den Augenblick genügt die Feststellung: Bis diese Fähigkeit vorhanden ist, beendet ein Schwangerschaftsabbruch eine Existenz, die überhaupt keinen Wert an sich hat. Danach jedoch, wenn der Fötus Bewußtsein (wenn auch kein Selbstbewußtsein) hat, sollte Abtreibung nicht leichtgenommen werden (falls eine Frau jemals einen Schwangerschaftsabbruch leichtnimmt). Aber die ernsthaften Interessen der Frau würden normalerweise jederzeit vor den rudimentären Interessen selbst eines bewußten Fötus Vorrang haben. Ja, selbst ein Schwangerschaftsabbruch in einem späten Stadium der Schwangerschaft aus den trivialsten Gründen ist schwerlich zu verurteilen, wenn wir nicht gleichzeitig das Abschlachten viel weiter entwickelter Lebensformen, nur weil uns deren Fleisch schmeckt, verurteilen.

Der Vergleich zwischen dem Fötus und anderen empfindungsfähigen Lebewesen führt uns zu einem weiteren Punkt. Wo es das Gleichgewicht einander widerstreiten-

352    *Kommunikation und ethische Praxis*

der Interessen erfordert, ein empfindungsfähiges Geschöpf zu töten, ist es wichtig, daß das Töten so schmerzlos wie möglich geschieht. Im Falle nichtmenschlicher Tiere wird die Bedeutung eines humanen Tötens weithin anerkannt; im Falle der Abtreibung kümmert man sich seltsamerweise nur wenig darum. Der Grund dafür liegt nicht in dem Wissen, daß durch den Abbruch der Fötus schnell und human getötet würde. Späte Schwangerschaftsabbrüche – und gerade bei diesen ist der Fötus vielleicht schon fähig, Schmerz zu empfinden – werden oft so ausgeführt, daß man eine Salzlösung in die den Fötus umgebende Fruchtblase einspritzt. Es wurde behauptet, die Folge davon seien Konvulsionen des Fötus, der etwa ein bis drei Stunden später sterbe. Danach wird der tote Fötus aus dem Mutterleib ausgestoßen. Wann auch immer Grund zu der Annahme besteht, daß eine Methode des Schwangerschaftsabbruchs dem Fötus Leiden verursacht, sollte er vermieden werden.

## Der Fötus als potentielles Leben

Gegen das Argument, das ich im vorhergehenden Abschnitt angeboten habe, ließe sich einwenden, daß es nur die aktuellen Eigenschaften des Fötus berücksichtige, nicht jedoch seine potentiellen. Manche Gegner der Abtreibung werden zugeben, daß der Fötus im Vergleich mit vielen nichtmenschlichen Tieren hinsichtlich seiner vorhandenen Eigenschaften schlecht abschneidet; seine Zugehörigkeit zur Spezies Homo sapiens wird dann wichtig, wenn wir ihn als potentielles reifes menschliches Wesen betrachten, und dann übertrifft der Fötus jedes Huhn, Schwein oder Kalb bei weitem.

Ich habe die Frage nach der Potentialität des Fötus bisher zurückgestellt, um mich auf das Hauptargument gegen die Abtreibung zu konzentrieren; aber man kann durchaus

*Peter Singer* 353

ein anderes Argument ins Spiel bringen, das auf der Potentialität des Fötus basiert. Wir können es folgendermaßen formulieren:

Erste Prämisse: Es ist unrecht, ein potentielles menschliches Wesen zu töten.
Zweite Prämisse: Ein menschlicher Fötus ist ein potentielles menschliches Wesen.
Schlußfolgerung: Daher ist es unrecht, einen menschlichen Fötus zu töten.

Die zweite Prämisse dieses Arguments ist stärker als die zweite Prämisse des vorhergehenden Arguments. Während es problematisch ist, ob ein Fötus wirklich ein menschliches Wesen *ist* – das hängt davon ab, was wir mit dem Begriff meinen –, kann nicht in Abrede gestellt werden, daß der Fötus ein potentielles menschliches Wesen ist. Dies trifft zu, ganz gleich, ob wir unter »menschlichem Wesen« ein »Mitglied der Spezies Homo sapiens« oder ein rationales und selbstbewußtes Wesen, eine Person, verstehen. Die starke zweite Prämisse des neuen Arguments wird allerdings mit einer schwächeren ersten Prämisse erkauft, denn die Unrechtmäßigkeit der Tötung eines potentiellen menschlichen Wesens – selbst einer potentiellen Person – ist leichter anzufechten als die Unrechtmäßigkeit der Tötung eines wirklichen menschlichen Wesens.

Es trifft natürlich zu, daß die potentielle Rationalität, das potentielle Selbstbewußtsein usw. eines fötalen Homo sapiens weit über das hinausgeht, was eine Kuh oder ein Schwein aufzuweisen haben; aber daraus folgt nicht, daß der Fötus einen größeren Anspruch auf Leben hat. Es gibt keine Regel, die besagt, daß ein potentielles X denselben Wert oder alle Rechte von X hat. Es gibt viele Beispiele, die gerade das Gegenteil beweisen. Wenn man eine keimende Eichel aus der Erde zieht, dann ist das nicht dasselbe, als wenn man eine Ehrfurcht gebietende Eiche fällt.

Wer ein lebendes Huhn in kochendes Wasser wirft, handelt viel schlimmer als jemand, der dasselbe mit einem Ei macht. Prinz Charles ist der potentielle König von England, aber er besitzt nicht die Rechte eines Königs.

Da eine allgemeine Ableitung aus »A ist ein potentielles X« zu »A hat die Rechte von X« nicht gegeben ist, sollten wir verneinen, daß eine potentielle Person die Rechte einer Person hat, außer es kann ein spezifischer Grund angegeben werden, warum dies in diesem besonderen Fall gelten soll. Aber was könnte das für ein Grund sein? Diese Frage wird insbesondere dann dringlich, wenn wir uns in Erinnerung rufen, wie im vorhergehenden Kapitel begründet wurde, weshalb das Leben einer Person mehr Schutz verdient als das Leben eines nichtpersonalen Wesens. Der indirekte klassische Utilitarismus ist darum besorgt, in anderen nicht die Furcht zu wecken, sie kämen als nächste an die Reihe; der Präferenz-Utilitarismus legt das Schwergewicht auf die Wünsche einer Person; Tooley sieht eine Beziehung zwischen einem Recht auf Leben und der Fähigkeit, die Fortdauer des eigenen Lebens zu wünschen, und es gibt das Prinzip des Respekts vor der Autonomie – all diese Gründe stützen sich darauf, daß Personen sich als distinkte Entitäten mit einer Vergangenheit und Zukunft sehen. Sie erstrecken sich nicht auf diejenigen, die jetzt nicht fähig sind und auch niemals fähig waren, sich selbst so zu sehen. Wenn das die Gründe sind, Personen nicht zu töten, so spricht die bloße Potentialität, eine Person zu werden, nicht gegen das Töten.

Man könnte sagen, dieser Einwand verkenne die Bedeutung des Potentials im menschlichen Fötus, und dieses Potential sei nicht deshalb wichtig, weil es im Fötus ein Recht oder einen Anspruch auf Leben konstituiere, sondern weil jeder, der einen menschlichen Fötus tötet, die Welt eines künftigen rationalen und selbstbewußten Wesens beraube. Wenn rationale und selbstbewußte Wesen an sich wertvoll sind, dann heißt einen menschlichen Fötus töten der Welt etwas an sich Wertvolles entreißen, und somit ist es unrecht. Abgesehen von der Schwierigkeit des Nachweises, daß rationale und selbstbewußte Wesen einen Wert an sich haben, ist dieses Argument gegen die Abtreibung hauptsächlich deshalb problematisch, weil es sich nicht gegen alle Schwangerschaftsabbrüche richtet, nicht einmal gegen solche, die nur wegen des ungelegenen Zeitpunkts der Schwangerschaft vorgenommen werden; und es führt uns dazu, eine Reihe anderer Praktiken neben dem Schwangerschaftsabbruch zu verurteilen, die die meisten Abtreibungsgegner akzeptieren.

Es gibt keinen Grund, der sich gegen alle Schwangerschaftsabbrüche vorbringen läßt, denn nicht alle berauben die Welt eines rationalen und selbstbewußten Wesens. Angenommen, eine Frau hat vor, sich im Juni einer Bergsteigerexpedition anzuschließen, und im Januar erfährt sie, daß sie im zweiten Monat schwanger ist. Sie hat noch keine Kinder, aber die feste Absicht, in einem Jahr ein Kind zu bekommen. Die Schwangerschaft ist nur deshalb unerwünscht, weil sie ungelegen kommt. Abtreibungsgegner würden vermutlich einen Abbruch unter diesen Umständen ganz besonders empörend finden, denn weder das Leben noch die Gesundheit der Mutter stehen auf dem Spiel – nur das Vergnügen, das ihr das Bergsteigen verschafft. Doch wenn ein Schwangerschaftsabbruch bloß deshalb unrecht ist, weil er die Welt einer künftigen Person beraubt, dann ist dieser Abbruch kein Unrecht; er verzögert lediglich den Eintritt einer Person in die Welt. [...]

## Der Status des Labor-Embryos

Es ist nun an der Zeit, sich der Debatte über Versuche mit menschlichen Embryonen zuzuwenden, die außerhalb des menschlichen Körpers in einer speziellen Flüssigkeit aufbewahrt werden. Diese Debatte ist relativ neu, weil diese

356    *Kommunikation und ethische Praxis*

Behandlung des Embryos neu ist; doch in vieler Hinsicht verläuft sie in denselben Bahnen wie die Abtreibungsdebatte. Obwohl ein Hauptargument für die Abtreibung – der Anspruch, daß eine Frau das Recht hat, über ihren Körper zu bestimmen – in dem neueren Kontext nicht anwendbar ist, beruht das Argument gegen Embryonen-Versuche auf einer der beiden Behauptungen, die wir schon untersucht haben: daß der Embryo einen Schutzanspruch hat, entweder weil er ein menschliches Wesen oder weil er ein potentielles menschliches Wesen ist.

Man könnte also meinen, daß die Sache contra Embryonen-Versuche besser dasteht als die Sache contra Schwangerschaftsabbruch. Denn *ein* Argument zugunsten des Schwangerschaftsabbruchs ist dort nicht anwendbar, während die wesentlichen Argumente gegen die Abtreibung sehr wohl anwendbar sind. In Wirklichkeit aber lassen sich die zwei Argumente gegen den Schwangerschaftsabbruch nicht so direkt auf den Labor-Embryo anwenden, wie man meinen könnte.

Erstens: Ist der Embryo schon ein menschliches Wesen? Wir haben bereits gesehen, daß Rechtsansprüche auf Leben nicht auf Spezieszugehörigkeit gegründet werden sollten; so beweist die Tatsache, daß der Embryo der Spezies Homo sapiens angehört, nicht, daß der Embryo in einem moralisch relevanten Sinn ein menschliches Wesen ist. Und wenn der Fötus keine Person ist, dann kann der Embryo erst recht keine sein. Aber da ist noch ein weiterer wichtiger Punkt: Menschliche Wesen sind Individuen, aber der Embryo im Frühstadium ist durchaus kein Individuum. Bis zu vierzehn Tage nach der Befruchtung – und das ist länger als menschliche Embryonen bisher außerhalb des Körpers am Leben erhalten wurden – kann sich der Embryo jederzeit in zwei oder mehr genetisch identische Embryonen aufspalten.

Daraus resultiert ein Problem für diejenigen, die für die Kontinuität unserer Existenz von der Empfängnis bis zum

Erwachsensein eintreten. Man denke sich einen Embryo in einer Schale auf einem Labortisch. Betrachten wir diesen Embryo als die erste Stufe zu einem menschlichen Wesen, dann nennen wir ihn einfach Mary. Jetzt aber teilt sich der Embryo in zwei identische Embryonen. Ist der eine immer noch Mary und der andere Jane? Wenn ja, welcher ist Mary? Nichts unterscheidet die beiden, man kann auch nicht sagen, daß sich der Jane genannte Embryo von dem mit Namen Mary abgespalten hat (eher als umgekehrt). Sollen wir also sagen: Mary ist nicht mehr bei uns, dafür haben wir jetzt Jane und Helen? Aber was ist mit Mary passiert? Ist sie gestorben? Sollten wir um sie trauern? Diese Spekulationen klingen irgendwie absurd. Das kommt daher, weil wir den Embryo als ein Individuum betrachten zu einem Zeitpunkt, wo er nur ein kleiner Zellklumpen ist. Solange also die Möglichkeit zu Zwillingen besteht, ist die Behauptung, der Embryo sei in einem moralisch relevanten Sinn ein menschliches Wesen, noch schwieriger aufrechtzuerhalten als jene, daß der Fötus in einem moralisch relevanten Sinn ein menschliches Wesen sei. Damit wird eine gewisse Grundlage geliefert für Gesetze und Richtlinien in Großbritannien und anderen Ländern, die Embryonen-Versuche bis vierzehn Tage nach der Befruchtung zulassen. Doch aus bereits genannten und weiteren noch zu erörternden Gründen ist auch dies noch eine unnötig rigorose Grenzziehung.

Wie steht es nun mit dem Argument, daß der Embryo ein potentielles menschliches Wesen ist? Lassen sich die bekannten Ansichten über die Potentialität des Embryos im Uterus auf den Labor-Embryo anwenden? Ehe Robert Edwards die Versuche begann, die zum IVF-Verfahren führten, hatte niemand einen lebensfähigen menschlichen Embryo vor dem Zeitpunkt gesehen, wo er sich in die Wand des Uterus einnistet. Im normalen Prozeß der Reproduktion innerhalb des Körpers ist der Embryo oder »Prä-Embryo«, wie er jetzt gelegentlich genannt wird, sieben bis

358  *Kommunikation und ethische Praxis*

vierzehn Tage lang auf Wanderschaft. Solange solche Embryonen nur innerhalb des Mutterleibs existierten, konnte man sie in dieser Zeit nicht beobachten. Die Existenz des Embryos im eigentlichen Sinn konnte erst nach der Einnistung als gesichert gelten. Unter diesen Umständen hatte dieser Embryo, sobald seine Existenz einmal feststand, gute Chancen, eine Person zu werden, falls seine Entwicklung nicht bewußt unterbrochen wurde. Die Wahrscheinlichkeit, daß ein solcher Embryo eine Person werden würde, war also viel größer als jene, daß sich ein Ei in einer fortpflanzungsfähigen Frau mit dem Samen des Partners dieser Frau vereinigte und zu einem Kind führte.

In der Zeit vor der IVF gab es noch einen weiteren Unterschied zwischen Embryo und Ei und Samen. Während der Embryo im Körper der Frau eine reelle Chance hat [...], sich zu einem Kind zu entwickeln, *falls nicht* eine menschliche Handlung sein Wachstum unterbricht, können sich Ei und Samen nur dann zu einem Kind entwickeln, wenn eine bewußte menschliche Handlung stattfindet. Im einen Fall ist also dafür, daß der Embryo Aussicht hat, sein Potential zu entwickeln, nichts anderes nötig, als daß die Betroffenen in seine Entwicklung nicht eingreifen; im andern Fall müssen sie eine positive Handlung ausführen. Die Entwicklung des Embryos im Körper der Frau kann demnach als eine bloße Entfaltung des ihm inhärenten Potentials betrachtet werden. (Das ist zugegeben eine starke Vereinfachung, denn die positiven Handlungen bei der Geburt bleiben darin unberücksichtigt; aber es stimmt annähernd.) Die Entwicklung von getrenntem Ei und Samen ist demgegenüber nur schwer auf diese Weise zu betrachten, weil keine weitere Entwicklung stattfindet, wenn das Paar nicht Geschlechtsverkehr hat oder künstliche Befruchtung angewendet wird. [...]

Wenn also der Embryo eine potentielle Person ist, warum sollen nicht Ei und Samen, zusammen betrachtet, ebenfalls eine potentielle Person sein? Doch kein Mitglied der Pro-

Leben-Bewegung möchte Eier und Samen bewahren, um das Leben der Menschen, die diese potentiell werden können, zu retten.

Man betrachte das folgende nicht ganz aus der Luft gegriffene Szenarium. Im IVF-Labor hat man das Ei einer Frau bekommen. Es befindet sich in einer Schale auf dem Tisch. Das Sperma ihres Partners steht in einer Schale daneben bereit, um mit der Lösung, die das Ei enthält, vermischt zu werden. Es gibt eine schlechte Nachricht: Die Frau hat eine Uterus-Blutung und wird frühestens in einem Monat in der Lage sein, den Embryo zu empfangen. Es hat also keinen Zweck, das Verfahren fortzusetzen. Eine Laborantin soll Ei und Sperma beseitigen und tut dies, indem sie beides in den Ausguß schüttet. So weit, so gut; doch einige Stunden später kommt die Laborantin zurück, um das nächste Verfahren vorzubereiten, und da merkt sie, daß der Ausguß verstopft ist. Das Ei und die Flüssigkeit sind noch da. Sie will den Abfluß frei machen und realisiert, daß auch das Sperma in den Ausguß geschüttet worden ist. Es ist leicht möglich, daß das Ei befruchtet wurde. Was soll sie machen? Wer eine scharfe Trennlinie zwischen Ei/Sperma und Embryo zieht, muß nun folgern: Während die Laborantin durchaus berechtigt war, Ei und Sperma in den Ausguß zu schütten, wäre es jetzt unrecht, den Abfluß frei zu machen. Das ist schwer verständlich. Potentialität ist offenbar kein Alles-oder-nichts-Begriff; der Unterschied zwischen Ei/Sperma und Embryo ist ein gradueller, bezogen auf die Wahrscheinlichkeit, daß eine Entwicklung zur Person erfolgt. [...]

## Schwangerschaftsabbruch und Infantizid

Es bleibt ein Haupteinwand gegen das Argument übrig, das ich zugunsten des Schwangerschaftsabbruchs vorgebracht habe. Wir haben bereits gesehen, daß die Stärke der

360 *Kommunikation und ethische Praxis*

konservativen Position in der Schwierigkeit liegt, die die Liberalen haben, eine moralisch relevante Unterscheidung zwischen einem Embryo und einem neugeborenen Baby vorzulegen. Die gängige liberale Position muß eine solche Unterscheidung machen, weil die Liberalen üblicherweise annehmen, daß es erlaubt ist, einen Embryo oder einen Fötus, nicht aber einen Säugling zu töten. Ich habe den Standpunkt vertreten, daß das Leben eines Fötus (und natürlich erst recht das eines Embryos) nicht mehr wert ist als das Leben eines nichtmenschlichen Lebewesens auf einem ähnlichen Stand der Rationalität, des Selbstbewußtseins, der Bewußtheit, der Fähigkeit zu fühlen usw. und daß, weil ein Fötus keine Person ist, ein Fötus nicht denselben Anspruch auf Leben hat wie eine Person. Nun muß man zugeben, daß sich diese Argumente ebensowohl auf Neugeborene wie auf Föten anwenden lassen. Ein Neugeborenes, das eine Woche alt ist, ist kein rationales und selbstbewußtes Wesen, und es gibt viele nichtmenschliche Lebewesen, deren Rationalität, Selbstbewußtsein, Bewußtheit, Fähigkeit zu fühlen und so weiter die Fähigkeit eines eine Woche oder einen Monat alten menschlichen Säuglings übertreffen. Wenn der Fötus nicht denselben Anspruch auf Leben wie eine Person hat, dann hat ihn das Neugeborene offensichtlich auch nicht, und das Leben eines Neugeborenen hat für dieses weniger Wert als das Leben eines Schweins, eines Hundes oder eines Schimpansen für das nichtmenschliche Tier. Während mein Standpunkt im Hinblick auf den Wert des fötalen Lebens für viele akzeptabel sein mag, vertragen sich die Implikationen dieser Auffassung vom Status des neugeborenen Lebens nicht mit der praktisch unbestrittenen Annahme, daß das Leben eines neugeborenen Babys ebenso sakrosankt sei wie das eines Erwachsenen. Ja, manche meinen offenbar, das Leben eines Babys sei kostbarer als das eines Erwachsenen. Greuelgeschichten über deutsche Soldaten, die belgische Babys mit dem Bajonett aufspießten, waren im Zuge der

*Peter Singer* 361

antideutschen Propaganda, die das Eintreten Großbritanniens in den Ersten Weltkrieg begleitete, auffallend häufig zu hören, und es schien ein stillschweigendes Einverständnis darüber zu bestehen, daß dies eine größere Grausamkeit war als es der Mord an Erwachsenen wäre.

Ich betrachte den Konflikt zwischen meiner Position und den weitverbreiteten Ansichten über die Heiligkeit des Lebens von Säuglingen nicht als Grund, meine Position aufzugeben. Ich finde, daß diese weitverbreiteten Ansichten kritikbedürftig sind. Es stimmt, daß Babys auf uns eine besondere Wirkung haben, weil sie klein und hilflos sind, und es gibt zweifellos sehr gute evolutionäre Gründe, weshalb wir uns ihnen gegenüber als Beschützer fühlen sollten. Es stimmt auch, daß Säuglinge nicht zur Kampftruppe gehören, und das Töten von Säuglingen in Kriegszeiten ist der denkbar klarste Fall von Tötung der Zivilbevölkerung, die ja durch internationale Konvention verboten ist. Weil Kleinkinder im allgemeinen harmlos und moralisch unfähig sind, ein Verbrechen zu begehen, mangelt es denen, die sie töten, an Entschuldigungen, die oft für die Tötung von Erwachsenen vorgebracht werden. Nichts von alledem weist allerdings darauf hin, daß das Töten eines Säuglings ebenso schlimm sei wie das Töten eines (unschuldigen) Erwachsenen.

In diesem Zusammenhang sollten wir Gefühle beiseite lassen, die aus dem Anblick kleiner, hilfloser und – zuweilen – niedlicher menschlicher Säuglinge herrühren. Der Gedanke, das Leben von Säuglingen habe einen besonderen Wert, weil Säuglinge klein und niedlich sind, steht auf einer Stufe mit dem Gedanken, daß ein Robbenbaby mit seinem weichen weißen Fell und großen, runden Augen mehr Schutz verdiene als ein Gorilla, dem diese Eigenschaften fehlen. Auch kann die Hilflosigkeit oder Unschuld eines Homo-sapiens-Säuglings nicht der Grund dafür sein, ihm vor einem ebenso hilflosen und unschuldigen Homo-sapiens-Fötus den Vorzug zu geben, oder schließlich vor

362    *Kommunikation und ethische Praxis*

Versuchsratten, die in genau dem gleichen Sinn »unschuldig« sind wie der menschliche Säugling und, angesichts der Macht des Versuchsleiters, fast ebenso hilflos.

Wenn wir diese emotional bewegenden, aber im Grunde unerheblichen Gesichtspunkte im Zusammenhang mit der Tötung eines Babys zurückstellen können, vermögen wir zu erkennen, daß sich die Gründe gegen das Töten von Personen nicht auf neugeborene Säuglinge anwenden lassen. Das indirekte Argument des klassischen Utilitarismus ist nicht anwendbar, weil niemand, der versteht, was beim Töten eines Neugeborenen geschieht, sich von einer Vorgehensweise bedroht fühlen könnte, die Neugeborenen weniger Schutz gewährt als Erwachsenen. In dieser Hinsicht hatte Bentham recht, der den Infantizid als etwas beschrieb, »was seiner Natur nach selbst der ängstlichsten Phantasie nicht die geringste Beunruhigung verschaffen kann«. Sind wir einmal alt genug, um diese Vorgehensweise zu verstehen, sind wir bereits zu alt, um von ihr bedroht zu werden.

Ebensowenig läßt sich das Argument des Präferenz-Utilitarismus für die Respektierung des Lebens einer Person auf Neugeborene anwenden. Ein Neugeborenes ist nicht imstande, sich selbst als ein Wesen zu sehen, das eine Zukunft haben kann oder nicht, und daher kann es auch keinen Wunsch haben weiterzuleben. Wenn das Recht auf Leben auf die Fähigkeit, weiterleben zu wollen, oder auf das Vermögen, sich als kontinuierliches mentales Subjekt zu betrachten, gegründet werden muß, dann kann ein Neugeborenes aus eben diesem Grund kein Recht auf Leben haben. Schließlich ist ein Baby kein autonomes Wesen, das fähig zu Entschlüssen wäre – es töten kann daher nicht heißen, daß man das Prinzip des Respekts vor der Autonomie verletzt. In all diesen Hinsichten befindet sich das Neugeborene auf demselben Stand wie der Fötus, und folglich gibt es weniger Gründe gegen die Tötung von Babys und Föten als gegen die Tötung derjenigen, die sich selbst als distinkte, in der Zeit existierende Entitäten begreifen können.

*Peter Singer* 363

Es ist natürlich schwer zu sagen, in welchem Alter ein Kind sich selbst als eine in der Zeit existierende Entität zu sehen beginnt. Selbst wenn wir mit zwei- oder dreijährigen Kindern sprechen, ist es gewöhnlich sehr schwierig, ihnen eine zusammenhängende Vorstellung vom Tod zu entlokken oder von der Möglichkeit, daß jemand – geschweige denn das Kind selbst – aufhören könnte zu existieren. Zweifellos ist das Alter, in dem Kinder beginnen diese Dinge zu begreifen, von Fall zu Fall sehr unterschiedlich, was auch für die meisten anderen Bereiche gilt. Gleichwohl erlaubt die Schwierigkeit, die Zäsur zu setzen, nicht, sie an einer offensichtlich falschen Stelle zu setzen, ganz so wie die berüchtigte Schwierigkeit, zu bestimmen, wie viele Haare ein Mann verloren haben muß, ehe wir ihn als kahlköpfig bezeichnen können, uns nicht berechtigt, einen Schädel, der glatt wie eine Billardkugel ist, nicht als kahl zu bezeichnen. Wenn Rechte auf dem Spiel stehen, sollten wir uns auf der sicheren Seite irren. So hat die Ansicht einiges für sich, daß das Gesetz über Mord aus rechtlichen Gründen weiterhin unmittelbar nach der Geburt anzuwenden ist, weil diese nun einmal die einzige scharfe, deutliche und leicht verständliche Grenzlinie darstellt. Da dieses Argument aber auf der Ebene der Rechtsordnung und Gesetzgebung angesiedelt ist, ist es sehr wohl vereinbar mit der Ansicht, daß – aus rein moralischen Gründen – das Töten eines Neugeborenen mit dem Töten eines älteren Kindes oder eines Erwachsenen nicht vergleichbar ist. Andererseits könnte man – gemäß Hares Unterscheidung zwischen der kritischen und der intuitiven Ebene des moralischen Denkens – der Meinung sein, daß das von uns gefällte moralische Urteil nur auf der Ebene der kritischen Moral gilt; bei unseren alltäglichen Entscheidungen aber sollten wir so handeln, als ob ein Säugling vom Augenblick der Geburt an ein Lebensrecht hat. Im nächsten Kapitel werden wir jedoch eine weitere Möglichkeit erwägen: daß zumindest unter ganz bestimmten Umständen das volle

364    *Kommunikation und ethische Praxis*

gesetzlich verankerte Recht auf Leben nicht mit der Geburt in Kraft tritt, sondern erst kurze Zeit, vielleicht etwa einen Monat, nach der Geburt. Dies würde den oben erwähnten breiten Sicherheitsspielraum bieten.

Wenn diese Folgerungen zu schockierend erscheinen, um ernst genommen zu werden, dann sollten wir uns vielleicht daran erinnern, daß unser heutiger absoluter Schutz des Lebens von Säuglingen Ausdruck einer klar definierten christlichen Haltung ist und nicht etwa ein universaler moralischer Wert. Infantizid wurde in Gesellschaften praktiziert, die sich geographisch von Tahiti bis Grönland erstrecken und kulturell so verschieden sind wie die nomadisierenden Ureinwohner Australiens und die hochkultivierten Stadtbewohner des alten Griechenland oder des China der Mandarine. In einigen dieser Gesellschaften war Infantizid nicht bloß erlaubt, sondern sie wurde unter bestimmten Umständen als moralische Verpflichtung angesehen. Einen mißgestalteten oder kranken Säugling nicht zu töten wurde oft als unrecht betrachtet, und Infantizid war vermutlich die erste und in manchen Gesellschaften die einzige Form von Bevölkerungskontrolle.

Wir können der Meinung sein, daß wir doch viel »zivilisierter« seien als diese »primitiven« Völker. Aber es ist nicht so leicht, mit Zuversicht zu behaupten, wir seien zivilisierter als die besten griechischen und römischen Moralisten. Wie wir gesehen haben, waren es nicht nur die Spartaner, die ihre Kinder auf Bergen aussetzten: auch Platon und Aristoteles empfahlen, der Staat solle das Töten von mißgestalteten Kindern anordnen. Römer wie Seneca, dessen moralisches Empfinden den modernen Leser (oder jedenfalls mich) im Vergleich zu den frühen und mittelalterlichen christlichen Schriftstellern überlegen anmutet, meinten ebenfalls, Infantizid sei die natürliche und humane Lösung des Problems, das sich durch kranke und mißgestaltete Säuglinge stellt. Im Westen ist der Wandel der Einstellung zum Infantizid seit den Zeiten der Römer ein Produkt des Christentums, so wie die Lehre von der Heiligkeit des Lebens, deren Bestandteil sie ist. Vielleicht ist es heute möglich, über diese Probleme nachzudenken, ohne das christliche Moralsystem ins Spiel zu bringen, das so lange Zeit jede grundlegende Neueinschätzung verhindert hat.

Nichts von alledem soll besagen, daß jemand, der herumläuft und ziellos Babys umbringt, moralisch auf einer Stufe steht mit einer Frau, die einen Schwangerschaftsabbruch vornehmen läßt. Wir sollten Infantizid sicherlich nur unter sehr strengen Bedingungen erlauben; aber diese Beschränkungen würden sich eher den Wirkungen des Infantizids auf andere verdanken als der Unrechtmäßigkeit an sich, Säuglinge zu töten. Ganz offensichtlich bedeutet die Tötung eines Kindes für diejenigen, die es lieben und pflegen, meist einen schrecklichen Verlust. Mein Vergleich zwischen Schwangerschaftsabbruch und Infantizid wurde durch den Einwand veranlaßt, daß die Position, die ich in bezug auf Schwangerschaftsabbruch eingenommen habe, auch den Infantizid rechtfertigt. Ich habe diesen Vorwurf gelten lassen – ohne daß durch dieses Zugeständnis meine Position erschüttert würde –, und zwar in dem Sinne, daß das Unrecht *an sich*, den entwickelten Fötus zu töten, nicht sonderlich verschieden ist von dem Unrecht *an sich*, das Neugeborene zu töten. Im Falle eines Schwangerschaftsabbruchs setzen wir jedoch voraus, daß die am meisten Betroffenen – die potentiellen Eltern oder zumindest die potentielle Mutter – den Abbruch auch wirklich wollen. Daher kann Infantizid nur dann mit Schwangerschaftsabbruch gleichgesetzt werden, wenn die dem Kind Nahestehenden nicht wollen, daß es lebt. Da ein Säugling von anderen adoptiert werden kann, wie es bei einem noch nicht lebensfähigen Fötus nicht möglich ist, dürften solche Fälle selten sein (einige werden im folgenden Kapitel diskutiert). Einen Säugling zu töten, dessen Eltern nicht wollen, daß es getötet wird, steht natürlich auf einem ganz anderen Blatt.

# Richard Rorty

*Wer die Bedeutung des »Lingustic Turn« in der Philosophie erkennt, nämlich der Wendung selbstbewusster Reflexion weg von dogmatischen Behauptungen über die Welt oder die Form der Welt hin zu einer kritischen Reflexion auf Formen unserer Rede über die Welt, dem kann die Idee von einer Wissenschaft als »Spiegel der Natur« (»Philosophy and the Mirror of Nature«, 1979) nur als Voraufklärung erscheinen. Sowohl die Tradition des Empirismus als auch des Naturalismus, Objektivismus oder Realismus fallen demnach unter Rortys Kritik der Philosophie. Gleiches gilt für jedes transzendentale Expertentum in Erkenntnistheorie oder Ethik. Im letzten Fall führt die sprachkritische Wende nämlich weg von unmittelbaren Wertungen oder Sollensaussagen hin zur Frage, wie wir werten wollen. Rortys eigene ›postanalytische‹ Philosophie schließt sich dabei an den amerikanischen Pragmatismus an: Denkautonomie besteht am Ende sogar darin, den Normalbetrieb der Wissenschaft und Philosophie hinter sich zu lassen und sich über sie, skeptisch oder ironisch, auf eine kommentierende Metastufe zu erheben.*

*In seinem ›Abschied vom Prinzipiellen‹ und seiner ›Apologie des Zufälligen‹ (diese Titel Odo Marquards verweisen auf eine Geistesverwandtschaft) fühlt sich Rorty mit Autoren wie Nietzsche, Heidegger, dem späten Wittgenstein, Foucault oder Derrida verbunden. Diesen zufolge stellt uns unsere Kulturpraxis immer nur relative Kriterien des Vernünftigen und Richtigen zur Verfügung. Ein kantianischer Appell an apriorische Formen objektiver Erfahrung oder ethischen Urteilens ist bestenfalls rein formal. Aber auch noch Hegels geschichtsphilosophische Idee überzeitlicher Vernunft ist durch Darwins Evolutionsgedanken und Deweys Idee einer Erziehung zu Solidarität und Demokratie zu korrigieren. Dabei ist die Entwicklung der Aufklä-*

*rung und ihres ›Vokabulars‹, das den konzeptuellen Rahmen des Projekts der Moderne absteckt, selbst als partiell kontingentes und lokales Ereignis, freilich mit überlokalem Anspruch, zu begreifen. Analoges gilt für die je in Kraft befindlichen Paradigmen einzelner Wissenschaften mit ihren immer schon pragmatisch auf begrenzte Zwecke bezogenen, daher relativen und nicht immer unmittelbar miteinander kommensurablen Geltungskriterien. Offen bleibt dabei, inwiefern eine ideale Zielidee des Wahren oder Guten und entsprechende allgemeine Sätze oder ›Prinzipien‹ eine wichtige Orientierung für die gemeinsame Entwicklung humaner Praxisformen artikulieren, gerade um die Gefahren eines bloßen Relativismus zu vermeiden, wie er z. B. von Putnam oder Habermas bei Rorty diagnostiziert wird.*

## Zur gegenwärtigen Lage der Moralphilosophie

Was genau *können* Moralphilosophen für sich reklamieren?

Eine vertraute Antwort auf diese Frage hat Peter Singer vor 25 Jahren in einem viel diskutierten Beitrag im »New York Times Magazin« gegeben. Sein Beitrag lautete *Philosophers are back on the job*.[1] Singer selbst dachte, er bringe eine frohe Kunde, welche die Herzen der allgemeinen Öffentlichkeit erfreut. Philosophen, erklärte er, hätten einst gemeint, moralische Urteile wären Gefühlsausdrücke, die Argumenten nicht zugänglich sind. Aber jetzt seien sie wieder zur Vernunft gekommen. Sie hätten sich dem Rest der Bevölkerung in der Überzeugung angeschlossen, dass es gute und schlechte Argumente zu Gunsten alternativer moralischer Entscheidungsmöglichkeiten gebe.

---

1 Peter Singer, »Philosophers are back on the job«, in: *New York Times Sunday Magazine*, 7. Juli 1974.

Jetzt, nachdem sie dieses Faktum akzeptiert hätten, so Singer, sei die Öffentlichkeit gut beraten, den Sichtweisen der Moralphilosophen auf so heftig diskutierte Themen wie Abtreibung Gehör zu schenken. Denn, so erklärte er, »was wir tun sollten, kann gültig nicht aus einer Beschreibung dessen geschlussfolgert werden, was die meisten Leute in unserer Gesellschaft darüber denken, was wir tun sollten«. Im Gegenteil, »wenn wir über eine solide fundierte Moraltheorie verfügen, dann sollten wir darauf vorbereitet sein, ihre Implikationen zu akzeptieren, selbst wenn sie uns dazu zwingen, unsere moralischen Ansichten zu wichtigen Themen zu ändern«. Glücklicherweise, so Singer, seine Überlegungen fortsetzend, sind Philosophen dazu in der Lage, solche Theorien zu liefern und mithin die moralischen Intuitionen der Gesellschaft zu korrigieren. Wie er es fasst: »Die Ausbildung des Philosophen verleiht ihm eine mehr als gewöhnliche Kompetenz darin, Argumente zu beurteilen und Fehlschlüsse zu entdecken. Er hat die Natur moralischer Begriffe und die Logik moralischer Argumente studiert.« Singer beendet seinen Artikel, indem er sagt, dass »der Eintritt von Philosophen in Gebiete, die ethisch von Belang sind und aus denen sie sich bisher selbst ausgeschlossen hatten, die stimulierendste und potenziell fruchtbarste Entwicklung ist, die in der Philosophie zuletzt stattgefunden hat«.

[...] Es ist nicht klar, ob es die Ursache oder Wirkung ihres höheren Fassungsvermögens ist, was Singer »die Natur moralischer Begriffe und die Logik moralischer Argumente« nennt. Was auch immer das sein mag, ich halte die Vorstellung von einer Moraltheorie, die auf etwas Soliderem als auf einem Sortiment moralischer Intuitionen gegründet sein soll, für genauso dubios wie die Idee, dass moralische Begriffe eine spezielle Natur haben, die Experten besser verstehen als gewöhnliche Leute. Und auch die Idee, dass moralische Argumente eine spezielle Logik ha-

*Richard Rorty* 369

ben, die man durch eine philosophische Ausbildung befähigt wird zu schätzen, halte ich für suspekt.

Einen Begriff zu verstehen heißt letztlich nur, zu wissen, wie man ein Wort verwendet. Man erfasst den Begriff des »Isotops«, wenn man weiß, wie man über physikalische Chemie spricht, und den Begriff des »Manierismus«, wenn man weiß, wie man über die Geschichte der europäischen Malerei spricht. Aber Begriffe wie »richtig«, »sollen« und »verantwortlich« sind keine technischen Begriffe, und es ist nicht klar, welche besondere Ausbildung einen dazu befähigen kann, die Verwendung dieser Wörter besser zu verstehen als Laien.

Wenn die Rede auf »die Logik moralischer Argumente« kommt, bin ich erneut verblüfft. Ich kann mir keinen Sinn des Wortes »Logik« vorstellen, dem zufolge Argumente darüber, was zu tun das Richtige ist, eine andere *Logik* haben, als Argumente, bei denen es darum geht, welchen Beruf man ergreift, welches Haus man kauft oder wen man wählt. Ich kann mir nicht vorstellen, wie Singer die Behauptung verteidigen würde, dass beispielsweise Richter und Sozialarbeiter mit dieser »Logik« weniger vertraut sind als Moralphilosophen, oder wie er die Behauptung stützte, dass eine philosophische Ausbildung solchen Leuten hülfe, ihre Arbeit besser zu machen.

Ich meine nicht, in dieser Hinsicht kleinlich zu sein. Ich stimme sehr darin überein, dass vielbelesene Leute oft fähiger sind, moralische Entscheidungen zu treffen, als Leute mit wenig Bildung und daher wenig Vorstellungskraft. Moralphilosophen sind typischerweise, jedoch nicht ausnahmslos, vielbelesene und einfallsreiche Leute. Aber ich denke nicht, dass uns Singer und andere, die ihm in seiner Beurteilung des sozialen Wertes der Moralphilosophie zustimmen, viel Grund geben zu glauben, dass eine Ausbildung in Philosophie uns eher dazu befähigt, moralische Entscheidungen zu treffen, als etwa eine Ausbildung in Kulturanthropologie, in Europäischer Literaturgeschichte

370    *Kommunikation und ethische Praxis*

oder in Strafrecht. Ich bewundere viele meiner Kollegen, die sich auf Moralphilosophie spezialisiert haben, und ich habe mit Vergnügen und Gewinn viele ihrer Bücher gelesen. Aber ich habe niemals im Traum daran gedacht, solche Behauptungen über sie aufzustellen wie Singer.

Ich würde gerne eine alternative Antwort auf die Frage vorschlagen, was Professoren der Moralphilosophie haben, was andere nicht haben. Sie haben nicht mehr Strenge, Klarheit oder Einblick als Laien, sondern eine größere Bereitschaft, die Sichtweisen Immanuel Kants ernst zu nehmen. Mehr als irgendein anderer Autor in der Geschichte der Philosophie hat Kant solchen Formulierungen wie »die Natur des moralischen Begriffes« und »die Logik des moralischen Arguments« zu Verbreitung und Ansehen verholfen. Denn er behauptete, dass Moral so sei wie nichts anderes in der Welt – dass sie sich vollkommen unterscheide. Er argumentierte, dass es einen ungeheuren und unüberbrückbaren Unterschied zwischen zwei Reichen gibt – dem Reich der Klugheit und dem Reich der Moral.

Wenn man mit ihm hierin übereinstimmt, wie dies viele Moralphilosophen noch tun, dann wird man geneigt sein zu denken, dass man aus dem Studium moralischer Begriffe ein professionelles Spezialfach machen kann. Aber wenn man Kant nicht gelesen hat, oder wenn die Lektüre der *Grundlegung zur Metaphysik der Sitten* nur Abscheu hervorruft oder einen Kicheranfall, dann dürfte einem die Idee, Moral könne das Objekt eines professionellen Studiums sein, als ziemlich weit hergeholt erscheinen.

Noch einmal, wenn man Kant ernst nimmt, dann klingt Singers Idee, dass es eine separate Quelle für moralische Prinzipien gibt, eine Quelle, die jene Prinzipien liefert, die einer »solide fundierten Moraltheorie« zu Grunde liegen, plausibel. Wenn man Kant nicht gelesen hat, oder wenn man seine Sichtweisen nicht attraktiv finden kann, dann mag man, so wie ich, denken, dass alles, was ein Moralprinzip möglicherweise kann, darin besteht, eine Reihe moralischer Intuitionen abzukürzen. Prinzipien sind nützlich, um eine Reihe moralischer Reaktionen zusammenzufassen, aber sie besitzen keine unabhängige Macht, die solche Reaktionen korrigieren kann. Sie beziehen all ihre Kraft aus unseren Intuitionen im Hinblick auf die Konsequenzen des Handelns, die sich aus den Prinzipien ergeben.

So wie ich die Geschichte der Philosophie lese, ist Kant eine Übergangsfigur – jemand, der uns dabei geholfen hat, von der Idee wegzukommen, Moral sei eine Sache göttlicher Herrschaft, der sich jedoch unglücklicherweise an die Idee klammerte, dass Moral eine Sache unbedingter Pflichten sei. Ich würde Elizabeth Anscombes Vorschlag gutheißen, dass man, wenn man nicht an Gott glaubt, gut daran tut, Begriffe wie »Recht« und »Pflicht« aus jenem Vokabular auszuschließen, das man verwendet, wenn man entscheidet, was zu tun ist.

Wie andere große Denker der Aufklärung, wollte Kant die Vorstellung loswerden, Priester seien Moralexperten, und die demokratische Lehre etablieren, dass jeder Mensch, oder zumindest jeder männliche Mensch, über die innerlichen Mittel verfügt, die notwendig sind, um korrekte moralische Entscheidungen zu treffen. Aber er dachte, dass diese Mittel in der Fähigkeit bestehen, die Stärke eines unbedingten Prinzips anzuerkennen – des kategorischen Imperativs –, welches uns dazu befähige zu entscheiden, wie man moralische Dilemmata auflöst. Er betrachtete diesen Imperativ als das Produkt eines speziellen Vermögens, das er »reine praktische Vernunft« nannte, ein Vermögen, dessen Befreiungen vollkommen unberührt von historischer Erfahrung sind. Wir können uns mit den moralischen Intuitionen der Gesellschaft an dieses Vermögen wenden, und es wird uns sagen, welche Intuitionen wir beibehalten und welche wir abwerfen sollten.

Nietzsche sagte, ein böser Blutgeruch und die Peitsche schwebten über Kants kategorischem Imperativ. Meine

372     *Kommunikation und ethische Praxis*

zeitgenössische Lieblingsmoralphilosophin, Annette Baier, entdeckt denselben Gestank. So wie Baier es sieht, ist der kantianische Begriff einer unbedingten Pflicht geborgt von einer autoritären, patriarchalen, religiösen Tradition, welche eher fallen gelassen als rekonstruiert werden sollte. Hätten wir Humes Rat befolgt, dann hätten wir aufhören sollen, über unbedingte Pflichten zu sprechen, als wir damit aufhörten, Angst vor Torturen nach dem Tode zu haben. Als wir Dostojewski nicht mehr darin zustimmten, dass wenn Gott tot ist, alles erlaubt sein würde, hätten wir die Unterscheidung zwischen Moral und Klugheit beiseite schieben sollen. Wir hätten nicht »Vernunft« für »Gott« als den Namen des Gesetzgebers einsetzen sollen.

Es ist uns von zeitgenössischen Moralphilosophen oft erzählt worden, Kant habe eine atemberaubende Entdeckung gemacht, und er habe uns eine äußerst wichtige Idee gebracht: die der moralischen Autonomie. Aber ich befürchte, wenn wir Kant für seine Entdeckung einen Kredit einräumen, dann verwenden wir den Begriff der Autonomie mehrdeutig. Jedermann denkt, dass Autonomie im Sinne der Freiheit von äußeren Zwängen eine feine Sache ist. Niemand mag menschliche oder göttliche Tyrannen. Aber der spezifische kantianische Sinn der Autonomie – dem zufolge moralische Entscheidungen, die der Vernunft folgen, besser sind, als Entscheidungen, die den Einfluss von Erfahrung zulassen – ist eine ganz andere Sache.

Verhältnismäßig wenige Leute folgen begeisterten Anhängern Kants, solchen wie Christine Korsgaard – der vielleicht ausgezeichnetsten und bestimmt kompromisslosesten der zeitgenössischen kantianischen Moralphilosophen. Korsgaard denkt, dass Kant Recht hatte, als er behauptete, es gäbe eine besondere Art von Motivation, die »Moral« heißt, und dass »moralische Motivation, wenn sie existiert, nur autonom sein kann«.[2] Autonomie im Sinne

2  Korsgaard, *Creating the Kingdom of Ends*, Cambridge 1996, S. 23.

von Gehorsam gegenüber der unbedingten Herrschaft der Vernunft ist ein sehr spezieller, sehr technischer Begriff – einer, der so gelernt werden muss wie alle anderen technischen Begriffe: indem man sich einen Weg durch das spezifische kantianische Sprachspiel bahnt. [...]

Jedes Mal, wenn reaktionäre Kantianer wie Husserl und Russell den Sieg über progressive hegelianische Historisten wie Green und Dewey erringen, finden sich erneut Philosophie-Professoren, die nicht-empirische Linien zwischen Wissenschaft und Common Sense sowie zwischen Moral und Klugheit ziehen. Die erstere Unternehmung spielt eine beträchtliche Rolle bei der Schöpfung dessen, was wir heute »analytische Philosophie« nennen. Aber diese Unternehmung wird von solchen post-kuhnianischen, hegelianisierten zeitgenössischen Wissenschaftsphilosophen wie Ian Hacking, Arthur Fine und Bruno Lator heute skeptischer gesehen. Diese Autoren insistieren darauf, dass es lediglich soziologische Unterscheidungen zwischen Wissenschaft und Nicht-Wissenschaft gibt, Unterscheidungen, die sich um die Autonomie drehen, die wir Expertenkulturen vernünftigerweise gewähren, um die Notwendigkeit einer Initiation in disziplinäre Matrizen und dergleichen. Es gibt keine metaphysischen oder methodologischen Unterschiede. Es gibt nichts, womit sich eine Wissenschaftsphilosophie, die einer Geschichte und Soziologie der Wissenschaft entgegengesetzt ist, beschäftigen könnte.

Ich denke, diese post-kuhnianische Haltung wäre von Dewey begrüßt worden, für den der Terminus »wissenschaftliche Methode« ein bisschen mehr bedeutete als Peirces Anweisung, wir sollten in unserer Einstellung experimentell und aufgeschlossen bleiben – sicher gehen, die Route der Forschung nicht zu blockieren. Wenn Arthur Fines Behauptung, dass »Wissenschaft nicht besonders« ist, einmal allgemein akzeptiert wird, dann mag es nicht länger eine überwölbende Disziplin geben, die »Philosophie der

374  *Kommunikation und ethische Praxis*

Wissenschaft« heißt, obgleich es sehr wohl fruchtbare
Forschungsbereiche geben könnte, wie »Philosophie der
Quantenmechanik« oder »Philosophie der Evolutionsbio-
logie«.[3]

Etwas Analoges könnte passieren, wenn wir die Unterscheidung zwischen Moral und Klugheit in der Weise psy-
chologisieren, wie Kuhnianer die Unterscheidung zwischen Wissenschaft und Common Sense soziologisiert
haben. Wir könnten dies tun, indem wir sagen, dass das,
was Moral von Klugheit unterscheidet, keine Sache von
Ursprüngen ist, sondern eine psychologische Differenz
zwischen Dingen, die das berühren, was Korsgaard unsere
»praktische Identität« nennt – unseren Sinn dafür, dass
wir lieber sterben würden, als eine bestimmte Sache zu
tun –, und solchen Dingen, die dies nicht berühren. Der
relevante Unterschied ist nicht einer der Art, sondern des
Grades gefühlter Wichtigkeit, so wie der Unterschied zwischen Wissenschaft und Nicht-Wissenschaft einen Unterschied des Grades von Spezialisierung und Professionalisierung bildet.

Wenn wir den Gedankengang zu Ende führen, dass unser
Sinn für das, was wir sind, und das, was es wert ist, dafür
zu sterben, offensichtlich für historische und kulturelle
Zugriffe offen ist, dann führt uns dies erneut weg von
Kant zu Hegel und eventuell zu Deweys Synthese von
Hegel und Darwin. In einem deweyianischen philosophischen Klima könnten Disziplinen wie »Philosophie des
amerikanischen Verfassungsrechtes« oder »Philosophie
abnehmender Verantwortlichkeit« oder »Philosophie sexueller Partnerschaft« florieren, aber niemand sähe viel
Sinn in einer überwölbenden Disziplin, die sich »Moralphilosophie« nennt, genauso wenig, wie jemand den Sinn

---

3 Vgl. Arthur Fines, »The view from nowhere in particular«, in: *Proceedings
and Addresses of the American Philosophical Association*, 1998; und Rorty,
»Arthur Fine and non-representationalist philosophy« (im Erscheinen in einer *Festschrift* für Fine).

einer Disziplin verstünde, die sich »Wissenschaftsphilosophie« nennt. So wie es nichts zu studieren gäbe, was sich
»wissenschaftlich« nennt, hätte man nichts zu studieren,
was »Moral« heißt. Die Obsoletheit kantianischer Diskurse könnte die Idee, »die Natur moralischer Begriffe« und
»die Logik moralischer Argumente« zu studieren, albern
klingen lassen und daher zu einer Neuabsteckung des philosophischen Terrains führen. [...]
Jetzt, am Anfang des neuen Jahrtausends, können wir
ohne Wissenschaftsphilosophie auskommen, denn es besteht keine Notwendigkeit, dass wir uns der Wissenschaft
erneut vergewissern. Wir können ohne den Glauben auskommen, dass Wissenschaftlichkeit eine wichtige natürliche Art ist, denn Wissenschaft ist nicht in Gefahr. Die
Rückkehr der Wissenschaftsphilosophie – in ihrer traditionellen Form eines Argumentes, dass die wissenschaftliche Methode, und nur die wissenschaftliche Methode, uns
erzählen kann, wie Dinge wirklich sind und inwiefern sie
wahr sind – schien wichtig in den Tagen, als Pius IX. die
moderne Zivilisation verfluchte. Aber als die Spannung
zwischen Religion und Wissenschaft nach und nach auf-
hörte, die Aufmerksamkeit der Philosophen zu vereinnah-
men, sah die Wissenschaftsphilosophie so aus wie eine
Teekanne mehr, in der man ein akademisches Gewitter
entfacht. Heutzutage zieht die Wissenschaftsphilosophie
nur dann noch die Aufmerksamkeit auf sich, wenn funda-
mentalistische Priester sich dazu entschließen, Darwin einen weiteren Schlag zu verpassen, oder wenn Soziobiolo-
gen versuchen, das Amt zu übernehmen, an dem sich
einstmals Theologen erfreuten.

# Ernst Tugendhat

*Tugendhat verbindet drei Traditionen der Philosophie auf fruchtbare Weise miteinander. In seinem frühen Werk »Ti Kata Tinos« (1958) geht er, erstens, der aristotelischen Frage nach, was es heißt, etwas über etwas zu sagen, etwas als etwas sehen zu lassen. Dies geschieht, zweitens, im Rahmen einer phänomenologischen Hermeneutik des Daseins, wie wir sie bei Martin Heidegger finden. Die sprachanalytische Philosophie, der sich Tugendhat dann verstärkt zuwendet, verlangt, drittens, alle Fragen danach, was es gibt und was wir wissen, immer ausdrücklich in die Frage zu transformieren, wie wir unseren sprachlichen Zugang zu dem, was es angeblich gibt, je angemessen zu verstehen haben. Tugendhats Verbindung dieser drei eng miteinander zusammenhängenden Ansätze bewährt sich besonders in der Analyse der Begriffe »Selbstbewusstsein und Selbstbestimmung« (1979). Selbstbewusstsein ist nicht etwa eine Beziehung von mir als Subjekt auf mich als ein Objekt. Selbstaussagen sind auch keine einfachen Selbstbeschreibungen, sondern immer auch performative Expressionen. Selbstbestimmung ist dagegen immer als ein komplexes, performatives Sich-zu-sich-Verhalten im Handeln aufzufassen, und zwar im Blick auf einen gewissen von mir anerkannten Entwurf meines (zukünftigen) Sein-Könnens.*

*Dieser Entwurf repräsentiert auf zum Teil narrative Weise, was für ein Mensch ich sein kann und sein will. In der Selbstkontrolle des Gewissens wird dieser Entwurf mit meinem realen Tun und Sein verglichen – womit die begriffliche Struktur von Scham als ›innerer‹ Sanktionsreaktion auf eine entsprechend erkannte ›Verschuldung‹ begreifbar wird. Über den Wunsch, ein anerkanntes Glied einer Gemeinschaft zu sein, möchte Tugendhat in seinen späteren Schriften zur Ethik diesen Zugang zu moralischen Phänomenen über die Begriffe der Selbstachtung und der gegenseitigen Achtung zu einer nachmetaphysischen ›Begründung‹ der Moral ausbauen. Eine solche Ethik des gegenseitigen Respekts wird als Antwort auf die je individuelle Frage verstanden, warum wir moralisch sein sollen. Auf die allgemeinere Frage nach der Existenzform moralischer Normen in der Gemeinschaft antwortet Tugendhat mit dem Hinweis auf eine je faktische Praxis externer Sanktionen gegen entsprechende Abweichungen. Dabei zählt die basale Gleichwertigkeit aller Personen zur inhaltlichen Bestimmung des Moralischen, worauf sich auch jede Theorie der Gerechtigkeit zu stützen hat. Probleme der Unterscheidung zwischen moralkonformem Handeln und moralischem Handeln schließen sich an diesen Denkgang an, außerdem Fragen nach dem (historischen) Relativismus faktischer Normen und nach einer universalethischen Normenkritik.*

## Der semantische Zugang zur Moral

Einen Begriff ausgrenzen heißt, das Verstehen bestimmter sprachlicher Ausdrücke ausgrenzen. Unsere erste Aufgabe ist also eine Analyse der Bedeutung moralischer Sätze. Eine solche semantische Zugangsweise, wie sie in der englischen und amerikanischen Moralphilosophie der fünfziger und sechziger Jahre vorherrschte, scheint heute aus der Mode gekommen zu sein. So hat z. B. nach Rawls, um nur den prominentesten Autor zu nennen, die semantische Zugangsweise von der substantiellen Problematik der Moralphilosophie abgeführt. Soll es sich wirklich nur um eine Mode gehandelt haben? Das können wir natürlich nur entscheiden, indem wir die Argumente prüfen. Es kommt darauf an, sich grundsätzlich darüber klar zu werden, was für oder gegen einen semantischen Ansatz spricht, welchen Stellenwert ein solcher Ansatz hat und wie weit er reicht.

378    *Kommunikation und ethische Praxis*

Auf den ersten Blick muß die Idee einer semantischen Zugangsweise zur Moralphilosophie jedem Unbefangenen absurd erscheinen. »Sie können doch nicht«, so wird einem entgegengehalten, »im Ernst glauben, daß durch eine Analyse, wie man über Gutes und Schlechtes *redet*, ein Kriterium darüber zu gewinnen ist, was gut und schlecht *ist*. Wäre das nicht ebenso absurd, wie wenn man behaupten wollte, man könne in den empirischen Wissenschaften durch eine bloße Analyse, wie wir reden, darüber entscheiden, was wahr und falsch ist?« »Aber was ist dann«, so würde ich zurückfragen, »Ihrer Meinung nach das Kriterium, nach dem zu entscheiden ist, wie gehandelt werden soll und wie nicht?« Mein Gesprächspartner könnte nun eine der bekannten Antworten geben: das Kriterium sei das göttliche Gebot oder das moralische Gefühl des Einzelnen oder der Gemeinschaft oder das für die Gesellschaft Nützliche oder die praktische Vernunft usw., oder er könnte mehrere von diesen Antworten auf die eine oder andere Art verbinden, oder er könnte sie alle verwerfen und eine relativistische oder skeptische Position beziehen. Wie immer er antwortet, kann ich nun die Gegenfrage stellen, wie er denn seine Auffassung begründen will.

Läßt er sich auf die Frage ein (und ich sehe nicht, wie er das vermeiden wollte), so würde damit das Gespräch auf eine zweite Ebene übergehen. Auf der ersten Ebene ging es um das Kriterium, nach dem wir unsere moralischen Überzeugungen begründen; jetzt hingegen ginge es um die Frage, wie wir das Begründungskriterium seinerseits begründen. Es wäre irrig zu meinen, daß die Begründungsfrage damit einfach iteriert würde, so daß wir befürchten müßten, in einen Regreß zu geraten. Es handelt sich vielmehr um genau zwei Ebenen. Man kann sich das leicht klarmachen an Hand des in dieser Hinsicht vergleichbaren, aber durchsichtigeren Falles der empirischen Sätze, auf die sich mein Gesprächspartner schon selbst bezogen hat. Für einen empirischen Satz gilt, daß sein Begründungskriterium letztlich die Erfahrung ist, und wenn wir nun, auf der zweiten Ebene, nach der Begründung dieses Begründungskriteriums fragen, ergibt sich, daß es in der Bedeutung eines empirischen Satzes gründet.

Was kann man an Hand dieses Beispiels der empirischen Sätze für unser Problem lernen? Ich meine, es zeigt uns, daß mein Gesprächspartner ganz recht hatte mit seiner Behauptung, daß wir das Begründungskriterium empirischer Sätze nicht in der Sprache, sondern in der Erfahrung zu suchen haben, aber diese Behauptung läßt sich ihrerseits nur begründen durch eine semantische Analyse der entsprechenden Sätze.

Ist es unvermeidlich, diese zweite Ebene als semantische Analyse aufzufassen? Ich meine: ja. Denn das Material, mit dem wir es in der philosophischen Reflexion zu tun haben, ob sie sich nun auf die Wissenschaft oder die Moral oder die Ästhetik oder den religiösen Glauben bezieht, besteht nun einmal aus sprachlichen Ausdrücken, und der erste Schritt kann in nichts anderem bestehen als darin, aufzuklären, was wir mit dem jeweiligen Typus sprachlicher Ausdrücke meinen; und wenn es sich um die Frage handelt, wie ein bestimmter Typus von Sätzen zu begründen ist oder ob er gar nicht zu begründen ist, sehen wir uns ebenfalls auf die semantische Struktur dieser Sätze verwiesen. Philosophische Analyse ist schon immer als begriffliche Analyse aufgefaßt worden. Die semantische Zugangsweise steht in dieser Tradition und unterscheidet sich von der älteren Tradition nur durch die Auffassung, die ich für wohlbegründet halte, daß Begriffe nicht in einer intellektuellen Anschauung zu finden sind, sondern nur in der Verwendungsweise unserer sprachlichen Ausdrücke.

Es handelt sich also nicht um eine Mode, sondern um eine Methode, zu der es, soweit ich sehe, keine Alternative gibt. Wie ist es dann aber zu verstehen, daß ein zeitgenössischer Moralphilosoph von Rawls' Format die semanti-

380    *Kommunikation und ethische Praxis*

sche Methode verwerfen konnte? Die einzig mögliche Erklärung, wenn meine Überlegungen richtig waren, ist, daß Rawls auf der ersten Ebene geblieben ist. Und das ist auch tatsächlich der Fall. Rawls setzt in seiner Konstruktion des »Urzustandes« voraus, daß das Kriterium von Moralität Unparteilichkeit ist, und dieses Kriterium wird nicht seinerseits begründet. Der Grund, warum Rawls es sich leisten konnte, ein solches Kriterium einfach vorauszusetzen, ist, daß er mit dem Problem, wie man seine moralischen Überzeugungen begründen kann, gar nicht befaßt war. Die Aufgabe, die er sich vorgenommen hatte, bestand darin, Prinzipien zu finden, die übereinstimmen mit unseren, letztlich natürlich seinen eigenen »wohlüberlegten« moralischen Überzeugungen. Man sollte eine solche Konzeption einer Theorie der Gerechtigkeit nicht geringschätzen; man kann vielleicht auch von der Ethik des Aristoteles sagen, daß sie lediglich eine solche rekonstruktive Absicht hatte. Aber es ist doch jedenfalls klar, daß eine solche Theorie auf etwas anderes (und man kann sagen: auf etwas weniger Grundsätzliches) abzielt als eine Konzeption von Moralphilosophie im Sinn einer Untersuchung darüber, wie man moralische Urteile begründen kann. Infolgedessen besagt der Umstand, daß für eine solche Theorie eine semantische Analyse unwichtig ist, nichts gegen die Notwendigkeit so einer Analyse für die Frage der Begründbarkeit.

Wie sollen wir nun mit der semantischen Analyse der relevanten Wörter oder Sätze beginnen? Angesichts dieser Frage stoßen wir auf einen zweiten Grund, warum die semantische Zugangsweise bei neueren Moralphilosophen in Mißkredit geraten ist. Es ist nämlich nicht so klar, wie es den klassischen Repräsentanten der sprachanalytischen Moralphilosophie, insbesondere z. B. Richard Hare, schien, daß es ein oder zwei Standardausdrücke gibt, die wir in moralischen Urteilen verwenden. Hare gründete seine Analyse der moralischen Urteile auf eine allgemeine

*Ernst Tugendhat* 381

Analyse der Bedeutung des Wortes »gut«. Andere Philosophen, an erster Stelle v. Wright in seinem Buch *The Varieties of Goodness* (1965), haben darauf insistiert, daß das Wort »gut« in verschiedenen Kontexten verschiedene Bedeutungen hat. Wenn das stimmt, kann eine allgemeine Analyse der Wörter »gut« und »schlecht« wenig beitragen zu einer Klärung der besonderen Bedeutung, die sie haben, wenn wir sie im moralischen Kontext verwenden. Man kann gewiß sagen, daß alle einfachen Aussagen, in denen das Wort »gut« vorkommt, Wertaussagen sind, aber natürlich wird mit einer solchen Erklärung das Problem nur um einen Schritt verschoben, da man zweifeln kann, ob es nicht ebensoviele Arten von Wertaussagen gibt wie es Bedeutungen des Wortes »gut« gibt. Für einige Arten von Wertaussagen mag es eine Art von Begründung geben, für andere eine andere und für wieder andere gar keine.

Aber die Kritik kann noch weitergeführt werden. Habermas z. B. glaubt, daß moralische Überzeugungen überhaupt nicht in Wertaussagen zum Ausdruck kommen. Moral ist nach Habermas nicht eine Sache von evaluativen, sondern von normativen Sätzen. Nicht das Wort »gut« ist für moralische Sätze charakteristisch, sondern das Wort »sollen«. Hare seinerseits teilt die positive Seite dieser Auffassung, aber nicht die negative. Nach Hare lassen sich einfache Sätze, in denen das Wort »gut« vorkommt, und einfache Sätze, in denen das Wort »sollen« vorkommt, ineinander übersetzen.[1] Ich glaube, daß sich sowohl Hare wie Habermas irren. Gegen Habermas meine ich, daß es kein Zufall ist, daß lange vor der analytischen Ethik die gesamte Tradition der Moralphilosophie an beiden Wörtern orientiert war, »gut« und »sollen«. Und gegen Hare scheint es mir klar, daß, wenn auch die

1 Vgl. R[ichard] M[ervyn] Hare, *The Language of Morals*, Oxford 1952, Kap. 12.

meisten Wertsätze in normative Sätze übersetzt werden können, das Gegenteil nicht gilt. Spielregeln z. B. oder Rechtsnormen können nicht in Wertsätze übersetzt werden. Das scheint zu zeigen, daß normative Aussagen noch verschiedenartiger sind als Wertaussagen. So läßt sich also eine ähnliche Kritik gegen die Orientierung der Klärung des Moralbegriffs an einer allgemeinen Analyse des Wortes »sollen« ins Feld führen wie gegen die Orientierung an einer allgemeinen Analyse des Wortes »gut«.

Es könnte verlockend erscheinen, diese Linie der Kritik noch einen Schritt weiterzuführen. Wenn uns weder das Wort »gut« noch das Wort »sollen« zu einer Klärung dessen, was wir mit Moral meinen, führt, folgt dann nicht, so könnte man fragen, daß der ganze semantische Ansatz – die Idee, daß die Bedeutung moralischer Urteile durch eine semantische Analyse gewisser Ausdrücke zu klären sei – eben doch irrig war? Aber dieser weitere Schritt scheint mir unbegründet und sogar widersinnig. Die Konsequenz wäre, daß man den Begriff der Moral selbst aufgeben oder wenigstens ungeklärt lassen müßte. Es gibt keine Möglichkeit, einen Begriff zu umgrenzen, außer durch die Verwendung sprachlicher Ausdrücke. Es ist zwar richtig, daß man die Sätze, in denen moralische Urteile zum Ausdruck kommen, nicht durch das Vorkommen bestimmter Wörter wie »gut« oder »sollen« definieren kann. Aber was für eine semantische Analyse zählt, ist nicht das Wort, sondern die Verwendung.

Die Konsequenz, die wir zu ziehen haben, ist also nicht, daß der semantische Ansatz zu verwerfen ist, sondern erstens, daß er verfeinert werden muß, und zweitens, daß ein gewisses Maß an Willkür bei einer solchen begrifflichen Klärung unvermeidlich ist. Auf die Frage, was das Kriterium moralischer Urteile ist, gibt es nicht eine einzige mögliche Antwort. Die Frage ist nicht: »Was ist Moral?«, sondern: »Was meinen wir mit ›moralisch‹?« Moral ist nicht etwas, was es irgendwo objektiv gibt. Und da unser vorphilosophisches Verständnis von »moralisch« wesentlich vage ist, keine festumrissenen Konturen hat, ist es unvermeidlich, daß es immer einige Aspekte unseres verschwommenen vorphilosophischen Verstehens von »Moral« geben wird, die jeder philosophische Begriff auf die eine oder andere Weise verfehlen muß. Philosophieren besteht im Ziehen von Linien, in Grenzziehungen. Die Linie kann so oder so gezogen werden. Indem wir sie auf eine bestimmte Art ziehen, stellen wir manche Dinge ausdrücklicher zusammen und trennen sie ausdrücklicher von anderen, als sie es bisher waren. Wittgenstein hat dieses Vorgehen in seinem *Blauen Buch* mit dem Ordnen der Bücher einer Bibliothek verglichen. Keine Ordnung ist *die* richtige Ordnung. Aber wir müssen irgendeine Ordnung in die Dinge unseres Verstehens bringen, wenn wir bestimmte Aussagen über sie machen wollen. Wir können dann eine Ordnung mit einer anderen vergleichen und sehen, was die Konsequenzen und was die Vor- und Nachteile sind.

Wir haben es bei unserer semantischen Frage insbesondere mit drei Wörtern zu tun: erstens mit dem Wort »moralisch« selbst und zweitens mit bestimmten Verwendungsweisen der Wörter »gut« und »sollen«, auf die dieses Wort zu verweisen scheint. Auch die faktische Verwendungsweise des Wortes »moralisch« kann nicht unser letzter Maßstab sein. Die Wörter »moralisch« und »Moral« sind sowohl synchronisch wie vor allem diachronisch vieldeutig, und es gab Zeiten, wo es sie überhaupt nicht gab, und trotzdem würden wir nicht sagen wollen, daß es damals das, was wir heute mit einem bestimmten Sinn des Wortes meinen, nicht gab. Worauf es bei der philosophischen Begriffsfixierung ankommt, ist nicht das Nachzeichnen der faktischen Verwendungsweise eines Wortes, sondern das Treffen bestimmter Unterscheidungen, die, soweit wir sehen können, anthropologisch (und das heißt hier genauer: soziologisch, im intersubjektiven Zusammenleben) funda-

384 *Kommunikation und ethische Praxis*

mental sind, auch wenn sie sich im Verlauf der Geschichte in verschiedenen Wörtern artikuliert haben. Unsere Begriffsumgrenzung von »Moral« muß weit genug sein, daß ein historischer Dialog über moralische Fragen über die Zeiten hinweg möglich bleibt und daß nicht inhaltliche Fragen darüber, welche moralischen Normen richtig sind, durch eine solche Definition vorentschieden werden. Sie muß schließlich auch so weit sein, daß verständlich werden kann, warum vergleichbare Unterscheidungen in verschiedenen Zeiten anders artikuliert wurden.

Wir stehen also vor einem komplexen Unternehmen. Und es ist dadurch noch zusätzlich kompliziert, daß wir auch innerhalb der philosophischen Tradition nicht bei Null anfangen können. Wir müssen daher sowohl die Frage prüfen, ob es sich bei moralischen Überzeugungen um eine Art Werturteile handelt, als auch die Frage, ob es sich um Überzeugungen über eine Art Normen handelt, die nicht in Werturteile übersetzbar sind.

Beginnen wir mit den Werturteilen, also mit dem Wort »gut«! Überlegen wir zuerst, wie das Wort in eindeutig außer-moralischen Kontexten verwendet wird! Das Wort kommt selten als einfaches Prädikat vor, dergestalt, daß wir von etwas schlichtweg sagen, es sei gut oder schlecht. Gewöhnlich wird das Wort in bestimmter Weise qualifiziert. Hier gibt es verschiedene Möglichkeiten.

Eine ist die, die man die hypothetische Verwendungsweise nennen kann: »*Wenn* du abnehmen willst«, oder: »*Um* abzunehmen, ist es gut, weniger zu essen.« Hier handelt es sich um die bekannte Rede von guten Mitteln für einen vorgegebenen Zweck.

Eine zweite Verwendung ist die, in der wir sagen, etwas sei gut für etwas oder für jemanden: »Heiraten wird ihm gut tun«, »Etwas Dünger würde für die Blumen gut sein«. In dieser zweiten Verwendung, die ausgiebig von v. Wright erörtert wird, bedeutet »gut« soviel wie »zuträglich«, »schlecht« soviel wie »schädlich«. Diese Verwendung des

*Ernst Tugendhat* 385

Wortes »gut« hängt wesentlich zusammen mit der adverbiellen Verwendung von »gut«, derzufolge wir von einem Wesen sagen, daß es *ihm gut geht*. Zuträglich ist, was nicht einen beliebigen Zweck von jemandem, sondern sein Wohlergehen fördert.

Eine dritte Verwendung des Wortes ist seine Verwendung als attributives Adjektiv, wenn wir z. B. von einem guten Messer, einem guten Fußballspieler, einem guten Wein, einem guten Musikstück sprechen. Die Beispiele zeigen, daß das keine einheitliche Klasse ist. Für meine Zwecke ist es nicht erforderlich, die Unterklassen genauer zu erörtern. Die wichtigsten sind die, wo es sich um den Grad des Geeignetseins von etwas handelt in der Ausführung seiner charakteristischen Funktion (wie beim guten Messer und beim guten Fußballspieler), und die, die man als die ästhetische Verwendung bezeichnen kann (wie beim guten Wein und beim guten Musikstück).

Wie weit kommt man nun bei diesen drei Fällen mit einer allgemeinen Erklärung des Wortes »gut«? In allen Fällen scheint »gut« auf eine Wahl und ein Vorziehen zu verweisen. Der Komparativ »besser« scheint gegenüber dem positiven Adjektiv »gut« Priorität zu haben. Das ist ähnlich wie bei solchen Adjektiven wie »lang« und »warm«. Immer handelt es sich darum, daß wir Dinge auf einer Skala anordnen. Etwas ist länger als etwas anderes, wenn es auf der Skala der Länge höher oben ist, und etwas ist besser als etwas anderes, wenn es auf der Skala des Vorziehens höher ist, und es ist gut, wenn es ziemlich hoch oben auf dieser Skala ist oder höher als der Durchschnitt.

Man muß nun Wörter des subjektiven und des objektiven Vorziehens unterscheiden. Wenn ich sage »Dieses Messer gefällt mir (gut)«, drücke ich ein subjektives Vorziehen aus. Charakteristisch für subjektive Vorzugsausdrücke ist, daß ein Subjekt, das vorzieht, genannt werden muß. Wenn wir hingegen sagen »Dieses Messer ist gut« oder »besser als jenes«, kommt kein Subjekt des Vorziehens vor. Der

386    *Kommunikation und ethische Praxis*

Vorzugscharakter scheint dem Objekt als solchem zuzukommen. Wie ist das zu verstehen? Wodurch konstituiert sich eine objektive Vorzugscharakteristik? Ein Vorzug ist objektiv, wenn es nicht das Gefühl einer Person ist, das über den Vorzug entscheidet, sondern das Ding selbst gleichsam von sich aus zu fordern scheint, daß es bevorzugt wird, der Vorzug daher für alle Personen gleichermaßen beansprucht wird. In den meisten Fällen nimmt das die Form an, daß der Vorzug begründet werden kann. Durch die Gründe wird die Wertaussage und damit der Vorzug ausgewiesen. Nur bei ästhetischen Wertaussagen scheint das nicht zu passen, und diese Aussagen scheinen auch nahe an einen subjektiven Vorzugssatz heranzureichen. Glücklicherweise muß ich auf diese Schwierigkeit im jetzigen Kontext nicht näher eingehen.[2]

Worauf es ankommt, ist, daß sich eine Kernbedeutung des Wortes »gut« herauszustellen scheint, die es nicht in allen, aber doch in vielen seiner verschiedenen Verwendungsweisen hat. Zufolge dieser Kernbedeutung nennen wir etwas dann gut, wenn wir meinen, daß wir begründen können, daß es vorzuziehen sei. Dieser Kernbedeutung entspricht dann auch immer eine Art Sollsatz, und das heißt eine Norm. »Dieses Messer ist besser als jenes« impliziert »Man sollte es vorziehen«. Es ist natürlich von größter Wichtigkeit, sich immer gleich klarzumachen, was genau mit »sollen« gemeint ist. Im gegenwärtigen Fall scheint damit gemeint zu sein: »Man wird es vorziehen, wenn man vernünftig wählen will; es wäre irrational, es nicht vorzuziehen.« Diese Erklärung scheint mir auf alle von mir genannten Verwendungsweisen außer der ästhetischen zuzutreffen. In dem Fall, in dem »gut« attributiv verwendet und dies funktional verstanden wird, meinen wir mit »gut«: wenn man etwas aus dieser Klasse wählen will, z. B. ein Messer, wäre es unvernünftig, nicht dieses zu

2  Vgl. Ernst Tugendhat, *Selbstbewußtsein und Selbstbestimmung*, S. 275.

*Ernst Tugendhat* 387

wählen. In der hypothetischen Verwendungsweise sagen wir explizit: Wenn man X erreichen will, ist es gut, d. h. man soll, d.h. es ist vernünftig, Y zu wählen. Ähnlich ist es, wenn etwas als gut für jemanden beurteilt wird. Es wird dann unterstellt, daß es für diese Person unvernünftig wäre, es nicht zu wählen. In allen diesen Fällen wird mit der Verwendung des Wortes »gut« der Anspruch erhoben, daß es Gründe für den Vorzug gibt. Ich kann im jetzigen Kontext die Frage offenlassen, worin die Begründung in jedem der verschiedenen Fälle besteht und wie weit sie reicht, und ich will daher nur dogmatisch sagen, daß ich glaube, erstens, daß die Begründung in keinem Fall vollständig ist, daß immer ein subjektiver Rest bleibt, und zweitens, daß sich die Begründung, so weit sie reicht, auf empirische Aussagen reduzieren läßt.

Festzuhalten ist, daß jeder solche Wertsatz, bei dem die Wertung einen Begründungsanspruch erhebt, in einen normativen Satz, einen entsprechenden Sollsatz, übersetzbar ist. Eine solche Norm kann man, um sie von anderen Normen zu unterscheiden, auf die ich noch gleich zu sprechen komme, als Vernunftnorm bezeichnen, weil sie den beschriebenen Sinn hat »Wenn du nicht so handelst, handelst du unvernünftig«. [...]

Man kann sich [...] mehrere Gründe denken, die für ein Individuum dafür sprechen, einem System sozialer Normen zuzustimmen, und das soll eben heißen: sich sagen zu können, daß es sich ihm auch freiwillig unterworfen hätte bzw. unterwerfen würde. Diese Zustimmung ist aber dann rational, wenn der Grund der Zustimmung darin besteht, daß das Individuum zu der Auffassung kommt, daß die Geltung der Norm (bzw. eines ganzen normativen Systems) *für es gut* ist, bzw. daß es für es besser ist, daß es und auch alle anderen ihm unterworfen sind, als daß keiner ihm unterworfen ist. Das ist dann der Fall, wenn der Vorteil, der der Person daraus erwächst, daß alle anderen diese Regeln befolgen müssen, größer ist als der Nachteil,

388  *Kommunikation und ethische Praxis*

der darin liegt, daß auch sie sie befolgen muß. Man kann sich eine Skala denken, auf der ein Individuum normative Systeme nach dem Kriterium »besser für mich« ordnen kann.

Damit haben wir jetzt ein erstes Prädikat gefunden, auf das hin Normen und normative Systeme beurteilt werden können. Freilich ermöglicht dieses Prädikat »gut für es« noch keine Begründung der Geltung der Norm als solcher, sondern nur eine Begründung dafür, daß ein einzelnes Individuum bzw. eine soziale Klasse von Individuen der Norm zustimmt, und zwar rational zustimmt. Da aber nun dieselbe Begründungsbedürftigkeit, die für ein Individuum (bzw. eine Klasse von Individuen) besteht, für alle Individuen besteht, ergibt sich als naheliegender nächster Schritt die Frage: Ist die Norm gut für alle (und für alle in gleicher Weise)? Es ist nun naheliegend zu sagen: Genau das ist es, was mit dem Wort »gut« in seiner absoluten Verwendungsweise gemeint ist. Das hätte dann auch zur Folge, daß sich die Verwendungsweise des Wortes »gerecht« in einleuchtender Weise in die des Wortes »gut« integrieren läßt. Denn es liegt nun nahe zu sagen: Der spezifische Aspekt, daß die Norm nicht nur für alle gut ist, sondern für alle in gleicher Weise, daß sie also unparteiisch ist (und das ist ein Aspekt, auf den es nur bei bestimmten sozialen Normen überhaupt ankommt), wird speziell mit dem Wort »gerecht« zum Ausdruck gebracht.

Das Ergebnis wäre also: Das, was es ist, was wir begründen, wenn wir Normen begründen, ist, daß sie gut sind, und d. h.: daß sie für alle gleichermaßen gut sind.

Nun mag soviel einleuchten, daß, wenn wir eine soziale Norm begründen, das den Sinn hat, daß wir begründen, daß ihr eine bestimmte Eigenschaft zukommt bzw., sprachlich gewendet, daß ein bestimmtes Prädikat auf sie zutrifft. Jedenfalls ist jetzt an einem Beispiel deutlich geworden, daß das einen Sinn hat und welchen Sinn es hat, während die Alternative, daß man eine Norm an und für

*Ernst Tugendhat* 389

sich begründen könne, sich als leer erwiesen hat. Doch
wird man jetzt fragen wollen: erstens, ist es zwingend, daß
das Begründungsprädikat ausgerechnet das Wort »gut«
ist? Und zweitens, wenn es schon das Wort »gut« ist, muß
dieses Wort im Sinn von »gut für alle« verstanden werden?
Ich meine nun selbst, daß beide Fragen zu verneinen sind.
Erstens, es gab und gibt Kulturen, die ihre Normen dadurch begründeten, daß sie einen göttlichen Ursprung für
sie in Anspruch nahmen. Das relevante Prädikat war dann
nicht »gut«, sondern etwa »heilig« oder »gottgewollt«.
Zweitens, auch wenn das Begründungsprädikat das Wort
»gut« ist, besteht keine Notwendigkeit, es so zu verstehen,
wie ich es eben vorgeschlagen habe. Im Gegensatz zu den
relativen Verwendungsweisen scheint das Wort »gut« in
seiner absoluten Verwendungsweise in der Sprache keine
eindeutige Bedeutung zu haben.
Ich sehe insbesondere zwei andere Möglichkeiten, wie das
Wort in unserem Kontext verstanden werden kann und
auch tatsächlich verstanden worden ist. Die eine Möglichkeit ist, daß man der Auffassung ist, eine Norm sei dann
begründet, nicht wenn sie für alle individuell gut ist, sondern wenn sie für die Gemeinschaft als ganze gut ist.
Auch hier wäre also die absolute Verwendungsweise definiert durch die relative Verwendungsweise im Sinn von
Zuträglichkeit, nur daß diese jetzt nicht mit Bezug auf alle
einzelnen Individuen, sondern mit Bezug auf die Gruppe
verstanden ist, die als ein eigenes Wesen aufgefaßt wird.
Das setzt eine holistische Auffassung der Beziehung der
Individuen zur Gruppe voraus; die Individuen sind für die
Gemeinschaft da und nicht umgekehrt; die Gemeinschaft
wird nach dem Modell eines Organismus gedacht und die
Individuen als dessen Organe. Diese Konzeption von
Moral ist natürlich nicht in eine universelle Moral erwei-
terbar, wie es die ist, in der die Individuen als letzte und
gleiche Bezugspunkte aufgefaßt werden. Zu diesem orga-

390   *Kommunikation und ethische Praxis*

nistischen, aufs Gemeinwesen bezogenen Verständnis der absoluten Verwendung des Wortes »gut« gehört auch ein entsprechendes Verständnis des Wortes »gerecht«. Die alte Form für Gerechtigkeit »Jedem das Seine« kann im Sinn von Unparteilichkeit verstanden werden, aber sie kann auch organisch verstanden werden: jeder zählt dann nicht gleich, sondern ihm gebührt, was ihm gemäß seiner Stellung im hierarchischen System der Gemeinschaft entspricht.

Eine dritte Auffassung des Wortes »gut« in seiner absoluten Verwendung ist die utilitaristische. Gemäß einer regel-utilitaristischen Konzeption ist ein normatives System A besser als ein normatives System B, wenn A mehr Wohlergehen erzeugt als B, wobei es gleichgültig ist, wie das Wohlergehen verteilt ist.

# John Rawls

*Basis der Gerechtigkeit ist die Fairness oder Unparteilichkeit der Berücksichtigung jeder einzelnen Person in der jeweiligen Gemeinschaft oder Gesellschaft, nicht zuletzt im Blick auf die Anerkennbarkeit der jeweiligen Verteilung von Lasten und Nutzen. Dabei ist nicht jede Ungleichheit in der Behandlung verschiedener Personen ungerecht. Sie ist aber nicht einfach durch den Hinweis auf die Maximierung des Gesamtnutzens (utilitaristisch) zu begründen, sondern verlangt die unparteiische Anerkennbarkeit der allgemeinen Organisation oder besonderen Maßnahme, welche die Ungleichheit zur Folge hat, und zwar durch alle betroffenen Personen. Rawls entwickelt diese Einsichten in »A Theory of Justice« (1971), einer vertragstheoretischen Ethik der Politik, die in gewisser Nachfolge von Hobbes, Locke, Rousseau und Kant steht.*

*Zur Analyse des schwierigen Begriffs der Anerkenn b a r keit benutzt er dabei die Idee eines Schleiers des Nichtwissens in einer fingierten Ur- oder Entscheidungssituation: Wenn und nur wenn wir alle (gerade auch aufgrund unseres rationalen Eigeninteresses, also im Blick auf die Verbesserung unserer Situation) dem entsprechenden Vorschlag zustimmen würden, auch wenn wir mit der Möglichkeit rechnen müssten, nachher relativ zu den anderen schlechter gestellt zu sein (wobei wir vielleicht nicht allzu sehr auf Glücksspiele setzen sollten), kann der Vorschlag als gerecht gelten. Es ergeben sich als anerkennbare Prinzipien das Prinzip der gleichen bürgerlichen und politischen Rechte (im liberalen Rechtsstaat) und das Prinzip der möglichen Anerkennung von Differenzen unter Bedingungen einer grundsätzlichen Chancengleichheit des Zugangs zu Positionen. Bedingung der Anerkennbarkeit von Differenzen ist, dass durch die Lasten- und Nutzenverteilungen die am wenigsten Begünstigten einen relativen Vorteil haben. Es ergibt sich daraus das Prinzip des Sozialstaates.*

392    *Kommunikation und ethische Praxis*

*Es ist dabei allerdings nicht immer klar, dass die Situation der am schlechtesten Gestellten nicht nur gegenüber dem Zustand strikter Gleichheit besser sein muss, sondern auch gegenüber Organisationen, die prima facie nicht als ungerecht erscheinen mögen. Denn es könnte immer auch ›bessere‹ Kooperationsformen als die faktisch gewählten geben. Diese hätten wir unter dem Schleier des Nichtwissens offenbar vorzuziehen. Es wäre dann durchaus nicht richtig, wenn ›schlechtere‹ Kooperationsformen nur deswegen, weil sie besser sind als der Urzustand der Gleichheit, zugunsten des Wohls der faktisch Wohlsituierten verteidigt werden würden. Daher gibt es auch Probleme mit dem absoluten Vorrang des liberalen Rechtsprinzips. Dass persönliche Freiheit nur um der Freiheit der anderen willen eingeschränkt werden darf, wird nur der anerkennen, für den das ökonomische Problem der Lebenssicherung schon als gelöst erscheint. In entsprechender Weise hat das Prinzip der Chancengleichheit immer nur einen relativen Vorrang vor der ökonomischen Nutzenmaximierung durch das Differenzprinzip. Insgesamt machen Rawls' Analysen grundlegende Formen ethischer Beurteilung nicht nur der Rahmenstrukturen einer Gesellschaft, sondern irgendwelcher Institutionen und am Ende auch (freier) Kooperationen zwischen Individuen auf eine neue Weise explizit.*

## Politische Gerechtigkeit und Fairneß

### I.

In *Eine Theorie der Gerechtigkeit* habe ich es versäumt, zu sagen oder zumindest hinreichend zu betonen, daß *Gerechtigkeit als Fairneß* eine politische Gerechtigkeitskonzeption ist. Sie ist natürlich auch eine moralische Konzeption, jedoch eine solche, die für einen bestimmten Bereich

*John Rawls* 393

ausgearbeitet wurde, nämlich für politische, gesellschaftliche und ökonomische Institutionen. Genauer: *Gerechtigkeit als Fairneß* wurde konzipiert im Hinblick auf die, wie ich es nannte, *Grundstruktur* eines modernen demokratischen Verfassungsstaates.[1] (Ich werde »demokratischer Verfassungsstaat«, »demokratischer Staat« und ähnliche Ausdrücke untereinander austauschbar verwenden.) Unter dieser Struktur verstehe ich die wichtigsten politischen, sozialen und ökonomischen Institutionen einer Gesellschaft und die Art und Weise, in der sie in einem einheitlichen System sozialer Kooperation verbunden sind. Ob *Gerechtigkeit als Fairneß* zu einer allgemeinen politischen Konzeption für verschiedene Formen von Gesellschaften mit unterschiedlichen historischen und gesellschaftlichen Bedingungen oder zu einer allgemeinen moralischen Konzeption (oder jedenfalls einem bedeutenden Teil einer solchen) erweitert werden kann, ist etwas anderes. Ich vermeide eine Vorentscheidung dieser weitergehenden Fragen in der einen oder anderen Richtung.

Es sollte auch betont werden, daß *Gerechtigkeit als Fairneß* nicht als Anwendung einer allgemeinen moralischen Konzeption auf die Grundstruktur einer Gesellschaft gemeint ist, so als wäre diese Struktur einfach nur ein unter die allgemeine Theorie zu subsumierender Fall unter anderen.[2] In dieser Hinsicht unterscheidet sich *Gerechtigkeit als Fairneß* von traditionellen moralischen Lehren, weil diese üblicherweise als solche allgemeinen Konzeptionen angesehen werden. Ein vertrautes Beispiel dafür ist der Utilitarismus, weil vom Nutzenprinzip, wie auch immer es formuliert ist, gewöhnlich gesagt wird, daß es für alle Bereiche gilt – vom Handeln des Individuums bis zum Völkerrecht. Der entscheidende Punkt ist, daß aus prak-

---

1 Vgl. Rawls, *Eine Theorie der Gerechtigkeit* (*A Theory of Justice*, 1971), Frankfurt a. M. 1975: Abschnitt 2 und das Register.
2 Vgl. »Die Grundstruktur als Gegenstand«, in Rawls, *Die Idee des politischen Liberalismus. Aufsätze 1978–1989*, Frankfurt a. M. 1992: S. 45–79, hier S. 47–50.

394    *Kommunikation und ethische Praxis*

tisch-politischen Gründen keine allgemeine moralische Lehre eine öffentlich anerkannte Grundlage für eine Gerechtigkeitskonzeption in einem modernen demokratischen Staat bereitstellen kann. Die gesellschaftlichen und historischen Bedingungen dieser Staaten haben ihren Ursprung in den auf die Reformation folgenden Religionskriegen und der anschließenden Entwicklung des Toleranzprinzips sowie in der Entstehung verfassungsmäßiger Regierungen und großer, industriell geprägter Marktwirtschaften. Diese Bedingungen berühren tiefgreifend die Anforderungen an eine praktikable Konzeption politischer Gerechtigkeit. Sie muß der Verschiedenheit der Weltanschauungen und der Vielfalt miteinander konkurrierender und inkommensurabler Konzeptionen des Guten gerecht werden, wie sie von den Mitgliedern bestehender demokratischer Gesellschaften vertreten werden.

Weil nun, um diese einführenden Bemerkungen abzuschließen, *Gerechtigkeit als Fairneß* als eine politische Gerechtigkeitskonzeption für eine demokratische Gesellschaft gedacht ist, versucht sie ausschließlich auf grundlegende intuitive Gedanken zurückzugreifen, die in den politischen Institutionen eines demokratischen Verfassungsstaates und den öffentlichen Traditionen ihrer Interpretation verankert sind. *Gerechtigkeit als Fairneß* ist zum Teil deshalb eine politische Konzeption, weil sie von einer bestimmten politischen Überlieferung ausgeht. Wir hoffen, daß sie zumindest durch einen, wie ich ihn nennen möchte, *übergreifenden Konsens* gestützt wird, das heißt einen Konsens, der alle die widerstreitenden philosophischen und religiösen Lehren einschließt, die mutmaßlich in einer mehr oder weniger gerechten konstitutionellen demokratischen Gesellschaft bestehen bleiben und Anhänger gewinnen werden.[3]

---

3 Dieser Gedanke wurde in Rawls 1971: S. 425 f. (engl. Orig. S. 387) als eine Möglichkeit eingeführt, um die Bedingungen für begründeten zivilen Ungehorsam in einer nahezu gerechten demokratischen Gesellschaft abzuschwächen. Hier im Text […] wird er in einem weiteren Zusammenhang benutzt.

## II.

Politische Philosophie kann natürlich auf vielerlei Weise verstanden werden, und Autoren verschiedener Epochen, konfrontiert mit unterschiedlichen politischen und gesellschaftlichen Umständen, verstehen ihr Werk auf verschiedene Weise. Ich würde *Gerechtigkeit als Fairneß* jetzt als eine hinreichend systematische und praktikable Gerechtigkeitskonzeption für einen demokratischen Verfassungsstaat verstehen, die eine Alternative zu der heute unter den Denkrichtungen unserer Tradition herrschenden Auffassung des Utilitarismus anbietet. Ihre Hauptaufgabe besteht darin, eine sicherere und akzeptablere Grundlage für Verfassungsgrundsätze, Grundrechte und Grundfreiheiten bereitzustellen, als es der Utilitarismus zu ermöglichen scheint.[4] Die Notwendigkeit einer solchen politischen Konzeption erwächst auf folgende Weise.

Es gibt in der Geschichte jeder Gesellschaft Perioden, manchmal lange Perioden, in denen gewisse grundlegende Fragen Anlaß zu scharfen und einschneidenden Kontroversen geben. Es erscheint dann schwierig, wenn nicht unmöglich, irgendeine gemeinsame Basis der politischen Übereinstimmung zu finden. In der Tat scheinen sich gewisse Fragen gegen Lösungen zu sperren, und sie können vielleicht niemals vollständig beantwortet werden. Eine Aufgabe der politischen Philosophie in einer demokratischen Gesellschaft ist es, sich auf diese Fragen zu konzentrieren und zu untersuchen, ob nicht eine tiefere Grundlage der Übereinstimmung entdeckt werden kann, die einen für alle Seiten annehmbaren Weg bietet, diese Fragen öffentlich zu lösen; oder, falls dies, womit wir rechnen müssen, nicht möglich sein sollte, die Uneinigkeiten immerhin so weit zu verringern, daß politische Kooperation auf der

---

4 Ebenda: S. 12 (engl. Orig. S. 8).

396    *Kommunikation und ethische Praxis*

Grundlage gegenseitiger Achtung aufrechterhalten werden kann.[5]

Die Geschichte demokratischen Denkens während der letzten zwei Jahrhunderte hat gezeigt, daß keine Übereinstimmung darüber besteht, wie die grundlegenden Institutionen eines demokratischen Verfassungsstaates gestaltet werden müssen, wenn durch sie die Grundrechte und Grundfreiheiten von Bürgern als freien und gleichen Personen festgelegt und geschützt und wenn sie den Ansprüchen demokratischer Gleichheit von Bürgern gerecht werden sollen (wie in den letzten drei Absätzen von Abschnitt III ausgeführt). Es besteht eine tiefe Uneinigkeit darüber, wie die Werte der Freiheit und Gleichheit am besten in der Grundstruktur der Gesellschaft verwirklicht werden. Vereinfacht können wir diese Kontroverse als eine Auseinandersetzung innerhalb der Tradition des demokratischen Denkens selbst betrachten: und zwar zwischen der Lockeschen Tradition, die ein größeres Gewicht auf die »Freiheiten der Modernen« (Denk- und Gewissensfreiheit, persönliche Grundrechte, Schutz des Eigentums, Rechtsstaatlichkeit) legt, und der Rousseauschen Tradition, die größeres Gewicht auf die »Freiheiten der

---

5 Ebenda: S. 631 f. (engl. Orig. S. 582 f.). Zur Bedeutung einer Konzeption der Gerechtigkeit für die Verringerung von Divergenzen zwischen Meinungen vgl. S. 63 f., 72 f., 348 und 611 (engl. Orig. S. 44 f., 53, 314 und 564). An verschiedenen Stellen wird auf die begrenzten Ziele bei der Ausarbeitung einer Gerechtigkeitskonzeption hingewiesen: vgl. S. 400 (engl. Orig. S. 364) dazu, nicht zuviel von der Darstellung des zivilen Ungehorsams zu erwarten; vgl. S. 229 (engl. Orig. S. 200 f.) zur unvermeidlichen Unbestimmtheit einer Gerechtigkeitskonzeption, wenn sie eine Anzahl von Standpunkten benennen soll, von denen aus Fragen der Gerechtigkeit gelöst werden können; vgl. S. 110 (engl. Orig. S. 89 f.) über die soziale Klugheit, zu erkennen, daß vielleicht nur wenige moralische Probleme (es wäre besser gewesen, von »Problemen der politischen Gerechtigkeit« zu sprechen) befriedigend gelöst werden können und daß daher Institutionen so gestaltet werden sollten, daß unbeantwortbare Fragen nicht aufkommen. Auf den S. 72, 1088 ff., 355 f. (engl. Orig. S. 53, 877 ff., 320) wird die Notwendigkeit betont, Vereinfachungen hinzunehmen.

*John Rawls* 397

Alten« (gleiche politische Freiheiten und die Werte des öffentlichen Lebens) im Sinne der Unterscheidung von Constant legt. Diese Gegenüberstellung ist überzeichnet und historisch ungenau, aber sie hilft uns, unsere Überlegungen zu konkretisieren.

*Gerechtigkeit als Fairneß* versucht, zwischen diesen konkurrierenden Traditionen zu vermitteln: *erstens* durch zwei Gerechtigkeitsgrundsätze, welche als Richtlinien für die institutionelle Verwirklichung der Werte von Freiheit und Gleichheit dienen; *zweitens* dadurch, daß ein Standpunkt entwickelt wird, von dem aus diese Grundsätze der Natur freier und gleicher demokratischer Bürger angemessener erscheinen als andere vertraute Gerechtigkeitsgrundsätze. Was es bedeutet, Bürger als freie und gleiche Personen anzusehen, ist natürlich eine grundlegende Frage, die in den folgenden Abschnitten diskutiert wird. Es muß gezeigt werden, daß eine bestimmte Einrichtung der Grundstruktur, eine bestimmte institutionelle Ordnung, besser geeignet ist, die Werte von Freiheit und Gleichheit zu verwirklichen, wenn Bürger in diesem Sinne verstanden werden, das heißt (stark verkürzt) als moralische Personen mit den erforderlichen Fähigkeiten, welche es ihnen ermöglichen, Mitglieder einer Gesellschaft zu sein, die als System fairer Kooperation zum gegenseitigen Vorteil angesehen wird. Die beiden oben erwähnten Gerechtigkeitsgrundsätze sind:

*Jede Person hat ein gleiches Recht auf ein völlig adäquates System gleicher Grundrechte und Grundfreiheiten, das mit dem gleichen System für alle anderen vereinbar ist.*

*Soziale und ökonomische Ungleichheiten müssen zwei Bedingungen erfüllen: erstens müssen sie mit Ämtern und Positionen verbunden sein, die allen unter Bedingungen fairer Chancengleichheit offenstehen, und zweitens müssen sie zum größten Vorteil der am wenigsten begünstigten Mitglieder der Gesellschaft sein.*

Jeder dieser Grundsätze bezieht sich auf einen anderen

398    *Kommunikation und ethische Praxis*

Teil der Grundstruktur, und beide haben nicht nur mit Grundrechten, Freiheiten und Chancen zu tun, sondern auch mit dem Anspruch auf Gleichheit. Dies wird durch den zweiten Teil des zweiten Grundsatzes noch unterstrichen.[6] Beide Grundsätze zusammen regulieren die grundlegenden Institutionen, die diese Werte verwirklichen, wobei dem ersten Grundsatz ein Vorrang vor dem zweiten eingeräumt wird.[7] Doch diese Details sind trotz ihrer Bedeutung nicht Gegenstand dieser Untersuchung.

Wir müssen nun fragen, wie die politische Philosophie eine gemeinsame Basis finden kann, um die fundamentale Frage nach der am besten geeigneten institutionellen Ordnung für Freiheit und Gleichheit zu entscheiden. Es ist wahrscheinlich, daß bestenfalls das Ausmaß öffentlicher Meinungsverschiedenheiten verringert werden kann. Doch ändern sich selbst feste Überzeugungen mit der Zeit: so wird inzwischen der Grundsatz religiöser Toleranz allgemein anerkannt, und man bekennt sich nicht länger offen zu Argumenten für die Verfolgung Andersgläubiger; in gleicher Weise wird die Sklaverei als in sich ungerecht verworfen, und niemand ist willens, sie zu verteidigen, wie weit auch immer die Nachwirkungen der Sklaverei im Sozialverhalten und in uneingestandenen Vorurteilen Bestand haben mögen. Wir tragen solche festen Überzeugung wie den Glauben an religiöse Toleranz und die Ablehnung der Sklaverei zusammen und versuchen, die ihnen zugrunde liegenden Gedanken und Prinzipien in einer kohärenten Gerechtigkeitskonzeption zu vereinen. Wir können diese Überzeugungen als vorläufige Fixpunkte ansehen, über die jede Gerechtigkeitskonzeption Rechenschaft abgeben muß, wenn sie uns vernünftig erscheinen soll. Wir betrachten also unsere öffentliche po-

6 Die Darstellung der Grundsätze weicht von der in Rawls 1971 ab und folgt derjenigen in »Der Vorrang der Grundfreiheiten« in Rawls 1992: S. 160–254. Dort werden die Gründe für diese Änderung erläutert (S. 203–213).
7 Der Gedanke des Wertes dieser Garantien wird erläutert ebd.: S. 197 ff.

*John Rawls* 399

litische Kultur mit ihren wichtigsten Institutionen und den historischen Traditionen ihrer Interpretation in diesem Sinne als einen gemeinsamen Bestand implizit anerkannter Grundgedanken und Prinzipien. Unsere Hoffnung ist, daß diese Gedanken und Prinzipien klar genug formuliert werden können, um sie in eine Konzeption politischer Gerechtigkeit hineinzunehmen, die mit unseren besonders festen Überzeugungen übereinstimmt. Dies drücken wir aus, indem wir sagen, daß eine politische Gerechtigkeitskonzeption, um akzeptabel zu sein, mit unseren wohlerwogenen Überzeugungen nach gebührendem Überlegen auf jeder Stufe der Allgemeinheit übereinstimmen muß oder, wie ich es nannte, sich im *Überlegungs-Gleichgewicht* befinden muß.[8]

Es ist freilich nicht auszuschließen, daß die öffentliche politische Kultur in sich selbst zutiefst widersprüchlich ist. Bei einer so lange schon andauernden Auseinandersetzung wie der um die bestgeeignete institutionelle Ordnung zur Verwirklichung von Freiheit und Gleichheit dürfen wir in der Tat nichts anderes erwarten. Dies legt nahe, daß wir nur dann auf der Suche nach einer Grundlage für eine öffentliche Übereinkunft erfolgreich sein werden, wenn wir einen neuen Weg einschlagen und die vertrauten Gedanken und Prinzipien so zu einer Gerechtigkeitskonzeption zusammenfügen, daß die dem früheren Verständnis nach strittigen Punkte nun in einem neuen Licht erscheinen. Eine politische Konzeption braucht keine kreative Neuschöpfung zu sein. Sie muß nur vertraute intuitive Gedanken und Prinzipien so darstellen, daß sie in neuartiger Weise als zusammengehörig erkannt werden. Vielleicht geht eine solche Konzeption jedoch noch darüber hinaus, indem sie diese Gedanken mit Hilfe einer grundlegenderen intuitiven Idee in einer komplexen Anordnung syste-

---

8 Vgl. Rawls 1971: S. 37 f., 68–70 und 142 f. (engl. Orig. S. 20 f., 40–51 und 120 f.).

400 *Kommunikation und ethische Praxis*

matisch verbindet und zueinander in Beziehung setzt. In *Gerechtigkeit als Fairneß* geschieht dies, wie wir im nächsten Abschnitt sehen werden, durch den grundlegenden Gedanken der Gesellschaft als eines Systems fairer sozialer Kooperation zwischen freien und gleichen Personen. Die Frage dieses Abschnittes ist, wie wir eine öffentliche Grundlage der politischen Übereinstimmung finden können. Entscheidend ist, daß eine Gerechtigkeitskonzeption nur dann dieses Ziel erreichen kann, wenn es ihr in vernünftiger Weise gelingt, die der öffentlichen politischen Kultur eines Verfassungsstaates zugrundeliegende tiefere Übereinstimmung zu einer kohärenten Auffassung zu formen, die mit den besonders festen, wohlerwogenen Überzeugungen dieser Kultur zusammenstimmt.

Nehmen wir nun an, das Ziel von *Gerechtigkeit als Fairneß* wäre erreicht und eine öffentlich anerkannte politische Gerechtigkeitskonzeption gefunden. Diese würde dann einen öffentlich anerkannten Standpunkt bereitstellen, von dem aus alle Bürger voreinander prüfen können, ob ihre politischen und gesellschaftlichen Institutionen gerecht sind oder nicht. Sie ermöglicht ihnen dies, weil durch die Konzeption selbst festgelegt wird, welche Gründe sie untereinander als gültig und hinreichend für die Beurteilung von Institutionen anerkennen. Die wichtigsten gesellschaftlichen Institutionen und ihr Zusammenwirken in einem System sozialer Kooperation können von allen Bürgern auf derselben Grundlage überprüft werden, unangesehen ihrer gesellschaftlichen Stellung und ihrer besonderen Interessen. Es sollte beachtet werden, daß gemäß dieser Auffassung eine Rechtfertigung nicht einfach als ein gültiges Argument aus einer Reihe von Prämissen angesehen werden darf, selbst dann nicht, wenn diese Prämissen wahr sind. Vielmehr richtet sich jede Rechtfertigung an andere, die nicht mit uns übereinstimmen; sie muß deshalb immer von einem Konsens aus erfolgen, das heißt von Voraussetzungen, die wir und andere öffentlich als wahr

*John Rawls* 401

anerkennen, oder besser: öffentlich als annehmbar anerkennen, um eine funktionierende Übereinstimmung bei der Beantwortung grundlegender Fragen politischer Gerechtigkeit zu erreichen. Es versteht sich von selbst, daß diese Übereinstimmung informiert und ohne Zwang zustande kommen und von den Bürgern auf eine Weise erreicht werden muß, die damit vereinbar ist, daß sie als freie und gleiche Personen angesehen werden.[9]

Somit ist das Ziel von *Gerechtigkeit als Fairneß* als einer politischen Konzeption ein praktisches und nicht ein metaphysisches oder epistemologisches. Sie stellt sich nicht als eine Gerechtigkeitskonzeption dar, die wahr ist, sondern die als Grundlage einer informierten und bereitwilligen Übereinkunft zwischen Bürgern dienen kann, die als freie und gleiche betrachtet werden. Wenn sie sicher in den öffentlichen politischen und sozialen Einstellungen verankert ist, stützt diese Übereinkunft die Konzeptionen des Guten aller Personen und Vereinigungen in einem gerechten demokratischen Staat. Um eine solche Übereinkunft zu sichern, versuchen wir so weit wie möglich, kontroverse philosophische, moralische und religiöse Fragen zu vermeiden. Wir tun dies nicht, weil diese unwichtig wären oder wir sie für gleichgültig hielten[10], sondern weil wir sie für zu wichtig halten und erkennen, daß sie unmöglich politisch gelöst werden können. Die einzige Alternative zum Toleranzprinzip ist der unumschränkte Gebrauch staatlicher Macht. Somit bleibt *Gerechtigkeit als Fairneß*, philosophisch gesprochen, an der Oberfläche. Angesichts der tiefgehenden Differenzen, die zwischen Überzeugungen und Vorstellungen über das Gute zumindest seit der Reformation bestehen, müssen wir erkennen, daß eine öffentliche Übereinstimmung über grundlegende philosophische Fragen ebensowenig ohne die staatliche Verlet-

9 Ebenda: S. 629–633 (engl. Orig. S. 580–583).
10 Ebenda: S. 243 f. (engl. Orig. S. 214 f.).

402    *Kommunikation und ethische Praxis*

zung von Grundfreiheiten erreicht werden kann wie über
Fragen religiöser oder moralischer Lehren. Die Philosophie, verstanden als Suche nach der Wahrheit einer unabhängigen metaphysischen und moralischen Ordnung,
kann nach meiner Überzeugung in einer demokratischen
Gesellschaft keine brauchbare gemeinsame Basis für eine
politische Gerechtigkeitskonzeption bereitstellen.
Daher versuchen wir, wo immer dies möglich ist, philosophische Kontroversen beiseite zu lassen, und suchen nach
Wegen, auf denen wir traditionelle philosophische Probleme meiden können. In diesem Sinne versuchen wir in
dem, was ich »kantischen Konstruktivismus« genannt
habe, das Problem der Wahrheit und die Kontroverse zwischen Realismus und Subjektivismus über den Status politischer und moralischer Werte zu umgehen. Diese Form
des Konstruktivismus stimmt den genannten Lehren weder zu, noch bestreitet sie deren Wahrheit.[11] Vielmehr re-
formuliert sie Gedanken aus der Tradition des Gesellschaftsvertrages, um so zu einer brauchbaren Konzeption
von Objektivität und Rechtfertigung zu gelangen, die auf
eine öffentliche Übereinstimmung in unseren wohlüberlegten Urteilen begründet ist. Das Ziel ist eine freie Übereinkunft, Versöhnung durch öffentlichen Vernunftge-
brauch. In ähnlicher Weise braucht, wie wir in Abschnitt V
sehen werden, der Begriff der Person im Rahmen einer
politischen Anschauung, etwa die Vorstellung von Bürgern als freien und gleichen Personen, nach meiner Auffassung keine Fragen philosophischer Psychologie oder einer metaphysischen Lehre über das Wesen des Selbst zu
berühren. Keine politische Auffassung, die auf Antworten
für diese tiefgründigen und ungelösten Fragen beruht,
kann als eine öffentliche Gerechtigkeitskonzeption in einem demokratischen Verfassungsstaat dienen. Wie ich
schon sagte: wir müssen das Toleranzprinzip auf die Phi-

11  Vgl. Rawls 1992: S. 133 ff.

*John Rawls* 403

losophie selbst anwenden. Wir hoffen, daß durch diese, wie wir sie nennen können, Methode der Vermeidung bestehende Differenzen zwischen konkurrierenden politischen Ansichten wenn auch vielleicht nicht völlig, so doch zumindest zum Teil überwunden werden können, so daß soziale Kooperation auf der Grundlage gegenseitiger Achtung aufrechterhalten werden kann. Sollte sich dies als zu hoch gegriffen erweisen, so wird diese Methode uns vielleicht helfen zu verstehen, wie unter der Voraussetzung des Wunsches nach einer freien und unerzwungenen Übereinkunft ein öffentliches Einverständnis erreicht werden kann, das mit den historischen Bedingungen und Beschränkungen unserer sozialen Welt vereinbar ist. Solange wir nicht uns selbst dazu bringen zu verstehen, wie dies geschehen könnte, kann es nicht geschehen.

## III.

Lassen Sie uns nun kurz einige Grundgedanken von *Gerechtigkeit als Fairneß* betrachten, um zu zeigen, daß sie zu einer politischen Gerechtigkeitskonzeption gehören. Wie ich bereits angedeutet habe, ist der übergreifende intuitive Gedanke, durch den alle anderen grundlegenden Gedanken systematisch verbunden werden, die Vorstellung der Gesellschaft als eines fairen Systems der Kooperation zwischen freien und gleichen Personen. *Gerechtigkeit als Fairneß* beginnt mit diesem Gedanken als einem der grundlegenden und intuitiven Gedanken, von denen wir annehmen, daß sie in der politischen Kultur einer demokratischen Gesellschaft implizit enthalten sind.[12] In ih-

12 Obwohl dieser Gedanke in Rawls 1971 von Anfang an verwendet wird – zuerst auf S. 20 (engl. Orig. S. 4) –, wird dort nicht wie hier (und in »Kantischer Konstruktivismus« in Rawls 1992) hervorgehoben, daß die Grundgedanken von *Gerechtigkeit als Fairneß* als in der politischen Kultur einer demokratischen Gesellschaft implizit oder latent vorhanden betrachtet werden.

404    *Kommunikation und ethische Praxis*

rem politischen Denken und bei öffentlichen Erörterungen politischer Fragen betrachten Bürger die gesellschaftliche Ordnung nicht als eine unveränderliche natürliche Ordnung oder als eine durch religiöse oder aristokratische Werte gerechtfertigte institutionalisierte Hierarchie. Hier ist es wichtig zu betonen, daß unter anderen Gesichtspunkten, z.B. dem der persönlichen Moral oder dem der Mitglieder einer bestimmten Vereinigung oder dem der religiösen oder politischen Lehren, denen jemand anhängt, verschiedene Aspekte der Welt und die eigene Stellung in ihr auf andere Art betrachtet werden mögen. Aber diese anderen Gesichtspunkte sollten nicht die politische Diskussion bestimmen. – Wir können den Gedanken sozialer Kooperation durch drei seiner Elemente präzisieren:

(1) Kooperation unterscheidet sich von gesellschaftlich koordiniertem Handeln, das z.B. durch die Befehle einer zentralen Autorität gelenkt wird. Kooperation wird durch öffentlich anerkannte Regeln und Verfahren geleitet, die von den Kooperierenden anerkannt und als solche betrachtet werden, die ihr Verhalten angemessen leiten.

(2) Kooperation setzt faire Bedingungen der Zusammenarbeit voraus; dies sind Bedingungen, die jeder Teilnehmer vernünftigerweise anerkennen würde, vorausgesetzt, daß alle anderen sie gleichfalls anerkennen. Faire Bedingungen der Kooperation bestimmen den Inhalt eines Gedankens der Gegenseitigkeit. Alle, die kooperieren und ihren Teil beitragen, wie es die Regeln und Verfahren verlangen, sind in angemessener Weise, bezogen auf einen geeigneten Maßstab, zu entlohnen. Eine Konzeption politischer Gerechtigkeit beschreibt faire Bedingungen sozialer Kooperation. Weil die Grundstruktur der Gesellschaft der vornehmliche Gegenstand der Gerechtigkeit ist, geschieht dies in *Gerechtigkeit als Fairneß* durch die Formulierung von Grundsätzen, welche Grundrechte und

*John Rawls* 405

Pflichten im Rahmen der wichtigsten gesellschaftlichen Institutionen festlegen, und welche die Institutionen der Hintergrundgerechtigkeit dauerhaft so ordnen, daß die Resultate gemeinsamer Anstrengungen über Generationen hinweg fair erworben und geteilt werden.

(3) Der Gedanke sozialer Kooperation setzt einen Begriff des rationalen individuellen Vorteils oder Guten jedes Teilnehmers voraus. Dieser Begriff des Guten bestimmt im einzelnen, was die an der Kooperation Beteiligten, gleichgültig, ob Individuen, Familien, Vereinigungen oder gar Nationalstaaten, zu erreichen suchen, wenn die Kooperation von ihrem eigenen Standpunkt aus gesehen wird.

Betrachten wir nun den Begriff der Person.[13] Abhängig von unserem Blickwinkel gibt es natürlich viele Aspekte der menschlichen Natur, die als besonders wichtig herausgestellt werden können. Dies bezeugen Begriffsbildungen wie *homo politicus, homo oeconomicus, homo faber* und dergleichen. *Gerechtigkeit als Fairneß* geht von dem Gedanken aus, daß die Gesellschaft als ein faires System der Kooperation verstanden werden muß, und so macht sie sich einen Personenbegriff zu eigen, der mit diesem Gedanken zusammengeht. Seit den Griechen wurden in Philosophie und Recht Personen als Wesen aufgefaßt, die am sozialen Leben teilnehmen und eine Rolle in ihm spielen

---

13 Es muß betont werden, daß der Begriff der Person, wie ich ihn hier verstehe, ein normativer Begriff ist. Er ist abhängig von der Gesamtsicht, der er zugehört, gleichgültig, ob es sich um einen juristischen, politischen, moralischen, wenn nicht gar philosophischen oder religiösen Begriff handelt. Im vorliegenden Fall ist es ein moralischer Begriff, der von unseren alltäglichen Vorstellungen der Person als grundlegender Einheit des Denkens, Überlegens und der Verantwortlichkeit ausgeht und der einer politischen Gerechtigkeitskonzeption, aber nicht einer umfassenden moralischen Lehre angepaßt ist. Er ist im Ergebnis ein politischer Personenbegriff und deshalb mit Blick auf die Ziele von *Gerechtigkeit als Fairneß* ein Begriff von Bürgern. Daher muß ein solcher Personenbegriff von einer Darstellung der menschlichen Natur durch die Natur- oder Sozialwissenschaften unterschieden werden.

406    *Kommunikation und ethische Praxis*

können, also in der Lage sind, die damit verbundenen
Rechte und Pflichten auszuüben und zu achten. Deshalb
sagen wir, daß eine Person jemand ist, der ein Bürger, das
heißt ein Leben lang ein voll kooperierendes Mitglied der
Gesellschaft sein kann. Wir fügen »ein Leben lang« hinzu,
weil eine Gesellschaft als eine mehr oder weniger geschlossene und sich selbst genügende Form der Kooperation angesehen wird, die Raum gibt für alle Notwendigkeiten und
Tätigkeiten des Lebens, von der Geburt bis zum Tod. Eine
Gesellschaft ist keine Vereinigung mit begrenzteren Zielen;
Bürger treten ihr nicht freiwillig bei, sondern werden in sie
hineingeboren, um in ihr, wie wir hier annehmen wollen,
ihr ganzes Leben zu verbringen.
Da wir in der Tradition des demokratischen Denkens beginnen, denken wir uns Bürger als freie und gleiche Personen. Der grundlegende intuitive Gedanke ist, daß Personen
auf Grund dessen frei sind, was wir ihre moralischen Vermögen nennen können, und der mit ihnen verbundenen
Vermögen der Vernunft, des Denkens und der Urteilskraft.
Wenn Personen diese Vermögen in ausreichendem Maße
entwickelt haben, um voll kooperierende Gesellschaftsmitglieder sein zu können, sagen wir, daß sie gleich sind.[14] Wir
können diesen Begriff der Person folgendermaßen näher
bestimmen: Weil Personen Vollmitglieder in einem fairen
System sozialer Kooperation sein können, schreiben wir
ihnen ausgehend von den oben erwähnten Elementen des
Gedankens sozialer Kooperation zwei moralische Vermögen zu, nämlich die Anlage zu einem Gerechtigkeitssinn
und die Befähigung zu einer Konzeption des Guten. Der
Gerechtigkeitssinn ist das Vermögen, eine öffentliche Gerechtigkeitskonzeption, welche faire Bedingungen sozialer
Kooperation festlegt, zu verstehen, sie anzuwenden und
ihr entsprechend zu handeln. Die Befähigung zu einer
Konzeption des Guten besteht darin, eine Vorstellung des

14  Vgl. Rawls 1971: Abschnitt 77.

*John Rawls* 407

eigenen rationalen Vorteils und des Guten entwickeln, sie überprüfen und rational verfolgen zu können. Im Fall sozialer Kooperation darf der Begriff des Guten nicht eng verstanden werden, sondern muß als eine Vorstellung davon aufgefaßt werden, was im menschlichen Leben Wert hat. Deshalb besteht eine Konzeption des Guten normalerweise aus einem mehr oder weniger bestimmten Schema letzter Ziele. Das sind solche Ziele, die wir um ihrer selbst willen, aus Verbundenheit zu anderen oder aus Loyalität zu Gruppen und Vereinigungen verfolgen. Verbundenheit und Loyalität führen zu Zuneigung und Ergebenheit, weshalb das Gedeihen der Personen und Vereinigungen, die Gegenstand dieser Gefühle sind, ebenfalls zu unserer Konzeption des Guten gehören. Darüber hinaus schließt eine solche Konzeption auch ein Verständnis unserer Beziehung zur Welt ein – sei es religiös, philosophisch oder moralisch –, durch das der Wert und die Bedeutung unserer Ziele und Verbundenheiten einsichtig werden.

Über die beiden moralischen Vermögen (die Anlage zu einem Gerechtigkeitssinn und die Befähigung zu einer Konzeption des Guten) hinaus haben Personen zu jeder gegebenen Zeit eine besondere Konzeption des Guten, der sie nachstreben. Weil wir vom Gedanken der Gesellschaft als eines fairen Systems der Kooperation ausgehen, nehmen wir an, daß Personen als Bürger alle notwendigen Fähigkeiten haben, um normal und voll kooperierende Gesellschaftsmitglieder sein zu können. Dies bedeutet nicht, daß niemals Krankheiten oder Unfälle auftreten. Wir müssen mit solchen Rückschlägen im Verlauf eines gewöhnlichen menschlichen Lebens rechnen und entsprechende Vorkehrungen treffen. Mit Blick auf unsere Zwecke lasse ich hier jedoch dauernde physische und geistige Behinderungen außer acht, die dazu führen, daß Personen keine normal und voll kooperierenden Gesellschaftsmitglieder im üblichen Sinne sein können.

Nun ist die Auffassung von Personen als Wesen mit zwei

408    *Kommunikation und ethische Praxis*

moralischen Vermögen, die eben darum als freie und gleiche gelten, selbst ein grundlegender intuitiver Gedanke, von dem angenommen wird, daß er in der öffentlichen Kultur einer demokratischen Gesellschaft implizit enthalten ist. Man beachte aber, daß er hier auf verschiedene Weise durch Idealisierung und Vereinfachung geformt wird. Dies geschieht, um einen klaren und unverstellten Blick auf die grundlegende Frage politischer Gerechtigkeit zu erhalten: welches nämlich die am besten geeignete Konzeption von Gerechtigkeit ist, um die Bedingungen sozialer Kooperation zwischen Bürgern festzulegen, die als freie und gleiche Personen angesehen werden, welche ein Leben lang normal und voll kooperierende Mitglieder einer Gesellschaft sind. Es ist diese Frage, die im Zentrum der liberalen Kritik an der Aristokratie wie der sozialistischen Kritik am liberalen demokratischen Verfassungsstaat stand und die gegenwärtig im Mittelpunkt der Auseinandersetzung zwischen Sozialliberalen und Konservativen über die Forderungen privaten Eigentums und die Legitimität (im Gegensatz zur Effektivität) der mit dem sogenannten Wohlfahrtsstaat verbundenen Sozialpolitik steht.

## IV.

Ich wende mich nun dem Gedanken des Urzustandes zu.[15] Dieser Gedanke wird eingeführt, um auszuarbeiten, welche traditionelle Gerechtigkeitskonzeption oder welche Variante einer dieser Konzeptionen die am besten geeigneten Grundsätze für die Verwirklichung von Freiheit und Gleichheit festlegt, wenn die Gesellschaft als ein System der Kooperation freier und gleicher Personen betrachtet wird. Nehmen wir an, wir hätten diesen Zweck ins Auge

---

15 Vgl. ebenda: Abschnitt 4, Kapitel 3 sowie das Register.

gefaßt, und lassen Sie uns überlegen, warum wir den Gedanken des Urzustandes einführen würden und wie er seinem Zweck dient.

Betrachten wir noch einmal den Gedanken sozialer Kooperation und fragen wir uns, wie die fairen Bedingungen der Zusammenarbeit festgelegt werden sollen: Werden sie einfach durch eine externe, von den kooperierenden Personen verschiedene Instanz bestimmt? Werden sie beispielsweise durch Gottes Gesetze festgelegt? Oder sollen diese Bedingungen von den Personen unter Bezugnahme auf ihre Kenntnis um ihre vorgegebene und unabhängige moralische Ordnung als fair anerkannt werden? Werden sie z. B. aufgrund des Naturrechts für erforderlich erachtet oder aufgrund eines durch rationale Intuition zu erfassenden Reiches von Werten? Oder sollen diese Bedingungen durch diese Personen selbst im Lichte dessen festgelegt werden, was sie als ihren gegenseitigen Vorteil betrachten? Von der Antwort, die wir geben, hängt ab, welche Konzeption von Kooperation wir erhalten.

*Gerechtigkeit als Fairneß* ist eine Reformulierung der Lehre vom Gesellschaftsvertrag und übernimmt deshalb eine Variante der zuletzt genannten Antwort: die fairen Bedingungen sozialer Kooperation werden so verstanden, daß sie auf einer Übereinkunft der zusammenarbeitenden Personen beruhen, das heißt auf der Zustimmung freier und gleicher Personen, welche als Bürger in die Gesellschaft hineingeboren werden, in der sie ihr ganzes Leben verbringen. Nun muß ihre Übereinkunft, wie jede andere gültige Übereinkunft auch, unter geeigneten Bedingungen zustande kommen. Insbesondere müssen diese Bedingungen freie und gleiche Personen in fairer Weise plazieren und ausschließen, daß einige Personen größere Verhandlungsvorteile haben als andere; weiter müssen Drohungen auf Grund von Stärke, äußerem Zwang, Täuschung oder Betrug ausgeschlossen sein.

So weit, so gut. Die bisherigen Überlegungen sind aus

410     *Kommunikation und ethische Praxis*

dem alltäglichen Leben bekannt. Aber Übereinkünfte des täglichen Lebens werden in mehr oder weniger klar umrissenen Situationen geschlossen, die in die Rahmeninstitutionen der Grundstruktur eingebettet sind. Unsere Aufgabe ist es jedoch, den Gedanken der Übereinkunft auf diesen Rahmen im Hintergrund selbst auszuweiten. Hier begegnen wir einer Schwierigkeit jeder politischen Gerechtigkeitskonzeption, die den Vertragsgedanken benutzt, gleichgültig ob als Gesellschaftsvertrag oder anders. Die Schwierigkeit ist diese: Wir müssen einen Standpunkt finden, von dem aus eine faire Übereinkunft zwischen freien und gleichen Personen erreicht werden kann, der von den Einzelheiten und Umständen des allumfassenden Hintergrundrahmens losgelöst ist und nicht durch sie verzerrt wird. Dieser Standpunkt ist der Urzustand mit seiner Besonderheit, dem, wie ich ihn nannte, *Schleier der Unwissenheit*.[16] Der Grund, warum der Urzustand losgelöst und unbeeinflußt von den Zufälligkeiten der sozialen Welt sein muß, liegt darin, daß die Bedingungen für eine faire Übereinkunft über die Grundsätze politischer Gerechtigkeit zwischen freien und gleichen Personen Verhandlungsvorteile ausschließen müssen, die unvermeidlich innerhalb der Rahmeninstitutionen jeder Gesellschaft als ein Ergebnis der kumulativen gesellschaftlichen, historischen und natürlichen Tendenzen entstehen. Diese kontingenten Vorteile und zufälligen Einflüsse der Vergangenheit sollten keinen Einfluß auf eine Übereinkunft über die Grundsätze haben, welche die Institutionen der Grundstruktur selbst von der Gegenwart bis in alle Zukunft ordnen.

Hier scheinen wir einer zweiten Schwierigkeit zu begegnen, die jedoch nur eine scheinbare ist. Zur Erklärung: Nach dem eben Gesagten ist offenkundig, daß der Urzu-

16 Zum Schleier der Unwissenheit vgl. ebenda: Abschnitt 24 und das Register.

*John Rawls* 411

stand als ein Darstellungsmittel angesehen werden muß. Jede Übereinkunft, zu der die Parteien gelangen, muß deshalb als hypothetisch und ahistorisch angesehen werden. Aber wenn dem so ist, worin liegt dann die Bedeutung des Urzustandes, da hypothetische Übereinkünfte doch nicht verbindlich sein können?[17] Die Antwort ist im bereits Ge-

17 Diese Frage wurde von Ronald Dworkin im ersten Teil seines sehr aufschlußreichen und für mich besonders lehrreichen Aufsatzes von 1973 »Justice and Rights« (in ders.: *Taking Rights Seriously*, 1977) aufgeworfen. Dworkin diskutiert dort verschiedene Aufsätze, die die Verwendung einer Konzeption des Urzustandes in einer Theorie der Gerechtigkeit, die sich auf den Gedanken des Gesellschaftsvertrages beruft, plausibel zu machen versuchen. Im letzten Teil seines Aufsatzes schlägt er nach der Behandlung einiger konstruktivistischer Merkmale von *Gerechtigkeit als Fairneß* und der Kennzeichnung dieser Konzeption als rechtsbegründete, nicht aber pflicht- oder zielbegründete Auffassung vor, den Urzustand mit dem Schleier der Unwissenheit als ein Modell für den normativen Gehalt des natürlichen Rechts der Individuen auf gleiche Berücksichtigung und gleiche Achtung bei der Einrichtung der sie regierenden politischen Institutionen anzusehen. Er nimmt an, dieses natürliche Recht liege *Gerechtigkeit als Fairneß* zugrunde und der Urzustand sei ein Kunstgriff, um herauszufinden, welche Gerechtigkeitsgrundsätze sich aus ihm ergeben. Dies ist ein scharfsinniger Vorschlag, dem ich aber im Text nicht gefolgt bin. Ich ziehe es vor, *Gerechtigkeit als Fairneß* nicht als eine rechtsbegründete Auffassung anzusehen. Tatsächlich ist Dworkins Klassifikationsschema in rechts-, pflicht- und zielbegründete Ansätze zu eng und läßt wichtige Möglichkeiten außer acht. Ich sehe *Gerechtigkeit als Fairneß*, wie oben in Abschnitt II ausgeführt, als Ausarbeitung bestimmter grundlegender intuitiver Gedanken zu idealisierten Konzeptionen. Dazu gehören der Gedanke freier und gleicher Personen, der einer wohlgeordneten Gesellschaft, der der öffentlichen Rolle einer politischen Gerechtigkeitskonzeption und der noch grundsätzlichere und umfassendere intuitive Gedanke der Gesellschaft als eines fortdauernden, Generationen übergreifenden, fairen Systems der Kooperation, durch den die anderen Gedanken verbunden werden. Rechte, Pflichten und Ziele sind nur Elemente einer solchen idealisierten Konzeption. Daher ist *Gerechtigkeit als Fairneß* eine konzeptionsbegründete oder nach einer Formulierung, die Elisabeth Anderson mir vorschlug, eine idealbegründete Auffassung, weil diese grundlegenden intuitiven Gedanken Ideale zum Ausdruck bringen, die in der öffentlichen Kultur einer demokratischen Gesellschaft implizit oder latent vorhanden sind. In diesem Zusammenhang ist der Urzustand ein Darstellungsmittel, das den normativen Gehalt nicht eines natürlichen Rechts auf gleiche Berücksichtigung und Achtung, sondern der wesentlichen Elemente dieser grundlegenden intuitiven Gedanken abbildet, und zwar so, wie sie durch diejenigen Gründe für Gerechtigkeitsgrundsätze

412     *Kommunikation und ethische Praxis*

sagten enthalten: sie ergibt sich durch die Rolle der verschiedenen Merkmale des Urzustandes als eines Darstellungsmittels. So ist es notwendig, daß die Parteien im Urzustand symmetrische Positionen haben, weil sie als Repräsentanten freier und gleicher Bürger angesehen werden, die unter fairen Bedingungen zu einer Übereinkunft kommen sollen. Außerdem nehme ich an, eine unserer wohlerwogenen Überzeugungen sei die, daß die Tatsache, daß jemand eine bestimmte gesellschaftliche Position bekleidet, kein guter Grund ist, eine Gerechtigkeitskonzeption zu akzeptieren, welche die jetzigen Stelleninhaber bevorzugt, oder für die Erwartung, andere würden sie akzeptieren. Um dieser Überzeugung Rechnung zu tragen, dürfen die Parteien im Urzustand ihre soziale Stellung nicht kennen; und derselbe Gedanke wird auch in anderen Fällen angewendet. Dies drücke ich bildlich aus, indem ich sage, daß sich die Parteien hinter einem Schleier der Unwissenheit befinden. Zusammengefaßt ist der Urzustand einfach ein Darstellungsmittel: Er beschreibt die Parteien, von denen jede für die grundsätzlichen Interessen einer freien und gleichen Person verantwortlich ist, wie sie unter fairen Bedingungen zu einer Übereinkunft gelangen, die angemessenen Beschränkungen im Bezug auf all das unterliegt, was als guter Grund gelten soll.[18]

bestimmt werden, die wir nach reiflicher Überlegung akzeptieren. Als Darstellungsmittel dient der Naturzustand dazu, den normativen Gehalt aller dieser Gründe zunächst zu bündeln und dann auf die Auswahl der am besten geeigneten Grundsätze der Gerechtigkeit für eine demokratische Gesellschaft auszurichten. (Indem er dies tut, erfaßt er den Gehalt des natürlichen Rechts auf gleiche Berücksichtigung und Achtung auf anderem Wege.) In manchen Hinsichten ähnelt diese Erklärung der Funktion des Urzustandes einem Ansatz, den Dworkin im ersten Teil seiner Arbeit verwirft. Angesichts der Vieldeutigkeit und Vagheit von *Eine Theorie der Gerechtigkeit* an vielen der Punkte, auf die er eingeht, ist es nicht meine Absicht, Dworkins wertvolle Diskussion zu kritisieren, sondern vielmehr aufzuzeigen, wie mein Verständnis vom Urzustand von seinem abweicht. Andere mögen seine Darstellung bevorzugen.
18 Der Urzustand bildet ein grundlegendes Merkmal des kantischen Konstruktivismus nach, nämlich die Unterscheidung zwischen dem Vernünftigen

Die beiden oben genannten Schwierigkeiten werden also überwunden, wenn man den Urzustand als ein Darstellungsmittel betrachtet; das heißt, dieser Zustand ist ein Modell für unser Verständnis von fairen Bedingungen, unter denen die Vertreter freier und gleicher Personen die Bedingungen sozialer Kooperation für die Grundstruktur der Gesellschaft festlegen sollen. Und weil der Urzustand für diesen Fall auch das nachbildet, was wir als annehmbare Beschränkungen der den Parteien verfügbaren Gründe dafür ansehen, eine Übereinkunft einer anderen vorzuziehen, ist die Gerechtigkeitskonzeption, welche die Parteien annehmen würden, dieselbe, die wir *hier* und *jetzt* als fair und am besten begründet betrachten. Wir versuchen, die Beschränkungen der Gründe so darzustellen, daß offenkundig ist, welche Übereinkunft die Parteien als Vertreter der Bürger im Urzustand treffen würden. Selbst wenn sich

und dem Rationalen, wobei das Vernünftige dem Rationalen gegenüber vorrangig ist. (Eine Erläuterung dieser Unterscheidung findet sich in Rawls 1992: S. 97f., 100f. und passim.) Die Bedeutung dieser Unterscheidung ist hier, daß ich in *Eine Theorie der Gerechtigkeit* mehr oder weniger durchgängig nicht von rationalen, sondern von vernünftigen (manchmal auch von angemessenen oder geeigneten) Bedingungen sprach, die Argumente für Grundsätze der Gerechtigkeit Beschränkungen unterwerfen; vgl. S. 35f., 37f., 142f., 152f., 161f., 486, 560f., 627, 634f. (engl. Orig. S. 18f., 20f., 120f., 130f., 138, 446, 516f., 578, 584f.). Diese Beschränkungen werden im Urzustand nachgebildet und damit den Parteien auferlegt: ihre Beratungen sind ausnahmslos den vernünftigen Bedingungen unterworfen, deren Gestaltung den Urzustand fair macht. Daher ist das Vernünftige dem Rationalen vorgeordnet, woraus sich der Vorrang des Rechten ergibt. Es war deshalb ein (sehr irreführender) Fehler, in *Eine Theorie der Gerechtigkeit* eine Gerechtigkeitstheorie als Teil einer Theorie rationaler Entscheidung darzustellen, wie es auf S. 33 und 633 (engl. Orig. S. 16 und 583) geschehen ist. Ich hätte sagen sollen, daß *Gerechtigkeit als Fairneß* eine Theorie rationaler Entscheidung, die den Bedingungen des Vernünftigen unterliegt, dazu benutzt, die Überlegungen der Parteien als Vertreter freier und gleicher Personen zu beschreiben, und all das innerhalb einer Gerechtigkeitskonzeption, die natürlich eine moralische Konzeption ist. Ich habe nie daran gedacht, zu versuchen, den Gehalt der Gerechtigkeit innerhalb eines Rahmens herzuleiten, der sich auf den Gedanken des Rationalen als einziger normativer Idee beschränkt. Dies wäre unvereinbar mit jeglicher Form kantischen Denkens.

414    *Kommunikation und ethische Praxis*

vernünftige Gründe für und gegen jede verfügbare Gerechtigkeitskonzeption vorbringen lassen, und das ist sicher der Fall, so mag doch die Abwägung aller Gründe eindeutig zugunsten einer Konzeption und gegen die anderen sprechen. Als Darstellungsmittel dient der Gedanke des Urzustands als Mittel öffentlicher Reflexion und zur Klärung der eigenen Position. Sobald wir in der Lage sind, klar und unverstellt zu sehen, was die Gerechtigkeit fordert, wenn die Gesellschaft als eine fortdauernde, Generationen übergreifende Form der Kooperation zwischen freien und gleichen Personen verstanden wird, können wir den Gedanken des Urzustandes benutzen, um unsere Vorstellungen auszuarbeiten. Der Urzustand dient als einheitsstiftender Gedanke, durch den unsere wohlerwogenen Überzeugungen auf allen Stufen der Allgemeinheit aufeinander bezogen werden können, um zu größerer gegenseitiger Übereinstimmung und einem besseren Selbstverständnis zu gelangen.

Kurz, wir führen einen Gedanken wie den des Urzustandes ein, weil es keinen besseren Weg gibt, eine politische Gerechtigkeitskonzeption für die Grundstruktur zu entwickeln, die von den grundlegenden intuitiven Gedanken einer Gesellschaft als eines fairen Systems der Kooperation zwischen Bürgern als freien und gleichen Personen ausgeht. Es gibt jedoch bestimmte Gefahren. Als Darstellungsmittel erscheint der Urzustand wahrscheinlich ziemlich abstrakt und lädt daher zu Mißverständnissen ein. Es könnte der Eindruck entstehen, als setze die Beschreibung der Parteien im Urzustand einen metaphysischen Begriff der Person voraus, etwa den, daß das Wesen des Menschen unabhängig sei von seinen zufälligen Attributen, einschließlich seiner letzten Ziele und Neigungen und sogar seines Charakters als ganzen, und diesen gegenüber vorrangig. Aber dies ist eine Illusion, die entsteht, wenn der Urzustand nicht als Darstellungsmittel angesehen wird. Der Schleier der Unwissenheit, um ein herausragen-

*John Rawls*  415

des Merkmal dieses Zustandes zu erwähnen, hat keine metaphysischen Implikationen, welche das Wesen des Selbst betreffen; er beinhaltet nicht, daß das Selbst ontologisch früher ist als die Fakten über Personen, von deren Kenntnis die Parteien im Urzustand ausgeschlossen sind. Wir können diese Position jederzeit leicht einnehmen, wenn wir für Gerechtigkeitsgrundsätze eintreten, die mit den aufgezählten Beschränkungen übereinstimmen. Wenn wir uns vorstellen, in dieser Position zu sein, legen uns unsere Argumente nicht *mehr* auf eine metaphysische Lehre des Selbst fest, als das Spielen von Monopoly uns verpflichtet zu denken, wir seien Grundbesitzer in einem erbarmungslosen Wettbewerb des »winner takes all«.[19] Wir müssen im Gedächtnis behalten, daß wir zu zeigen versuchen, wie der Gedanke einer Gesellschaft als eines fairen Systems sozialer Kooperation so entwickelt werden kann, daß durch ihn die am besten geeigneten Grundsätze für die Verwirklichung von Institutionen der Freiheit und Gleichheit bestimmt werden, wenn Bürger als freie und gleiche Personen angesehen werden.

19 Vgl. Rawls 1971: S. 161 f., 171 (engl. Orig. S. 138 f., 147).

# Philippa Foot

*Die seit Hume für selbstverständlich gehaltene Dichotomie
von Tatsachen und Werten führt, wenn man die Dinge
näher betrachtet, in ethischen Urteilen eher in die Irre, als
dass ihre Anrufung Irrtümer vermiede. Mit Elizabeth
Anscombe sieht Philippa Foot, dass das Grundproblem ein
l o g i s c h e s ist. Denn ob sich aus Tatsachen nicht doch
ethisch-moralische Folgerungen relativ unmittelbar, und
das heißt ohne eine mehr oder minder willkürliche Setzung individueller präferentieller Wertungen der Urteilen-
den, ergeben, hängt erstens vom Verständnis des logisch-
begrifflichen Schließens in seiner Rolle für die Inhaltsbe-
stimmung von Sachverhaltsbeschreibungen ab; zweitens
davon, wie weit sich insbesondere auf Handlungen bezogene Sachverhalte oder Tatsachen (wie z. B. dass etwas ge-
kauft oder jemand getötet wurde) überhaupt ohne Rückgriff auf zumindest zum Teil ethisch dichte Darstellungen
identifizieren lassen, und zwar ohne Verlust an relevanter
Präzision.*

*Wird man in diesem Sinn konkret, dann verliert die Basis-
these neuzeitlicher Ethik ihre Attraktion. Ihr zufolge gibt
es keinen ›natürlichen‹ Begriff des Guten, weder im Blick
auf das Leben von Tieren noch von Menschen. Alles Gute
hänge von willkürlichen Präferenzbewertungen der Subjekte ab. Mit der Erschütterung dieser Grundthese gerät
das führende Paradigma der analytischen Meta-Ethik, der
(subjektive) Präskriptivismus, wie er besonders wirksam
von R. Hare vertreten wird, in eine tiefe Krise, ob dies seine Anhänger merken oder nicht. Philippa Foot deutet dagegen moralische Normen als situativ bedingte teleolo-
gisch-hypothetische Imperative, deren Ziel, das gute Leben, zu unterscheiden ist von der Willkür der Meinung des
Subjekts, was für es oder andere angeblich gut oder richtig
sei. Die Grundfrage der Ethik betrifft wie in der Antike*

*das in der ›Natur‹ eines Wesens liegende Telos des guten
Lebens. Es gilt daher, das aufgrund seiner Natur für den
Menschen bzw. das menschliche Personsein Gute als objektiven und nicht bloß subjektiven Zweck zu begreifen
und entsprechend zu explizieren. Es ergibt sich eine Rückbesinnung auf eine Tugendethik und die Einsicht, dass ein
gutes personales Leben außerhalb einer sittlichen Gemeinschaft nicht möglich ist, sondern dass der volle Begriff der
autonomen und authentischen Person die materiale
Kompetenz zum richtigen ethischen Urteilen und Handeln
voraussetzt.*

*Zweck moralischer Urteile ist nicht einfach, wie im Utili-
tarismus, die Sicherung einer gewissen transpersonalen
Maximierung von Glück und Minimierung von Leid.
Auch ist nicht etwa Wohlstand und Wohlgefühl im von
Kant zu Recht kritisierten engen Sinn der »beatitudo« das
oberste Gut. Für sie stellt bloße Klugheit (»prudentia«) die
Mittel bereit. Ziel ist vielmehr das in einem Komplex von
Gesichtspunkten abzuwägende Gute. Realitätssinn verlangt dabei z. B. bescheidene Besonnenheit (»sophrosyne«)
im Sinn der Anerkennung der Grenzen des von mir oder
von uns Machbaren. Das Leben als autonome und authentische Person verlangt freie Anerkennung von Formen ge-
meinschaftlichen Lebens, die nicht ohne die Tugenden des
freien Vertrauens bzw. Gemeinsinns unter Einschluss der
›Nächstenliebe‹ (»caritas«), des Mutes (»fortitudo«) und
durchaus auch der Leidenschaft (»eros«) zu haben sind.
Kants Moralprinzip ist in dieser Sicht am Ende nur als
Prinzip des Ausschlusses rein subjektiver Zwecksetzungen
in Vermeidung eines ›praktischen‹ Widerspruchs zwischen
meinen verbalen Bewertungen von Handlungsformen an
sich und meinen konkreten Handlungsentscheidungen zu
deuten, nicht als ein formales Verfahren der Begründung
moralischer Urteile.*

418    *Kommunikation und ethische Praxis*

## Töten und Sterbenlassen

Gibt es eine moralisch relevante Unterscheidung zwischen
Töten und Sterbenlassen? Viele Philosophen verneinen es
und behaupten darüber hinaus, es gebe auch keinen vergleichbaren Unterschied wie etwa den zwischen Handlung und Unterlassung, der für die moralische Charakterisierung einer Handlung eine Rolle spiele. James Rachels
(1975) hat in seinem bekannten Artikel über aktive und
passive Euthanasie für diese Auffassung argumentiert, Michael Tooley (1972) in seinen Schriften zum Schwangerschaftsabbruch und Jonathan Bennett (1981) in den Ox-
forder Tanner-Vorlesungen von 1980. Ich glaube, daß diese Autoren sich irren und möchte das in der vorliegenden
Arbeit zeigen. Zunächst werde ich die Frage unabhängig
von jedem praktischen moralischen Problem behandeln
und dann die Implikationen meiner These für den Schwangerschaftsabbruch untersuchen.
Unsere Frage wurde in der dramatischen Form gestellt, ob
wir dafür, daß wir Menschen in der Dritten Welt verhun-
gern lassen, ebenso zu tadeln sind, wie wenn wir ihnen
vergiftete Nahrungsmittel schicken würden. In beiden
Fällen gilt, daß bei anderer Handlungsweise – wenn wir
ihnen gute Nahrungsmittel schicken oder keine vergifte-
ten Nahrungsmittel schicken – die Betroffenen nicht sterben würden. Unsere Handlungsweise spielt eine Rolle, ob
sie nun auf die eine oder die andere Art sterben. Philosophen wie Rachels, Tooley und Bennett sehen darin das
einzige, was für unsere Schuld oder Unschuld von Bedeutung ist. Oder vielmehr sagen sie, anderes sei zwar auch
moralisch von Bedeutung, etwa die Gründe für unser
Handeln und die Kosten einer anderen Handlungsweise,
doch das sei nur auf zufällige Weise mit der Unterscheidung zwischen Tun und Geschehenlassen verknüpft. Halten wir dies andere konstant und verändern nur die Art,

*Philippa Foot* 419

wie unsere Handlungsweise hereinspielt, so ergebe sich kein moralischer Unterschied. Es spiele, so sagen sie, keine Rolle, ob wir andere töten oder sterben lassen, ob sie durch unser Handeln oder unser Unterlassen sterben. Obwohl es auf den ersten Blick so aussehe, als ob diese letzteren Unterschiede eine Auswirkung auf die Moralität der Handlung haben, zeige sich bei genauerer Untersuchung stets, daß sich ein anderer Unterschied – etwa im Motiv oder in den Kosten – eingeschlichen habe.

Das will nun auf den ersten Blick überhaupt nicht einleuchten. Wir meinen keineswegs, es sei nicht schlimmer, jemanden wegen des Geldes für eine leichte Lebensverbesserung wie einen hübschen Wintermantel zu ermorden, als einen solchen Betrag einer Hilfsorganisation vorzuenthalten. Wir meinen nicht, daß wir in beiden Fällen gleich gut als Mörder bezeichnet werden können. Und es gibt unzählige andere Beispiele, die auf dasselbe hinauszulaufen scheinen. Wir müssen vielleicht jemanden sterben lassen, wenn seine Rettung zur Folge hätte, daß wir fünf andere nicht retten können, etwa wenn ein Medikament knapp ist und der eine fünfmal soviel brauchen würde wie die anderen; aber das bedeutet nicht, daß wir einen Patienten zerlegen dürfen, um für fünf andere ›Ersatzteile‹ zu gewinnen.

Diese moralischen Institutionen stehen klar vor uns, doch ich glaube nicht, daß sich daraus, daß alle diese Beispiele an dem Unterschied zwischen Töten und Sterbenlassen hängen, mit Recht folgern läßt, daß dies genau diejenige moralische Entscheidung ist, die vom moralischen Standpunkt aus wichtig ist. So ist Töten und durch andere Töten lassen nicht genau dasselbe, aber moralisch scheint es genau dasselbe zu sein; andererseits kann man das Abschalten eines Beatmungsgeräts ein Töten nennen, obwohl es moralisch von einem Sterbenlassen nicht unterscheidbar zu sein scheint. Auch der Unterschied zwischen ›Handlung‹ und ›Unterlassung‹ dürfte nicht ganz das sein, was

420    *Kommunikation und ethische Praxis*

wir suchen, denn ein Beatmungsgerät, das jeden Morgen
neu angestellt werden müßte, würde ja unser moralisches
Problem nicht ändern. Vielleicht gibt es keinen sprachlichen Ausdruck, der unseren Zwecken genau zu dienen
vermag, und so sollten wir hier unsere eigenen Ausdrücke
erfinden. Wir wollen die uns interessierende Unterscheidung so ausdrücken, daß jemand ›der Urheber‹ eines
Übels ist oder nicht ist, das ein anderer erleidet.

Wann ist jemand in diesem besonderen Sinn ›der Urheber‹
des Todes oder eines sonstigen Übels für einen anderen?
Das läßt sich leicht allgemein beschreiben. Wenn es bei
den Einzelheiten Schwierigkeiten gibt, läßt man manches
vielleicht am besten auf sich beruhen, denn es könnte hier
einen Unschärfebereich geben, entsprechend der Unsicherheit unserer moralischen Urteile in gewissen komplizierten und vielleicht seltenen Situationen. Der Gedanke
der Urheberschaft in dem gesuchten Sinn scheint aus zwei
Teilgedanken zu bestehen. Zum einen denken wir an bestimmte Wirkungen als das Ergebnis bestimmter Abfolgen, etwa wenn eine bestimmte tödliche Abfolge jemandes
Tod herbeiführt. Diese Vorstellung liegt gerichtsmedizini-
schen Gutachten über Todesursachen zugrunde, und dieser Begriff wird nicht durch die Tatsache zweifelhaft, daß
es manchmal unmöglich ist, eine einzige tödliche Abfolge
herauszugreifen – etwa in dem juristischen Schulbeispiel
von dem Mann, der in die Wüste reist und zwei Feinde
hat, deren einer seinen Wasserbehälter anbohrt, während
ihn der andere mit Salzlake füllt. Von solchen Komplikationen wollen wir absehen. Dann läßt sich die tödliche
Abfolge klar umreißen, und man kann nun fragen, wer sie
in Gang gesetzt hat. Wenn der Betroffene an einer Vergiftung starb und ich das Gift in sein Getränk getan habe,
dann bin ich der Urheber seines Todes; ebenso, wenn ich
auf ihn geschossen habe und er an einer Schußverletzung
gestorben ist. Natürlich gibt es Probleme bei tödlichen
Abfolgen, die ohne Schaden geendet hätten, hätten nicht

*Philippa Foot* 421

besondere Umstände vorgelegen, oder die zwar bedroh-
lich waren, aber harmlos ausgegangen wären, hätte nicht
jemand etwas Zusätzliches getan. Doch die Vorstellung ist
ohne weiteres zu verstehen, daß wir Urheber eines Todes
sind, wenn wir jemandem vergiftete Lebensmittel schik-
ken oder ihn in ›Ersatzteile‹ zerlegen, nicht aber (für gewöhnlich), wenn wir ihm nicht zu Hilfe kommen, wenn
er von einem Unfall oder einer Krankheit bedroht ist. *So*
gesehen, sind unsere Beispiele nicht problematisch.

Man kann leicht noch mehr Beispiele finden, die unseren
ursprünglichen Gedanken stützen und zeigen, daß es
manchmal zulässig ist, jemanden einem bestimmten Übel
anheimfallen zu lassen, während es unrecht gewesen wäre,
selbst dieses Übel über ihn zu bringen, indem man die
entsprechende Abfolge in Gang setzt oder weiterführt.
Betrachten wir zwei Beispiele, die ich als ›Rettung I‹ und
›Rettung II‹ bezeichnen möchte. Im ersten Fall eilen wir
im Geländefahrzeug einigen Menschen zu Hilfe – nehmen
wir an, es seien fünf –, die unmittelbar von der Flut bedroht sind. Wir haben keinen Augenblick zu verlieren,
und wenn wir von einem anderen Menschen hören, der
vor einem anderen Unglück gerettet werden müßte, sagen
wir mit Bedauern, wir könnten ihn nicht retten, sondern
müßten ihn sterben lassen. Für die meisten scheint das ein
klarer Fall, und ich finde das auch, wobei ich John Tau-
reks (1977) interessante, freilich überraschende Argumentation übergehe, man sei nicht verpflichtet, die größtmög-
liche Zahl von Menschen zu retten. Demgegenüber Rettung II: Wieder eilen wir den von der Flut Bedrohten zu
Hilfe, aber jetzt ist der Weg eng und felsig. In dieser Version ist ein einzelner Mensch (man frage mich nicht, wie)
auf dem Weg festgebunden. Wenn wir die fünf retten
wollten, müßten wir ihn überfahren. Kann man das tun?
Wenn wir anhalten, fehlt ihm am Ende nichts – gefährdet
ist er nur durch uns. Aber natürlich werden die anderen
fünf alle ertrinken. Wie im ersten Beispiel müssen wir uns

422    *Kommunikation und ethische Praxis*

entscheiden zwischen einer Handlung mit dem Ergebnis, daß einer tot und fünf gerettet sind, und einer Handlung mit dem umgekehrten Ergebnis. Trotz alledem: Wir haben das sichere Gefühl, daß wir im einen Fall die fünf retten können und im anderen nicht. Wir können jemanden sterben lassen, den irgendein Unheil bedroht, wenn seine Rettung für fünf andere die Rettung verhindern würde; wir können aber nicht *ihn* überfahren, um an *sie* heranzukommen. Wir können keine tödliche Abfolge in Gang setzen, aber wir können einer ihren Lauf lassen. Ebenso erkennen wir an den beiden vorigen Beispielen, daß es ein Unterschied ist, ob man sich weigert, einer Person den ganzen Vorrat eines knappen Medikaments zu geben, weil wir mit Teilen davon fünf Personen retten können, oder ob man einen Menschen in ›Ersatzteile‹ zerlegt. Und wir erkennen, daß wir eine tödliche Abfolge auch dann nicht in Gang setzen dürfen, wenn der herbeigeführte Tod in keinem Sinn unser Ziel war. Wir könnten nicht wissentlich einen Menschen bei der Herstellung einer Substanz, die viele retten würde, tödlichen Dämpfen aussetzen, obwohl die Vergiftung eine bloße Nebenwirkung des Vorgangs wäre, der vielen das Leben rettete.

Angesichts dieser Beispiele kann man sich kaum der Folgerung entziehen, daß alles darauf ankommt, ob diejenigen, die sterben werden, wenn wir auf bestimmte Weise handeln, als Ergebnis einer Handlungsfolge sterben, die wir in Gang setzen, oder als Ergebnis einer Abfolge, der wir ihren Lauf lassen – und die natürlich *nicht* von uns in Gang gesetzt wurde. Fragen wir also, wie das möglich sein könnte. Wenn die Unterscheidung – es ist weitgehend die zwischen Töten und Sterbenlassen – wirklich moralisch von Bedeutung ist, indem sie manchmal den Unterschied zwischen recht und unrecht ausmacht, wie kommt es dann dazu? Um einen magischen Unterschied kann es sich ja schließlich nicht handeln, und niemand wird sich damit zufriedengeben, daß es sich eben um eine letzte morali-

*Philippa Foot* 423

sche Tatsache handle. Auch können jene, die die moralische Bedeutung bestreiten, auf Fälle verweisen, in denen es für die moralische Beurteilung einer Handlung, die zu einem bestimmten Ergebnis – etwa zum Tode eines Unschuldigen – führt, keinen Unterschied zu machen scheint, ob wir die Abfolge in Gang setzen oder nur geschehen lassen. Und wenn dies *manchmal* keinen Unterschied macht, wie kann es dann überhaupt einen machen? Wenn eine Handlung manchmal dadurch schlecht wird, daß jemand wegen etwas, das wir *in Gang gesetzt* haben, Schaden erlitt, muß dies nicht immer einen Aspekt der Schlechtigkeit beitragen? Wie kann ein Gesichtspunkt in einem Falle Grund sein, eine Handlung als schlecht anzusehen, wenn er in anderen Fällen nicht wenigstens *ein* solcher Grund ist, dasselbe zu sagen?

Wenden wir uns also diesen Fragen zu. Der Ort, an dem Gesichtspunkte der Urheberschaft in den Prozeß der moralischen Beurteilung hineinkommen, scheint mit verschiedenen Arten von Rechten zu tun zu haben. Es gibt ja Rechte, in Ruhe gelassen zu werden – das ist eine Klasse von Rechten; und es gibt Rechte auf Güter oder Dienstleistungen, die sind etwas anderes. Entsprechend gibt es einmal die Pflicht, nicht einzugreifen, eine ›negative Pflicht‹, und zum anderen die Pflicht, Güter oder Dienstleistungen zu liefern, eine ›positive Pflicht‹. Diese Rechte – und zwar grundsätzlich beide Arten – können unter bestimmten Umständen anderem untergeordnet werden. So besteht im Zusammenhang der Eigentumsrechte gewöhnlich für andere die Pflicht, nicht in unser Eigentum einzugreifen, doch in Ausnahmefällen steht diese Pflicht hinter anderem zurück, etwa in Elizabeth Anscombes (1958) Beispiel, wonach man jemandes Haus zerstören darf, um eine Feuersbrunst aufzuhalten. Und ein Recht auf Güter oder Dienstleistungen, das etwa auf einem Versprechen beruht, wird unter ähnlichen Umständen öfter zurückstehen müssen. Es besteht aber keine Gewähr, daß die besonderen Um-

424  *Kommunikation und ethische Praxis*

stände, die die eine Art von Recht zurückzustellen erlauben, dies auch immer bei der anderen tun. Im allgemeinen ist mehr nötig, um einen Eingriff zu rechtfertigen, als die Nichtlieferung von Gütern oder Dienstleistungen; und es ist natürlich vorstellbar, daß überhaupt nichts beispielsweise Folter oder die absichtliche Tötung von Unschuldigen rechtfertigt. Es ist nicht schwer zu verstehen, wie dies alles mit der moralischen Beurteilung des Tötens und Sterbenlassens zusammenhängt – und allgemein eines Übels, das jemand eintreten läßt oder das er herbeiführt, letzteres in meinem speziellen Sinn des Ingangsetzens oder Fortsetzens einer schadenbringenden Abfolge. Denn die Verletzung eines Rechts auf Nichteingriff besteht im Eingreifen, was impliziert, daß eine vorhandene Abfolge unterbrochen und eine neue in Gang gesetzt wird. Dieses Recht auf Nichteingriff, das zumindest einen Teil der Bedeutung des ›Rechts auf Leben‹ ausmacht, kann gewöhnlich nicht durch Unterlassung einer Lebensrettung verletzt werden. Wenn also unter irgendwelchen Umständen das Recht auf Nichteingriff das einzige bestehende Recht ist, oder das einzige Recht, das nicht hinter besonderen Umständen zurückstehen muß, dann kann es unzulässig sein, eine tödliche Abfolge in Gang zu setzen, aber es *könnte* zulässig sein, eine Hilfeleistung zu unterlassen.

Es fragt sich nun, ob sich überhaupt Fälle finden lassen, in denen das Recht auf Nichteingriff besteht und nicht hinter einem anderen zurücksteht, das Recht auf Güter oder Dienstleistungen jedoch nicht besteht oder aber in der Tat zurücksteht. Die Antwort lautet natürlich, daß das ziemlich häufig vorkommt. Es kommt oft genug vor, daß jemandes Rechte zwar unserem Eingreifen entgegenstehen, wir ihm aber keine *Dienstleistung* schulden im Hinblick auf das, was er durch unser Eingreifen verlieren würde. Sein Eigentum dürfen wir ihm nicht wegnehmen, aber wir brauchen ihn bei dessen Sicherung nicht zu unterstützen, obwohl die Bilanz von Wohl und Übel (sein Verlust oder

*Philippa Foot* 425

Gewinn und die Kosten für uns) im Ergebnis so oder so die gleiche ist. Und wenn es um Leben und Tod geht, ist es oft unzulässig, jemanden zu töten, während bestimmte Umstände, die mit dem Wohl anderer zu tun haben, es zulässig oder sogar geboten machen, die Zeit oder Mittel zur Rettung seines Lebens nicht aufzuwenden, so in den Beispielen der Rettung I oder des knappen Medikaments.

Es scheint also klar, daß es Umstände gibt, unter denen es moralisch entscheidend ist, ob eine bestimmte Bilanz von Wohl und Übel durch unsere Urheberschaft (in unserem Sinne) zustande kam oder ob sie vielmehr etwas war, was wir hätten verhindern können, aber aus guten Gründen nicht verhindert haben. Natürlich haben wir oft eine eindeutige Pflicht, andere vor Schaden zu bewahren oder ihre Verhältnisse zu verbessern. Und auch wenn sie streng genommen kein *Recht* auf unsere Güter oder Dienstleistungen haben, wäre es doch oft ein Mangel (und manchmal ein schwerer Mangel) an Nächstenliebe, ihnen nicht zu helfen. Aber es kann, ich wiederhole es, richtig sein, eine Person sterben zu lassen, um fünf zu retten, obwohl es nicht richtig wäre, sie deswegen zu töten.

Wie konnte nun dieses Ergebnis jemals bestritten werden, das doch so gut mit unseren moralischen Alltagsvorstellungen übereinstimmt und offensichtlich so gut auf eine allgemein anerkannte Unterscheidung zwischen verschiedenen Arten von Rechten gegründet ist? Wir müssen uns jetzt einem Argument zuwenden, das zuerst von James Rachels angeführt und von ähnlich Denkenden mehr oder weniger übernommen wurde. Rachels erzählte eine makabre Geschichte von einem Kind, das auf zweierlei Weise in einer Badewanne ertrinkt: Das eine Mal drückt jemand seinen Kopf unter Wasser, das andere Mal er es ertrinkend an und tut nichts. Rachels sagt, wir sollten die eine Handlungsweise als ebenso schlecht beurteilen wie die andere; also haben wir ein Beispiel, in dem Töten und Sterbenlassen gleich schlecht sind. Wie aber, so fragt er,

426    *Kommunikation und ethische Praxis*

kann die Unterscheidung jemals von Bedeutung sein, wenn sie es hier nicht ist (Rachels 1975)?

Aufgrund des bereits Gesagten dürfte die Antwort gegenüber Rachels auf der Hand liegen. Daß es unter gewöhnlichen Umständen ›nicht schlechter‹ ist, ein Kind in einer Badewanne ertrinken zu lassen, als es unter Wasser zu drücken, liegt daran, daß die Nächstenliebe wie auch die besondere Fürsorgepflicht gegenüber Kindern eine positive Verpflichtung schaffen, sie zu retten, und es gibt keinen speziellen Grund zu sagen, daß es ›weniger schlecht‹ wäre, diese Pflicht zu verletzen, als die negative Pflicht, kein Übel hervorzurufen. Das Ausmaß der Schlechtigkeit, so wollen wir einmal annehmen, ist das gleiche, aber da die schlechten Handlungen verschiedener Art waren, gibt es keinen Grund zu der Annahme, daß sie immer zu dem gleichen Ergebnis führen werden. Unter anderen Umständen könnte die eine schlechter sein als die andere oder nur eine schlecht. Und genau auf das letztere stoßen wir unter Umständen, die es zulassen, daß eine positive, nicht aber eine negative Pflicht hinter anderem zurücksteht. So könnte es richtig sein, im Beispiel I jemanden am Straßenrand sterben zu lassen, aber falsch, im Beispiel II ihn zu überfahren; und es könnte richtig sein, in den Beispielen des knappen Medikaments und der ›Ersatzteile‹ entsprechend zu handeln.

Jetzt möchte ich einen Einwand gegen meine These betrachten. Man könnte sagen, ich könne gewisse Beispiele schlecht erklären, in denen eine Intervention als zulässig und sogar verpflichtend erscheint, durch die Menschen, die bisher nicht in Gefahr sind, gefährdet werden, um andere Gefährdete zu retten. Folgendes Beispiel wird erörtert: Eine Straßenbahn habe sich selbständig gemacht und rolle auf ein Gleis zu, auf dem fünf Menschen stehen; jemand könne die Weiche so stellen, daß die Bahn auf ein Gleis rollt, auf dem nur ein Mensch steht. Es scheint, er sollte das tun, ebenso wie ein Pilot, dessen Flugzeug abstürzt, es nach Möglichkeit dahin steuern sollte, wo weniger Menschen sind. Warum steht dem nicht das Recht des einen auf Nichteingriff entgegen, so wie das Recht einer Person auf Nichteingriff es verbot, diese Person durch die giftigen Dämpfe sterben zu lassen, welche bei der Herstellung einer Substanz freigesetzt werden, die fünf anderen Menschen das Leben retten könnte?

Die Antwort scheint zu lauten, daß dies ein besonderer Fall ist, insofern es sich um die *Umlenkung* einer tödlichen Abfolge handelt und nicht die Ingangsetzung einer neuen. Demnach dürften wir keine Überschwemmung auslösen, um eine Feuersbrunst einzudämmen, auch wenn diese mehr Opfer fordern würde als die Überschwemmung; aber wir könnten eine Flutwelle in ein Gebiet umlenken, in dem weniger Menschen ertrinken würden.

Eine zweite und wesentlich wichtigere Schwierigkeit betrifft Fälle, in denen die Unterscheidung zwischen Urheberschaft und Geschehenlassen unerklärlicherweise keine Rolle zu spielen scheint. Warum, so wird man mich fragen, ist es moralisch nicht zulässig, jemanden bewußt sterben zu lassen, um dann seinen Körper für ein medizinisches Verfahren zu nutzen, das viele Leben retten würde? Man könnte antworten, die Unterscheidung zwischen Urheberschaft und Geschehenlassen spiele dann eine Rolle, wenn das, was man geschehen läßt, auch selbst beabsichtigt ist. Doch das ist nicht ganz richtig, denn es gibt Fälle, in denen es einen Unterschied macht, ob man eine Abfolge in Gang setzt oder ihr nur ihren Lauf läßt, obwohl das, was man geschehen läßt, beabsichtigt ist. So ist es vielleicht nicht zulässig, jemandem ein Eigentum wegzunehmen, das ihm nur schadet, aber es kann vernünftig sein, es ihm nicht zurückzuholen, wenn es ihm bereits entgleitet (vgl. Foot 1981). Und man kann die Auffassung vertreten, daß nichtfreiwillige passive Euthanasie manchmal zu rechtfertigen sei, nichtfreiwillige aktive aber nicht. Das Gemeinsame an diesen Beispielen ist, daß es um keinen *Schaden* geht, und

428     *Kommunikation und ethische Praxis*

das deutet darauf hin, daß die ›unmittelbare‹, d.h. absichtliche Auferlegung eines *Übels* es moralisch bedenklich macht, den Bettler sterben zu lassen. Wenn dies gegeben ist, kann man eine Handlung nicht damit rechtfertigen, daß das Übel nicht *hervorgerufen* worden ist. Doch dieser Sonderfall zieht die Bedeutung der Unterscheidung zwischen Urheberschaft und Geschehenlassen nicht in Zweifel. Es wurde nie behauptet, sie mache *immer und überall* einen Unterschied der Zulässigkeit.

Nachdem ich die moralische Bedeutung der Unterscheidung verteidigt habe, die ungefähr der zwischen Töten und Sterbenlassen entspricht, möchte ich jetzt fragen, was sie für den Streit über den Schwangerschaftsabbruch besagt. Die Antwort lautet anscheinend, daß das völlig davon abhängt, wie der Streit rekonstruiert wird. Die häufigste Verteidigung des Schwangerschaftsabbruchs stützt sich auf die Unterscheidung zwischen der Vernichtung eines Fötus und der Vernichtung einer menschlichen Person, und in *dieser* Debatte hat keine Seite einen Grund, die Unterscheidung zwischen Urheberschaft und Geschehenlassen eines Übels heranzuziehen. Doch der Schwangerschaftsabbruch wird heute auch anders verteidigt. In einem vielgelesenen und einflußreichen Artikel hat Judith Jarvis Thomson (1971) ein Argument für den Schwangerschaftsabbruch vorgebracht, das auf der Ablehnung dessen beruht, was ich hier nachdrücklich verteidigt habe.

Thomson meint, der Schwangerschaftsabbruch lasse sich mindestens in manchen Fällen rechtfertigen, ohne daß dem Fötus die moralischen Rechte einer menschlichen Person abgesprochen werden müssen. Denn niemand habe ein uneingeschränktes Recht auf den Gebrauch des Körpers einer anderen Person, auch nicht zur Rettung seines Lebens; also habe der Fötus, was immer sein Status sein mag, kein solches Recht auf den Gebrauch des Körpers der Mutter. *Ihre* Rechte hätten Vorrang vor den *seinen* und rechtfertigten seine Entfernung, wenn er ihr

*Philippa Foot* 429

Leben ernsthaft beeinträchtigt. Um uns zu überzeugen, erfindet sie ein angebliches Parallelbeispiel, in dem ein Todkranker am Leben erhalten wird, indem er an den Körper eines anderen angeschlossen wird, ohne daß die Zustimmung dieser Person gegeben ist. Es liege auf der Hand, so meint sie, daß die Person, deren Körper so benutzt wird, nicht verpflichtet ist, die Einschränkung der Bewegungsfreiheit oder die anderen schweren Beeinträchtigungen länger zu erdulden. Wenn sie sich losmache, habe sie nicht als Mörder zu gelten, und eine Schwangere habe das gleiche Recht, sich zu befreien.

Thomsons ganze These hängt an dieser Analogie. Sie ist aber schief, wenn das, was ich vorhin sagte, richtig ist. Nach meiner These sind die beiden Fälle ganz unterschiedlich zu behandeln, weil das eine Mal eine tödliche Abfolge in Gang gesetzt und das andere Mal eine Lebensrettung verweigert wird. Gewiß, wenn jemand eine Situation beendet, in der sein Körper wie eine Beatmungs- oder Dialysemaschine verwendet wird, kann man sagen, er töte den anderen. Doch das zeigt wieder einmal nur, daß der Gebrauch von »töten« nicht das Wesentliche ist; es kommt darauf an, daß die tödliche Abfolge nicht in Gang gesetzt, sondern ihr nur ihr Lauf gelassen wird. Zwar könnten Nächstenliebe oder Fürsorgepflicht die Hilfeleistung verlangt haben, doch es erscheint als völlig vernünftig, hier einen Fall zu sehen, in dem andere Rechte Vorrang haben, nämlich die der Person, deren Körper benutzt wird. Beim Schwangerschaftsabbruch liegen die Dinge natürlich völlig anders. Der Fötus ist im Mutterleib nicht in Gefahr, er ist nur von der Mutter abhängig wie Kinder von ihren Eltern in Hinblick auf ihre Ernährung. Ein Schwangerschaftsabbruch setzt also die Abfolge in Gang, die mit dem Tod des Fötus endet, und dieser kommt ›durch die Urheberschaft‹ der Mutter zustande, die den Abbruch vornehmen läßt. Hat der Fötus den moralischen Status einer Person, dann ist diese Handlung bestenfalls mit der Tötung zur ›Ersatzteilgewinnung‹ oder mit Rettung II zu vergleichen; wenn dagegen jemand wie in Thomsons Geschichte seinen Körper nicht zu einer Lebensrettung zur Verfügung stellt, dann gleicht die Situation der des knappen Medikaments oder der von Rettung I.

Es zeigt sich also, daß Thomsons Argument nicht gültig ist und daß wir wieder bei dem alten Streit um den moralischen Status des Fötus stehen, der entscheidend dafür ist, ob der Schwangerschaftsabbruch gerechtfertigt ist.

# Stanley Cavell

*Stanley Cavell schließt an Platons Funktionsbestimmung der Philosophie als Erziehung des Erwachsenen an und stellt sich dabei in die Nachfolge von Henry David Thoreau und Ralph Waldo Emerson, Sigmund Freud und Ludwig Wittgenstein. Sein Mittel ist die Verteidigung einer bestimmten Version des philosophischen Skeptizismus. Dieser stellt die Frage nach der Realität der Welt und der je anderen Person. Im Interesse der Anerkennung unserer prekären Lage im Kontext gemeinsamer Lebensformen ist diese Frage nicht durch eine allzu schnelle, etwa pragmatistische, Antwort mundtot zu machen. Denn der Weg vom Ich zum Wir und vom Wir zurück zum Ich beginnt weder so unmittelbar wie bei Descartes, noch endet er so einfach wie bei Nietzsche mit einer dramatischen Vision von Authentizität für wenige. Mit Heidegger folgt Cavell eher Heraklit, dem zufolge das Geistige der Daimon des Alltäglichen ist. Es ist damit immer auch das Fragwürdige oder sogar Unheimliche im Normalen. Die Suche nach uns selbst bedeutet daher immer zugleich die Anerkennung, dass uns die Sprache als das Haus des Seins immer auch zu eng ist, dass es mehr gibt als das einfach Sagbare.*

*Cavell liest dementsprechend auch John L. Austins Philosophie der normalen Sprache partiell gegen den Strich. Die scheinbar bloß akademische Frage, ob und in welchem Sinn wir immer das ›meinen‹ (müssen), was wir sagen, wird zur Analyse der Ambivalenz des performativen Standes der ersten Person. Der Subjektivismus des intentionalen Zugangs zum Inhalt des Gesagten ist ebenso einseitig wie der Appell an ein gemeinsames Durchschnittsverständnis konventioneller Kriterien des Richtigen. Vor diesem Hintergrund entwickelt Cavell eine Einsicht in das zugleich Tragische und im Blick auf die begrenzten Möglichkeiten immer auch zutiefst Komische des Versuchs, die*

432   *Kommunikation und ethische Praxis*

*Vereinzelung der Person radikal zu überwinden. Nur in Anerkennung dieser Ambivalenz werden wir erwachsen. Hierin sieht Cavell die tiefe Bedeutung der Philosophie Wittgensteins. Dabei erweitert Cavell die Perspektive, indem er Drama und Film, Fotografie und Lyrik als Beispiele der Überwindung der Grenzen des Sagbaren und zugleich als Modellfall einer distanzierten, bloß kontemplativen Beziehung zu sich und anderen analysiert: Die Personen in unbewegten oder bewegten fotografischen Bildern sind zeitlos und eben deswegen leblos; und doch verweisen diese Bilder gerade dadurch auf die Begrenzung zeitlichen Daseins.*

*Cavells Kulturphilosophie der Endlichkeit wirbt also um Verständnis für das Anrennen gegen Grenzen, gerade auch der Sprache. Sie kämpft gegen eine bloße Unterstellung angeblich unüberwindbarer Begrenzungen des Möglichen und des Sinnvollen und damit gegen die Idee eines Systems von Kriterien, dem jeder Anspruch auf Rationalität, der »Claim of Reason« (1979), Genüge tun müsse. Dies geschieht nicht im überschwänglichen Glauben, dass wir die Grenzen einfach überschreiten könnten, sondern als Teil der bewussten Reflexion auf unser eigenes Selbst und auf die Zerbrechlichkeit der Übereinstimmung als Basis gemeinsamer Kultur.*

## Seelenblindheit und personale Beziehungen

Wenn es Sinn hat zu sagen, man könne Menschen als Menschen sehen, dann hat es auch Sinn sich vorzustellen, ein Mensch könne außerstande sein, Menschen als Menschen zu sehen. Es hätte Sinn zu fragen, ob jemand seelenblind sein könne. (Falls es so etwas wie Seelenblindheit gibt, ist es weder etwas Notwendiges noch etwas Eigentümliches, daß Sklavenhalter und Liberale dafür anfällig

*Stanley Cavell*    433

sind. Allerdings könnte man Sklavenhalter oder Liberaler
werden, um diese Anfälligkeit zu kaschieren.)
– Willst du dir hier wirklich die ganze Last der Wittgensteinschen Begriffe aufbürden? Denk an seine einleitende
Schilderung: »Ich betrachte ein Gesicht, auf einmal bemerke ich seine Ähnlichkeit mit einem andern. [...] Diese
Erfahrung nenne ich ›das Bemerken eines Aspekts‹.«
(*Philosophische Untersuchungen* [PU], II.xi, S. 518) Wenn
man davon spricht, man könne Menschen als Menschen
sehen, dann heißt das also implizit, man *bemerke*, daß
Menschen Menschen sind; und das ist offenbar genauso
wenig akzeptabel wie die Behauptung, man habe die *Meinung*, daß es Menschen seien (vgl. PU, II.v). – Implizit ist
damit gesagt: Wissen, daß etwas ein Mensch ist, heiße
ganz wesentlich, daß wir dieses Etwas manchmal als solches wahrnehmen, manchmal aber nicht, oder daß es uns
nicht gelingt; es heiße, daß bestimmte Veränderungen des
Bewußtseins stattfinden – und manchmal nicht –, wenn
man diesem Etwas gegenübersteht. Oder wenn man es
mit einer Erinnerung daran zu tun hat. Diese Erinnerung
kann, etwa wenn sie in einem Traum vorkommt, den
Geist durchqueren, wie ein Kaninchen übers Feld läuft,
so daß sich mir ein Ausruf entringt – vielleicht in der
Form eines Namens (vgl. PU, II.xi, S. 524, und Yeats, »A
Deep-Sworn Vow«).
An anderer Stelle habe ich davon gesprochen, es könne
eine bestimmte Geisteshaltung geben, welche die Art des
Gemeintseins der Wörter prägt. Ich möchte sagen: Wenn
man die Äußerung »Ich merkte, er war verstimmt« als einen Bericht über sein Verhalten *und* seinen Seelenzustand
beschreibt – »aber nicht im Nebeneinander; sondern vom
einen durch das andere« (PU, II.v) –, dann ist daran etwas
Richtiges, wobei der Sache zugute kommt, daß wir uns
eine bestimmte Geisteshaltung vorstellen, aus der heraus
diese Worte gesagt und gemeint sind. Aber wenn es wirklich eine solche Geisteshaltung gibt, stellt sich die Frage:

434    *Kommunikation und ethische Praxis*

Ist sie dadurch bedingt, daß diese Formulierung im übertragenen Sinn gebraucht wird, oder dadurch, daß sie von einem Lebewesen handelt? Ich möchte sagen, daß die gleiche Geisteshaltung ins Spiel kommt, wenn man Dinge sagt wie »Er winkt zum Abschied«, »Er hätschelt seinen Arm« oder »Er hat Schmerzen«.

Könnte es Leute geben, die nie zu der Geisteshaltung gelangen, in der solche Worte über ein anderes (seelisches) Wesen wirklich als solche gemeint sind? Hieße das, daß sie jemanden, der eine Absicht oder ein Bestreben äußert, stets so auffassen, als habe er eine Prognose gestellt? Oder daß sie jemanden, der Schmerzen äußert, als jemanden auffassen, der mangelnde Funktionsbereitschaft an den Tag legt? Ist diese Geisteshaltung so gebrechlich? Was würde uns – ja, wie könnte uns irgend etwas – davor zurückschrecken lassen? – Falls die Möglichkeit, die dich beängstigt, darauf hinausläuft, daß alles, was die anderen zum Ausdruck bringen können, auch vorgespiegelt sein kann – und daß es jederzeit und völlig grundlos so sein könnte, daß sie ihre Reaktionen simulieren –, dann wird dich das sozusagen bloß zum erkenntnistheoretischen Agnostizismus führen, aber nicht zum metaphysischen Skeptizismus, also nicht zu der Vermutung, Menschen *gebe* es vielleicht gar nicht. Ist es denn nicht ausgeschlossen, daß etwas anderes als ein Mensch – oder ein äußerst menschenähnliches Wesen – menschliche Reaktionen *vortäuschen* kann? Nehmen wir an, jemand wollte diese Frage folgendermaßen in eine Widerlegung des Skeptizismus verwandeln: Entweder simuliert das Etwas, das du vor dir hast – dieses menschenähnliche Etwas, von dem du sagen möchtest, es habe Schmerzen –, oder es simuliert nicht. Wenn es uns nichts vormacht, hat es wirklich Schmerzen und ist folglich ein Mensch; wenn es uns doch etwas vormacht, simuliert es und ist deshalb ein Mensch.

Wer sich ausmalt, etwas könne menschliche Reaktionen vortäuschen, der stellt sich vor, etwas könne so tun, als sei

*Stanley Cavell*  435

es ein Mensch. Das würde vermutlich bedeuten, dieses Etwas könne in menschlicher Verkleidung – in einem menschlichen Körper – erscheinen. Allem Anschein nach ist es dem Menschengeschlecht früher leicht gefallen, sich vorzustellen, daß Götter und Engel in dieser Form erscheinen könnten; in neuerer Zeit macht man sich offenbar eine ähnliche Vorstellung von Aliens, die aus anderen Himmelsgefilden kommen. Außerdem pflegte man sich auszumalen, Menschen und Götter könnten in der Gestalt von Tieren auftreten, sei es durch Metamorphose oder durch Metempsychose. Aber nur in übertragenem Sinn hat man sich vorgestellt, ein Tier könne Menschengestalt annehmen – so als wäre es ein unverbrüchlicher Grundsatz der Grammatik, daß eine Seele auf der Stufenleiter der Wesen wenigstens so hoch steht wie der Körper, den sie bewohnt. Die Seele könne zwar auf einer niedrigeren Stufe als der eigenen leben, aber niemals auf einer höheren; die einzige Richtung, in die sie sich ziehen lasse, sei nach unten.

Könnte es sein, daß sich Menschen als Menschen verkleiden? Nehmen wir an, in unserer Welt gäbe es so etwas wie menschliche Vermummungshüllen, sogenannte »Körper«, die aller Welt so vorkommen, als stecke jemand darin, die aber in Wirklichkeit unbewohnt sind, das heißt: Sie scheinen Menschen zu sein, doch wie es der Zufall will, sind sie es nicht. Vielleicht haben sie sozusagen den metaphysischen Status von Zombies oder Golems, aber in der Erfahrungswirklichkeit sind sie viel lebendiger und tun praktisch alles, wozu auch Menschen imstande sind. Sie können also nicht etwa bloß rechnen und Schach spielen, sondern auch schäkern und flirten, lachen und weinen – oder immerhin Tränen vergießen, jedenfalls Tränen erzeugen, sei's auch aus Eisen und Salz. Nun wollen wir annehmen, früher habe es eine Möglichkeit gegeben, Gestalten anzunehmen: Die Menschen seien imstande gewesen, eine Zeitlang Vermummungshüllen anzulegen, wenn sie es

436  *Kommunikation und ethische Praxis*

wollten. Zunächst habe man sie angelegt, um eine Reihe
von Streichen zu spielen, aber schließlich auch, um andere
Vorteile zu erringen, die durch eine Verkleidung ermöglicht werden. So konnte man sich beispielsweise sein »eigenes« Aussehen und die entsprechende Figur aussuchen.
Außerdem gestattete die Gestaltvermummung, ähnlich
wie eine Maske, die Freisetzung von Emotionen, ohne daß
man die Unbequemlichkeit der Erkennbarkeit der Maske
in Kauf nehmen mußte. Manche Leute sträubten sich immer stärker dagegen, die von ihnen bewohnten Körper zu
verlassen. Und nach einer gewissen Zeit des Im-Körper-
Steckens wurde es, wie wir annehmen wollen, aus physischen oder psychischen Gründen unmöglich, den jeweiligen Körper zu verlassen. Jedenfalls konnte man ihn nicht
mehr verlassen, ohne zu sterben.

Nun wollen wir davon ausgehen, daß die Fähigkeit, Vermummungshüllen anzulegen, vor so langer Zeit auftauch-
te und wieder verschwand, daß die Zeit des Körper-Be-
wohnens auf Probe weit in der Vergangenheit liegt. Alle,
die heute in einer menschlichen Gestalt stecken, sitzen ihr
Leben lang darin fest. Die einzige Möglichkeit, sich zu
vergewissern, ob ein Körper bewohnt ist oder nicht, bestünde nunmehr darin, daß man ihn öffnet und hinein-
schaut. Lebendige Körper würden wir zu diesem Zweck
nicht häufig öffnen (obwohl wir oft den Anreiz dazu ver-
spüren), denn wir wissen, daß das den Tod dessen, der
darin steckt, nach sich zöge. Es hat sogar den Anschein,
als sei die Vorstellung vom Verlassen des Körpers nach
und nach vom Begriff des Todes aufgesaugt worden. –
Man könnte sich ausmalen, daß die Evolution bei diesem
Prozeß der Körper-Besiedelung ihre Hand im Spiel gehabt
hat: Es habe sich herausgestellt, daß der Schlüssel zum
Überleben des Menschen – d. h. zu seinem Weiterleben als
Mensch – darin bestand, daß sich vor der Geburt eine
Körperschale um den Fötus herum bildete. Einige Zeit
später entwickelte die Natur solches Geschick, daß man

überhaupt nie mehr unterscheiden konnte, ob man es mit einer menschlichen Hülle oder mit einem Menschen zu tun hatte. Die Schale wurde hautdünn, und wenn man sie öffnete, stieß man nicht auf einen davon getrennten Menschen, sondern lediglich auf das, was man bei der Öffnung eines altmodischen Menschen ohne Schale vorzufinden erwartet hätte. (Natürlich wird diese Entwicklungsgeschichte von den erhaltenen Zeugnissen bestätigt, denn der betreffende Zeitpunkt hätte viel weiter zurückgelegen als die ersten schriftlichen Dokumente.) Manchmal fällt es angesichts dieser Belege (bzw. angesichts dieses Mangels an Belegen) schwer, sich ein Bild davon zu machen, wie wir das Glück haben konnten, jemals auf den Gedanken des Wesens im Inneren zu kommen und damit die wahre Sachlage zu durchschauen. Man könnte es auch so sehen, daß sich die Geschicklichkeit der Natur in diesem Fall selbst ausmanövriert hat, denn jetzt ist der Körper für den Menschen kein Schutz mehr. Der im Inneren Steckende erleidet alles, was dem Körper widerfährt, und außerdem noch manches andere. – Die Indizienlage bahnt einem neuen Typus Ungläubiger den Weg. Dabei handelt es sich um Leute, von denen die Vergangenheit nicht in dieser Weise geschildert wird bzw. nicht so, daß dieses Ergebnis dabei herauskommt. Sie behaupten gern: »Da steckt niemand drin.« Doch das trägt nur dazu bei, daß der Anreiz zum Nachschauen lebendig bleibt.

Verhält es sich so, daß wir uns für (möglicherweise) bewohnte Körper halten, für Menschen in nicht ablegbarer menschlicher Hülle? Und zwar dann, wenn wir das Gefühl haben, wir müßten, um die Wirklichkeit des anderen zu erkennen, an seinem Körper vorbeikommen und zu ihm selbst vordringen; was eigentlich vor sich gehe, sei dem Blick verborgen und befinde sich an einem Ort, den wir nicht betreten können. Falls die Dinge wirklich so liegen, bin ich, was mich selbst betrifft, in keiner besseren Lage als du. Da die Fähigkeit zum An- und Ablegen der

438   *Kommunikation und ethische Praxis*

neuen Hülle schon vor langer Zeit verschwunden ist, verfüge ich über kein besseres Verfahren als du, um anzugeben, ob mein Körper eine Menschen-Verkleidung ist bzw. war oder ob es wirklich der meine, der ursprüngliche ist – ob *dies* alles ist, was es da gibt. Ich kann nicht gleichsam meinen Kopf nach innen stülpen und mich umschauen; ich bekomme mich selbst nicht aus größerer Nähe in den Griff, als es dir möglich wäre. Und das Gedächtnis wäre hier nur eine erbärmliche Hilfe. Keiner von uns erinnert sich an seine Geburt, obwohl jeder von uns weiß, daß er sozusagen erst von Geburt an da ist. Oder wissen wir das nicht?

Angenommen, ich gelange zu der Überzeugung oder beginne den Verdacht zu hegen, daß mein Körper nicht der ursprüngliche, sondern eine Verkleidung ist. Ich hänge der Vorstellung an, dieser Körper sei in etwa ebenso der »meine« wie die Kleidungsstücke, die ich trage. Er sei aber nicht – ja, wie soll man's ausdrücken? – *ich* (außer allenfalls in dem Sinn, in dem Kleider Leute machen). Er ist mein (unveräußerlicher) Besitz, aber er bringt nicht mich zum Ausdruck, nicht mein wirkliches Ich. Mein Schutz ist zu meiner Beschwer geworden. In einem solchen Zustand bin ich womöglich froh zu hören, daß es trotz allem eine Möglichkeit gibt, ihn abzulegen.

Sofern ich diesen Verdacht nur im Hinblick auf andere hege und infolgedessen die Verlockung verspüre, in den anderen einzudringen und in sein Inneres zu schauen, ist meine Regung der Wunsch, das, was der andere zeigt, mit dem zu vergleichen, was wirklich in seinem Inneren vor sich geht. Dabei wird das Problem des Fremdseelischen wieder so aufgefaßt, als habe es eine vertraute erkenntnistheoretische Form, die ein auf Locke und Leibniz zurückgehendes Kantisches Vermächtnis darstellt. Danach bin ich in den Kreis meiner Erlebnisse eingesperrt, ohne je (aus eigener Kraft) wissen zu können, ob sie mit einer unabhängigen Realität übereinstimmen. Falls ich jenen Ver-

*Stanley Cavell* 439

dacht im Hinblick auf mich selbst hege, will ich diesem Körper entkommen, freilich nicht um die von ihm gezeigten Reaktionen mit jenen Reaktionen zu vergleichen (oder vielmehr zu korrelieren), die ich wirklich habe – also die Reaktionen des Körpers zu den Reaktionen in meinem Inneren in Beziehung zu setzen –, sondern einfach um meine Reaktionen kundzutun. So als verschaffte ich nicht mir selbst Ausdruck, es sei denn, die von mir bekundeten Reaktionen sind die Reaktionen jenes Körpers, der ich bin. Aber warum sollte ich das wollen? Und warum sollte ich es womöglich in dem Maße wollen, daß ich durch Verlassen dieses Körpers dafür sterbe?

Liegt es daran, daß ich will, daß man mich kennt, das heißt: mich anerkennt? Aber was ist daran dermaßen wichtig, daß man dafür den Tod in Kauf nimmt? Geht es darum, daß ich meine Existenz – also die Existenz meiner Leiden und meiner Taten – bestätigt wissen will? Aber warum sollte ich mir einbilden, daß sie nicht anerkannt sind und niemals bestätigt werden? Ich hatte bereits die Gelegenheit zu fragen: Falls ich deine kriterialen Äußerungen, die über etwas, was auf dich zutrifft, Aufschluß geben sollen, nicht gelten lasse – also wenn ich z. B. deinen Leidensbekundungen unweigerlich mißtraue –, mißtraue ich dann dir (bzw. deiner Fähigkeit, dir selbst Ausdruck zu verschaffen) oder mißtraue ich mir selbst (also meiner Fähigkeit, andere zu erkennen und ihre Äußerungen zu deuten)? Wenn ich nun deiner Anerkennung meiner Person mißtraue und keiner Äußerung von Mitgefühl oder Lob Vertrauen schenke, stellt sich die Frage: Mißtraue ich dir (deiner Fähigkeit, andere zu erkennen) oder mir selbst (d. h. meiner Fähigkeit, mir Ausdruck zu verschaffen)?

Wie soll es möglich sein, daß ich meinen eigenen Selbstäußerungen mißtraue sowie meiner Fähigkeit, mich so darzustellen, daß ich anerkannt werden kann? Ich habe diesen Schmerz; ich brüste mich einer bestimmten Handlung

440     *Kommunikation und ethische Praxis*

oder schäme mich ihrer; ich fühle mich durch einen bestimmten Gedanken erniedrigt. Doch wenn ich der Anerkennung seitens des anderen keinen Glauben schenke, muß ich dann seiner Fähigkeit mißtrauen, diese Fakten zu akzeptieren, die Realität, die sie für mich besitzen, zu ermessen und vielleicht ebenso daran teilzuhaben wie ich selbst? Und muß das heißen, daß ich nicht glaube, der andere wisse, was für Gefühle das sind? Aber der andere kann durchaus darüber Bescheid wissen. – Allerdings weiß er es vielleicht nur im eigenen Fall und kennt nur das Gewicht seines eigenen Fühlens. – Aber vielleicht unterscheidet es sich nicht im geringsten von deinem eigenen. – Doch für ihn hat es nicht die gleiche Bedeutung wie für mich. – Woher weißt du das? Und angenommen, es stimmte. Hat es, wenn du ihm deine Gefühle mitteilst, nicht möglicherweise den Vorteil, daß es dabei zu einer Beurteilung ihrer Bedeutung kommt? Vielleicht willst du gar nicht, daß sie ihm etwas bedeuten. Wenn doch, mußt du sie etwas bedeuten lassen. – Sie etwas bedeuten lassen? Wo ich doch nichts weiter tun kann als stöhnen, weinen, lachen, toben, reden, reden und nochmals: reden! Das alles ist doch nicht dasselbe wie das, was ich fühle, es ist nicht das, was ich bin. – Du meinst vermutlich, daß du außerstande bist, bei anderen jene Reaktionen hervorzurufen, die nach deiner Vorstellung dich selbst befriedigen würden. Du schaffst es nicht, deinen Charakter zu inszenieren, dein eigenes Leben zu spielen. Oder vielleicht kannst du es doch. Aber dann kann es leicht geschehen, daß sich die Reaktionen, die du beim anderen auslöst, auf die falsche Sache richten – nicht auf dich selbst, sondern auf die von dir inszenierte Rolle. Als ich meinte, du müßtest dich dem anderen etwas bedeuten lassen, sollte das eine Alternative zu dem Wunsch sein, beim anderen diese Reaktion auszulösen. (Es gibt einen überaus triftigen Grund, diesen Vorschlag nicht anzunehmen. Vielleicht stellst du fest, daß du ihm nichts bedeutest.) Gib diesen

*Stanley Cavell* 441

Ratschlag an Hamlet weiter. – Wenn du dich etwas bedeuten läßt, anerkennst du nicht nur, wie es um dich steht, womit du auch anerkennst, daß du willst, dem anderen möge etwas an dir liegen oder zumindest etwas daran liegen, daß er Bescheid weiß. Ebenso wird damit anerkannt, daß deine Äußerungen tatsächlich dir zum Ausdruck verhelfen, daß sie die deinen sind und daß du in ihnen bist. Das bedeutet, daß du es dir gestattest, verstanden zu werden – etwas, was du stets verweigern kannst. Wenn du es nicht verweigerst, dann anerkennst du, wie ich behaupten möchte, daß dein Körper und der Körper deiner Äußerungen dir gehören. Sie sind das, was du auf Erden bist; sie sind alles, was es von dir je *geben* wird.

# VI
# Praxis und Wissenschaft

## Thomas S. Kuhn

*Wie schon Alexander Koyré, Gaston Bachelard und beson-
ders Ludwik Fleck betont auch Thomas Kuhn, dass wir in
der komplexen Kooperationspraxis der Wissenschaften
nicht immer einfach stetig fortschreiten. Es gibt insbesondere keine schematisch anwendbaren Methoden für eine
›gute‹ Entwicklung der (Natur-)Wissenschaften. Zwar gibt
es Zeiten der Kontinuität und der bloßen Sammlung von
Wissen. Aber es gibt auch Umbrüche, Krisen und Revolutionen, und dies nicht etwa bloß im Weltbild der Physik
wie in den Zeiten nach Albert Einstein oder Max Planck.
In einem derartigen Umbruch entsteht ein neues ›Paradigma‹, eine neue methodische und begriffliche Rahmenord-
nung für die Fragen und Antworten der betreffenden Wissenschaft. Ein solches Paradigma ist, wie schon bei Kant
oder Popper, als (ggf. implizite) Konstruktion eines begrifflichen Netzes zu verstehen, in dem zusammen mit einer
Methode der Projektion ›objektive‹ empirische Erfahrung
allererst artikulierbar und kontrollierbar wird. Wissenschaft wird damit nicht als unmittelbare Sammlung von
Kenntnissen oder als einfaches Streben nach einer wahren
Abbildung von Welt begriffen, sondern eher, wie im Pragmatismus, als eine kooperative Tätigkeit der Beantwortung relevanter Fragen unter Einschluss der Lösung von
Artikulations und Kommunikationsproblemen durch die
Erfindung passender Darstellungsformen und zugehöriger
Basisanalogien. Diese definieren einen wesentlichen Teil
des jeweiligen wissenschaftlichen Paradigmas.
Wenn es dann zwischen verschiedenen derartigen Para-*

444    *Praxis und Wissenschaft*

*digmen keine inhaltserhaltende Übersetzung gibt, entsteht das sogenannte Inkommensurabilitätsproblem. Die Aussagen einer theoretischen Darstellungsform, etwa der Mechanik Newtons, lassen sich ja oft in der Tat nicht schematisch in die einer anderen, etwa der Allgemeinen Relativitätstheorie, übertragen. Daher lassen sich die Geltungskriterien der Sätze und Aussagen nicht unmittelbar vergleichen, so dass man einfach sagen könnte, dass die Aussagen der einen Theorie wahr und die der anderen falsch seien. Es ist vielmehr die Relativität jedes Anspruchs auf Geltung einer Aussage in Bezug auf den Rahmen, das Paradigma, zu beachten, und zwar selbst dann, wenn wir im Rückblick sagen, dass das neue Paradigma, etwa das des Kopernikus, für die Darstellung und Erklärung der Planetenbewegungen besser sei als ein anderes, etwa das ptolemäische.*

*Dabei mag Kuhns Begriff des Paradigmas vager sein als etwa die Vorstellung W. V. Quines von einer komplexen holistischen Theorie, die im Normalfall an der ›Peripherie‹ an neue Beobachtungen angepasst wird, während nur manchmal Umbauten ›im Zentrum‹ der Theorie, also eher im Kern des begrifflichen Gerüstes, aus pragmatischen Gründen als sinnvoll erscheinen. Immerhin ergänzen sich die beiden Sichtweisen, da es eine große Bandbreite von Möglichkeiten zur Entwicklung von Theorien gibt. Die Rede von einer ›notwendigen‹ Revision einer Theorie ist daher in aller Regel in einem viel schwächeren, nämlich ›bloß pragmatischen‹ Sinn zu deuten, als wir dies üblicherweise glauben – woran dann auch Paul Feyerabend immer wieder erinnert.*

*Thomas S. Kuhn* 445

# Die historische Struktur
# wissenschaftlicher Entdeckungen

Wie verknüpfen die Wissenschaftler symbolische Ausdrücke mit der Natur? Das sind in Wirklichkeit zwei Fragen in einer, denn man kann sie entweder bezüglich einer speziellen symbolischen Verallgemeinerung stellen, die auf eine bestimmte experimentelle Situation zugeschnitten ist, oder bezüglich einer einzelnen symbolischen Folgerung aus dieser Verallgemeinerung, die zum Vergleich mit dem Experiment abgeleitet wurde. Doch für unseren jetzigen Zweck können wir diese beiden Fragen als eine behandeln. Auch in der wissenschaftlichen Praxis werden sie gewöhnlich zusammen beantwortet.

Seit die Hoffnung auf eine Sinnesdatensprache aufgegeben worden ist, wurde diese Frage gewöhnlich unter Hinweis auf Zuordnungsregeln beantwortet. Unter diesen verstand man gewöhnlich entweder operationale Definitionen wissenschaftlicher Begriffe oder ein System notwendiger und hinreichender Bedingungen für ihre Anwendbarkeit. Ich persönlich zweifle nicht, daß die Untersuchung einer gegebenen wissenschaftlichen Gemeinschaft eine Anzahl solcher ihren Mitgliedern gemeinsamer Regeln zutage fördern würde. Einige weitere würde man wahrscheinlich aus genauer Beobachtung ihres Verhaltens legitim erschließen können. Doch aus Gründen, die ich an anderer Stelle angeführt habe und auf die ich unten kurz zu sprechen kommen werde, habe ich sehr wohl Zweifel, daß die so herausgefundenen Zuordnungsregeln ihrer Zahl und ihrem Gehalt nach auch nur annähernd zur Erklärung der tatsächlichen Zuordnungen zwischen Formalismus und Experiment ausreichen würden, die die Mitglieder der Gruppe ständig und problemlos vornehmen. Wenn der Wissenschaftstheoretiker ein brauchbares System von Zuordnungsregeln haben möchte, so muß er wohl die meisten von ihnen selbst aufstellen.

446    Praxis und Wissenschaft

Dazu ist er fast mit Sicherheit imstande. Wenn der Wissenschaftstheoretiker die gesammelten Beispiele bisheriger Tätigkeit der Gemeinschaft untersucht, kann er mit gutem Grund hoffen, ein System von Zuordnungsregeln konstruieren zu können, das in Verbindung mit den bekannten symbolischen Verallgemeinerungen alle diese Beispiele erfaßt. Sehr wahrscheinlich würde er verschiedene mögliche Systeme angeben können. Trotzdem sollte er außerordentlich zurückhaltend darin sein, irgendeines davon als eine Rekonstruktion der von der untersuchten Gemeinschaft anerkannten Regeln anzusehen. Alle seine Systeme von Zuordnungsregeln wären zwar bezüglich der bisherigen Tätigkeit der Gemeinschaft äquivalent, doch das brauchen sie schon bei der Anwendung auf das nächste Problem, das sich in der Disziplin stellt, nicht mehr zu sein. In diesem Sinne wären sie Rekonstruktionen etwas verschiedener Theorien, von denen keine die von der Gruppe vertretene zu sein braucht. Der Wissenschaftstheoretiker könnte, als Wissenschaftler genommen, die Theorie der Gruppe durchaus verbessert haben, aber als Philosoph hätte er sie nicht analysiert.

Stellen wir uns vor, der Wissenschaftstheoretiker beschäftige sich mit dem Ohmschen Gesetz $I = U/R$, und er wisse, daß die Mitglieder der von ihm untersuchten Gruppe die Spannung mit einem Elektrometer und die Stromstärke mit einem Galvanometer messen. Als Zuordnungsregel für den Widerstand könnte er den Quotienten von Spannung und Stromstärke nehmen, womit das Ohmsche Gesetz eine Tautologie würde. Oder er bringt den Wert des Widerstandes mit den Meßwerten an einer Wheatstoneschen Brücke in Zusammenhang, und dann sagt das Ohmsche Gesetz etwas über die Natur. Bezüglich der bisherigen Tätigkeit könnten die beiden Rekonstruktionen äquivalent sein, doch sie führen nicht zum gleichen zukünftigen Verhalten. Stellen wir uns des genaueren vor, ein besonders guter Experimentator in der Gemeinschaft arbeite mit höheren Spannungen, als je zuvor verwendet wurden, und entdecke, daß das Verhältnis von Spannung und Stromstärke sich bei hohen Spannungen allmählich ändert. Nach der zweiten Rekonstruktion an Hand der Wheatstoneschen Brücke hat er entdeckt, daß es bei hohen Spannungen Abweichungen vom Ohmschen Gesetz gibt. Doch nach der ersten Rekonstruktion ist das Ohmsche Gesetz eine Tautologie, und Abweichungen davon sind undenkbar. Der Experimentator hat dann keine Abweichung vom Ohmschen Gesetz entdeckt, sondern eine Veränderung des Widerstands mit der Spannung. Die beiden Rekonstruktionen führen zu verschiedenen Ortungen der Schwierigkeit und zu verschiedenartigen dadurch veranlaßten Forschungen.

Nichts in der obigen Erörterung beweist, daß es kein System von Zuordnungsregeln gibt, das das Verhalten der untersuchten Gemeinschaft erklären könnte. Eine derartige negative Aussage dürfte sich kaum beweisen lassen. Doch die Diskussion könnte uns dazu bringen, einige Seiten der wissenschaftlichen Ausbildung und des wissenschaftlichen Verhaltens etwas ernster zu nehmen, die die Wissenschaftstheoretiker oft einfach nicht zur Kenntnis genommen haben. In wissenschaftlichen Lehrbüchern und Lehrveranstaltungen finden sich nur sehr wenige Zuordnungsregeln. Wie können die Mitglieder einer wissenschaftlichen Gemeinschaft zu einem hinreichenden System gekommen sein? Es ist auch bemerkenswert, daß die Wissenschaftler, wenn sie einem Wissenschaftstheoretiker solche Regeln angeben sollen, stets deren Bedeutung bestreiten und danach manchmal ungewöhnlich wortkarg werden. Wenn sie sich überhaupt darauf einlassen, nennen die verschiedenen Mitglieder der Gemeinschaft oft verschiedene Beispiele, und alle womöglich mangelhafte. Man beginnt sich zu fragen, ob solche Regeln überhaupt in nennenswerter Zahl bei der Tätigkeit der Gemeinschaft angewandt werden, oder ob nicht die Wissenschaftler ihre

448   *Praxis und Wissenschaft*

symbolischen Ausdrücke auf andere Weise mit der Natur
in Verbindung bringen.

Eine Erscheinung, die sowohl Studenten der Naturwissenschaft als auch Wissenschaftshistorikern geläufig ist,
gibt einen Hinweis. Da ich beides schon gewesen bin,
spreche ich aus Erfahrung. Physikstudenten berichten regelmäßig, sie hätten ein Kapitel ihres Lehrbuchs gelesen
und völlig verstanden, aber trotzdem bei der Lösung der
Aufgaben am Ende des Kapitels Schwierigkeiten gehabt.
Fast immer besteht die Schwierigkeit darin, die erforderlichen Gleichungen aufzustellen, die Worte und Beispiele
im Text mit den speziellen zu lösenden Aufgaben in Zusammenhang zu bringen. Diese Schwierigkeiten lösen sich
gewöhnlich auch auf die gleiche Art auf: der Student findet eine Möglichkeit, seine Aufgabe wie eine andere zu sehen, die ihm schon einmal begegnet ist. Ist diese Ähnlichkeit oder Analogie einmal erkannt, so gibt es nur noch
technische Schwierigkeiten.

Das gleiche Muster zeigt sich ganz deutlich in der Wissenschaftsgeschichte. Die Wissenschaftler bilden Problemlö-
sungen anderer nach, oft nur unter minimaler Verwendung symbolischer Verallgemeinerungen. Galilei fand, daß
eine Kugel, die eine schiefe Ebene hinabrollt, gerade so
viel Geschwindigkeit aufnimmt, daß sie auf einer anderen,
beliebig geneigten schiefen Ebene zur Höhe ihres Aus-
gangspunktes zurückkehren kann, und er lernte diese Ex-
perimentalsituation als dem Pendel mit einer Punktmasse
als Pendelkörper vergleichbar sehen. Huyghens löste darauf das Problem des Schwingungszentrums eines physikalischen Pendels durch die Vorstellung, daß sich dessen
ausgedehnter Pendelkörper aus lauter Galileischen Punkt-
pendeln zusammensetze, deren Verbindung an jedem
Punkt der Schwingung plötzlich gelöst werden könnte.
Dann würden die einzelnen Pendel frei schwingen, doch
ihr gemeinsamer Schwerpunkt würde sich, wie der des
Galileischen Pendels, nur bis zu der Höhe erheben, von

der der Schwerpunkt des ausgedehnten Pendels zu fallen
begonnen hatte. Endlich entdeckte Daniel Bernoulli, immer noch ohne die Newtonsche Mechanik zur Verfügung
zu haben, wie man das Austreten des Wassers aus einer
Öffnung in einem Behälter dem Huyghensschen Pendel
ähnlich machen konnte. Man bestimme das Absinken des
Schwerpunkts des Wassers in Behälter und Strahl während
eines infinitesimalen Zeitintervalls. Dann stelle man sich
vor, daß sich jedes Wasserteilchen für sich anschließend
zur größten Höhe erhebt, die es mit der am Ende dieses
Zeitintervalls erreichten Geschwindigkeit erreichen kann.
Der Anstieg des gemeinsamen Schwerpunkts der einzelnen Teilchen muß dann dem Absinken des Schwerpunkts
des Wassers in Behälter und Strahl entsprechen. Aus dieser Betrachtung des Problems ergab sich die langgesuchte
Ausflußgeschwindigkeit unmittelbar.

Mir fehlt die Zeit für weitere Beispiele; behaupten möchte ich, die gelernte Fähigkeit, Ähnlichkeiten zwischen
scheinbar ganz verschiedenen Problemen zu sehen, spiele
in den Wissenschaften einen wichtigen Teil der Rolle, die
gewöhnlich den Zuordnungsregeln zugeschrieben wird.
Wird einmal ein neues Problem als analog zu einem bereits gelösten gesehen, so ergibt sich ein passender Formalismus wie auch eine neue Art der Verknüpfung seiner
symbolischen Konsequenzen mit der Natur. Hat man die
Ähnlichkeiten erkannt, so benutzt man einfach die Verknüpfungen, die sich bereits bewährt haben. Diese Fähigkeit, von der Gruppe anerkannte Ähnlichkeiten zu erkennen, halte ich für das, was die Studenten in erster Linie im
Lösen von Aufgaben lernen, sei es mit Papier und Bleistift
oder in einem gut ausgerüsteten Laboratorium. Im Laufe
ihrer Ausbildung wird ihnen eine große Anzahl solcher
Übungsaufgaben gestellt, und die Studenten eines Spezialfaches bearbeiten stets fast genau die gleichen, etwa die
schiefe Ebene, das konische Pendel, die Keplerschen Ellipsen usw. Diese konkreten Probleme mit ihren Lösungen

450  *Praxis und Wissenschaft*

sind das, was ich oben Musterbeispiele genannt habe, die Standardbeispiele einer Gemeinschaft. Sie bilden den dritten kognitiven Hauptbestandteil der disziplinären Matrix und sind ein Beispiel für die zweite Hauptbedeutung des Ausdrucks »Paradigma« in meinem Buch *Die Struktur wissenschaftlicher Revolutionen*. Der Erwerb eines Bestandes von Musterbeispielen ist ebenso wie das Erlernen symbolischer Verallgemeinerungen ein wesentlicher Bestandteil des Vorgangs, durch den der Student in die Erkenntnisleistungen seiner wissenschaftlichen Gruppe eingeführt wird. Ohne Musterbeispiele würde er nie etwas Wesentliches über das lernen, was die Gruppe von Grundbegriffen wie Kraft und Feld, Element und Verbindung, Kern und Zelle weiß.

Ich werde sogleich an Hand eines einfachen Beispiels versuchen, den Begriff der gelernten Ähnlichkeit, der erworbenen Wahrnehmung einer Analogie, zu erläutern. Doch zunächst möchte ich das Problem präzisieren, auf das die Erläuterung abzielt. Es ist eine Binsenwahrheit, daß jeder Gegenstand jedem anderen ähnlich und auch von ihm verschieden ist. Es kommt, so sagt man gewöhnlich, auf die Kriterien an. Wenn jemand von einer Ähnlichkeit oder Analogie spricht, so fragt man ihn deshalb sofort: ähnlich in bezug worauf? Doch in unserem Falle sollte man diese Frage gerade nicht stellen, denn eine Antwort würde uns sofort Zuordnungsregeln liefern. Die Beschäftigung mit Musterbeispielen würde den Studenten nichts lehren, was er nicht auch an Hand solcher Regeln – in Form von Ähnlichkeitskriterien – lernen könnte. Das Aufgabenlösen wäre dann lediglich eine Einübung in der Anwendung von Regeln, und man brauchte gar nicht von Ähnlichkeiten zu reden.

Doch wie ich schon sagte, ist das Aufgabenlösen nicht einfach dies. Viel stärker ähnelt es dem Vexierbild für Kinder, in dem man die Tiergestalten oder Gesichter finden soll, die in der Zeichnung von Buschwerk oder Wolken verborgen sind. Das Kind sucht Gestalten, die den ihm bekannten Tieren oder Gesichtern ähneln. Sind sie einmal gefunden, so lösen sie sich nicht wieder im Hintergrund auf, denn das Kind sieht jetzt das Bild anders. Ebenso versucht der Student der Naturwissenschaft, seine Aufgabe wie diese oder jene Musteraufgabe (exemplary problem) zu sehen, die er schon kennt. Wo es Regeln für ihn gibt, bedient er sich ihrer natürlich. Doch sein Hauptkriterium ist eine Ähnlichkeitswahrnehmung, die logisch wie psychologisch jedem der vielen Kriterien vorgeordnet ist, mittels deren diese Ähnlichkeit hätte erkannt werden können. Nachdem sie erkannt ist, kann man nach Kriterien fragen, und dann lohnt es sich oft auch. Doch man braucht es nicht. Die geistige oder visuelle Einstellung, die man erworben hat, wenn man zwei Probleme als einander ähnlich sehen gelernt hat, läßt sich unmittelbar anwenden. Unter geeigneten Umständen, so möchte ich jetzt zeigen, gibt es eine Möglichkeit, Daten in Ähnlichkeitsklassen zu zerlegen, die nicht von der vorherigen Beantwortung der Frage abhängt: ähnlich in bezug worauf?

Meine Argumentation beginnt mit einer kurzen Abschweifung über den Ausdruck ›Daten‹. Philologisch leitet er sich her von ›das Gegebene‹. Philosophisch meint er – aus Gründen, die tief in der Geschichte der Erkenntnistheorie verwurzelt sind – die von unseren Sinnen gelieferten stabilen Minimalelemente. Wir erhoffen uns zwar keine Sinnesdatensprache mehr, doch Ausdrücke wie ›grün dort‹, ›Dreieck hier‹ oder ›heiß da unten‹, sind immer noch unsere Paradigmen für ein Datum, für das in der Erfahrung Gegebene. Diese Rolle sollten sie in mehrerer Hinsicht spielen. Es sind uns keine elementareren Bestandteile der Erfahrung zugänglich. Immer, wenn wir bewußt mit Daten umgehen, um einen Gegenstand zu identifizieren, ein Gesetz zu entdecken oder eine Theorie zu erfinden, haben wir notwendig mit derartigen Empfin-

452 *Praxis und Wissenschaft*

dungen oder Komplexen von ihnen zu tun. Doch von einem anderen Standpunkt aus sind Empfindungen und ihre Elemente nicht das Gegebene. Theoretisch gesehen statt von der Erfahrung her, gebührt diese Bezeichnung eher den Stimuli. Sie sind uns zwar nur mittelbar, über wissenschaftliche Theorien, zugänglich, doch es sind Stimuli und nicht Empfindungen, die auf unseren Organismus einwirken. Zwischen dem Empfang eines Stimulus und der Empfindungsreaktion, die unser Datum ist, findet eine Menge Verarbeitung durch das Nervensystem statt.

Das alles wäre gar nicht erwähnenswert, wenn Descartes mit der Setzung einer ein-eindeutigen Zuordnung zwischen Stimuli und Empfindungen recht gehabt hätte. Doch wir wissen, daß es nichts dergleichen gibt. Die Wahrnehmung einer Farbe kann durch eine unendliche Vielzahl verschieden kombinierter Wellenlängen hervorgerufen werden. Umgekehrt kann ein gegebener Stimulus viele verschiedene Empfindungen hervorrufen, das Bild einer Ente bei einem Beobachter, das eines Hasen bei einem anderen. Und solche Reaktionen sind nicht völlig angeboren. Man kann lernen, Farben oder Muster zu unterscheiden, die vorher ununterscheidbar waren. In einem noch unbekannten Ausmaß ist die Herstellung von Daten aus Stimuli ein erlernter Vorgang. Nach dem Lernen ruft der gleiche Stimulus ein anderes Datum hervor. Ich komme zu dem Ergebnis, daß Daten zwar die Minimalelemente unserer individuellen Erfahrung sind, aber gemeinsame Reaktionen auf einen gegebenen Stimulus nur bei den Mitgliedern einer verhältnismäßig einheitlichen Gemeinschaft: einer Ausbildungs-, einer wissenschaftlichen oder einer Sprachgemeinschaft.

Ich komme jetzt auf meinen Hauptpunkt zurück, möchte aber keine Beispiele aus der Wissenschaft mehr verwenden, weil diese zwangsläufig außerordentlich kompliziert sind. Statt dessen bitte ich Sie, sich ein kleines Kind vorzustellen, das mit seinem Vater im Zoologischen Garten ist. Es habe vorher gelernt, Vögel zu erkennen und Rotkehlchen von anderen zu unterscheiden. An dem jetzigen Nachmittag lerne es zum erstenmal die Erkennung von Schwänen, Gänsen und Enten. Jeder, der ein Kind unter solchen Umständen etwas gelehrt hat, weiß, daß das primäre pädagogische Mittel das Zeigen ist. Aussagen wie ›Alle Schwäne sind weiß‹ können eine Rolle spielen, brauchen es aber nicht. Für den Augenblick möchte ich sie außer acht lassen, da ich eine andere Lernweise in ihrer reinsten Form herausstellen möchte. Hänschens Belehrung geht also folgendermaßen vor sich. Der Vater zeigt auf einen Vogel und sagt »Sieh mal, Hänschen, das ist ein Schwan«. Kurze Zeit später zeigt Hänschen selbst auf einen Vogel und sagt »Vati, noch ein Schwan«. Er hat aber noch nicht gelernt, was Schwäne sind, und muß berichtigt werden: »Nein, Hänschen, das ist eine Gans«. Hänschens nächster Schwan ist wirklich einer, aber seine nächste »Gans« ist in Wirklichkeit eine Ente, und er wird wieder berichtigt. Doch nach einigen weiteren Begegnungen, jede mit der entsprechenden Berichtigung oder Bestärkung, kann Hänschen diese Wasservögel ebensogut erkennen wie sein Vater. Die Belehrung ist rasch zu Ende gekommen.

Ich frage jetzt, was bei Hänschen vor sich gegangen ist, und ich halte folgende Antwort für sehr einleuchtend. Während des Nachmittags ist ein Teil seines Nervensystems, mit dem er visuelle Stimuli verarbeitet, umprogrammiert worden, und es haben sich die Daten verändert, die aus Stimuli hervorgehen, die vorher alle ›Vogel‹ hervorgerufen hätten. Als er seinen Zoobesuch begann, brachte das Programm in seinem Nervensystem die Unterschiede zwischen einzelnen Schwänen ebenso zur Geltung wie die zwischen Schwänen und Gänsen. Am Ende des Zoobesuchs werden Eigenschaften wie die Länge und Krümmung des Schwanenhalses hervorgehoben und andere unterdrückt, so daß die Schwan-Daten einander entsprechen

454    *Praxis und Wissenschaft*

und sich, anders als vorher, von den Gans- und Ente-Daten unterscheiden. Vögel, die vorher alle gleich ausgesehen hatten (und auch verschieden), werden jetzt in wohlabgegrenzte Gruppen im Wahrnehmungsraum eingeteilt.

Ein solcher Vorgang läßt sich ohne weiteres auf einer Datenverarbeitungsanlage darstellen; ich bin selbst mit den Anfangsstadien eines solchen Experiments beschäftigt. Ein Stimulus in Gestalt einer Kette von $n$ geordneten Ziffern wird in die Maschine eingegeben. Dort wird er durch Anwendung einer vorher festgelegten Transformation auf alle $n$ Ziffern – auf jede Stelle der Kette wird dabei eine andere Transformation angewandt – in ein Datum verwandelt. Jedes so erzeugte Datum ist eine Kette von $n$ Ziffern, ein Ort in einem $n$-dimensionalen Eigenschaftsraum. In diesem Raum stellt die Entfernung zwischen zwei Datenpunkten – gemäß einer euklidischen oder nicht-euklidischen Metrik – deren Ähnlichkeit dar. Aus welchen Stimuli nahe beieinanderliegende, d.h. ähnliche, Daten werden, das hängt natürlich von den Transformationsfunktionen ab. Verschiedene Systeme solcher Funktionen führen zu verschiedenen Häufungen der Daten, zu verschiedenen Ähnlichkeitsstrukturen im Wahrnehmungsraum. Doch die Transformationsfunktionen brauchen nicht festgelegt zu sein. Wenn man der Maschine Stimuli vorlegt, die zu Gruppen zusammengefaßt werden können, und wenn man ihr angibt, welche Stimuli in gleiche und welche in verschiedene Gruppen kommen sollen, so kann sie selbst ein passendes System von Transformationsfunktionen aufstellen. Man beachte, daß beide Bedingungen wesentlich sind. Nicht alle Stimuli lassen sich so transformieren, daß sich Gruppen von Datenpunkten ergeben. Und auch wenn das möglich ist, muß der Maschine, ganz wie dem Kind, erst einmal angegeben werden, welche zusammengehören und welche nicht. Hänschen hat nicht selbst entdeckt, daß da Schwäne, Gänse und Enten waren, sondern es wurde ihm beigebracht.

Abb. 1

Abb. 2

456    *Praxis und Wissenschaft*

Stellen wir jetzt Hänschens Wahrnehmungsraum in einem zweidimensionalen Bild dar, so entspricht die Veränderung bei ihm etwa der von Abb. 1 nach Abb. 2. In der ersten sind Enten, Gänse und Schwäne durcheinandergemischt. In der zweiten haben sie sich zu wohlabgegrenzten Gruppen mit erheblichen Zwischenräumen zusammengefunden. Da Hänschens Vater ihm faktisch mitgeteilt hat, daß Enten, Gänse und Schwäne wohlabgegrenzte natürliche Familien bilden, kann Hänschen mit vollem Recht erwarten, daß alle weiteren Enten, Gänse und Schwäne von Natur aus ins Innere oder auf den Rand einer dieser Familien fallen werden, und daß er auf kein Datum stoßen wird, das in den Zwischenraum fällt. Diese Erwartung kann enttäuscht werden, etwa auf einer Australienreise. Doch sie leistet ihm gute Dienste, solange er zu der Gemeinschaft gehört, die aus der Erfahrung den Nutzen und die Dauerhaftigkeit dieser speziellen Unterscheidungen im Wahrnehmungsraum gelernt hat und die entsprechende Fähigkeit von Generation zu Generation weitergegeben hat.

Indem Hänschen darauf programmiert wurde, zu erkennen, was seine zukünftige Gemeinschaft schon weiß, ist ihm folgenreiche Information zuteil geworden. Er hat gelernt, daß Gänse, Enten und Schwäne wohlabgegrenzte natürliche Familien bilden, und daß es in der Natur keine Gänseschwäne oder Entengänse gibt. Gewisse Eigenschaften kommen zusammen vor; andere Kombinationen kommen nicht vor. Wenn zu den Eigenschaften in den Gruppen die Aggressivität gehört, dann kann der Zoobesuch auch bezüglich des Verhaltens und nicht nur der Alltagszoologie lehrreich gewesen sein. Gänse zischen und beißen, Schwäne und Enten nicht. Das, was Hänschen gelernt hat, ist also durchaus wissenswert. Weiß er nun aber, was die Ausdrücke ›Gans‹, ›Ente‹ und ›Schwan‹ bedeuten? In jedem nützlichen Sinne ja, denn er kann die Bezeichnungen eindeutig und mühelos anwenden und daraus Folgerung bezüglich des Verhaltens ziehen, sei es unmittelbar oder auf dem Wege über allgemeine Aussagen. Andererseits hat er das alles gelernt, ohne auch nur ein einziges Kriterium für die Identifikation von Schwänen, Gänsen oder Enten gelernt zu haben, oder jedenfalls ohne es zu brauchen. Er kann auf einen Schwan zeigen und sagen, es müsse in der Nähe Wasser geben, aber er kann vielleicht gar nicht angeben, was ein Schwan ist.

Kurz, Hänschen hat gelernt, symbolische Bezeichnungen auf die Natur ohne so etwas wie Definitionen oder Zuordnungsregeln anzuwenden. In Ermangelung dieser verwendet er eine erlernte, aber trotzdem elementare Wahrnehmung von Ähnlichkeit oder Verschiedenheit. Beim Erlernen der Wahrnehmung hat er etwas über die Natur gelernt. Dieses Wissen kann danach nicht in Verallgemeinerungen oder Regeln gefaßt werden, wohl aber in die Ähnlichkeitsbeziehung selbst. Ich möchte betonen, daß ich keineswegs glaube, Hänschens Methode sei die einzige, nach der Wissen erworben und gespeichert wird. Ich halte es auch nicht für wahrscheinlich, daß sehr viel menschliches Wissen mit so wenig Rückgriff auf sprachliche Verallgemeinerungen erworben und gespeichert wird. Doch ich lege Wert darauf, daß ein kognitiver Vorgang wie der eben beschriebene ernst zu nehmen ist. Zusammen mit bekannteren Vorgängen wie der symbolischen Verallgemeinerung und der Modellbildung scheint er mir wesentlich für eine richtige Rekonstruktion der wissenschaftlichen Erkenntnis.

Brauche ich noch zu sagen, daß die Schwäne, Gänse und Enten, die Hänschen auf seinem Gang mit seinem Vater begegnet sind, das waren, was ich Musterbeispiele nenne? Sie wurden Hänschen zusammen mit ihren Bezeichnungen vorgeführt als Lösungen eines Problems, das die Mitglieder seiner zukünftigen Gemeinschaft bereits gelöst hatten. Ihre Aneignung ist Teil des Sozialisationsverfahrens, durch das Hänschen zum Glied dieser Gemeinschaft

458    *Praxis und Wissenschaft*

gemacht wird, wobei er etwas über die Welt lernt, in der die Gemeinschaft lebt. Hänschen ist natürlich kein Wissenschaftler, und was er gelernt hat, ist natürlich noch keine Wissenschaft. Doch er könnte ja Wissenschaftler werden, und dann wäre die Methode, die er bei seinem Zoobesuch gelernt hat, immer noch brauchbar. Daß er sie tatsächlich anwendet, würde am deutlichsten werden, wenn er Taxonom würde. Die Herbarien, ohne die kein Botaniker arbeiten kann, sind Vorratskammern wissenschaftlicher Musterbeispiele, und ihre Geschichte ist die der Disziplin, der sie dienen. Doch die gleiche Methode, wenn auch in weniger reiner Form, ist auch für die abstrakteren Wissenschaften von Bedeutung. Ich sagte schon, die Aneignung von Lösungen für Probleme wie die schiefe Ebene und das konische Pendel gehöre zum Lernen dessen, was die Newtonsche Physik ist. Erst wenn eine Anzahl solcher Probleme angeeignet ist, kann der Student oder der fertige Wissenschaftler selbst weitere Probleme der Newtonschen Mechanik aufspüren. Diese Aneignung von Beispielen trägt auch dazu bei, daß er die Kräfte, die Massen und die Einschränkungen bei einem neuen Problem erkennen und einen brauchbaren Formalismus für dessen Lösung hinschreiben kann. Trotz seiner übermäßigen Einfachheit dürfte das Beispiel mit Hänschen zeigen, warum ich stets behaupte, gemeinsame Beispiele hätten wesentliche Erkenntnisfunktionen, die einer Angabe von Kriterien, bezüglich derer sie Beispiele sind, vorangehen.

Ich schließe meine Darlegung, indem ich auf eine entscheidende Frage zurückkomme, die oben im Zusammenhang mit den symbolischen Verallgemeinerungen erörtert wurde. Angenommen, die Wissenschaftler erwerben und speichern tatsächlich Wissen in gemeinsamen Beispielen, muß sich dann der Wissenschaftstheoretiker damit beschäftigen? Kann er nicht statt dessen die Beispiele untersuchen und daraus Zuordnungsregeln ableiten, die in Verbindung mit den formalen Bestandteilen der Theorie die Beispiele überflüssig machen würden? Auf diese Frage habe ich bereits die folgende Antwort vorgeschlagen. Der Wissenschaftstheoretiker hat die Freiheit, Regeln an die Stelle der Beispiele zu setzen, und jedenfalls grundsätzlich kann er dabei auf Erfolg hoffen. Bei diesem Vorgehen wird er jedoch das Wissen der Gemeinschaft, dem die Beispiele entnommen waren, verändern. Faktisch wird er eine Weise der Datenverarbeitung durch eine andere ersetzen. Falls er nicht ganz besonders sorgfältig ist, wird er dabei die Erkenntnis der Gemeinschaft schwächen. Und auch bei aller Sorgfalt wird er die zukünftigen Reaktionen der Gemeinschaft auf gewisse experimentelle Stimuli verändern.

Hänschens Ausbildung, wenn auch nicht in der Wissenschaft, liefert neuartige Gründe für diese Behauptungen. Schwäne, Gänse und Enten durch Zuordnungsregeln statt durch wahrgenommene Ähnlichkeit identifizieren, heißt: geschlossene, sich nicht schneidende Kurven um jede Gruppe in Abb. 2 ziehen. Es ergibt sich ein einfaches Venn-Diagramm mit drei sich nicht überschneidenden Klassen. Alle Schwäne liegen in einer, alle Gänse in einer anderen, usw. Doch wo soll man die Kurven hinlegen? Es gibt unendlich viele Möglichkeiten. Eine davon ist in Abb. 3 wiedergegeben, wo die Grenzen sehr eng um die Vogelbilder in den drei Gruppen gezogen sind. Liegen solche Grenzlinien vor, so kann Hänschen jetzt die Kriterien für die Zugehörigkeit zur Klasse der Schwäne, Gänse oder Enten angeben. Andererseits könnte ihn gleich der nächste Wasservogel, den er sieht, in Verlegenheit bringen. Die eine Gestalt in dem Diagramm ist offensichtlich ein Schwan nach dem Kriterium der wahrgenommenen Ähnlichkeit, doch sie ist weder Schwan noch Gans noch Ente nach den neu eingeführten Zuordnungsregeln für die Klassenzugehörigkeit.

460　*Praxis und Wissenschaft*

Die Grenzen sollten also nicht zu nahe am Rand einer Gruppe von Musterbeispielen gezogen werden. Gehen wir also zum anderen Extrem über (Abb. 4) und ziehen Grenzen, die den größten Teil dieses Gebiets von Hänschens Wahrnehmungsraum den Klassen zuschlagen. Bei dieser Entscheidung bildet kein Vogel, der in die Nähe einer der bestehenden Gruppen gehört, ein Problem, doch dafür hat man sich eine andere Schwierigkeit eingehandelt. Hänschen wußte bisher, daß es keine Gänseschwäne gibt. Die neue Rekonstruktion seines Wissens nimmt ihm diese Information. Dafür gibt sie ihm etwas, was er höchstwahrscheinlich nie braucht – den Namen für ein Vogel-Datum tief in dem leeren Gebiet zwischen Schwänen und Gänsen. Um das Verlorene zu ersetzen, können wir uns vorstellen, daß dem Erkenntnisapparat Hänschens eine Dichtefunktion hinzugefügt wird, die die Wahrscheinlichkeit angibt, an den einzelnen Stellen innerhalb der Schwanengrenze einen Schwan anzutreffen; ähnlich für die Gänse und Enten. Doch diese Funktionen waren in dem ursprünglichen Ähnlichkeitskriterium bereits enthalten. Faktisch wäre man gerade zu dem Datenverarbeitungsmechanismus zurückgekehrt, den man durch etwas anderes ersetzen wollte.

Offenbar ist keine der extremen Methoden für die Ziehung der Klassengrenzen die richtige. Der in Abb. 5 dargestellte Kompromiß ist eindeutig eine Verbesserung. Jeder Vogel in der Nähe einer bestehenden Gruppe gehört zu dieser. Jeder Vogel in der Mitte zwischen Gruppen hat keinen Namen, doch es wird kaum je ein solches Datum geben. Mit solchen Klassengrenzen dürfte Hänschen eine Weile recht gut fahren. Doch mit der Ersetzung seines ursprünglichen Ähnlichkeitskriteriums durch Klassengrenzen hat er nichts gewonnen, wohl aber etwas verloren. Sollen diese Grenzen strategisch brauchbar bleiben, so müssen sie vielleicht jedesmal verschoben werden, wenn Hänschen auf einen weiteren Schwan stößt.

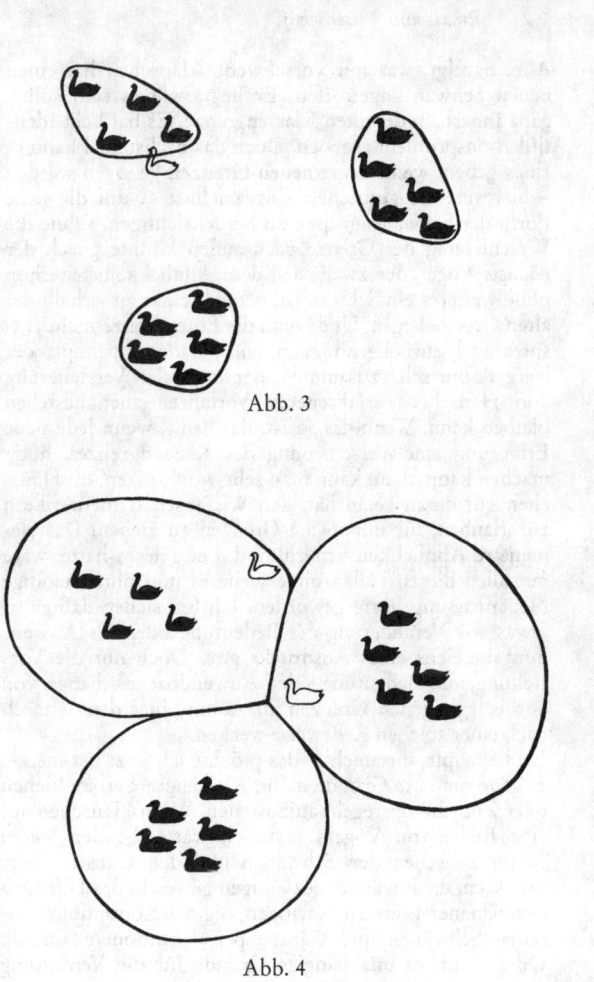

Abb. 3

Abb. 4

462    *Praxis und Wissenschaft*

Abb. 6 zeigt, was mir vorschwebt. Hänschen hat einen neuen Schwan angetroffen. Er liegt, wie es sein sollte, ganz innerhalb der alten Klassengrenze. Es hat kein Identifikationsproblem gegeben. Doch das nächstemal kann es eines geben, wenn keine neuen Grenzen gezogen werden – hier sind sie gestrichelt eingezeichnet –, um die neue Form der Schwanengruppe zu berücksichtigen. Ohne die Verschiebung der Grenze nach außen könnte gleich der nächste Vogel, der zwar nach dem Ähnlichkeitskriterium ohne weiteres ein Schwan ist, gerade schon außerhalb der alten Grenze liegen. Und wenn die Entengrenze nicht entsprechend zurückgenommen wird, dann schrumpft der leere Raum sehr zusammen, der nach der Versicherung von Hänschens erfahreneren Vorfahren aber bestehen bleiben kann. Wenn das so ist, das heißt, wenn jede neue Erfahrung eine Verschiebung der Klassengrenzen nötig machen kann, dann kann man sehr wohl fragen, ob Hänschen gut daran getan hat, den Wissenschaftstheoretikern zu erlauben, für ihn solche Grenzen zu ziehen. Das elementare Ähnlichkeitskriterium, das er gelernt hatte, wäre mit allen diesen Fällen ohne weiteres und ohne ständige Neuanpassung fertig geworden. Ich bin sicher, daß es so etwas wie Veränderung der Bedeutung oder des Anwendungsbereichs eines Ausdrucks gibt. Doch nur die Vorstellung, die Bedeutung oder Anwendbarkeit hänge von vorher gezogenen Grenzen ab, könnte hier den Wunsch nach einer solchen Redeweise wecken.

Ich behaupte aber nicht – das möchte ich jetzt betonen –, es gebe nie gute Gründe dafür, Klassengrenzen zu ziehen oder Zuordnungsregeln aufzustellen. Wenn Hänschen auf eine Reihe von Vögeln gestoßen wäre, die den leeren Raum zwischen den Schwänen und den Gänsen überbrückten, dann wäre er gezwungen gewesen, das Dilemma mittels einer Linie zu beseitigen, die das Kontinuum zwischen Schwänen und Gänsen per definitionem aufteilt. Oder wenn es unabhängige Gründe für die Vermutung

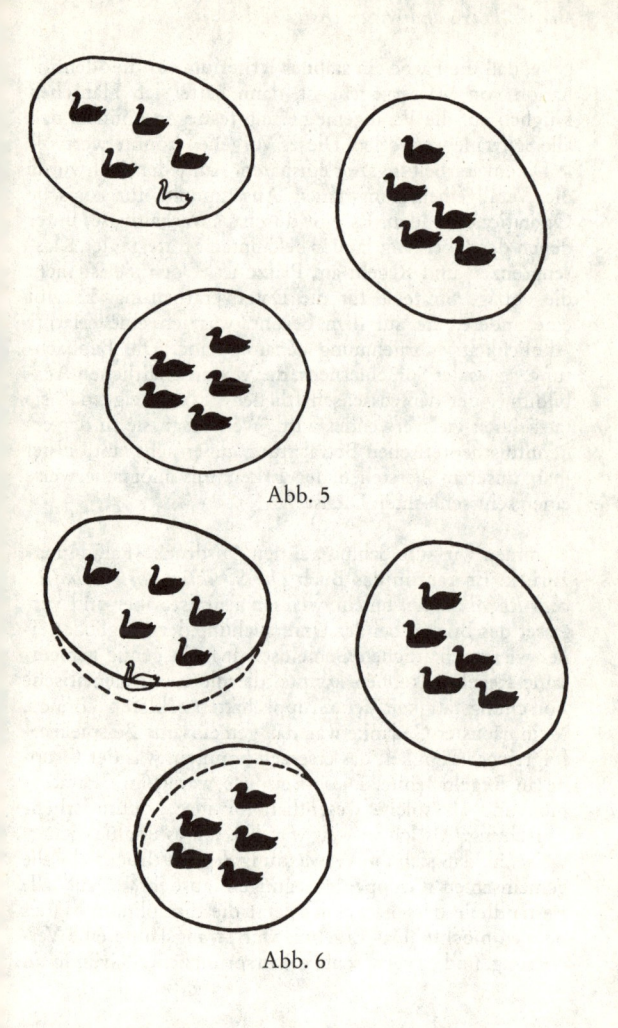

Abb. 5

Abb. 6

464    *Praxis und Wissenschaft*

gäbe, daß die Farbe ein stabiles Kriterium für die Identifikation von Wasservögeln ist, dann hätte sich Hänschen
klüglich auf die Verallgemeinerung festlegen können, daß
alle Schwäne weiß seien. Dieses Vorgehen könnte wertvolle Datenverarbeitungszeit einsparen. Auf jeden Fall würde
die Verallgemeinerung einen Ansatzpunkt für logische
Operationen bilden. Es gibt durchaus Verhältnisse, unter
denen der Übergang zu der bekannten Strategie der Klassengrenzen und Regeln am Platze ist. Doch sie ist nicht
die einzige Strategie für die Datenverarbeitung. Es gibt
eine andere, die auf dem beruht, was ich eine erlernte
Ähnlichkeitswahrnehmung genannt habe. Die Beobachtung, sei es des Sprachlernens, der wissenschaftlichen Ausbildung oder der wissenschaftlichen Praxis, zeigt, daß sie
tatsächlich viel verwendet wird. Wenn man sie in der erkenntnistheoretischen Betrachtung außer acht läßt, leistet
man unserem Verstehen der Erkenntnis möglicherweise
einen sehr schlechten Dienst.

Kommen wir zum Schluß auf den Ausdruck »Paradigma«
zurück. Er kam in das Buch *Die Struktur wissenschaftlicher Revolutionen* hinein, weil ich als Historiker und Ver-
fasser des Buches bei der Untersuchung der Mitglieder einer wissenschaftlichen Gemeinschaft nicht genug gemeinsame Regeln erkennen konnte, die die unproblematische
Forschungstätigkeit der Gruppe hätten erklären können.
Mein nächster Gedanke war, daß gemeinsame Beispiele er-
folgreicher Tätigkeit das ersetzen könnten, was der Gruppe an Regeln fehlte. Diese Beispiele waren ihre Paradigmen und als solche wesentlich für ihre kontinuierliche
Forschung. Als ich so weit war, ließ ich es unglücklicherweise zu, daß sich die Verwendung des Ausdrucks auf alle
gemeinsamen Gruppenfestlegungen ausdehnte, auf alle
Bestandteile dessen, was ich jetzt die disziplinäre Matrix
nennen möchte. Das Ergebnis war zwangsläufig eine Verwirrung, und es verwischte die ursprünglichen Gründe für

*Thomas S. Kuhn* 465

die Einführung eines besonderen Ausdrucks. Doch diese sind immer noch gültig. Gemeinsame Beispiele können kognitive Funktionen haben, die man gewöhnlich gemeinsamen Regeln zuschreibt; dann entwickelt sich die Erkenntnis anders, als wenn sie von Regeln beherrscht ist. In dieser Arbeit wollte ich vor allem einige dieser wesentlichen Punkte herausarbeiten, klären und begründen. Wenn sie einsichtig geworden sind, so werden wir mit einer gewissen Erleichterung auf den Ausdruck ›Paradigma‹ verzichten können, nicht aber auf den Begriff, der zu seiner Einführung Anlaß gegeben hat.

# Paul Feyerabend

*Paul Feyerabend hatte sich als spätes Mitglied der Wiener Schule, zu der etwa auch Bela Juhos gehört, eigentlich Wittgenstein in Cambridge anschließen wollen. Nach dessen Tod orientiert er sich in seinen Arbeiten zur Wissenschafts- und Erkenntnistheorie zunächst an Poppers Kritik am logischen Empirismus. Mit Wittgenstein erkennt er dabei schon früh die Rolle der realen, nicht formalen Sprache für die Darstellung von Wissen. Sie bildet den Rahmen für das, was artikulierbares und damit verbal lehrbares Wissen ausmacht. Feyerabend sieht daher in ihrer Provinzialität, ihrem durch den Ausdruck begrenzten Denkhorizont, das tiefste Problem einer Wissenschaftsphilosophie und Wissenschaftstheorie, deren Idealmodell sprachlicher Darstellung von Wissen die exakte Naturwissenschaft bzw. die mathematische Physik ist. Statt die Perspektive einer derartigen Einzelwissenschaft apologetisch zu verteidigen oder gar zum allgemeinen Muster oder Paradigma jeder echten Wissenschaft zu erklären, sollte die Philosophie lieber den Pluralismus der Formen des Wissens aufzeigen und auf die faktische Bedeutung der Geschichte und vielleicht auch von (metaphysischen) Vorurteilen in den Wissenschaften hinweisen. Dies gilt sowohl für die sprachtechnisch so wichtigen theoretischen Begriffe als auch für das Gesamtprojekt der Wissenschaft selbst.*

*Da Feyerabend dieses Projekt als freie Kooperation ansieht, argumentiert er gegen jedes selbsternannte Expertentum. Wie Rorty erkennt er die Gefahr des Missbrauchs normativer Wörter wie »Rationalität«, »Vernunft« und »Wahrheit« im Kontext der Verteidigung einer Hierarchie von Mandarinen der Wissenschaft. Es ist daher durchaus ein demokratischer Zug in seiner Kritik an einer Wissenschaftstheorie, welche sich selbst zum Schiedsrichter über wissenschaftliche Rationalität erklärt, indem sie mit scheinbar plausiblen Kriterien der Vernunft und Wahrheit operiert. Diese Kritik richtet sich ebenso gegen den logischen Empirismus des Wiener Kreises und der Berliner Schule um Hans Reichenbach wie später auch gegen Poppers kritischen Rationalismus oder Lorenzens Konstruktive Wissenschaftstheorie und damit insgesamt gegen die (Selbst-)Überschätzung einer Wissenschaftsphilosophie, die sich dogmatisch zum Experten der Wissenschaftskritik erklärt. Wie Foucault unterstützt Feyerabend dagegen materiale Untersuchungen zum historischen und lebensweltlichen Status einer Wissenschaft. Und wie Deleuze fordert er die freie Debatte über den Ort, Sinn und die Grenzen einer wissenschaftlichen Disziplin unter Einschluss des philosophischen Diskurses selbst. Angesichts der erwartbaren Missverständnisse nennt er seine Kritik an der überschätzten Rolle methodischer Standards für die Wissenschaft ironisch »anarchistische« bzw. »dadaistische« Erkenntnistheorie – und erkennt damit ähnlich wie Rorty, dass die Ironie die angemessene tropisch-rhetorische Form der freien Kritik ist. Sie verlangt vom Leser die freie Rekonstruktion des Problems und das freie Urteil darüber, wie weit die Kritik trägt.*

## ›Anything goes‹

Maßstäbe werden kritisiert durch Forschungsverfahren, die ihnen widersprechen. Das wurde im letzten Abschnitt gezeigt. Wir beurteilen und bewerten solche Verfahren, indem wir allmählich eine neue Praxis der wissenschaftlichen Forschung aufbauen: unsere Bewertungen sind antizipierend, nicht konservativ. Der Verlauf antizipierender Bewertungen und der durch sie geleiteten Forschungsergebnisse kann nicht vorausgesehen werden. *Gründen wir unsere Beurteilung auf die akzeptierten Maßstäbe*, so können wir nur sagen: *anything goes*.

468    *Praxis und Wissenschaft*

Man beachte den Zusammenhang, in dem diese Behauptung aufgestellt wird. ›Anything goes‹ ist nicht das eine und einzige ›Prinzip‹ einer neuen von mir empfohlenen Methodologie. Ich empfehle keine ›Methodologie‹, ganz im Gegenteil, ich betone, daß die Erfindung, Überprüfung, Anwendung methodologischer Regeln und Maßstäbe die Sache der konkreten wissenschaftlichen Forschung und nicht des philosophischen Träumens ist. Philosophen haben in der Methodologie nichts zu suchen, außer sie nehmen an der wissenschaftlichen Forschung selbst teil. ›Anything goes‹ ist die Weise, in der traditionelle Rationalisten, die an universelle Maßstäbe und Regeln der Vernunft glauben, meine Darstellung von Traditionen, ihrer Wechselwirkung und ihrer Änderungen werden beschreiben müssen. *Für sie* ist das Bild der Wissenschaften, das aus der historischen Forschung hervorgeht und ihre ›Rekonstruktionen‹ ersetzt, in der Tat ohne Regel, ohne Vernunft und alles, was sie angesichts dieses Bildes sagen können, ist: anything goes.

Andrerseits kann der Forscher, der inmitten unerklärter Schwierigkeiten und unverstandener Meßresultate nach einer neuen Theorie oder einem neuen Weltbild sucht und entsprechende Vorschläge macht, sehr wohl gute Gründe für diese Vorschläge angeben. Die Gründe entsprechen nicht immer den Maßstäben der Rationalität, sie verletzten sie gelegentlich in höchst auffälliger Weise, aber sie sind sinnvoll im Rahmen neuer kosmologischer Ideen und sie helfen uns, das den Forscher umgebende Chaos als eine mehr oder weniger deutliche Manifestation dieses Rahmens zu sehen (ungeprüfte und unprüfbare Annahmen über Approximationen, Störungen, Wechselwirkungen spielen dabei eine wichtige Rolle – vgl. das in *Against Method* über das Vorgehen Galileis Gesagte). Die Argumente, die auf solchen Gründen beruhen, sind *dialektische Argumente*, sie verwenden nicht feste Maßstäbe, sondern eine sich ständig ändernde Rationalität, und sie sind

*Paul Feyerabend* 469

oft die ersten Schritte auf dem Weg zu einer ganz neuen Rationalitätsform. Das ist übrigens auch die Weise, in der intelligente Menschen bei der Lösung von Alltagsproblemen vorgehen – sie beginnen mit gewissen Regeln und Bedeutungen und sie enden bei ganz anderen Regeln und Bedeutungen. Es ist kein Wunder, daß die meisten Revolutionäre in den Wissenschaften eine ungewöhnliche Entwicklung hatten und sich als Dilettanten, nicht als Fachleute sahen.

Ich bestreite nicht, daß es in den Wissenschaften dunkle Hinterzimmer gibt, in denen man sich streng an genau umschriebene Regeln und Maßstäbe hält. Traditionen sind Menschenwerk und sie spiegeln die Einstellung der an ihnen teilnehmenden Forscher. Auch gibt es in der Welt Bereiche, wie etwa die Astronomie oder gewisse Teile der Physik, in denen man mit einfachen abstrakten Regeln sehr weit kommt. Das hat sowohl Wissenschaftler als auch Philosophen verführt und in ihrem Glauben an eine universelle Methodologie bestärkt. Als die Aristotelische Lehre im 16. und 17. Jahrhundert in der Astronomie und der Physik in Schwierigkeiten kam, hielt man sie für ganz verfehlt und beseitigte sie auch auf anderen Gebieten, *ohne die in diesen Gebieten maßgebenden Erscheinungen näher untersucht zu haben.* So zum Beispiel reformierte man die Medizin und machte sie ›wissenschaftlich‹, das heißt, man zog sie nach Newtonschen Prinzipien auf, ohne Beachtung der ganz anderen Verfahren, die in der Vergangenheit zur Heilung von Kranken geführt hatten. Im 20. Jahrhundert stellte es sich heraus, daß man selbst in der Physik etwas voreilig gehandelt hatte. Wie kam es zur Entdeckung? Durch mutwillige Störungen einer scheinbar friedlichen Entwicklung auf ein umfassendes ›klassisches‹ Weltbild hin. Wieder haben Handlungen, die Rationalisten nur mit ›anything goes‹ beschreiben können, zu Ergebnissen geführt, die dieselben Rationalisten nun zu den größten Errungenschaften des menschlichen Geistes zählen.

470    *Praxis und Wissenschaft*

Lernen wir davon, daß rationales Forschen nur vorübergehend von Nutzen ist und daß antizipierende Untersuchungen und freie Debatten zu den Grundbestandteilen der Wissenschaften und des fruchtbaren menschlichen Denkens gehören!

# Bio-bibliographische Hinweise

## Gertrude Elizabeth Margaret Anscombe (1919–2001)

Geboren am 18. März 1919. Anscombe studierte Klassische Philologie und Philosophie am St. Hugh's College in Oxford und lehrte 1946–70 am Somerville College in Oxford. Von 1970 bis zu ihrer Emeritierung 1986 war sie Professorin für Philosophie in Cambridge und hielt zahlreiche Vorlesungen auch in den USA, u. a. die Stanton Lectures on Philosophy of Religion. Sie starb am 5. Januar 2001 in Oxford.

Intention. Oxford 1957.
The first Person. In: S. Guttenplan (Hrsg.): Mind and Language. Oxford 1975. S. 45–65.
Collected Philosophical Papers. Minneapolis 1981.
(Zus. mit P. Geach:) Three Philosophers. Ithaca (N. Y.) / New York / London / Oxford 1961. Ithaca (N. Y.) ⁵1976.

## Karl-Otto Apel (*1922)

Geboren am 15. März 1922 in Düsseldorf. Apel studierte Philosophie in Bonn, u. a. bei Erich Rothacker. Er promovierte 1950 über Heidegger und habilitierte sich 1963. 1962–69 lehrte er als o. Prof. für Philosophie in Kiel, 1969–72 in Saarbrücken, danach bis 1989 in Frankfurt a. M.

Die Idee der Sprache in der Tradition des Humanismus von Dante bis Vico. Bonn 1963. (Archiv für Begriffsgeschichte 8.) 2., durchges. Aufl. Bonn 1975.
Transformation der Philosophie. 2 Bde. Frankfurt a. M. 1973.
Die Erklären-Verstehen-Kontroverse in transzendental-pragmatischer Sicht. Frankfurt a. M. 1979.
Diskurs und Verantwortung. Das Problem des Übergangs zur postkonventionellen Moral. Frankfurt a. M. 1988.
Auseinandersetzungen in Erprobung des transzendentalpragmatischen Ansatzes. Frankfurt a. M. 1998.

472    Bio-bibliographische Hinweise

## Robert B. Brandom (*1950)

Geboren am 13. März 1950 in Buffalo (N. Y.). Brandom studierte an der Yale University (B. A. 1972) und promovierte 1977 in Princeton bei Richard Rorty und David Lewis. Seit 1976 lehrt er in Pittsburgh, seit 1998 als Distinguished Service Professor. Brandom ist Fellow der American Academy of Arts and Sciences.

Making It Explicit. Reasoning, Representing, and Discursive Commitment. Cambridge (Mass.) 1994. – Dt.: Expressive Vernunft. Begründung, Repräsentation und diskursive Festlegung. Frankfurt a. M. 2000.

Articulating Reason. An Introduction to Inferentialism. Cambridge (Mass.) 2000. – Dt.: Begründen und Begreifen. Eine Einführung in den Inferentialismus. Frankfurt a. M. 2001.

Tales of the Mighty Dead. Historical Essays in the Metaphysics of Intentionality. Cambridge (Mass.) 2002.

(Hrsg.) Rorty and His Critics. Oxford 2000.

(Hrsg., mit Nicholas Rescher) The Logic of Inconsistency. Oxford 1980.


## Stanley Cavell (*1926)

Geboren am 1. September 1926 in Atlanta (Georgia). Cavell studierte Musikwissenschaften (B. A. in Berkeley 1947). Er lehrte als Junior Fellow in Philosophie u. a. an der Harvard University. Von 1963 bis 1997 Professor of Aesthetics and the General Theory of Value, Harvard University. Gastprofessuren u. a. in Heidelberg, Paris und Wien.

Must We Mean What We Say? A Book of Essays. New York 1969. Nachdr. Cambridge 1976.

The World Viewed. Reflections on the Ontology of Film. New York 1971. Erw. Ausg. Harvard 1979.

The Senses of Walden. New York 1972. Erw. Ausg. San Francisco 1980. Nachdr. Chicago 1992.

The Claim of Reason. Wittgenstein, Skepticism, Morality, and Tragedy. Oxford 1979. (Nachdr. 1999.)

Pursuits of Happiness. The Hollywood Comedy of Remarriage. Harvard 1991.

*Bio-bibliographische Hinweise* 473

Disowning Knowledge in Six Plays of Shakespeare. Cambridge 1987.

In Quest of the Ordinary. Lines of Skepticism and Romanticism. Chicago 1988. Tb.-Ausg. 1994.

Conditions Handsome and Unhandsome. The Constitution of Emersonian Perfectionism. Chicago 1990 / La Salle (Ill.) 1991.

Philosophical Passages. Wittgenstein, Emerson, Austin, Derrida. Oxford 1995.

Nach der Philosophie. Essays von Stanley Cavell. Hrsg. von Kurt R. Fischer und Ludwig Nagl. Wien 1987. Erw. Neuaufl. Berlin 2001. (Deutsche Zeitschrift für Philosophie. Sonderband 1.)


Donald Herbert Davidson (1917–2003)

Geboren am 6. März 1917 in Springfield (Mass.). Davidson studierte an der Harvard University, u. a. bei Quine. Seit 1981 war er Professor an der University of California, Berkeley. Gastprofessuren hatte er u. a. an den Universitäten von Tokio, Oxford, Pittsburgh und Paris.

Essays on Actions and Events. Oxford 1980. – Dt.: Handlung und Ereignis. Frankfurt a. M. 1990.

Inquiries into Truth and Interpretation. Oxford 1984. – Dt.: Wahrheit und Interpretation. Frankfurt a. M. 1986.

Der Mythos des Subjektiven. Philosophische Essays. Stuttgart 1993. (RUB 8845.)


Gilles Deleuze (1925–1995) / Félix Guattari (1930–1992)

Gilles Deleuze wurde am 18. Januar 1925 in Paris geboren. Von 1969 bis zu seiner Emeritierung 1987 war er Professor für Philosophie an der Universität Paris-St. Denis (ehem. Vincennes). Er starb am 4. November 1995.

Nietzsche et la Philosophie. Paris 1962.

Foucault. Paris 1987. – Dt. Frankfurt a. M. 1992.

Das Bewegungsbild. Kino 1. Frankfurt a. M. 1989.

Das Zeitbild. Kino 2. Frankfurt a. M. 1991.

Die Falte. Leibniz und der Barock. Frankfurt a. M. 1995.

474    *Bio-bibliographische Hinweise*

Félix Guattari wurde am 30. April 1930 in Paris geboren. Er starb am 29. August 1992 in der psychiatrischen Klinik La Borde nahe Blois in Frankreich, zu deren Gründern er gehört hatte. Zusammen mit Deleuze hat er u. a. folgende Bücher verfasst:

L'Anti-Œdipe. Capitalisme et Schizophrénie I. Paris 1972. – Dt.: Anti-Ödipus. Kapitalismus und Schizophrenie. Frankfurt a. M. 1974.
Mille Plateaux. Capitalisme et schizophrénie II. Paris 1980. – Dt.: Tausend Plateaus. Berlin 1992.
Qu'est-ce que la philosophie? Paris 1991. – Dt.: Was ist Philosophie? Frankfurt a. M. 1996.


Jacques Derrida (*1930)

Geboren am 15. Juli 1930 in El Biar nahe Algier (Algerien). Derrida ist Professor für Philosophiegeschichte an der École Normale Supérieure in Paris und unterrichtet regelmäßig an der New York University und an anderen Orten in den USA.

Edmund Husserl: L'origine de la géométrie. Übers. und Einf. von J. D. Paris 1962. – Dt.: Husserls Weg in die Geschichte am Leitfaden der Geometrie. Ein Kommentar zur Beil. III der »Krisis«. München 1987.
La voix et le phénomène. Paris 1967. – Dt.: Die Stimme und das Phänomen. Ein Essay über das Problem des Zeichens in der Philosophie Husserls. Frankfurt a. M. 1979.
La dissémination. Paris 1972.
De la grammatologie. Paris 1967. – Dt.: Grammatologie. Frankfurt a. M. 1974.
L'écriture et la différance. Paris 1967. – Dt.: Die Schrift und die Differenz. Frankfurt a. M. 1976.
De l'esprit. Heidegger et la question. Paris 1987. – Dt.: Vom Geist. Heidegger und die Frage. Frankfurt a. M. 1988.
Marges de la philosophie. Paris 1972. – Dt.: Randgänge der Philosophie. Frankfurt a. M. 1976.
Einsprachigkeit. Über Weltbürgertum und Gastfreundschaft. München 2003.

## Bio-bibliographische Hinweise 475

### Paul Karl Feyerabend (1924–1994)

Geboren am 13. Januar 1924 in Wien. Seit 1959 war Feyerabend Professor für Philosophie an der University of California, Berkeley. Von 1980 bis zu seiner Emeritierung 1990 lehrte er in Zürich. Feyerabend starb am 11. Februar 1994 in Genolier (Schweiz).

Knowledge without Foundations. Oberlin (Ohio) 1961.

Against Method. Outline of an Anarchistic Theory of Knowledge. In: M. Radner / S. Winokur (Hrsg.): Analyses of Theories and Methods of Physics and Psychology. Minneapolis 1970. (Minnesota Studies in the Philosophy of Science IV. S. 17–130.) Erw. Ausg.: Against Method. London 1975. – Dt. (nochmals erw. Ausg.): Wider den Methodenzwang. Skizze einer anarchistischen Erkenntnistheorie. Frankfurt a. M. 1976.

Von der beschränkten Gültigkeit methodologischer Regeln. In: Neue Hefte für Philosophie 2–3 (Dialog als Methode). 1972. S. 124–171.

Science in a Free Society. London 1978. – Dt.: Erkenntnis für freie Menschen. Frankfurt a. M. 1979.

Der wissenschaftstheoretische Realismus und die Autorität der Wissenschaften. (Ausgewählte Schriften I.) Braunschweig/Wiesbaden 1978.

Probleme des Empirismus. Braunschweig/Wiesbaden 1981.

Farewell to Reason. London 1987. – Dt.: Irrwege der Vernunft. Frankfurt a. M. 1989.

### Philippa Foot (*1920)

Geboren 1920 in Owston Ferry (England). Foot studierte Philosophie, Politik und Ökonomie am Somerville College in Oxford, wo sie seit 1947 auch lehrte. Von 1976 bis zu ihrer Emeritierung 1991 war sie Professorin für Philosophie an der University of California in Los Angeles. Seitdem lebt und arbeitet sie wieder in Oxford.

(Hrsg.) Theories of Ethics. Oxford 1967.

Virtues and Vices and Other Essays in Moral Philosophy. Oxford 1978.

Natural Goodness. Oxford 2001.

Die Wirklichkeit des Guten. Moralphilosophische Aufsätze. Hrsg. von U. Wolf und A. Leist. Frankfurt a. M. 1997.

476    *Bio-bibliographische Hinweise*

## Michel Paul Foucault (1926–1984)

Geboren am 15. Oktober 1926 in Poitiers. Nach dem Studium der
Philosophie und einem Diplom in Psychopathologie arbeitete
Foucault zunächst in Uppsala, Warschau und Hamburg. Seit 1962
war er Professor der Philosophie in Clermont-Ferrand, 1968–70
in Paris-Vincennes, seit 1970 Professor für Geschichte der Denk-
systeme am Collège de France. Foucault starb am 25. Juni 1984 in
Paris.

Maladie mentale et personnalité. Paris 1954. Neudr.: Maladie mentale et psychologie. ²1955. – Dt.: Psychologie und Geisteskrank-
heit. Frankfurt a. M. 1968.
Folie et déraison. Histoire de la folie à l'age classique. Paris 1961.
²1972. – Dt.: Wahnsinn und Gesellschaft. Eine Geschichte des
Wahns im Zeitalter der Vernunft. Frankfurt a. M. 1969.
Naissance de la clinique. Une archéologie du regard médical. Paris
1963. ²1972. – Dt.: Die Geburt der Klinik. Eine Archäologie des
ärztlichen Blicks. München 1973.
Archäologie des Wissens. Frankfurt a. M. 1973.
Les mots et les choses. Une archéologie des sciences humaines. Pa-
ris 1966. – Dt.: Die Ordnung der Dinge. Eine Archäologie der
Humanwissenschaften. Frankfurt a. M. 1971.
L'ordre du discours. Paris 1971. – Dt.: Die Ordnung des Diskur-
ses. München 1974. Tb.-Ausg. Frankfurt a. M. / Wien 1977.
(Hrsg.) Der Fall Rivière. Materialien zum Verhältnis von Psychia-
trie und Strafjustiz. Frankfurt a. M. 1976.
Von der Subversion des Wissens. Hrsg. von W. Seitter. München
1974. Tb.-Ausg. Frankfurt a. M. / Wien 1979.
Surveiller et punir. La naissance de la prison. Paris 1975. – Dt.:
Überwachen und Strafen. Die Geburt des Gefängnisses. Frank-
furt a. M. 1976. ²1977.
Histoire de la sexualité. 3 Bde. Paris 1976–84. – Dt.: Sexualität und
Wahrheit. Bd. 1: Der Wille zum Wissen. Frankfurt a. M. 1977.
Bd. 2: Der Gebrauch der Lüste. Frankfurt a. M. 1986. Bd. 3: Die
Sorge um sich. Frankfurt a. M. 1986.
Foucault. A Critical Reader. Hrsg. von D. C. Hoy. Oxford 1986.

## Bio-bibliographische Hinweise 477

### Herbert Paul Grice (1913–1990)

Geboren am 15. März 1913 in Birmingham. Von 1938 bis 1967 war Grice Fellow und Tutor am St. John's College in Oxford, 1967–80 Professor für Philosophie an der University of California, Berkeley. Er starb am 28. August 1990 in Berkeley.

Studies in the Ways of Words. Cambridge (Mass.) / London 1989.
(Zus. mit P. F Strawson:) Personal Identity. In: Mind 50 (1941). S. 330–350.
Method in Philosophical Psychology (From the Banal to the Bizarre). In: Proceedings and Adresses of the American Philosophical Association 48 (1975). S. 23–53.
Actions and Events. In: Pacific Philosophical Quarterly 67 (1986). S. 1–35.
Aristotle on the Multiplicity of Being. In: Pacific Philosophical Quarterly 69 (1988). S. 175–200.


### Jürgen Habermas (*1929)

Geboren am 18. Juni 1929 in Düsseldorf. 1954 philosophische Promotion in Bonn (bei E. Rothacker); 1961 Habilitation in Marburg, 1961–64 a.o. Professor der Philosophie in Heidelberg, 1964–71 o. Professor der Philosophie und Soziologie in Frankfurt, 1971–80 Direktor am Max-Planck-Institut zur Erforschung der Lebensbedingungen der wissenschaftlich-technischen Welt in Starnberg, 1980–82 am Max-Planck-Institut für Sozialwissenschaften in München, seit 1971 Honorarprofessor, seit 1982 o. Professor der Philosophie in Frankfurt a.M.

Strukturwandel der Öffentlichkeit. Untersuchungen zu einer Kategorie der bürgerlichen Gesellschaft. Neuwied 1962.
Theorie und Praxis. Sozialphilosophische Studien. Neuwied 1963. Erw. Ausg. Frankfurt a.M. 1971.
Erkenntnis und Interesse. Frankfurt a.M. 1968. 1973 (mit neuem Nachwort).
Technik und Wissenschaft als »Ideologie«. Frankfurt a.M. 1968.
(Zus. mit Th. W. Adorno, H. Albert u. a.:) Der Positivismusstreit in der deutschen Soziologie. Neuwied/Berlin 1969.

478    Bio-bibliographische Hinweise

Zur Logik der Sozialwissenschaften. Frankfurt a.M. 1970. Erw.
    Ausg. 1982.
Philosophisch-politische Profile. Frankfurt a.M. 1971.
Legitimationsprobleme im Spätkapitalismus. Frankfurt a.M. 1973.
Kultur und Kritik. Verstreute Aufsätze. Frankfurt a.M. 1973.
Wahrheitstheorien. In: H. Fahrenbach (Hrsg.): Wirklichkeit und
    Reflexion. Festschrift für W. Schulz. Pfullingen 1973. S. 211–
    265.
Zur Rekonstruktion des Historischen Materialismus. Frankfurt
    a.M. 1976.
Was heißt Universalpragmatik? In: K.-O. Apel (Hrsg.): Sprach-
    pragmatik und Philosophie. Frankfurt a.M. 1976. S. 174–272.
Politik, Kunst, Religion. Essays über zeitgenössische Philosophen.
    Stuttgart 1978. (RUB 9902.)
Kleine politische Schriften (I–IV). Frankfurt a.M. 1981.
Theorie des kommunikativen Handelns. 2 Bde. Frankfurt a.M.
    1981.
Moralbewußtsein und kommunikatives Handeln. Frankfurt a.M.
    1983.
Der philosophische Diskurs der Moderne. Frankfurt a.M. 1984.
Wahrheit und Rechtfertigung. Frankfurt a.M. 1999.
Kommunikatives Handeln und detranszendentalisierte Vernunft.
    Stuttgart 2001. (RUB 18164.)

Friedrich Kambartel (*1935)

Geboren am 17. Februar 1935 in Münster (Westfalen). Kambartel
studierte Physik, Mathematik, mathematische Logik und Philosophie (Promotion 1959) in Münster. 1966–92 Professor für Philosophie an der Universität Konstanz, 1992–2000 an der Johann-Wolf-
gang-Goethe-Universität Frankfurt a.M.

Erfahrung und Struktur. Bausteine zu einer Kritik des Empirismus
    und Formalismus. Frankfurt a. M. 1968. [2]1976.
Was ist und soll Philosophie? Konstanz 1968. [2]1974.
Theorie und Begründung. Studien zum Philosophie- und Wissen-
    schaftsverständnis. Frankfurt a.M. 1976.
Philosophie der humanen Welt. Abhandlungen. Frankfurt a.M.
    1989.
Philosophie und Politische Ökonomie. Göttingen 1998.

*Bio-bibliographische Hinweise* 479

## Saul Aron Kripke (*1940)

Geboren am 13. November 1940 in Bay Shore (N. Y.). Seit 1977 ist Kripke Professor für Philosophie an der University of Princeton.

A Completeness Theorem in Modal Logic. In: Journal of Symbolic Logic 24 (1959). S. 1–14.

Semantical Considerations on Modal Logic. In: Proceedings of a Colloquium on Modal and Many-Valued Logics, Helsinki, 23–26 August, 1962. Helsinki 1963. (Acta Philosophica Fennica 16.) S. 83–94. Nachdr. in: L. Linsky (Hrsg.): Reference and Modality. Oxford 1971. S. 63–72.

Semantical Analysis of Intuitionistic Logic I. In: J. N. Crossley / M. A. E. Dummett (Hrsg.): Formal Systems and Recursive Functions. Proceedings of the Eighth Logic Colloquium Oxford, July 1963. Amsterdam 1965. S. 92–130.

Semantical Analysis of Modal Logic II. Non-Normal Modal Propositional Calculi. In: J. W. Addison / L. Henkin / A. Tarski (Hrsg.): The Theory of Models. Proceedings of the 1963 International Symposium at Berkeley. Amsterdam 1965. S. 206–220.

Naming and Necessity [Vorlesungen 1970]. In: D. Davidson / G. Harman (Hrsg.): Semantics of Natural Language. Dordrecht/ Boston 1972. S. 253–355 (Addenda S. 763–769). Erw. separater Neudr. Oxford / Cambridge (Mass.) 1980.

Outline of a Theory of Truth. In: The Journal of Philosophy 72 (1975). S. 690–716.

Is There a Problem about Substitutional Quantification? In: G. Evans / J. McDowell (Hrsg.): Truth and Meaning. Essays in Semantics. Oxford 1976. S. 325–419.

Wittgenstein on Rules and Private Language. An Elementary Exposition. In: I. Block (Hrsg.): Perspectives on the Philosophy of Wittgenstein. Oxford 1981. S. 238–312. Erw. separater Neudr. Oxford / Cambridge (Mass.) 1982.

480    *Bio-bibliographische Hinweise*

## Thomas Samuel Kuhn (1922–1996)

Geboren am 18. Juli 1922 in Cincinnati (Ohio). Kuhn studierte
Theoretische Physik an der Harvard University (Promotion 1949)
und lehrte vor allem Wissenschaftsgeschichte an den Universitäten
Harvard (1948–56), Berkeley (1961–64) und Princeton (1968–79).
Seit 1983 bis zu seiner Emeritierung 1992 war Kuhn Professor für
Philosophie am Institute of Technology in Cambridge (Massachu-
setts). Er starb dort am 17. Juni 1996.

The Copernican Revolution. Cambridge (Mass.) 1957.
The Structure of Scientific Revolutions. Chicago 1962. [2]1970.
Logic of Discovery or Psychology of Research? – Reflections on
   my Critics. In: I. Lakatos / A. Musgrave (Hrsg.). Criticism and
   the Growth of Knowledge. Cambridge 1970. S. 1–23.
The Essential Tension. Chicago 1977.
Die Entstehung des Neuen. Studien zur Struktur der Wissen-
   schaftsgeschichte. Hrsg. von L. Krüger. Frankfurt a. M. 1978.
Commensurability, Comparability, Communicability. In: P. D. As-
   quith / P. Kitcher (Hrsg.): Proceedings of the 1982 Biennial
   Meeting of the Philosophy of Science Association. Bd. 2. East
   Lansing (Mich.) 1983. S. 669–688.
The Rationality of Theory Choice. In: The Journal of Philosophy
   80 (1983). S. 563–570.

## Jean-François Lyotard (1924–1998)

Geboren am 10. August 1924 in Versailles. 1959–66 Assistent an
der Sorbonne, 1972 Professor für Philosophie an der Universität
Paris - St. Denis (ehem. Vincennes). Seit seiner Emeritierung 1987
lehrte er als Gastprofessor an verschiedenen Universitäten, u. a. in
Berkeley, Irvine, Yale und Emory. Er starb am 21. April 1998 in
Paris.

La Phénoménologie. Paris 1954. – Dt.: Die Phänomenologie.
   Hamburg 1993.
La Condition postmoderne. Paris 1979. – Dt.: Das postmoderne
   Wissen. Graz 1986.
Le Différend. Paris 1983. – Dt.: Der Widerstreit. 2., korr. Aufl.
   München 1989.

*Bio-bibliographische Hinweise* 481

## John Henry McDowell (*1942)

Geboren am 7. März 1942 in Boksburg (Südafrika). McDowell lehrte von 1966 bis 1986 am University College in Oxford. Seit 1986 ist er Philosophieprofessor an der University of Pittsburgh. Er ist Fellow der British Academy und der American Academy of Arts and Sciences.

Are Moral Requirements Hypothetical Imperatives? In: Proceedings of the Aristotelian Society 52 (1978). S. 13–29.
Mind and World. Cambridge (Mass.) / London 1994.
Mind, Value, and Reality. Cambridge (Mass.) / London 1998.
Meaning, Knowledge, and Reality. Cambridge (Mass.) / London 1998.

## Hilary Putnam (*1926)

Geboren am 31. Juli 1926 in Chicago. Putnam studierte bei Quine und Reichenbach und promovierte 1951 an der University of California in Los Angeles. Von 1961 bis 1965 war er Professor für Wissenschaftsphilosophie am Massachusetts Institute of Technology. Seit 1965 ist er Professor für Philosophie an der Harvard University, Cambridge (Massachusetts).

The Meaning of »Meaning«. In: K. Gundersoll (Hrsg.): Language, Mind, and Knowledge. Minneapolis 1975. S. 131–193. (Wiederabgedr. in: H. P.: Philosophical Papers II. 1975.)
Philosophical Papers I–III. Cambridge 1975–83. Bd. 1: Mathematics, Matter and Method. ²1979. Bd. 2: Mind, Language and Reality. Bd. 3: Realism and Reason.
Meaning and the Moral Sciences. London/Boston 1978.
Reason, Truth and History. Cambridge 1981.
The Many Faces of Realism. La Salle (Ill.) 1987.
Representation and Reality. Cambridge (Mass.) / London 1988.
Realism with a Human Face. Cambridge (Mass.) 1990.
Renewing Philosophy. Cambridge (Mass.) 1992.
Von einem realistischen Standpunkt. Schriften zu Sprache und Wirklichkeit. Reinbek bei Hamburg 1993.
Pragmatism. An Open Question. Oxford 1994.
Words and Life. Cambridge (Mass.) 1994.

482    Bio-bibliographische Hinweise

## Willard Van Orman Quine (1908–2000)

Geboren am 25. Juni 1908 in Akron (Ohio). Studium am Oberlin College und in Harvard bei C. I. Lewis und A. N. Whitehead, 1932/33 in Warschau bei Leśniewski, Łukasiewicz und Tarski, in Wien bei Gödel und Schlick und in Prag bei Carnap. Von 1948 bis zu seiner Emeritierung 1978 war Quine Professor an der Harvard University. Er starb am 25. Dezember 2000 in Boston.

Mathematical Logic. New York 1940. 1951. Nachdr. Cambridge (Mass.) 1981.
Elementary Logic. Boston 1941. Cambridge (Mass.) 1966. (Nachdr. 1980.)
From a Logical Point of View. Logico-philosophical Essays. Cambridge (Mass.) 1953. ²1969. 1980.
Methods of Logic. New York 1950. ²1959. London 1962.
Word and Object. Cambridge (Mass.) 1960. (Nachdr. 1985.)
Selected Logic Papers. New York 1966. Erw. Ausg. Cambridge (Mass.) 1995.
The Ways of Paradox and Other Essays. New York 1966. 2., erw. Ausg. Cambridge (Mass.) / London 1976.
Ontological Relativity and Other Essays. New York / London 1969.
(Zus. mit J. S. Ullian:) The Web of Belief. New York 1970. ²1978.
The Roots of Reference. La Salle (Ill.) 1974.
Theories and Things. Cambridge (Mass.) 1981.
The Time of My life. An Autobiography. Cambridge (Mass.) / London 1985.
Quiddities. An Intermittently Philosophical Dictionary. Cambridge (Mass.) / London 1987.
Pursuit of Truth. Cambridge (Mass.) 1990. Durchges. Ausg. 1992.

## John Bordley Rawls (1921–2002)

Geboren am 21. Februar 1921 in Baltimore. Studium bis zur Promotion 1950 an der Princeton University, 1952–53 Fulbright-Stipendiat an der Universität Oxford. Er lehrte seit 1953 an der Cornell University (Ithaca, N. Y.); 1960–62 Professor am Massachusetts Institute of Technology in Cambridge (Mass.), seit 1962

Philosophieprofessor an der Harvard University. Er starb am 24. November 2002 in Lexington (Massachusetts).

Outline of a Decision Procedure for Ethics. In: The Philosophical Review 60 (1951). S. 177–197.

Two Concepts of Rules. In: The Philosophical Review 64 (1955). S. 3–32.

A Theory of Justice. Cambridge (Mass.) 1971. Oxford 1972. (Nachdr. 1976, 1985.) London 1973. (Nachdr. 1976.)

Distributive Justice. In: E. S. Phelps (Hrsg.): Economic Justice. Selected Readings. Harmondsworth / Baltimore (Md.) 1973. S. 319–362.

A Kantian Conception of Equality. In: The Cambridge Review. Febr. 1975. S. 94–99.

Fairness to Goodness. In: The Philosophical Review 84 (1975). S. 536–554.

Gerechtigkeit als Fairness. Hrsg. von O. Höffe. Freiburg i. Br. / München 1977.

Kantian Constructivism in Moral Theory. The 1980 John Dewey Lectures at Columbia University. In: The Journal of Philosophy 77 (1980). S. 515–572.

Social Unity and Primary Goods. In: A. K. Sen / B. Williams (Hrsg.): Utilitarianism and Beyond. Cambridge / New York 1982. (Nachdr. 1983, 1984.) S. 159–185.

Justice as Fairness. Political not Metaphysical. In: Philosophy and Public Affairs 14 (1985). S. 223–251.

The Idea of an Overlapping Consensus. In: Journal of Legal Studies 7 (1987). S. 1–25.

Die Idee des politischen Liberalismus. Aufsätze 1978–1989. Hrsg. von W. Hinsch. Frankfurt a. M. 1992.

Political Liberalism. New York 1993.


# Richard Rorty (*1931)

Geboren am 4. Oktober 1931 in New York. Studium der Philosophie von 1946 bis 1952 bei R. Carnap, C. Hartshorne und R. McKeon an der University of Chicago, 1952–56 an der Yale University, New Haven (Conn.) (Promotion 1956). Er lehrte 1956–57 an der Yale University, 1958–61 am Wellesley College, 1961–82 in

484    *Bio-bibliographische Hinweise*

Princeton. 1982–2000 Professor der Humanities an der University of Virginia in Charlottesville, seit 2000 an der Universität Stanford.

Philosophy and the Mirror of Nature. Princeton (N. J.) 1979. Oxford 1980.
Consequences of Pragmatism. Essays 1972–1980. Minneapolis (Minn.) 1982.
Contingency, Irony, and Solidarity. Cambridge [u. a.] 1984.
Solidarität oder Objektivität? Drei philosophische Essays. Stuttgart 1988. (RUB 8513.)
Objectivity, Relativism, and Truth. Philosophical Papers I. Cambridge [u. a.] 1991.
Essays on Heidegger and Others. Philosophical Papers II. Cambridge [u. a.] 1991.
Eine Kultur ohne Zentrum. Vier philosophische Essays. Stuttgart 1993. (RUB 8936.)
Hoffnung statt Erkenntnis. Eine Einführung in die pragmatische Philosophie. Wien 1994.


Peter Singer (*1946)

Geboren am 6. Juli 1946 in Melbourne (Australien). Singer studierte Geschichte und Philosophie in Melbourne und Oxford (dort Promotion 1971). 1973–74 war er Professor an der New York University, 1974–76 an der La Trobe University, Melbourne. 1977 wurde Singer Professor für Philosophie an der australischen Monash University, wo er 1983 das Centre for Human Bioethics gründete und dieses bis 1991 leitete. Seit 1999 ist er Professor für Bioethik an der Universität in Princeton.

Democracy and Disobedience. Oxford 1973.
Animal Liberation. A New Ethics for Our Treatment of Animals. New York 1975.
Practical Ethics. Cambridge 1979. – Dt.: Praktische Ethik. Stuttgart 1984. (RUB 8033.)
(Hrsg.) A Companion to Ethics. Oxford 1991.
Rethinking Life and Death. The Collapse of the Traditional Ethics. Oxford 1994.

*Bio-bibliographische Hinweise* 485

## Peter Frederick Strawson (*1919)

Geboren am 23. November 1919 in London. Strawson studierte Philosophie, politische Wissenschaft und Volkswirtschaft am St. John's College in Oxford (B. A. 1940). Nach dem Krieg lehrte er 1948–68 am University College, 1968–87 am Magdalene College in Oxford; zahlreiche Gastvorlesungen. Strawson ist seit 1971 Ehrenmitglied der American Academy of Arts and Sciences und seit 1990 Mitglied der Academia Europaea.

Introduction to Logical Theory. London / New York 1952. (Nachdr. 1985.)

Individuals. An Essay in Descriptive Metaphysics. London 1959. New York 1963. – Dt.: Einzelding und logisches Subjekt (Individuals). Stuttgart 1972. (RUB 9410.)

The Bounds of Sense. An Essay on Kant's Critique of Pure Reason. London 1966. (Nachdr. 1989.)

(Hrsg.) Philosophical Logic. Oxford 1967. Nachdr. London 1968.

Meaning and Truth. Oxford 1970.

Logico-Linguistic Papers. London 1971. ²1980.

Subject and Predicate in Logic and Grammar. London 1974.

Intention and Convention in Speech Acts. In: The Philosophical Review 73 (1974). S. 439–460.

Scepticism and Naturalism. Some Varieties. The Woodbridge Lectures 1983. London 1985. ²1987. New York 1985.

Analysis and Metaphysics. An Introduction to Philosophy. Oxford 1992.

## Ernst Tugendhat (*1930)

Geboren am 8. März 1930 in Brünn (Tschechoslowakei). Studium der Klassischen Philologie 1946–49 in Stanford, ab 1949 Philosophie in Freiburg i. Br. (bei Heidegger), wo er 1956 promovierte. 1960–66 Assistent in Tübingen, Habilitation 1966. Von 1966 bis 1975 Professor für Philosophie an der Universität Heidelberg, 1976–80 am Max-Planck-Institut in Starnberg, 1980–92 an der Freien Universität Berlin. Seit seiner Emeritierung 1992 Gastprofessuren u. a. in Santiago de Chile, Zürich, Wien, Prag und Brasilien.

486  *Bio-bibliographische Hinweise*

Selbstbewußtsein und Selbstbestimmung. Frankfurt a.M. 1979.
Vorlesungen zur Einführung in die sprachanalytische Philosophie.
   Frankfurt a.M. 1976.
Probleme der Ethik. Stuttgart 1984. (RUB 8250.)
Philosophische Aufsätze. Frankfurt a.M. 1992.
Ethik und Politik. Frankfurt a.M. 1992.
Vorlesungen über Ethik. Frankfurt a.M. 1993.


## Zitierte Personen und Werke

Austin, John Langshaw: Philosophical Papers. Hrsg. von J.O.
   Urmson und G.J. Warnock. Oxford 1961. ²1970. – Sense and
   Sensibilia. (Reconstructed from the Manuscript Notes by G.J.
   Warnock.) Oxford 1962. New York 1964. – How to Do Things
   with Words. The William James Lectures, Harvard University
   1955. Hrsg. von J.O Urmson. Oxford / Cambridge (Mass.)
   1962. New York 1965.
Ayer, Alfred Jules: Language, Truth, and Logic. London 1936. –
   The Foundations of Empirical Knowledge. New York [u.a.]
   1940. – The Problem of Knowledge. Harmondsworth 1956.
Belnap, Nuel (zus. mit M. Green): Indeterminism and the thin red
   line. In: Philosophical Perspectives. Bd. 8: Logic and Language.
   Hrsg. von James Tomberlin. Atascadero (Cal.) 1994. S. 365–388.
   – (Zus. mit J.F. Horty:) The deliberative stit. A study of action,
   omission, ability, and obligation. In: Journal of Philosophical
   Logic 24 (1995). S. 583–644. – (Zus. mit M. Perloff and M. Xu:)
   Facing the future. Agents and choices in our indeterminist
   world. Oxford 2001.
Birnbacher, Dieter: Tun und Unterlassen. Stuttgart 1995. (RUB
   9392.)
Blumenberg, Hans: Die Genesis der kopernikanischen Welt.
   Frankfurt a.M. 1979. – Die Legitimität der Neuzeit. Frankfurt
   a.M. 1966. – Arbeit am Mythos. Frankfurt a.M. 1979. – Lebens-
   themen. Stuttgart 1998. (RUB 9651.) – Ein mögliches Selbstverständnis. Stuttgart 1997. (RUB 9650.) – Wirklichkeiten, in denen
   wir leben. Stuttgart 1993. (RUB 7715.)
Bubner, Rüdiger: Dialektik und Wissenschaft. Frankfurt a.M.
   1974.

## Bio-bibliographische Hinweise    487

Chomsky, Noam: Rules and Representations. New York 1980. –
Knowledge of Language. New York [u. a.] 1986. – Language
and Problems of Knowledge. Cambridge (Mass.) 1986.

Dennett, Daniel: Content and Consciousness. London ²1993. –
Brainstorms. Cambridge (Mass.) 1978. – The Intentional Stance.
Oxford 1987. Cambridge (Mass.) 1988. – Consciousness ex-
plained. New York 1991.

Dummett, Michael Anthony Eardley: Truth and Other Enigmas.
London 1978. – Frege. Philosophy of Language. London /
Cambridge (Mass.) 1981. – The Seas of Language. Oxford 1993.

Gauthier, David: Morals by Agreement. Oxford 1986. – Moral
Dealings. Contract, Ethics, and Reasons. Ithaca (N. Y.) 1990.

Geach, Peter: Good and Evil. In: Analysis 17 (1956). S. 33–42. –
Reference and Generality. An Examination of Some Medieval
and Modern Theories. Ithaca (N. Y.) 1962. Überarb. Ausg. 1968.
Ithaca (N. Y.) / London ³1980. – Reason and Argument. Berke-
ley / Los Angeles / Oxford 1976. – Logic Matters. Oxford /
Berkeley / Los Angeles 1972. Tb.-Ausg. 1980. Durchges. Ausg.
Oxford 1981.

Hare, Richard Mervyn: The Language of Morals. Oxford 1952. –
Freedom and Reason. Oxford 1963. – Moral Thinking. Its Le-
vels, Method and Point. Oxford 1981.

Hart, Herbert Lionel Adolphus: The Concept of Law. Oxford
1961. – (Zus. mit A. M. Honoré:) Causation in Law. Oxford
1965. – The Morality of the Criminal Law. Oxford 1965. – Pun-
ishment and Responsibility. Oxford 1968. – Essays in Jurispru-
dence and Philosophy. Oxford 1983.

Hempel, Carl Gustav: Fundamentals of Concept Formation in
Empirical Sciences. Chicago 1952. – Aspects of Scientific Ex-
planation. 1970.

Henrich, Dieter (Hrsg.): Hegel im Kontext. Frankfurt a.M. 1971.
– Bewußtes Leben. Stuttgart 1999. (RUB 18010.) – Selbstver-
hältnisse. Gedanken und Auslegungen zu den Grundlagen der
klassischen deutschen Philosophie. Stuttgart 1982. (RUB 7852.)

Kamlah, Wilhelm (zus. mit P. Lorenzen): Logische Propädeutik.
Eine Vorschule des vernünftigen Redens. Mannheim 1965. –
Philosophische Anthropologie. Mannheim 1973.

Levinas, Emmanuel: Humanisme de l'autre homme. Montpellier
1972.

Lewis, David: Convention. A Philosophical Study. Oxford 1969. –

488    *Bio-bibliographische Hinweise*

Counterfactuals. Oxford 1973. – Scorekeeping in a Language Game. In: Journal of Philosophical Logic 8 (1979). S. 339–359. (Wiederabgedr. in: D. L.: Philosophical Papers I. 1983.) – Philosophical Papers. 2 Bde. Oxford 1983–86. – On the Plurality of Worlds. Oxford 1986. – Parts of Classes. Oxford 1991.

Lorenzen, Paul (zus. mit O. Schwemmer): Konstruktive Logik, Ethik und Wissenschaftstheorie. Mannheim 1975. – Lehrbuch der Konstruktiven Wissenschaftstheorie. Mannheim 1987. – Methodisches Denken. Frankfurt a. M. 1968. Tb.-Ausg. 1974. – Lehrbuch der Konstruktiven Wissenschaftstheorie. Mannheim 1987. – Grundbegriffe technischer und politischer Kultur. Frankfurt a. M. 1985.

MacIntyre, Alasdair: After Virtue. Notre Dame (Ind.) 1981.

Mackie, John Leslie: Ethics. Inventing Right and Wrong. Harmondsworth 1977. – The Miracle of Theism. Arguments for and against the Existence of God. Oxford 1982.

Marquard, Odo: Abschied vom Prinzipiellen. Stuttgart 1981. (RUB 7724). – Schwierigkeiten mit der Geschichtsphilosophie. Frankfurt a. M. 1982. – Apologie des Zufälligen. Stuttgart 1986. (RUB 8351.) – Skepsis und Zustimmung. Stuttgart 1994. (RUB 9334.) – Philosophie des Stattdessen. Stuttgart 2000. (RUB 18049.)

Mead, George Herbert: Mind, Self and Society. Chicago 1934.

Millikan, Ruth Garrett: Thought, and Other Biological Categories. New Foundations for Realism. Cambridge (Mass.) 1984.

Montague, Richard: Formal Philosophy. New Haven 1974.

Nagel, Thomas: The Possibility of Altruism. Princeton 1970. – Mortal Questions. Cambridge 1979. – The View from Nowhere. Oxford 1986. – Equality and Partiality. Oxford 1991.

Nussbaum, Martha C.: Konstruktion der Liebe, des Begehrens und der Fürsorge. Stuttgart 2002. (RUB 18189.)

Parfit, Derek: Reasons and Persons. Oxford 1984.

Passmore, John: A Hundred Years of Philosophy. London 1957. [2]1966. – Recent Philosophers, a Supplement to »A Hundred Years of Philosophy«. La Salle (Ill.) 1985.

Pinkard, Terry: Hegel's Phenomenology. The Sociality of Reason. Cambridge 1994.

Pippin, Robert B.: Hegel's Idealism. The Satisfaction of Self-Consciousness. Cambridge 1989. – Modernism as a Philosophical Problem. On the Dissatisfaction of European High Culture. Oxford 1991. – Idealism as Modernism. Hegelian Variations.

Cambridge 1997. – Henry James and Modern Moral Life. Cambridge 2000.

Ricœur, Paul: De l'interprétation. Essai sur Freud. Paris 1965.

Ryle, Gilbert: The Concept of Mind. London 1949. – Dilemmas. London 1954. – Collected Papers. London 1971. – G. Pitcher / O. P. Wood (Hrsg.): Ryle. London 1970.

Sellars, Wilfrid: Empiricism and the Philosophy of Mind [1956]. In: W. S.: Science, Perceptions, and Reality. London 1963. Neuausg. hrsg. von R. B. Brandom. Cambridge (Mass.) 1997.

Siep, Ludwig: Praktische Philosophie im Deutschen Idealismus. Frankfurt a. M. 1992.

Spaemann, Robert: Philosophische Essays. Stuttgart 1983. (RUB 7961.) Erw. Ausg. 1994.

Stegmüller, Wolfgang: Hauptströmungen der Gegenwartsphilosophie. 2 Bde. Stuttgart ²1960. 4 Bde. 1989.

Taylor, Charles: Hegel. Cambridge 1975. – Hegel and Modern Society. Cambridge 1979. – Sources of the Self. Cambridge (Mass.) 1989. – Human Agency and Language. Philosophical Papers. Cambridge 1985. – Philosophical Arguments. Cambridge (Mass.) 1995.

Theunissen, Michael: Hegels Lehre vom absoluten Geist als theologisches-politisches Traktat. Berlin 1970. – Sein und Schein. Die kritische Funktion der Hegelschen Logik. Frankfurt a. M. 1978.

von Wright, Georg H.: Norm and Action. London 1963. – Truth, Knowledge, and Modality. Philosophical Papers III. Oxford 1984. – On Mind and Matter. In: Journal of Theoretical Biology 171 (1994). – P. Schilpp (Hrsg.): The Philosophy of G. H. von Wright. La Salle (Ill.) 1989. – G. Meggle (Hrsg.): Actions, Norms, Values. Discussions with G. H. von Wright. Berlin 1999.

Walzer, Michael: Spheres of Justice. A Defense of Pluralism and Equality. New York 1983. Dt.: Sphären der Gerechtigkeit. Frankfurt a. M. 1992.

Wellmer, Albrecht: Ethik und Dialog. Frankfurt a. M. 1986. – Zur Dialektik von Moderne und Postmoderne. Frankfurt a. M. 1985.

Williams, Bernard: Ethics and the Limits of Philosophy. Cambridge (Mass.) 1985. – Moral Luck. Cambridge 1981. – Der Begriff der Moral. Stuttgart 1978. (RUB 9882.)

Winch, Peter: The Idea of Social Science and Its Relation to Philosophy. London 1958. ²1990.

# Textnachweise

Elizabeth Anscombe

Originaltitel: Natürliche Tatsachen (On Brute Facts). In: Analytische Handlungstheorie. Bd. 1: Handlungsbeschreibungen. Hrsg. von Georg Meggle. Frankfurt a. M.: Suhrkamp, 1977. S. 163–168. Übers. von G. Meggle und M. Ulkan. © Suhrkamp Verlag Frankfurt am Main 1977.

Karl-Otto Apel

Originaltitel: Sprache als Thema und Medium der transzendentalen Reflexion. Zur Gegenwartssituation der Sprachphilosophie. In: K.-O. A.: Transformation der Philosophie. Bd. 2: Das Apriori der Kommunikationsgemeinschaft. Frankfurt a. M.: Suhrkamp, 1988. (stw 165.) S. 311–329. © Suhrkamp Verlag Frankfurt am Main 1973.

Robert B. Brandom

R. B. B.: Begründen und Begreifen. Eine Einführung in den Inferentialismus. Aus dem Amerikan. von Eva Gilmer. Frankfurt a. M.: Suhrkamp, 2001. S. 205–237. (Kap. 5.) © Suhrkamp Verlag Frankfurt am Main 2001.

Stanley Cavell

St. C.: The Claim of Reason. Wittgenstein, Skepticism, Morality, and Tragedy. Oxford: Oxford University Press, 1979. S. 378–383. Übers. von Joachim Schulte. Mit Genehmigung des Autors.

Donald Davidson

Originaltitel: Voraussetzungen für Gedanken. In: D. D.: Der Mythos des Subjektiven. Philosophische Essays. Übers. und mit einem Nachw. hrsg. von Joachim Schulte. Stuttgart: Reclam, 1993. (RUB 8845.) S. 5–15. © 1993 Philipp Reclam jun. GmbH & Co., Stuttgart. © 1993 Donald Davidson.

492 Textnachweise

Gilles Deleuze / Félix Guattari

G. D. / F. G.: Was ist Philosophie? Aus dem Französ. von Bernd
Schwibs und Joseph Vogl. Frankfurt a. M.: Suhrkamp, 2000. (stw
1483.) S. 5, 9–18. (Einleitung.) © Suhrkamp Verlag Frankfurt am
Main 2000.

Jacques Derrida

J. D.: Einige Statements und Binsenweisheiten über Neologismen,
New-Ismen, Post-Ismen, Parasitismen und andere kleine Seismen.
Dt. von Susanne Lüdemann. Berlin: Merve-Verlag, 1997. S. 48–53,
57–59. Mit Genehmigung der Merve Verlag GmbH, Berlin.

Paul Feyerabend

P. F.: Erkenntnis für freie Menschen. Frankfurt a. M.: Suhrkamp,
1992. (es 1011.) S. 97–99 [Abdruck ohne Anm.]. (Abschn. 6.)
© Suhrkamp Verlag Frankfurt am Main 1980.

Philippa Foot

Ph. F.: Die Wirklichkeit des Guten. Moralphilosophische Aufsätze.
Hrsg. und eingel. von Ursula Wolf. Frankfurt a. M.: Fischer-Ta-
schenbuch-Verlag, 1997. (Fischer-Taschenbuch 12961.) S. 186–196.
Mit Genehmigung der Autorin.

Michel Foucault

Ethos der Moderne. Foucaults Kritik der Aufklärung. Hrsg. von
Eva Erdmann, Rainer Forst und Axel Honneth. Frankfurt a. M. /
New York: Campus-Verlag, 1990. S. 48–53. Mit Genehmigung der
Campus Verlag GmbH, Frankfurt am Main.

Herbert Paul Grice

Handlung, Kommunikation, Bedeutung. Hrsg. von Georg Meggle.
Mit einem Anhang zur Taschenbuchausgabe 1993. Frankfurt a. M.:
Suhrkamp, 1993. (stw 1083.) S. 245–265 [Abdruck ohne Anm. d.
Übers.]. (»Implikatur.«) Übers. von A. Kemmerling. © Suhrkamp
Verlag Frankfurt am Main 1979, 1993.

Textnachweise  493

Jürgen Habermas

J. H.: Vorstudien und Ergänzungen zur Theorie des kommunikativen Handelns. Frankfurt a. M.: Suhrkamp, 1995. (stw 1176.) S. 104–126. (»Vorlesungen zu einer sprachtheoretischen Grundlegung der Soziologie.« 5. Vorlesung: Wahrheit und Gesellschaft. Die diskursive Einlösung faktischer Geltungsansprüche.) © Suhrkamp Verlag Frankfurt am Main 1984.

Friedrich Kambartel

»Der Löwe spricht ... und wir können ihn nicht verstehen«. Ein Symposion an der Universität Frankfurt anläßlich des hundertsten Geburtstags von Ludwig Wittgenstein. Brian McGuinness [u. a.]. Frankfurt a. M.: Suhrkamp, 1991. (stw 866.) S. 121–137. © Suhrkamp Verlag Frankfurt am Main 1991.

Saul Aron Kripke

S. A. K.: Name und Notwendigkeit. Übers. von Ursula Wolf. Frankfurt a. M.: Suhrkamp, 1993. (stw 1056.) S. 134, 135–153. © Suhrkamp Verlag Frankfurt am Main 1981.

Thomas S. Kuhn

Th. S. K.: Die Entstehung des Neuen. Studien zur Struktur der Wissenschaftsgeschichte. Hrsg. von Lorenz Krüger. Übers. von Hermann Vetter. Frankfurt a. M.: Suhrkamp, 1978. (stw 236.) S. 397–415 [Abdruck ohne Anm.]. (»Neue Überlegungen zum Begriff des Paradigma.« Kap. 4–7.) Zeichnungen: Sarah Kuhn. © Thomas S. Kuhn 1977. © Suhrkamp Verlag Frankfurt am Main 1977.

Jean-François Lyotard

Postmoderne und Dekonstruktion. Texte französischer Philosophen der Gegenwart. Mit einer Einf. hrsg. von Peter Engelmann. Stuttgart: Reclam, 1990. (RUB 8668.) S. 33, 34 f., 43–45, 48. Mit Genehmigung der Passagen Verlag Ges.m.b.H., Wien.

494     *Textnachweise*

John McDowell

J. McD.: Geist und Welt. Aus dem Engl. von Thomas Blume, Holm Bräuer und Gregory Klass. Frankfurt a. M.: Suhrkamp, 2001. (stw 1528.) S. 27–37. (1. Vorlesung. §§ 1–5.) © mentis Verlag GmbH 1998. Mit Genehmigung des Suhrkamp Verlags, Frankfurt am Main.

Hilary Putnam

H. P.: Von einem realistischen Standpunkt. Schriften zu Sprache und Wirklichkeit. Hrsg., eingel. und übers. von Vincent C. Müller. Reinbek bei Hamburg: Rowohlt, 1993. (Rowohlts Enzyklopädie 539.) S. 203–219 [Abdruck ohne Anm. d. Hrsg.]. (»Wozu die Philosophen?«) © 1993 Rowohlt Taschenbuch Verlag GmbH, Reinbek bei Hamburg.

Willard Van Orman Quine

W. V. O. Qu.: Theorien und Dinge. Übers. von Joachim Schulte. Frankfurt a. M.: Suhrkamp, 1991. (stw 960.) S. 89–95. © Suhrkamp Verlag Frankfurt am Main 1985.

John Rawls

Originaltitel: Gerechtigkeit als Fairneß: politisch und nicht metaphysisch. In: J. R.: Die Idee des politischen Liberalismus. Aufsätze 1978–1989. Hrsg. von Wilfried Hinsch. Frankfurt a. M.: Suhrkamp, 1994. (stw 1123.) S. 255–292. (Abschn. I–IV.) Übers. von Michael Anderheiden und Wilfried Hinsch. © Suhrkamp Verlag Frankfurt am Main 1992.

Richard Rorty

Originaltitel: Gefangen zwischen Kant und Dewey. Die gegenwärtige Lage der Moralphilosophie. In: Deutsche Zeitschrift für Philosophie. Jg. 49. 2001. S. 179–182, 186–188. Mit Genehmigung der Akademie Verlag GmbH, Berlin.

*Textnachweise* 495

Peter Singer

P. S.: Praktische Ethik. Aus dem Engl. übers. von Oscar Bischoff, Jean-Claude Wolf und Dietrich Klose. 2., rev. und erw. Aufl. Stuttgart: Reclam, 1994. (RUB 8033.) S. 177, 178–184, 185 f., 195–201, 203–206, 207 f., 218–224. (Kap. 6.) © 1984, 1994 Philipp Reclam jun. GmbH & Co., Stuttgart.

Peter Frederick Strawson

P. F. St.: Einzelding und logisches Subjekt (Individuals). Ein Beitrag zur deskriptiven Metaphysik. Aus dem Engl. übers. von Freimut Scholz. Stuttgart: Reclam, 1972. (RUB 9410.) S. 7–17. © 1972 Philipp Reclam jun. GmbH & Co., Stuttgart. © 1959 P. F. Strawson.

Ernst Tugendhat

E. T.: Probleme der Ethik. Stuttgart: Reclam, 1984. (RUB 8250.) S. 59–69, 79–81. (»Drei Vorlesungen über Probleme der Ethik«, 1.) © 1984 Philipp Reclam jun. GmbH & Co., Stuttgart.